Lisa Quaas
Narkoprosa

Mimesis

Romanische Literaturen der Welt

Herausgegeben von
Ottmar Ette

Band 80

Lisa Quaas
Narkoprosa

Darstellungsparadigmen und erzählerische
Funktionen in der lateinamerikanischen Literatur
zum Drogenhandel

DE GRUYTER

ISBN 978-3-11-076607-3
e-ISBN (PDF) 978-3-11-066140-8
e-ISBN (EPUB) 978-3-11-066061-6
ISSN 0178-7489

Library of Congress Control Number: 2019910191

Bibliografische Information der Deutschen Nationalbibliothek
Die Deutsche Nationalbibliothek verzeichnet diese Publikation in der Deutschen Nationalbibliografie; detaillierte bibliografische Daten sind im Internet über http://dnb.dnb.de abrufbar.

© 2021 Walter de Gruyter GmbH, Berlin/Boston
Dieser Band ist text- und seitenidentisch mit der 2019 erschienenen gebundenen Ausgabe.
Satz: Meta Systems Publishing & Printservices GmbH, Wustermark
Druck und Bindung: CPI books GmbH, Leck

www.degruyter.com

Danksagung

Die Mimesis auf dem Feld der Narkoprosa ist komplex, bildet sie doch neben den sichtbaren auch die unsichtbaren Elemente der Welt des Drogenhandels mit ab. Die jungen AutorInnen der Narkoprosa dringen zu der kruden Gewalt des Drogenkriegs vor, imagieren unbekannte innere Welten und stoßen damit Türen auf, die die Lektüre zu einer Bewusstseinserweiterung werden lässt.

Von daher gilt mein Dank an erster Stelle den AutorInnen der Narkoprosa und hier im Besonderen Eduardo Antonio Parra, Yuri Herrera, Julián Herbert, Orfa Alarcón und Mario González Suárez, die ich zum persönlichen Gespräch traf und die mir wertvolle Hinweise zu Veröffentlichungen und Interpretationsweisen ihrer Romane gaben.

Besonders herzlich danke ich Prof. Dr. Hermann Herlinghaus für die hervorragende Unterstützung während der gesamten Dauer der Promotion. Er hat mich auf die Suche nach der Narkoprosa geschickt. Seine kompetente und ehrgeizige Beratung sowie sein unermüdlicher Enthusiasmus ließen die Arbeit reifen.

Die Dr. Irmgard und Jürgen Ulderup Stiftung hat diese Arbeit durch ein einjähriges Promotionsstipendium großzügig unterstützt, wofür ich sehr dankbar bin. Darüber hinaus bedanke ich mich für die Auszeichnung dieser Arbeit mit dem Hans-und-Susanne-Schneider-Preis 2018 für die beste Promotion auf dem Gebiet der Romanistik der Universität Freiburg i. Br.

Unendlich dankbar bin ich außerdem meinem Vater, Prof. Dr. Michael Quaas, der als rigoroser Kritiker und Lektor an der Arbeit auf Mikroebene mitwirkte. Er kennt den Text neben mir wohl am besten. An dieser Stelle möchte ich auch Ennid Roberts danken, deren finales Lektorat einen Schlusspunkt unter die Arbeit setzte. Wertvollen Austausch verdankt die Arbeit meinen Freundinnen Dr. Christine Lang und Dr. Eva Schauerte, mit denen ich zu unterschiedlichen Phasen den Alltag als Doktorandin teilte. Volker Wannenmacher danke ich sehr für die Hilfestellungen beim Erstellen der Schaubilder, die veröffentlichungsgeschichtliche Entwicklungen der Narkoprosa dokumentieren.

Von ganzem Herzen danke ich Dr. Amit Datta, der mich täglich begleitete und mich mit seiner Liebe und seinem Glauben an mich zu Höchstleistungen anstachelte und mich immer wieder auffing, als ich strauchelte oder fiel.

Dies führt mich direkt zu meiner Mutter Bettina Quaas und meinen Freundinnen Dr. Katharina Brölz, Dr. Natalie Laizer, Xenia von Polier und Indira Wannenmacher sowie zu meinen Brüdern Dr. Moritz Quaas und Dr. Nikolaus Quaas, die mir stets ihre Hand reichten, wenn ich zweifelte und sich von Herzen über meine Erfolge freuten. Herzlichen Dank für Eure Begleitung.

Inhalt

Danksagung —— V

1	**Einführung** —— **3**	
1.1	Einleitung —— 3	
1.2	Terminologische Verortung der Narkoprosa —— 11	
1.3	Interpretationsansätze und Darstellungsmerkmale der Narkoprosa: Stand der Forschung —— 14	
1.3.1	Interpretations- und Analyseansätze —— 14	
1.3.2	«Nüchternheit» in der Darstellung von Gewalt, Tod und Angst —— 23	
1.3.3	Tendenzen mythifizierender und allegorischer Darstellungen des *narcomundo* in Narkoromanen —— 26	
1.4	Gegenstand und Verlauf der Untersuchung —— 28	

2	**Ein fiktionstheoretischer, kontextorientierter Analyserahmen mit Schwerpunkt auf dem narrativen Umgang mit Alterität** —— **34**	
2.1	Annäherung an das «Fiktive» und das «Imaginäre» —— 34	
2.1.1	Das Imaginäre —— 36	
2.1.2	Das Fiktive/Symbolische —— 40	
2.1.3	Über die anthropologische Funktion der literarischen Fiktion —— 42	
2.2	Lateinamerikanische Narkoimaginarien, -diskurse und -kulturen —— 46	
2.2.1	Feindbildung und Fremdmachung im offiziellen Diskurs des *war on drugs* —— 50	
2.2.2	*Narcoculturas* als Gegen- und Fremdkulturen der bürgerlichen Mehrheitsgesellschaft —— 58	
2.2.3	Feind-, Angst- und Alteritätsdispositive —— 66	

3	**Genealogische Konturen der Narkoprosa** —— **69**	
3.1	Nationale Schwerpunkte —— 69	
3.2	Veröffentlichungsgeschichtliche Aspekte —— 71	
3.3	Generische Entwicklungslinien —— 73	
3.3.1	Faktual orientierte Narkoprosa (1967 bis 1995) —— 74	
3.3.2	Fiktionale Narkoromane (2000 bis 2013) —— 78	

VIII — Inhalt

4	**Faktual orientierte Narkoprosa** — 85
4.1	Generische Einordnung — 86
4.1.1	Die Testimonialliteratur — 86
4.1.2	Die crónica periodístico-literaria — 89
4.2	Testimonial orientierte Narkoprosa (Kolumbien) — 91
4.2.1	*La parte de Chuy Salcido*: Testimonio eines nordmexikanischen Drogenhändlers — 93
4.2.2	*No nacimos pa' semilla*: Ein vielstimmiges Testimonio über das *sicariato* in Medellín — 100
4.2.3	*Sangre Ajena*: ein Meta-Testimonio über das *sicariato* in Kolumbien — 107
4.2.4	*Comandante Paraíso*: Das literarische Projekt einer testimonialen Geschichtsschreibung über den Kokainhandel im Valle del Cauca — 128
4.3	Chronistisch orientierte Narkoprosa über den nordmexikanischen Drogenkrieg und die Frauenmorde in Ciudad Juárez (Mexiko) — 144
4.3.1	Faktual orientiertes Erzählen und rhizomatische Handlungsgeflechte — 148
4.3.2	Aufklärerisch-politische Fiktionen — 154
4.3.3	Eine polyphon ermittelnde, testimoniale Erzählweise — 160
4.3.4	*Santa Rosa* im Dialog mit *Comala* und *Santa Teresa* — 178
4.4	Darstellungsmerkmale und Funktionen des Fiktiven in Werken eines faktual orientierten Narkorealismus — 183
4.4.1	Wirklichkeitseffekte und testimoniale Erzählfunktionen — 184
4.4.2	Über die subvertierende Sprachverwendung in testimonial orientierter Narkoprosa — 187
4.4.3	Über die aufklärerisch-politische Funktion des Erzählens in chronistisch orientierter Narkoprosa — 190
5	**Transgressive Narkoromane** — 194
5.1	Der *narcomundo* als «anderer Raum» — 197
5.1.1	Der *narcomundo* als ästhetischer Raum für Fremderfahrungen — 197
5.1.2	Über die heterotopische Funktion transgressiver Narkoromane — 208
5.2	Dividuale Fiktionen — 214
5.2.1	*La virgen de los sicarios*: die Fiktion eines Gewaltrausches — 217
5.2.2	*El ruido de las cosas al caer*: eine leiblich-phänomenologisch orientierte Annäherung an Gewalterfahrungen — 223

5.3	*Nostalgia de la Sombra*: Die Fiktion eines kollektiven Schattenbewusstseins im heutigen Mexiko —— 226
5.3.1	Ein Bewusstseinsroman über einen ungewöhnlichen Auftragsmörder —— 228
5.3.2	Bernardos Verwandlung in einen Mörder —— 231
5.3.3	Der Auftragsmörder als dividuale Figuration systemischer Gewalt in Mexiko —— 246
5.3.4	Über die heterotopische Funktion der Marginalität und Kriminalität in der Darstellung des Romans —— 248
5.4	*Plasma*: Eine literarische Heterotopie über Rauscherfahrungen im heutigen Chile —— 253
5.4.1	Rita: Brunos Muse des Rausches —— 256
5.4.2	Plasmapoesie —— 266
5.4.3	Brunos Reise —— 270
5.4.4	Ritas Prozess —— 279
6	**Fazit: Eine literarische Strömung über das Fremde in der globalen Moderne Lateinamerikas —— 285**

Annex: Chronologisches Verzeichnis der Narkoprosa und tabellarische Klassifikationen (1967 bis 2013) —— 295

1	Chronologisches Verzeichnis der Narkoprosa (1967 bis 2013) —— **295**
2	Tabellarische Klassifikation der Narkoprosa nach dem Herkunftsland des Autors und dem Verlag der Erstauflage (1967 bis 2013) —— **300**

Bibliographie —— 311

Register —— 327

Meiner Familie – Aquí y allá, en México

1 Einführung

1.1 Einleitung

Diario de un narcotraficante (1967), *Coca. Novela* (1970), *Coca. Novela de la mafia criolla* (1977), *Narcotráfico, S.A.* (1977).[1] Die Geschichte der Narkoprosa beginnt mit diesen Pionierromanen in einer Zeit, in der der Drogenhandel für die Mehrheitsgesellschaften Lateinamerikas noch unbekannt war. Zwei mexikanische, zwei kolumbianische und ein uruguayischer Schriftsteller leiten diese neue literarische Strömung mit Werken ein, die die Droge Kokain (*coca*), den Drogenhandel (*narcotráfico*) bzw. die Drogenhändler (*narcotraficante*) im Titel tragen und ihrer Leserschaft versprechen, Einblicke in den Untergrund der organisierten Drogenkriminalität zu verschaffen. Es handelt sich um Romanveröffentlichungen, die von kleinen regionalen Verlagen nur in erster Auflage publiziert wurden.[2] 2013 zählen hierzu weit über 166 Titel, darunter Erfolgsromane wie *La virgen de los sicarios*, *Rosario Tijeras* und *Delirio*. Der *narco* sowie der *narcotráfico* sind längst über die Grenzen Lateinamerikas hinaus bekannt,[3] ja fast zu einem Emblem für Länder wie Mexiko und Kolumbien geworden. Viele Romane über den Drogenhandel wurden in hoher Auflage von großen Verlagshäusern veröffentlicht, einige zu Fernsehserien adaptiert.

Die Erfolgsgeschichte der Narkoprosa und ihrer multimedialen Adaptationen ist untrennbar mit der Historie des Drogenhandels in Lateinamerika und weltweit verbunden. Es handelt sich um eine Geschichte, die vom internationalen Drogenverbotsregime und damit einhergehender politischer, geostrategischer und moralischer Interessen, insbesondere den USA, geprägt wurde.

Nicht zufälligerweise fallen insoweit die ersten Veröffentlichungen der Narkoprosa mit der offiziellen Deklaration des *war on drugs* durch den US-amerika-

---

[1] Angelo Nacaveva: *Diario de un narcotraficante*. México, D.F.: B. Costa-Amic 1967; Carlos Martínez Moreno: *Coca. Novela*. Caracas: Monte Avila 1970; Hernán Hoyos: *Coca. Novela de la mafia criolla*. Cali: Hoyos 1977; René Cárdenas Barrios: *Narcotráfico, S. A.*. México, D.F.: Diana 1977.

[2] Mit Ausnahme von Carlos Martínez Moreno: *Coca. Novela*. Der Roman erreichte 2010 eine Neuauflage bei *Ediciones de la banda oriental* in Montevideo.

[3] *Narco* wird im gewöhnlichen Sprachgebrauch des Spanischen als Substantiv und lexikalisches Morphem gebraucht. Als lexikalisches Morphem bezeichnet *narco* all diejenigen Phänomene, die in Zusammenhang mit dem zeitgenössischen Drogenhandel stehen. In der Verwendung als Substantiv ist mit dem Begriff *narco* zum einen die prototypische Vorstellung von einem lateinamerikanischen Drogenhändler im Sinne der *narcoculturas* (siehe Fn. 10) angesprochen. Zum anderen bezeichnet der Begriff – wie hier – die Gesamtheit der im Drogengeschäft in Lateinamerika tätigen Menschen.

nischen Präsidenten Richard Nixon 1971 im Weißen Haus zusammen: «America's public enemy number one in the United States is drug abuse. In order to fight and defeat this enemy, it is necessary to wage a new, all-out offensive.»[4] Seit dieser Kriegserklärung wurde der Drogenhandel verschärft zu einem weltweit geächteten Politikum und einem zentralen Konfliktherd der westlichen Hemisphäre. Im Besonderen gilt dies für Lateinamerika, wo ein Jahrzehnte andauernder Drogenkrieg bis in die Gegenwart hinein tiefe Spuren hinterlassen hat und in die Verfasstheit sämtlicher Gesellschaftsschichten eingreift. Ausgelöst werden dadurch mitunter sehr widersprüchliche Entwicklungen in den unterschiedlichsten Lebensbereichen. Das schließt deren künstlerische Ausdrucksformen ein, die von konkreten Erfahrungen aus dem Krieg und dessen Einfluss auf die menschliche Vorstellungswelt erzählen sowie kritische Gegendiskurse zum *war on drugs* begründen.

Den literarischen Veröffentlichungen auf diesem Feld geht die vorliegende Arbeit nach, die einen besonderen Schwerpunkt auf die Verhältnisse in Mexiko und Kolumbien legt und für die wir hier die Bezeichnung Narkoprosa prägen. Wir haben es mit einer innovativen literarischen Strömung zu tun, die ganz unterschiedliche literarische Formate und mindestens zwei Subströmungen hervorgebracht hat.[5]

Ein großer Anteil der Werke zeigt eine besondere Hinwendung zu faktual orientierten Erzählformaten im Gefolge der zeitgenössischen Tradition sogenannter Erfahrungs- und Zeugnisliteratur, einschließlich neuerer Ausprägungen der lateinamerikanischen Chronik. Viele der hier als «faktual orientierte Narkoprosa» bezeichneten Werke knüpfen daran an, entwickeln deren Erzählweisen weiter und lassen eine eigene Prägung erkennen, die wesentlich in der «ethnographischen» und «aufklärerisch-investigativen» Zielrichtung dieser Narrative begründet liegt. Sie übernehmen insoweit aufklärerische und ethische Funktionen, indem sie auf der Basis empirischer Erfahrungsbefunde mit der Welt des Drogenhandels und damit einhergehender Phänomene der Gewalt eine narrative Annäherung an diese Lebenswelt ermöglichen, die den traditionellen Medien in Lateinamerika verwehrt ist.

Von der faktual orientierten Narkoprosa sind die stärker fiktional geprägten Werke zu unterscheiden, deren literarische Imaginarien in zuweilen radikaler Weise mit der Normalität und Normativität lateinamerikanischer Mehrheitsgesellschaften, allen voran bestimmter Tabus in den Bereichen von Gewalt,

---

4 Richard Nixon: Remarks About an Intensified Program for Drug Abuse Prevention and Control. In: *The American Presidency Project* (1971), online von Gerhard Peters/John T. Woolley; http://www.presidency.ucsb.edu/ws/?pid=3047 (22. 02. 2019).
5 Näheres zur Terminologie in Kapitel 1.2 dieser Arbeit.

Rausch und Sexualität brechen. Sie schaffen fiktive Kunstwelten, die ihre Leser in unterschiedlicher Hinsicht an die Grenzen der gewöhnlichen Wahrnehmung dieser Phänomene bringen sowie im stummen Wissen vorherrschende Vorstellungen von Identität und Individualität durchbrechen.

Viele dieser Werke treten überdies in einen kritischen Dialog zu der Drogenproblematik in Lateinamerika, indem sie in unterschiedlicher Weise auf die Paradoxien und Außerordentlichkeiten reagieren, die das Phänomen der Droge und des Drogenhandels und damit einhergehende Gewaltszenarien in Lateinamerika prägen. Davon soll einleitend die Rede sein.

Die illegale Drogenökonomie (Produktion und Handel) ist in vielen Regionen Lateinamerikas seit den 1960er Jahren ein zentraler Wirtschaftszweig, gegen den die US-amerikanische Strategie des *war on drugs* und Eindämmungsversuche nationaler Regierungen in Lateinamerika bislang erfolglos vorgingen. Gleichzeitig bestehen komplexe, mitunter transnationale Verstrickungen zwischen der organisierten Kriminalität und den politischen und ökonomischen Eliten Lateinamerikas, der USA und weltweit, die widersprüchliche Macht- und Gewaltverhältnisse geschaffen haben. Die Kartelle gebärden sich gebietsweise als «die Fäden ziehenden Schattenregierungen»[6] und üben zusammen mit korrupten Eliten «souveräne Funktionen»[7] aus, indem sie Gesetze und Regeln setzen, andere außer Kraft setzen und über den Ausnahmezustand vieler Regionen entscheiden. Laut einer immer noch aktuellen Schätzung des mexikanischen Senats aus dem Jahr 2010 kontrollieren kriminelle Organisationen in Verbindung mit korrupten Regierungsbeamten über 70 % des mexikanischen Staatsgebietes.[8]

---

[6] Vgl. Carlos Monsiváis (Hg.): *Viento rojo. Diez historias del narco en México*. México, D.F.: Plaza & Janés 2004, S. 23.
[7] Der Begriff der souveränen Funktion geht auf Friedrich Balke zurück, der den Begriff in: «Figuren der Souveränität» – im Gegensatz zur klassischen Souveränitätslehre – wie folgt umschreibt: «Die souveräne Funktion ist vielmehr in einem gewissen Vermögen verankert, in der Fähigkeit, das Gesetz zu geben oder es im Ausnahmefall zu suspendieren. Diese Macht kann sich im Besitz, im Eigentum, in der Macht oder Autorität des Herrn und Meisters, sei dieser nun Herr im Hause oder in der Stadt bzw. im Staat (*Despot*) manifestieren. Sie kann sich in der ethischen Fähigkeit zeigen, über die jemand verfügt, wenn er Herr seiner selbst und damit Meister seiner Leidenschaften ist, die es genauso zu herrschen gilt, wie die vielköpfige Menge im politischen Rahmen. Sie kann aber auch im Widerspruch und in der Manifestation *gegen* eine bestimmte institutionalisierte Herrschaftsordnung zum Ausdruck kommen, in der Praxis eines «Wahr-Redens» (*vrai-dire*) derer, die gegen den offiziellen Inhaber höchster Machtbefugnisse aufstehen, und insofern eine Gleichheit derer beanspruchen, die ungleich sind bzw. denen ein *gleicher* Anteil an der politischen Ordnung verweigert wird.» Friedrich Balke. *Figuren der Souveränität*. Paderborn: Fink 2009, S. 518.
[8] Bajo control del narco 71 % del territorio nacional: Senado. In: *Proceso* (31.08.2010); http://www.proceso.com.mx/103201/bajo-control-del-narco (22.02.2019).

Der Staat kommt hier nicht nur nicht seinen grundlegenden Primärpflichten eines modernen Staatswesens nach, nämlich für Sicherheit und Ordnung zu sorgen und den Schutz des Lebens und der Gesundheit der Bürger zu gewährleisten. Vielmehr wird der Staat in den hier betroffenen Ländern Lateinamerikas spätestens seit den 1980er Jahren aufgrund einer institutionalisierten Praxis von Korruption, Drogenhandel und Vetternwirtschaft oft selbst Komplize an der verübten Gewalt und damit Teilnehmer am organisierten Rauschgiftgeschäft und anderer illegaler Praktiken. Der mexikanische Journalist und Romanautor Sergio González Rodríguez spricht von einem «Oszillieren» zwischen legalem und illegalem Handeln der mexikanischen Regierung, die in einer Art Grauzone manövriere, welche er mit den Begriffen *desgobierno* (Nicht-Regierung) und *paralegalidad* (Paralegalität) umschreibt. Diese Begriffe charakterisieren im Mexiko des 21. Jahrhunderts Elemente einer «falschen Demokratie», die faktisch den Drogenhandel zu einem konstitutiven Teil des politischen Systems hat werden lassen.[9]

Gleichzeitig und parallel dazu wird der ehemals im Untergrund operierende *narco* spätestens seit den 1970er Jahren als eine eigene Subkultur und Lebensform erkennbar. Darauf deuten bestimmte, öffentlich sichtbare Merkmale und Erscheinungsformen wie ein besonderer Kleidungsstil, bestimmte Prestigeobjekte oder eine besondere Architektur, welche in ihrer Gesamtheit unter dem Begriff der *narcocultura* zusammengefasst werden.[10] Dazu gehören ein opulen-

---

[9] Vgl. Sergio González Rodríguez: *Huesos en el desierto*. Barcelona: Anagrama 2005, S. II–III.
[10] Konzept und Begriff der *narcocultura* werden in der Forschung unterschiedlich diskutiert. Der allgemeine Sprachgebrauch – das stumme Wissen – sowie ein Teil der anthropologisch und soziologisch ausgerichteten Forschungen verstehen darunter lokal geprägte Subkulturen, die rund um den Drogenhandel entstanden sind und Merkmale einer eigenen Lebensweise, nämlich geteilte Normen, Habitus, Sprache, Symbolik und Rituale aufweisen. So etwa Jorge Alan Sánchez Godoy: Procesos de institucionalización de la narcocultura en Sinaloa. In: *Frontera norte* 21 (2009); Günter Maihold/Sauter de Maihold, Rosa María: Capos, reinas y santos – la narcocultura en México. In: *iMex. México Interdisciplinario. Interdisciplinary Mexico* 3, 2 (2012) und Omar Rincon: Narco.estética y narco.cultura en Narco.lombia. In: *Nueva Sociedad* (2009). Davon weicht eine weite Definition von *narcocultura*, etwa bei Cabañas ab, der in der Einleitung einer 2014 erschienenen Ausgabe der Zeitschrift *Latin American Perspectives* zum Thema der medialen Repräsentationen des Drogenhandels unter *narcocultura* sämtliche kulturelle Praktiken und deren Repräsentationen versteht, die mit dem Phänomen «Drogenhandel» in Zusammenhang stehen und zusammengenommen unsere «Wahrheit» von dieser Welt geworden sind. Vgl. Miguel A. Cabañas: Imagined Narcoscapes. Narcoculture and the Politics of Representation. In: *Latin American Perspectives* 2, 41 (2014), S. 7. Wir folgen in Bezug auf den Begriff der *narcoculturas* der im stummen Wissen zirkulierenden Bedeutung, die darin Subkulturen mit gemeinsamen transnationalen Merkmalen erkennt. Näheres zur *narcocultura* in Kapitel 2.2.2 dieser Arbeit.

ter, prunkvoller Lebensstil, eine offensive Zurschaustellung von Reichtum und ferner ein martialisches, nicht selten archaisch anmutendes Exponieren von Gewalt. *Narcoculturas* sind spätestens seit den 1990er Jahren ein transnationales, vorwiegend lateinamerikanisches Phänomen mit einer Vielzahl lokaler und regionaler Eigenheiten. Sie sind nur das auffälligste Symptom einer zunehmenden Durchdringung lateinamerikanischer Gesellschaften durch den Drogenhandel.

Sichtbar wird dies etwa im nordmexikanischen Bundesstaat Sinaloa. Die Ausbreitung des Drogenhandels erfasste hier spätestens seit den 1970er Jahren unterschiedliche Gesellschaftsschichten und entwickelte sich zunehmend zu einem Konzept legitimen Wirtschaftens, welches auf vielfältige Weise die politischen Strukturen der Region beeinflusste und selbst prägend auf die Herausbildung einer regionalen Identität einwirkte. Davon zeugt nicht zuletzt der seitdem antonomasisch gebrauchte Ausdruck *gomero* (Kautschukbaum/-händler),[11] der nicht nur «Opiumhändler/Mohnbauer» bedeutet, sondern auch zur Bezeichnung der Bürger dieses Staates dient.[12]

Insoweit ist der Drogenhandel in verschiedener Hinsicht nicht mehr aus der Realität vieler Regionen Lateinamerikas wegzudenken. Es bestehen komplexe Verstrickungen zwischen der Mehrheitsgesellschaft und dem Drogenmilieu in den unterschiedlichsten Lebensbereichen. Zusammengenommen handelt es sich um sehr heterogene und höchst konfliktträchtige Phänomene der realen und imaginären Wirklichkeit, welche die einschlägigen literarischen Veröffentlichungen zu dieser Thematik in unterschiedlicher Weise aufnehmen, nachzeichnen, konterkarieren oder zum Ausgangspunkt neuer Fiktionen machen, wie die Befunde dieser Arbeit zeigen.

Ihr Untersuchungsgegenstand ist ein 166 Buchtitel zählender Primärkorpus von spanischsprachigen Prosawerken verschiedener Länder Lateinamerikas, welche in der Forschung mit Begriffen wie *narconarrativa* (narconarratives), *narcoficciones* (narcofictions), *narcoliteratura* (narcoliterature), *literatura del narco* oder *narcoepics* näher gekennzeichnet werden. Das heterogene Begriffsspektrum zur Einordnung dieser Werke spiegelt die Vielfalt der Narkoprosa – als dem hier eingeführten Sammelbegriff – wider, nicht anders als die daraus folgenden Fragen nach der Definition, Einordnung, Interpretation und Bewertung in der Literaturwissenschaft.

---

11 Zu Ursprung und Gebrauch des Wortes *gomero*, siehe Luis Alejandro Astorga Almanza: *El siglo de las drogas. El narcotráfico, del porfiriato al nuevo milenio.* México, D.F.: Plaza & Janés 2005, S. 63.
12 Astorga schreibt hierzu: «Ser sinaloense es casi sinónimo de ser gomero, aunque no necesariamente en el sentido estigmático: por ejemplo, una nota beisbolística señala que los gomeros pierden su tercera serie al hilo frente al equipo de Hermosillo.» Ebda., S. 87.

Bislang hat sich weder eine einheitliche Bezeichnung, noch eine Definition, geschweige denn ein Kanon durchgesetzt, der vorgeben würde, welche die dominanten narrativen und sonstigen symbolischen Ausdrucksformen sind, die mit diesen Begriffen umschrieben werden. Die bestehende Forschung und Interpretation finden ihren gemeinsamen Nenner vor allem in der Thematik des Drogenhandels/-kriegs und der Literarisierung neuer Formen von Gewalt. Insoweit ist es ein Desiderat der Literaturgeschichtsschreibung, dem in etwa zehn verschiedenen Ländern Lateinamerikas in 50 Jahren entstandenem Feld literarischer Produktion weitere Konturen zu geben.

Auf der Grundlage des erfassten Korpus macht es sich diese Untersuchung zur Aufgabe, die bestehende Forschung, die wesentliche Erkenntnisse für die Feldforschung im Allgemeinen und die konkrete Befassung der vorliegenden Arbeit geliefert hat,[13] zu erweitern: Es werden zunächst generische Tendenzen dieses Primärkorpus bezeichnet. Mittels der Analyse 14 repräsentativer Werke eines Sekundärkorpus werden dann dominante Erzähl- und Stilformen zweier Substrômungen konturiert sowie diegetische Auffälligkeiten in der Inszenierung des Drogenhandels und -kriegs herausgearbeitet. Verstärkte Aufmerksamkeit widmet die Untersuchung dabei – einer literaturanthropologischen Perspektive folgend– der Funktion des Erzählens und dem «Imaginären» in der literarischen Fiktion.[14] Deren Erforschung verspricht vielversprechende Interpretationswege für eine literatur- und kulturwissenschaftliche Beschäftigung mit der Narkoprosa.

Die konnotative Vielfalt und Widersprüchlichkeit der unterschiedlichen Narkodiskurse und -imaginarien sind auf der Ebene der gesellschafts-, kultur- und literaturwissenschaftlichen Analysen bisher nur zum Teil erfasst und in Bezug zur literarischen Fiktion gestellt worden. Diese Diskussion ist aber umso dringlicher, da der Topos «Drogenhandel» – spätestens seit Mitte der 1980er Jahre und verstärkt seit diesem Jahrtausend – zu einem der wirksamsten medialen Phänomene avanciert ist; der *narco* findet nicht nur Eingang in die Musik-, Film-, Serien- und Romanproduktion, sondern figuriert auch in den sozialen Medien und spielt selbst in der Modebranche eine nicht unbedeutende Rolle.

Eine Beschäftigung mit dem literarischen Imaginären in der Narkoprosa ist ferner deshalb so wichtig, weil die Realität des Drogenhandels und des dagegen geführten Kriegs ein äußerst machtvolles und widersprüchliches Imaginäres

---

[13] Maßgeblich die Arbeiten von Hermann Herlinghaus: *Violence Without Guilt. Ethical Narratives from the Global South*. New York Palgrave Macmillan 2009; Hermann Herlinghaus: *Narcoepics. A Global Aesthetics of Sobriety*. New York: Bloomsbury 2013.
[14] Wir folgen den Arbeiten Wolfgang Isers, allen voran dessen Hauptwerk: Wolfgang Iser: *Das Fiktive und das Imaginäre. Perspektiven literarischer Anthropologie*. Frankfurt am Main: Suhrkamp 2014.

begleitet und insoweit die literarische Produktion wesentlich beeinflusst. Die Architektur dieses wirkmächtigen Gebildes im Sinne eines gesellschaftlichen Imaginären besteht aus Vorurteilen und affektiv aufgeladenen Symbolen, archetypischen Bildern, stereotypen Vorstellungswelten und ideologisierenden Diskursen über den von den USA angeführten *war on drugs*.[15] Angesprochen ist damit ferner ein lokales und regionales Sprach- und Wertesystem mit religiössynkretistischen Zügen sowie eine Vielzahl von kursierenden Legenden und mediatisierten Bildern über den Drogenhandel. Diese Bausteine prägen in jeweils unterschiedlicher Weise die Wahrnehmung der Realität des Drogenhandels. Mehr als andere Bereiche hat der *narco* in Lateinamerika viele Masken, die er sich aufsetzt bzw. die ihm aufgesetzt werden und die die Selbst- und Fremdwahrnehmung dieses Phänomens bestimmen.[16]

Die vorherrschende Symbolik rund um das Phänomen des Drogenhandels und die mit ihm in Verbindung stehende Lebenswelt sind nicht unwesentlich von dem lexikalischen Morphem und Substantiv *narco* selbst beeinflusst. Seine dominante Konnotation ist wesentlich von den globalen Dynamiken des *war on drugs* bestimmt, dessen Diskurse seit den 1970er Jahren eine manichäische Freund-Feind-Intensität (Schmitt) aufweisen:[17] die Droge und der Drogenhandel figurieren spätestens seit dieser Zeit als Gefahr für die öffentliche Sicherheit und Ordnung und die darin Beschäftigten als Feinde der bürgerlichen Gesellschaft.

Für viele Menschen, einschließlich der Schriftsteller der Narkoprosa, sind der Drogenhandel und damit einhergehende Szenarien der Gewalt in markanter Weise mit Aspekten von Angst und bedrohlicher Fremdheit besetzt. Die Welt des Drogenhandels figuriert als konstitutiver Teil und zugleich als das oder der Andere, Fremde und Bedrohliche vieler Kulturen Lateinamerikas. Das betrifft in erster Linie das öffentliche Auftreten der Drogenkartelle und Angehörigen der sogenannten *narcoculturas*, die mit Prunk und Gewalt auf sich aufmerksam machen. Denn die Drogenkartelle drängen spätestens seit den 1980er Jahren mit zuweilen brachialer Gewalt in den öffentlichen Raum. Im letzten Jahrzehnt ist es vor allem der mexikanische Raum, der – verstärkt durch den 2006 eingeleiteten Drogenkrieg des Präsidenten Felipe Calderóns –, in besonderer Weise durch Formen öffentlich inszenierter Gewalt für mediales Aufsehen gesorgt hat. Dazu haben wesentlich von den Drogenkartellen verübte Terroranschläge (Morelia

---

15 Näheres zum Konzept des gesellschaftlichen Imaginären in Kapitel 2.1, insbesondere in 2.2.1 dieser Arbeit.
16 Näheres hierzu in Kapitel 1.4 dieser Arbeit.
17 Im Sinne von Carl Schmitts Begriff des Politischen. Vgl. Carl Schmitt: *Der Begriff des Politischen: Text von 1932 mit einem Vorwort und 3 Corollarien*. Berlin: Duncker & Humblot 1963, S. 28. Siehe hierzu auch das Kapitel 2.2.1 dieser Arbeit.

2008), in Medien zirkulierende Hinrichtungsvideos sowie von den Kartellen verbreitete Drohnachrichten in Form sogenannter *narcomantas* oder enthaupteter und an Autobahnbrücken befestigter Leichen beigetragen.

Zudem stößt man vielerorts in Gebieten des herrschenden Drogenkriegs auf eine gewachsene, endemisch gewordene Situation von strukturell verfestigter Gewalt und prekärer Staatlichkeit, anzutreffen etwa in der nordmexikanischen Grenzstadt Ciudad Juárez und in bestimmten Vierteln Medellíns der 1980er Jahre, in denen, so Alonso Salazar, ein «Krieg ohne definierte Fronten» herrscht, der «Tag und Nacht durch die Straßen schreitet».[18]

Akte barbarischer Gewalt seitens der Drogenkartelle bei gleichzeitiger Straflosigkeit, Komplizenschaft der Eliten und medialer Omnipräsenz des Kriegsszenarios schufen ein Klima der Angst und Unsicherheit auch bei solchen Bürgern, die nicht unmittelbar von den Auswirkungen der Gewalt betroffen sind oder in entsprechenden Gebieten leben. Susana Rotker spricht von der Bildung von *ciudadanias del miedo* – sogenannter Angstbürgerschaften –,[19] die nachhaltig das Leben der Einzelnen bestimmen, zugleich gesellschaftliche Prozesse in Gang setzen und das literarische Schaffen markant prägen. Was diese breit rezipierte Untersuchung, primär bezogen auf die in Großstädten herrschenden *prácticas de inseguridad* aufzeigt,[20] gilt in Zonen und Zeiten des Drogenkriegs und dem Erstarken der *narcocultura* in zugespitzter Form.

Insoweit erscheint der Drogenhandel zu jeweils anderen Zeiten und in je unterschiedlichem Grad aus der Perspektive der Mehrheitsgesellschaften vieler Länder Lateinamerikas als ein äußerst bedrohliches, fremdes Konglomerat. Die vorliegende Arbeit lässt sich insoweit auch als eine Fortsetzung der im Jahr 2000 von Rotker angestoßenen Forschungen über das Erzählen im Kontext eines gesellschaftlichen Klimas der Angst betrachten, welches vielerorts zu einem kulturellen Merkmal lateinamerikanischer Gesellschaften zu werden scheint.

Unsere Untersuchung wird diesem Befund in phänomenologischer Hinsicht, etwa in Bezug auf die in den Substrómungen der Narkoprosa jeweils unterschiedlichen Darstellungen der fiktiven Welt des Drogenhandels und verwandter Milieus nachgehen, die sich als jeweils unterschiedliche Reaktion auf diesen Kontext begreifen lassen. In diesem Zusammenhang stellt sich dann auch die Frage, welche erzählerischen Funktionen diese Literatur und das

---

18 Alonso Salazar J.: *No nacimos pa' semilla. La cultura de las bandas juveniles de Medellín.* Bogotá: Corporación Región; CINEP 1990, S. 24. (Übersetzung der Autorin).
19 So der Titel des Werkes: Susana Rotker: *Ciudadanías del miedo.* Caracas: Nueva Sociedad 2000.
20 Vgl. Susana Rotker: Ciudades escritas por la violencia. (A modo de introducción). In: Susana Rotker (Hg.): *Ciudadanías del miedo.* Caracas: Nueva Sociedad 2000, S. 15.

durch sie Gestalt annehmende Imaginäre für Autor, Leser und das Verständnis von Gegenwart und Geschichte erfüllen.

Im Folgenden wird nach einer terminologischen Einordnung der Narkoprosa ein Überblick über den Stand der Forschung gegeben, um daran anschließend den Untersuchungsgegenstand näher zu begründen und den Verlauf der Untersuchung zu umreißen.

1.2 Terminologische Verortung der Narkoprosa

Wir zählen bis zum Jahr 2013 einen Korpus von 166 Prosawerken, vor allem Romane, testimoniale und chronistisch orientierte Texte. Dazu kommt eine bemerkenswerte Liste an Filmen, Telenovelas,[21] *narcocorridos* und *narcopoesía*,[22] die zusammengenommen das Feld der Narkonarrationen darstellen.[23] Narkonarrationen betreffen das weite Feld aller literarischen, künstlerischen und kulturellen Narrationen, die sich im engeren oder weiteren Sinn mit der Thematik des Drogenhandels befassen. Dazu werden hier auch Werke aus dem Bereich der bildenden, plastischen sowie der Installationskunst gezählt.

Die Narkonarrationen finden, historisch betrachtet, im Musikstil *narcocorrido* ihren ersten Vertreter. Er geht der literarischen und filmischen Produktion

---

21 Siehe dazu Curtis Marez: *Drug wars. The political economy of narcotics*. Minneapolis [u. a.]: University of Minnesota Press 2004, S. 1–36.

22 Vgl. zu erst in jüngerer Zeit veröffentlichten Gedichtanthologien aus dem mexikanischen Kulturraum John Gibler: *20 poemas para ser leídos en una balacera*. México: 2012; Eba Reiro/ Daril Fortis u. a. (Hg.): *Mi país es un zombie*. México: Casamanita Cartonera 2011; Jorge Humberto Chávez: *Te diría que fuéramos al Río Bravo a llorar pero debes saber que ya no hay río ni llanto*. México: Fondo de Cultura Económica 2013; Eric Uribares: *El plomo en la patria*. México: Acá las letras 2011; René Morales: *La línea blanca*. México: Public Pervert 2013.

23 Wegweisend in der wissenschaftlichen Einordnung und Interpretation solcher Phänomene wurde der Begriff *narconarrativa* sowie in der englischsprachigen Wissenschaft *narconarratives*. Ihn prägte insbesondere Herlinghaus in seinen Werken: Hermann Herlinghaus: *Violence Without Guilt. Ethical Narratives from the Global South* und Hermann Herlinghaus: *Narcoepics. A Global Aesthetics of Sobriety*. Der Autor wählt einen problemorientierten Ansatz. Zur Definition der *transnational narratives* siehe Kapitel 1.3.1.2. dieser Arbeit. Ferner Oswaldo Zavala: Imagining the US-Mexico drug war: The critical limits of narconarratives. In: *Comparative Literature* 3, 66 (2014), der *narconarrativa* als «dispersed but interrelated corpus of texts, films, music, and conceptual art focusing on the drug trade» bezeichnet. *Narconarrativa* ist bis heute auch ein gebräuchlicher Terminus zur Bezeichnung der Prosaliteratur. So etwa bei Gabriela Polit-Dueñas: Sicarios, delirantes y los efectos del narcotráfico en la literatura colombiana. In: *Hispanic Review* Vol. 74, (2006). Und Alberto Fonseca: *Cuando llovió dinero en Macondo. Literatura y narcotráfico en Colombia y México*. Kansas, Faculty of the Graduate School, University of Kansas: 2009.

zu dieser Thematik voraus. Die frühen *narcocorridos* reichen bis in die 1940er Jahre zurück und sind damit die ersten symbolischen Repräsentationen einer narrativen Erfahrungskultur des Drogenhandels in Lateinamerika. Dieser Musikstil geht auf die Tradition des *corrido mexicano*,[24] einer schlichten, archaischen Form der vertonten Ballade, zurück, die sich – so die Mehrheit der Studien – vorwiegend in der nordmexikanischen Grenzregion im 19. Jahrhundert herausbildete.[25] Die Gliederung des *narcocorrido* folgt meistens einem einfachen, stark rhythmisierten Vierviertaltakt, weist eine metrische Strophenform auf und erzählt von Ereignissen und Figuren, die das Volk beschäftigen und berühren.[26] Dazu gehörte zu Beginn des 20. Jahrhunderts die mexikanische Revolution und anschließend immer wieder das Thema der Migration. Seit den 1970er Jahren avanciert der Drogenhandel zum bevorzugten Thema. Die musikalische Untermalung erfolgt seit dieser Zeit im Stil der sogenannten *música norteña* sowie der *música de banda*.[27] Seit spätestens den 1990er Jahren ist der *narcocorrido* einer der beliebtesten Musikstile innerhalb des nordmexikanischen Drogenmilieus sowie weit darüber hinaus auch anderer Bevölkerungsgruppen.[28]

Der Begriff Narkoprosa bezieht sich auf alle literarisch orientierten Prosatexte, die direkt oder indirekt die Welt des Drogenhandels/-kriegs zum Gegenstand haben. Dazu gehören sowohl solche Werke, die ihren thematischen Fokus auf Figuren und Diegesen legen, die in direktem Zusammenhang mit dem Drogenhandel stehen, als auch solche, in denen der Drogenkrieg das Hintergrundgeschehen bildet. Letzteres ist etwa in dem bekannten kolumbianischen Roman *Delirio* von Laura Restrepo der Fall, der von einer jungen Frau aus der bogotaner Oberschicht erzählt, die an einem *delirium tremens* erkrankt und sich im Kontext des Drogenterrors der 1990 Jahre abspielt.

Ferner gehören zur Narkoprosa solche Werke, die von Figuren und Räumen handeln, die mit dem Drogenhandel in direkter Verbindung stehen, wie das

---

24 Siehe dazu das Grundlagenwerk von Vicente T. Mendoza: *El corrido mexicano*. México, D.F.: Fondo de Cultura Económica 1992.
25 Eine solche Position vertritt etwa Mendoza, ebda.
26 Die einzelnen Strophen des Corridos bestehen aus Quartetten in variabler Reimform. Vgl. ebda., S. IX.
27 Die «música de banda» und «conjuntos norteños» werden seit den 1970er Jahren mit der Narkokultur in Zusammenhang gebracht. Vgl. César Jesús Burgos Dávila: *Narcocorridos: Antecedentes de la tradición corridística y del narcotráfico en México*, S. 168.
28 Kolumbianische Drogenhändler hören vorwiegend Salsa und Tango. Siehe dazu Juan Cajas: Globalización del crimen, cultura y mercados ilegales. In: *Ide@s, Concyteg* 36, 3 (2008), S. 33. Allerdings entstanden auch einige kolumbianische *narcocorridos*, vor allem solche über die großen Capos wie Pablo Escobar. Siehe dazu: Carlos Valbuena: Sobre héroes, monstruos y tumbas. Los capos en el narcocorrido colombiano. In: *Caravelle (1988–)* 88 (2007), S. 221–43.

Phänomen des *sicariato*. Der in den 1990er Jahren geprägte Begriff bezieht sich auf die in den 1980er Jahren entstandene Subkultur bewaffneter Jugendgangs in städtischen Armutsvierteln Medellíns und Bogotás. Die in der Regel nicht älter als 17 Jahre alten, in Banden organisierten Kinder und Jugendliche führen bezahlte Mordaufträge aus, welche in nicht wenigen Fällen direkt dem Drogenhandel, allen voran den großen Drogenkartellen der 1980er Jahre, zuzuordnen sind.

Wir unterscheiden unterschiedliche Subtypen der Narkoprosa. Neben Narkoromanen (*narconovelas*) figurieren solche Prosatexte, die in der weiteren, literarisch orientierten Tradition faktualen Erzählens,[29] allen voran der sogenannten Testimonialliteratur und neuerer Ausprägungen der lateinamerikanischen Chronik stehen: die hier so genannte testimonial und chronistisch orientierte Narkoprosa.[30] Die unterschiedlichen Subtypen sind Teil eines gemeinsamen intertextuellen Bezugssystems, zu dem auch die Gattung des *narcocorridos* gehört.[31] Die Texte treten zum Teil in thematische, reflexive oder intertextuelle Dialoge zueinander, weshalb eine multigenerische Betrachtung des Korpus auch für die Interpretation der einzelnen Werke geboten erscheint. So orientieren sich etwa Jorge Francos Roman *Rosario Tijeras*, Fernando Vallejos Roman *La virgen de los sicarios* und Arturo Álapes Werk *Sangre Ajena* an vorausgegangenen testimonialen Texten zum Auftragsmördertum.[32]

---

29 Die Arbeit folgt grundsätzlich der Definition von Martínez/Scheffel: «Faktuale Texte sind Teil einer realen Kommunikation, in der das reale Schreiben eines realen Autors einen Text produziert, der aus Sätzen besteht, die von einem realen Leser gelesen und als tatsächliche Behauptungen des Autors verstanden werden.» Matías Martínez/Michael Scheffel: *Einführung in die Erzähltheorie*. München: Beck 2007, S. 17. Näheres zur Unterscheidung zwischen fiktionalen und faktualen Erzählformen in Kapitel 3.3 dieser Arbeit.
30 Im englischsprachigen Raum wird auch der Begriff des *testimonial writing* verwendet und im Spanischen der durch den kubanischen Schriftsteller Miguel Barnet geprägte Begriff der *novela-testimonio*. Mehr dazu in Kapitel 4.1.1 dieser Arbeit.
31 Der *narcocorrido* stellt von Beginn der ersten Romanveröffentlichungen in Mexiko an eine wichtige ästhetische wie thematische Referenz dar. Das betrifft im Besonderen folgende – vorwiegend mexikanische – Romane: Víctor Hugo Rascón Banda: *Contrabando*. México, D.F.: Planeta 2008; Élmer Mendoza: *Cada respiro que tomas*. Culiacán: Dirección de Investigación y Fomento de Cultura Regional del Gobierno del Estado de Sinaloa 1991; Gerardo Cornejo M.: *Juan Justino judicial*. México, D.F.: Selector 1996; Arturo Pérez-Reverte: *La reina del Sur*. Madrid: Santallina 2002; Yuri Herrera: *Trabajos del reino*. México, D.F.: Tierra Adentro 2004; Alejandro Almazán: *El más buscado*. México, D.F.: Grijalbo 2012.
32 Das betrifft vor allem das berühmteste testimoniale Werk zum «sicariato» in Kolumbien: Alonso Salazar J.: *No nacimos pa' semilla. La cultura de las bandas juveniles de Medellín*. Vgl. hier Miguel Cabañas: El sicario en su alegoria. La ficcionalizacion de la violencia en la novela colombiana de finales del siglo XX. In: *Taller de Letras* (2002), S. 7–20 und Margarita Jácome:

1.3 Interpretationsansätze und Darstellungsmerkmale der Narkoprosa: Stand der Forschung

Die literatur- und kulturwissenschaftliche Erforschung der Narkoprosa steckt noch in den Anfängen. Das gilt auch und insbesondere für die Frage, ob und wie der Korpus von 166 spanischsprachigen Prosawerken zur Thematik des Drogenhandels literatur- und kulturgeschichtlich einzuordnen ist und welche Interpretations- und Analyseweisen zur Erforschung der Narkoprosa produktiv gemacht werden können. Eine systematische Erfassung sowie Untersuchung eines so umfangreichen Korpus von literarischen Narrationen hinsichtlich ihrer Gattungszugehörigkeit und dominanter Darstellungsmerkmale wurde bislang nicht unternommen.

Auf die Suche nach der Eigenart und der Interpretation der – verschieden bezeichneten – Narkoprosa begaben sich dennoch eine Reihe von Autoren und veröffentlichten dazu diverse Monographien und Aufsätze in entsprechenden Fachzeitschriften. Es handelt sich aber durchweg um thematisch gesonderte Einzeldarstellungen, die darüber hinaus mit unterschiedlichen Fokussierungen, Interpretationsansätzen und einem unterschiedlich großen Analysekorpus zu zum Teil stark voneinander abweichenden Ergebnissen kamen.

1.3.1 Interpretations- und Analyseansätze

Nach dem gegenwärtigen Stand der Forschung lassen sich zusammenfassend grundsätzlich vier Interpretationsansätze herausstellen. Allerdings – das sei vorweg erwähnt – stehen sie nicht im Sinne einer abgrenzbaren Ausschließlichkeit nebeneinander, sondern überschneiden sich vielfach und setzen nur unterschiedliche Schwerpunkte. Die Interpretationsansätze setzen sich von strikt werkimmanenten Interpretationen in der Nachfolge des *New Criticism* und der strukturalistischen Literaturwissenschaft ab und legen ihren Fokus auf kontextorientierte, gesellschaftskritische oder kulturphilosophische Analysen.

1.3.1.1 Ideologie- und gesellschaftskritischer Analyseansatz

Eine Reihe von Autoren befragt – einen ideologie- und gesellschaftskritischen Standpunkt einnehmend – die Romane nach ihrem kritischem Erkenntniswert in Bezug auf die Darstellung des Drogenhandels und -kriegs und der damit er-

---

La novela sicaresca: testimonio, sensacionalismo y ficción. Medellín: Universidad EAFIT 2009, S. 136–37. Sowie die Analyse dieser Arbeit zu *Sangre Ajena* (Kapitel 4.2.3).

starkenden Subkulturen, die sich rund um den Drogenanbau entwickelt haben. Fonsecas Dissertation arbeitet heraus,[33] dass sich die von ihm als *narco-narrativa* bezeichneten Texte mit den gesellschaftlichen Voraussetzungen und Folgewirkungen des Drogenhandels – allen voran der damit einhergehenden «Kultur des schnell verdienten Geldes» (*dinero fácil*) – auseinandersetzen.[34] Der plötzliche Reichtum, die damit verbundene Macht und das gestiegene gesellschaftliche Ansehen der Drogenhändler stellen nach Fonseca die prominentesten Merkmale dieser Erzählungen dar. Das lasse sich sowohl in psychologischer Hinsicht – in Bezug auf die Handlungsmotivation der Romanfiguren – als auch gesellschaftlich – hinsichtlich der in der Literatur problematisierten axiologischen Veränderungen – aufzeigen.[35] *Narco-narrativa* verfügten auch insoweit über ein gesellschaftskritisches Potential, als sie eine entmythifizierende – gesellschaftliche Vorurteile widerlegende – Funktion ausübten.[36]

---

[33] Alberto Fonseca: *Cuando llovió dinero en Macondo. Literatura y narcotráfico en Colombia y México.*

[34] In der englischen Version des *abstracts* seiner Dissertation heißt es hierzu: «Narco-narratives examine the social structures that drug trafficking has brought to Latin American society, which I refer to collectively as the culture of «easy money». These texts are the product of a global phenomenon and highlight the tensions within neo-liberalism, globalization and the war on drugs.» Alberto Fonseca: *Cuando llovió dinero en Macondo: Literatura y narcotráfico en Colombia y México*, S. 3. Fonseca analysiert in seiner Dissertation folgende sechs Werke: Fernando Vallejo: *La virgen de los sicarios.* Bogotá: Santillana 1994; José Libardo Porras Vallejo: *Hijos de la nieve.* Bogotá: Planeta 2000; Darío Jaramillo Agudelo: *Cartas cruzadas.* Bogotá: Santillana 1995; Élmer Mendoza: *Cada respiro que tomas.* Culiacán: Dirección de Investigación y Fomento de Cultura Regional del Gobierno del Estado de Sinaloa; Gerardo Cornejo M: *Juan Justino judicial.* México, D.F.: Selector 1996; Armando Ayala Anguiano: *The gringo connection. Secretos del narcotráfico.* México, D.F.: Océano 2000. Darüber hinaus berücksichtigt er in seinen weitergehenden Aussagen über diese Literatur die Werke der kolumbianischen Autorin Laura Restrepo: Laura Restrepo: *Delirio.* Bogotá: Ed. Aguilar 2004; Laura Restrepo: *Leopardo al sol.* Bogotá: Planeta 1993) sowie Leonidas Alfaro Bedolla: *Tierra Blanca.* México, D.F.: Ed. Almuzara 2005 (c1996).

[35] «El dinero fácil del narcotráfico es el motor que mueve a la mayoría de los personajes de las narco-narrativas y es la causa de los cambios axiológicos, económicos, políticos y sociales que el narcotráfico ha traído a países como México y Colombia.» Ebda., S. 10.

[36] Auch diese begründet er vor allem auf den Ebenen der Handlung und Figurenentwicklung und stellt dabei Unterschiede zwischen den mexikanischen und kolumbianischen Werken fest. Die mexikanischen Romane thematisierten eher ein gesellschaftliches Scheitern des Systems, eine Desillusionierung solcher Figuren, die in die Fänge des Drogenhandels geraten seien. Ihre kolumbianischen Schwestern konzentrierten sich dagegen auf die psychologischen Folgewirkungen dieses Phänomens, allen voran der Bedeutung der Schuld, vgl. ebda., S. 273. Doch das kritische Potential der Werke erreicht – so Fonseca – nicht die verheerenden Praktiken der (staatlichen) Korruption und der omnipräsenten Bedeutung des Geldes. Vgl. ebda., S. 267.

Ein primär gesellschafts- und kulturkritischer Ansatz liegt auch den Aufsätzen von Rafael Lemus, Alejandro Herrero-Olaizola sowie Osvaldo Zavala zu einer Reihe von Narkoromanen zugrunde.[37] Diesen Autoren geht es maßgeblich um den – kritisch bewerteten – mythifizierenden, exotisierenden und kommerziellen Charakter der Romane. Sie sprechen den von ihnen analysierten Narkoromanen, bis auf wenigen Ausnahmen,[38] nicht nur grundsätzlich ein gesellschaftskritisches Potential ab, sondern halten ihnen vor, ein verfälschendes Bild von der Realität des Drogenhandels zu entwerfen.[39] Das trifft insbesondere

---

[37] Rafael Lemus: Balas de salva: Notas sobre el narco y la narrativa mexicana. In: *Letras Libres* (Septiembre 2005), S. 220. Alejandro Herrero-Olaizola: «Se vende Colombia, un país de delirio»: El mercado literario global y la narrativa colombiana reciente. In: *Symposium* (Spring 2007), S. 43–56; Oswaldo Zavala: *Imagining the US-Mexico drug war: The critical limits of narconarratives.* Und Oswaldo Zavala: Cadáveres sin historia: La despolitización de la narconovela negra mexicana contemporánea. In: Oswaldo Estrada (Hg.): *Senderos de violencia. Latinoamérica y sus narrativas armadas.* Valencia: Albatros 2015.
[38] In Bezug auf die mexikanischen Werke betrifft dies – so die mehrheitlich geteilte Meinung auch anderer der genannten Kritiker – folgende Werke: Víctor Hugo Rascón Banda: *Contrabando*; Daniel Sada: *El lenguaje del juego.* Barcelona: Anagrama 2012; Sergio González Rodríguez: *Huesos en el desierto.* Barcelona: Editorial Anagrama 2002; Juan José Rodríguez: *Mi nombre es Casablanca.* México, D.F.: Plaza Janés 2005 sowie *La parte de los crímenes* aus Roberto Bolaño: *2666.* Barcelona: Ed. Anagrama 2004. Siehe hierzu u. a. Juan Villoro: La alfombra roja: Comunicación y narcoterrorismo en México. In: Oswaldo Estrada (Hg.): *Senderos de violencia. Latinoamérica y sus narrativas armadas.* Valencia: Albatros Ediciones 2015; Oswaldo Zavala: *Imagining the US-Mexico drug war: The critical limits of narconarratives*; Diana Palaversich, ‹Contrabando, a Masterpiece of the Mexican Narconovela›, (47, 2014), 28–33; Oswaldo Zavala: *Cadáveres sin historia: La despolitización de la narconovela negra mexicana contemporánea,* S. 50–52; Juan Carlos Ramírez-Pimienta, ‹Sinaloa Cowboys: Estereotipos y contraestereotipos del narco en Mi nombre es Casablanca de Juan José Rodríguez›, *Letras del Siglo XX (Letras del Siglo XX)* (2009).
[39] Der Kolumbianer Herrera-Olaizola führt in einem 2007 erschienenen Aufsatz den Erfolg einer Reihe kolumbianischer Bestsellerromane auf eine bestimmte Form der zugleich massentauglichen wie exotisierenden Darstellung der lateinamerikanischen rauen Realität (Marginalität, Armut, Gewalt, Drogenhandel, Guerilla) zurück. Er vermutet dahinter eine Verkaufsstrategie der großen – global agierenden – Verlagshäuser, in deren Blickfeld ein bestimmter Lesertypus stehe, den der kolumbianische Kritiker als gebildet, mit der gesellschaftlichen Wirklichkeit Lateinamerikas vertraut und begierig nach Unterhaltungsliteratur mit gewissem kulturellem Anspruch charakterisiert. Vgl. Alejandro Herrero-Olaizola: «*Se vende Colombia, un país de delirio*»: *El mercado literario global y la narrativa colombiana reciente*. Herrera-Olaizola bezieht sich auf folgende Romane: Fernando Vallejo: *La virgen de los sicarios*; Jorge Franco Ramos: *Rosario Tijeras. Una novela.* Nueva York: Siete Cuentos Editorial 2004, c1999; Laura Restrepo: *Delirio*, (2004); Mario Mendoza Zambrano: *Satanás.* Barcelona: Seix Barral 2002. Satanás (2002) ist der einzige Roman, der nicht zur Narkoprosa im engeren Sinne gezählt werden kann. Der Mexikaner Rafael Lemus kritisiert eine bestimmte Form der Erzähltradition, die sich im Norden Mexikos herausgebildet hat und welche unter dem Begriff der «*Narrativa del*

1.3 Interpretationsansätze und Darstellungsmerkmale der Narkoprosa — 17

auf Zavala zu, der sich vor allem mit den im Gefolge der *narcocultura* und dem globalen *war on drugs* entstehenden «Mythen» und ihrer Erscheinungsformen in den von ihm untersuchten mexikanischen Romanen befasst.[40] Er kommt zu dem Ergebnis, dass sich eine Reihe von Romanen den manichäischen Diskurs über den Drogenhandel aneigne und zur Verschleierung und Verzerrung der Realität beitrage.[41] Es habe sich ein *simulacrum of truth* im Sinne eines medialen sowie politischen Konsens herausgebildet,[42] der die meisten Darstellungen und Diskussionen über den Drogenhandel dominiere und der US-amerikanischen und mexikanischen Strategie des *war on drugs* ideologisch entspreche.[43] Ferner

---

Norte» Eingang in die Literaturkritik gefunden hat. Viele Werke dieser Autoren handeln von der nordmexikanischen Grenzsituation und greifen Themen wie Migration, illegale Arbeit, maquiladoras, Prostitution, Marginalität und nicht zuletzt das Thema des Drogenhandels auf. Lemus wirft, ohne außer Élmer Mendoza konkrete Namen von Autoren zu nennen, den *Narradores del Norte* vor, sich einseitig auf das Thema des Drogenhandels zu fokussieren und darüber hinaus ein verfälschendes Bild desselben in der Literatur zu entwerfen. Es würde eine Art Trugbild erzeugt, welches den Eindruck von «Ordnung» sowie eine allzu einfache mimetische Abbildungsfähigkeit der Literatur suggeriere. Die Werke würden eine kostumbristische Erzählweise, welche die Umgangssprache mit einbinde, mit reißerisch erzählten und melodramatisch inszenierten pikaresken Geschichten – vorzugsweise der Gattung des Kriminalromans – verbinden. Vgl. Rafael Lemus: *Balas de salva. Notas sobre el narco y la narrativa mexicana*, S. 38–42.
40 Zavala definiert den Begriff «mitología» nicht explizit, verwendet ihn allerdings in einem wie von Barthes definierten Sinne, wie schon das Epigraph seines Aufsatzes zum Ausdruck bringt. Ferner spricht er meistens von der «mitología» und nicht vom «mito» des Drogenhändlers in Mexiko und verweist damit wohl indirekt auf den Barthes'schen Buchtitel «Mythologies» Roland Barthes: *Mythologies*. Paris: Le Seuil 1957, welcher im Spanischen mit Mitologías übersetzt wurde (Roland Barthes: *Mitologías*. México, D.F.: Siglo XXI 1999). Barthes zielt mit seinem Mythosbegriff auf versteckt wirkende, für den gewöhnlichen Bürger unkenntlich gewordene, gesellschaftlich geteilte Vorstellungen einer bestimmten Zeit und Gesellschaft. Diese bezeichnet er als *«mythologies»* (ein französischer Begriff, der im Deutschen mit Alltagsmythen übersetzt wurde). Gemeint ist eine Art anonyme Ideologie – etwa des französischen Bürgertums der 1980er Jahre –, die durch Sprache, Bilder und Symbole verbreitet wird.
41 Zavala entwirft einen ambitionierten Ansatz, wonach Kunst – und Literatur im Besonderen – an die Repräsentation der politischen Ordnung gebunden sei. Vgl. Oswaldo Zavala: *Imagining the US-Mexico drug war: The critical limits of narconarratives*, S. 343.
42 Vgl. ebda.
43 Der «Mythos Drogenhandel» gehe von klar umrissenen Feindbildern, allen voran der Drogenkartelle aus, die als außerhalb staatlicher Strukturen wirkende kriminelle Organisationen figurierten. Die Kartelle, so der offizielle Diskurs, stünden einem schwachen mexikanischen Staat bzw. dysfunktionalen staatlichen Strukturen gegenüber, was eine zunehmende Korrumpierung und «Infiltrierung» des Staatsapparates durch die feindlichen Drogenkartelle zur Folge habe und deren Macht vergrößere. Vgl. ebda., S. 342. Zavala beobachtet in den Romanproduktionen des letzten Jahrzehnts Handlungsstrukturen, die diesen Mythos reproduzieren. Dazu gehören Diegesen, in denen Kartelle, Capos und Auftragsmörder gewaltsam gegen Polizisten, Soldaten und Politiker vorgehen und insofern als Feinde des Staates figurieren. In

konstatiert Zavala eine einseitige Darstellung der Gewalt, nämlich eine Fokussierung auf von Drogenkriminellen verübte Akte «subjektiver Gewalt», welche die unsichtbare, systemische Gewalt,[44] die Zavala insbesondere bei den staatlichen Autoritäten verortet, vernachlässige.

1.3.1.2 Kulturphilosophischer Analyseansatz *(Ästhetische Philosophie, Kulturanthropologie, Modernetheorie)*

Hermann Herlinghaus hat mit den eng zusammenhängenden Monographien *Violence Without Guilt* und *Narcoepics* den lateinamerikanischen *narconarrativas* den Status einer neuen künstlerischen Formation zugewiesen, die performativ-narrative (*narcocorridos*), literarische (*narconovelas*) und audiovisuelle (filmische Narrationen) Züge trägt. Er schlägt eine heuristische Definition der transnationalen Narkonarrationen vor:

> Narconarratives designate a multiplicity of dramas expressed in antagonistic languages and articulated, in Latin America and along the hemispheric border, through fantasies that revolve around the depravity and deterritorialization of individual and communitarian life worlds caused by various factors. Among these factors, the deterioration of traditional, social, and democratic civic relationships, new scales in the mobility and spatial experience of common people, together with the drastic increase of urban informal economies, and the rise of the transnational narcotics economy appear as surface indicators. (...) What mark this dynamic, untheorized realm of narrative production in Latin America today are pervasive images and configurations of shattered life, precarious life – human existences that are massively endangered by privation, urban and occupational marginality, and illicit global flows, all of which reproduce innumerable forms of intertwined violence and unnatural death. At the same time, these narratives disclose images of deviance and projects of survival that are ethically affirmative in paradoxical, often shocking ways.[45]

Herlinghaus' interdisziplinärer Analyseansatz verbindet ästhetische Aspekte mit philosophisch-epistemologischen Fragestellungen wie die nach Souveränität, Gewalt und Macht und verortet die Narrationen in einem globalen Kon-

---

seinen Analysen berücksichtigt er neben Arturo Pérez-Reverte: *La reina del Sur* die Kriminalromane Élmer Mendozas des neuen Jahrtausends. Ferner Yuri Herrera: *Trabajos del reino*; Juan Pablo Villalobos: *Fiesta en la madriguera*. Barcelona: Anagrama 2010 und Orfa Alarcón: *Perra brava*. México, D.F.: Planeta 2010.

44 Im Sinne Slavoj Žižeks. Dieser unterscheidet zwischen subjektiver, objektiver (nämlich symbolischer und systemischer) sowie göttlicher Gewalt (in Anlehnung an Walter Benjamins Kritik der Gewalt). Näheres hierzu bei: Reinhard Heil: *Zur Aktualität von Slavoj Žižek. Einleitung in sein Werk* Wiesbaden: VS Verlag für Sozialwissenschaften 2010, S. 106–07. Vgl. Oswaldo Zavala: *Imagining the US-Mexico drug war: The critical limits of narconarratives*, S. 347.

45 Hermann Herlinghaus: *Violence Without Guilt. Ethical Narratives from the Global South*, S. 4.

text.⁴⁶ Narkonarrationen sind danach am Rande und im Kontext eines globalen Macht- und Wirtschaftssystems entstanden und legen auf vielfältige und komplexe Weise Zeugnis ihrer so beschriebenen Herkunft ab. Deshalb spricht er in Bezug auf die von ihm analysierten frühen *narcocorridos* von «globalen corridos» und verortet sie in einem zugleich von lokalen Traditionen wie globalen Machtdynamiken konstituiertem Grenzraum, der von Culiacán (Mexiko) bis nach Los Angeles (USA) reicht. Die Drogenökonomie sei dabei nur einer von vielen Faktoren, die zu deren Entstehung beitrage. Ein solcher Kontext habe in vielen Teilen Lateinamerikas eine Situation ausufernder, kruder Gewalt geschaffen. Herlinghaus spricht von anachronistischen Modernisierungsprozessen der vergangenen Jahrzehnte, die in den lateinamerikanischen Ländern maßgeblich durch einen unverhältnismäßig hohen Einsatz von physischer Gewalt und menschenverachtender Machtausübung im öffentlichen und privaten Raum gekennzeichnet seien.

Er schafft einen komplexen Analyserahmen, der in den Narkonarrationen Konturen des Politisch-Affektiven jenseits dualistischer Verständnismuster von Gewalt und Bewusstseinsüberschreitung verortet. So erarbeitet der Autor anhand des neuen Gegenstands Konturen einer affektiven Ästhetik, die die moderne (aristotelisch-hegelianische) Tradition der tragischen Identifizierung von Gewalt mit Ekstase kritisch hinterfragt, was in die Theorie einer «globalen Ästhetik der Nüchternheit» einmündet.

Es handelt sich um eine umfassende Forschung, deren erste Monographie (*Violence Without Guilt*) den *war on drugs* in die größeren Zusammenhänge der globalen Moderne und ihrer spezifischen Konfliktkonstellationen einordnet. Seine Analyse beginnt mit der Ausarbeitung einer Phänomenologie der zeitgenössischen *corridos*.⁴⁷ Er analysiert ferner sowohl testimoniale (Alonso Salazar) wie transgressiv orientierte literarische Werke (Fernando Vallejo) in einem anthropologischen Sinne, wodurch auch Fragen der (ritualistischen) Religiosität und der politischen Theologie Berücksichtigung finden. Schließlich weitet

---

46 Herlinghaus berücksichtigt in *Violence Without Guilt* neben einer Reihe an *narcocorridos* vorzugsweise der Gruppe der *Tigres del Norte* (S. 37–81) und einer Reihe an Filmen (S. 169–202) die folgenden beiden kolumbianischen Werke der Narkoprosa: Alonso Salazar J.: *No nacimos pa' semilla*. Fernando Vallejo: *La virgen de los sicarios*. In Narcoepics berücksichtigt er folgende Werke in seinen Analysen: Angelo Nacaveva: *Diario de un narcotraficante*. México, D.F.: B. Costa-Amic 1967; Tito Gutiérrez Vargas: *Mariposa Blanca*. La Paz: Los Amigos del Libro 1990; Eduardo Antonio Parra: *Nostalgia de la sombra*. México, D.F.: Editorial Joaquín Mortiz 2002; Alonso Salazar J.: *Pablo Escobar. Auge y caída de un narcotraficante*. Barcelona: Editorial Planeta 2001; Laura Restrepo: *Delirio*; Guadalupe Santa Cruz: *Plasma*. Santiago de Chile: LOM 2005; Roberto Bolaño: *2666*.
47 Siehe Hermann Herlinghaus: *Violence Without Guilt*, S. 57–79 (Parataces Unbound).

der Autor die Untersuchung auf affektive ästhetische Strategien im lateinamerikanischen Film aus.

Band Zwei (*Narcoepics*) kontextualisiert die lateinamerikanischen Narkonarrationen zunächst im größeren Rahmen der modernen Literatur: sie stehen historisch und ästhetisch im deutlichen Kontrast zu den namhaften Drogenliteraturen in den Zentren der westlichen Kultur, die eine künstlerische und epistemische Ergründung veränderter Bewusstseinszustände vornahmen (angefangen mit Thomas DeQuinceys *Confessions of an English Opium Eater*). Der Autor prägt den Begriff einer «psychoaktiven westlichen Moderne», die das Verständnis der Moderne um deren Zusammenhänge mit der Drogenproblematik und ihrer Widersprüche erweitert.[48] Mit Hilfe einer Neukonzipierung der Begriffe «Pharmakon» und «Pharmakos» fragt das Werk nach den Konturen einer «pharmakologischen literarischen Ästhetik» in Lateinamerika, die mit dem Paradoxon einer «Ästhetik der Nüchternheit» bezeichnet wird.[49]

1.3.1.3 Ethnographisch-komparatistische Forschungen
Einen anderen, weniger global- als regionalvergleichenden Ansatz wählt Gabriela Polit-Dueñas, die in einer komparatistischen Studie Romane aus den beiden Hauptstädten des lateinamerikanischen Drogenhandels, dem mexikanischen Culiacán und dem kolumbianischen Medellín, miteinander vergleicht.[50] Polit-

---

[48] In Anlehnung an DeGrandpre weist Herlinghaus auf ein diskursives Glaubenssystem hin, das sich in der modernen Gesellschaft rund um das Thema Rausch und Droge herausgebildet habe. Vgl. Richard J. DeGrandpre: *The Cult of Pharmacology: how America Became the World's most Troubled Drug Culture*. Durham: Duke University Press 2006. Und Hermann Herlinghaus: *Narcoepics. A Global Aesthetics of Sobriety*, S. 4–10 sowie Hermann Herlinghaus: From Transatlantic Histories of Intoxication to a Hemispheric War on Affect: Paradoxes Unbound. In: Melissa Bailar (Hg.): *Emerging Disciplines: – Shaping New Fields of Scholarly Inquiry in and beyond the Humanities*. Houston: Rice University Press 2011, S. 28–36.

[49] Jüngst fanden die Darlegungen der referierten Bücher eine Fortsetzung in Herlinghaus' Überlegungen zu einer «kulturellen Pharmakologie». Siehe Hermann Herlinghaus: Towards a Cultural Pharmacology. In: Hermann Herlinghaus (Hg.): *The Pharmakon: Concept Figure, Image of Transgression, Poetic Practice*. Heidelberg: Universitätsverlag WINTER 2018, S. 1–20.

[50] Gabriela Polit-Dueñas: *Narrating Narcos. Culiacán and Medellín*. Pittsburgh: University of Pittsburgh Press 2013. In einem ersten Kapitel analysiert sie die folgenden drei Werke: Angelo Nacaveva: *Diario de un narcotraficante*; Leonidas Alfaro Bedolla: *Tierra Blanca*. Culiacán: Fantasma 1996; César López Cuadras: *La novela inconclusa de Bernardino Casablanca*. Guadalajara: Universidad de Guadalajara 1993. Ein weiteres Kapitel handelt von Élmer Mendozas Werken: Élmer Mendoza: *Cada respiro que tomas*; Élmer Mendoza: *Un asesino solitario*. México, D.F.: Tusquets Editores 1999; Élmer Mendoza: *El amante de Janis Joplin*. México, D.F.: Tusquets 2001; Élmer Mendoza: *Balas de plata*. México, D.F.: Tusquets Editores 2007; Élmer Mendoza: *La prueba del ácido*. Mexico, D.F: Tusquets Editores 2010. In einem Kapitel über die journalistischen Repräsentationen des Drogenhandels zieht die Autorin folgende Werke des mexikani-

Dueñas Buch ist das Ergebnis von Interviews mit Autoren von Narkoromanen, Künstlern und Essayisten sowie Vertretern aus Kultur, Politik und Wirtschaft dieser Städte. Die Autorin betont vor allem den jeweiligen autobiographischen Charakter und die kulturelle Funktion dieser Narrationen in sehr unterschiedlichen kulturellen Zusammenhängen.[51]

Die untersuchten Werke verschafften insbesondere Einsichten in lokale Wahrnehmungsstrukturen und Bewertungen des Drogenhandels. So vergleicht die Autorin den narrativen Umgang einiger Werke mit dem im Drogenmilieu üblichen *narcojargon* und benennt generische und narratologische Auffälligkeiten. Sogenannte Culichi-Autoren, die aus der Gegend um Culiacán stammten, zeigten einen spielerisch humorvollen, ja natürlich wirkenden sprachlichen Umgang mit dem *narcojargon*. Dies begründet Polit-Dueñas damit, dass die mexikanischen Autoren mit der illegalen Drogenwirtschaft aufgewachsen seien, die in dieser Region eine jahrzehntelange Tradition genieße. Im Gegensatz dazu stehe der sprachliche Umgang mit dem *parlache*, der Umgangssprache in den Vororten Medellíns, in dem Subgenre der *sicaresca*, größtenteils im Umfeld Medellíns entstandene Narrative über Auftragsmörder. Das *parlache* erreiche hier fast den Charakter einer Fremdsprache und baue dadurch eine Distanz zu den sprachlichen Gebrauchsformen der Drogenhändler auf.[52] Damit einher gehe ein auffällig hoher Gebrauch von Erste-Person-Erzählern, die darüber hinaus meist einen höheren sozialen Status genössen, als ihre Protagonisten, etwa jugendliche Auftragsmörder. Dagegen beobachtet Polit-Dueñas bezüglich der aus

---

schen Journalisten Javier Valdez Cárdenas in Betracht: Javier Valdez Cárdenas: *Malayerba. Crónicas del narco*. México, D.F.: Aguilar 2009; Javier Valdez Cárdenas: *Miss Narco: Belleza, poder y violencia: historias reales de mujeres en el narcotráfico mexicano*. México: Santillana; Aguilar 2009. Kapitel 5 handelt von zwei weiteren mexikanischen Autoren: César López Cuadras: *Cástulo Bojórquez*. México, D.F.: Fondo de cultura Económica 2001 und Almazán: *Entre PerroS*. México, D.F.: Random House – Mondadori 2009. Kapitel 6 widmet sich dem Phänomen der Auftragsmörder in Kolumbien. Es werden folgende Romane besprochen: Alonso Salazar J.: *No nacimos pa' semilla*. Jorge Franco Ramos: *Rosario Tijeras*. Fernando Vallejo: *La virgen de los sicarios*. Ein siebtes und achtes Kapitel widmet sich folgenden beiden kolumbianischen Romanen: Darío Jaramillo Agudelo: *Cartas cruzadas*; Héctor Joaquín Abad Facionlince: *Angosta*. Bogotá: Seix Barral 2003.
51 Nicht selten Auslöser, immer aber unmittelbarer Entstehungshintergrund der Werke, so ihr Ergebnis, seien persönliche Erfahrungen des Autors, wie der Verlust eines Nahestehenden, persönlich erlebte Bedrohungssituationen oder physisch erfahrene Gewalt. «These experiences made it clear to me that the so-called narco narratives could not be wholly understood without knowing the writers' personal trajectories and the evolution of their work.» Gabriela Polit-Dueñas: *Narrating Narcos. Culiacán and Medellín*, S. 3.
52 Vgl. ebda., S. 15.

Culiacán stammenden Schriftsteller eine besondere Hinwendung zum Genre des Kriminalromans.⁵³

Darüber hinaus, so ihr Befund, komme dieser Literatur eine identitätsstiftende und erinnerungsbildende Funktion in den jeweiligen kulturellen Gemeinschaften zu. Das lasse sich nicht zuletzt daran ablesen, dass viele der interviewten Einwohner auf die Frage nach bestimmten Erlebnissen mit dem Drogenhandel auf Beschreibungen und Inhalte zurückgriffen, die sie offenbar zuvor in den jeweiligen Werken der Narkoprosa gelesen hatten.⁵⁴

1.3.1.4 Der allegoretische Ansatz

Hauptvertreter eines allegoretischen Interpretationsansatzes ist Fuentes Kraffczyk.⁵⁵ Er befasst sich in seinen *Apuntes para una poética de la narcoliteratura* mit einigen besonders erfolgreichen kolumbianischen und mexikanischen Narkoromanen.⁵⁶ Darin trifft er sich mit anderen Autoren, die sich in der Literaturkritik mit den auflagenstarken Auftragsmörderromanen *La virgen de los sicarios* von Fernando Vallejo, *Rosario Tijeras* von Jorge Franco sowie dem Werk *Delirio* von Laura Restrepo auseinandergesetzt haben.

Die allegoretische Interpretation zielt darauf ab, die in den Romanen erzählten Geschichten und dargestellten Figuren und Objekte – etwa die Darstellung des Romanhelden oder bestimmter Beziehungsgeflechte – als Allegorien oder Metonymien zu begreifen,⁵⁷ mit denen bestimmte Phänomene und gesellschaftliche Spannungsfelder im Kontext des Drogenhandels/-kriegs poetisiert werden.⁵⁸ Besondere Bedeutung erhalten in dieser Hinsicht die in vielen Roma-

---

53 Vgl. ebda.
54 Vgl. ebda., S. 5.
55 Felipe Oliver Fuentes Kraffczyk: *Apuntes para una poética de la narcoliteratura*. Guanajuato: Universidad de Guanajuato 2013.
56 Orfa Alarcón: *Perra brava*; Hector Aguilar Camín: Pasado Pendiente. In: Hector Aguilar Camín (Hg.): *Historias conversadas*. México, D.F.: Cal y Arena 1992; Roberto Bolaño: *2666* («La parte de los crímenes»); Gustavo Bolívar Moreno: *Sin tetas no hay paraíso*. Bogotá: Quintero 2005; Héctor Joaquín Abad Faciolince: *Angosta*; Jorge Franco Ramos: *Rosario Tijeras*. Bogotá: Plaza& Janés 1999; Yuri Herrera: *Trabajos del reino*; Élmer Mendoza: *Balas de plata*; Víctor Hugo Rascón Banda: *Contrabando*; Evelio Rosero: *En el lejero*. Barcelona: La otra orilla 2007; Evelio Rosero: *Los ejércitos*. Barcelona: Tusquets Editores 2007; Juan Pablo Villalobos: *Fiesta en la madriguera*; Fernando Vallejo: *La virgen de los sicarios*.
57 Allerdings werden hierbei – von Ausnahmen abgesehen – keine Definitionen der Begriffe vorgenommen und Allegorie und Metonymie zuweilen austauschbar verwendet.
58 Vgl. z. B. Miguel Cabañas: *El sicario en su alegoria: la ficcionalizacion de la violencia en la novela colombiana de finales del siglo XX*; Luis C. Cano: Feminizacion de la violencia en Rosario Tijeras de Jorge Franco Ramos. In: *Hispanofila* (2014); Dinora Cardoso: Laura Restrepo's Delirio: A Refoundational Novel. In: Estrella Cibreiro/Francisca López (Hg.): *Global Issues in*

nen inszenierten Darstellungen zerstörter Körper, welche Fuentes Kraffczyk als Allegorien des Zerfalls («alegorías sobre la derrota»[59]), nämlich als literarische Figurationen des von Korruption, Kriminalität und Straflosigkeit befallenen «Gesellschaftskörpers» interpretiert.[60]

Die von ihm analysierten Werke spielten sich in sogenannten «aldeas universales» (globalen Dörfern) der Postmoderne ab, die – wie die Darstellungen zerstörter Körper – von unterschiedlichen Prozessen des Zerfalls geprägt seien. Als solche stünden sie, wie Bolaños *Santa Teresa*, im Dialog mit Rulfos *Comala*, García Márquez' *Macondo* und Onettis *Santa María*, sodass der Narkoliteratur die Bedeutung einer neuen lateinamerikanischen Gründungsliteratur zukomme. Denn ausschließlich in dieser Literatur fände eine authentische narrative Auseinandersetzung mit dem Drogenhandel und damit einhergehenden Entwicklungen in den heutigen lateinamerikanischen Gesellschaften statt.[61]

1.3.2 «Nüchternheit» in der Darstellung von Gewalt, Tod und Angst

Nachdem ein erster Überblick über unterschiedliche Interpretationsweisen der Narkoprosa gewonnen wurde, gilt es im Folgenden der Frage nachzugehen, ob es in der bisherigen Forschung bereits herausgearbeitete oder daraus ableitbare gemeinsame Darstellungsmerkmale in den zugrunde liegenden Corpora gibt,

---

Contemporary Hispanic Women's Writing: Shaping Gender, the Environment, and Politics. New York: Routledge 2013; Paul L. Goldberg/Xochitl E. Shuru: The Intrusion of Memory: Madness and the Allegory of the Dysfunctional State in Laura Restrepo's Delirio. In: *Crítica Hispánica* 34 (2012). Dies gilt auch für folgende Studien: Margarita Jácome: *La novela sicaresca: testimonio, sensacionalismo y ficción*; S. 136–53, Nicolas Goodbody: The emergence of Medellín: Complexity, violence and Difference in Rosario Tijeras and La Virgen de los Sicarios. In: *Revista Iberoamericana* 74 (2008), S. 441–54.
59 Felipe Oliver Fuentes Kraffczyk: *Apuntes para una poética de la narcoliteratura*, S. 41.
60 Vgl. ebda., S. 23. In Bezug auf die Erzählung *Pasado pendiente* (1992) von Héctor Aguilar Camín schreibt er etwa: «Un cuerpo marcado que marca a otros cuerpos dejando así un registro físico de la corrupción, la ilegalidad y, ante todo, la impunidad con la que ejerce su poder.» Ebda., S. 24.
61 Mit dem Zerfall des Gemeinschaftskörpers einher gehe das Erstarken des Drogenhandels, dem Fuentes Kraffczyk Rolle und Funktion eines erstarkenden Kollektivs, von «monströsem Fleisch» einräumt: «A decir de la literatura, el nuevo gran poder es el narcotráfico. Y no estamos hablando de una sustitución de equipos, a rey muerto narcotraficante puesto, ni mucho menos de un simple pacto entre contrabandistas y políticos, sino de un verdadero potencial revolucionario capaz de cimbrar desde la raíz al ‹orden convencional› al posibilitar la emergencia de nuevos colectivos, ebda., S. 28. Eine solche Analyse der lateinamerikanischen Gegenwart nimmt er in Anlehnung und Abgrenzung zu Michael Hardt/Antonio Negri: *Multitude: war and democracy in the age of Empire*. New York: Penguin 2004 vor.

die der Narkoprosa prägend zu eigen sind und sich insoweit als bestimmende Gattungsmerkmale erweisen.

In dieser Hinsicht stellen die Arbeiten von Herlinghaus einen Ansatz vor, der uns nahelegt, «Nüchternheit» als zentrales und übergreifendes Darstellungsmerkmal der Narkonarrationen zu begreifen. Der Autor begründet in seiner Monographie *Narcoepics* die von ihm sogenannte «Ästhetik der Nüchternheit» zwar nicht prioritär mittels narrativer Merkmale. Allerdings präge eine «nüchterne Erzählweise» viele der Werke, die er wie folgt beschreibt:

> Sobriety appears linked to forms of unadorned dialogue, notarial first-person narration, laconic reports charged with both oral immediacy and a peculiar worldliness, strange variants of (anti-) confession, and varied types of narrative fragmentation, all of which convey a sense of embodied speech, «transporting» an affective posture whose «foothold» is hopelessness: the absence of not only a «normal», civil state of affairs but also of the desire for a Kantian sublime. However, for those artists, sobriety enables the creation of uncommon affective scenarios and, from there, an intervention into contemporary literary investigation, as well as ethical philosophy.[62]

Herlinghaus entwickelt so ein komplexes Verständnis von «Nüchternheit», welches zugleich stilistisch, affekttheoretisch, philosophisch und machtpolitisch seinen Bedeutungsgehalt erfährt und damit deutlich über die bloße Charakterisierung eines bestimmten Sprachstils hinausgeht. Gemeint ist eine Form des Schreibens, die tendenziell nichtnormative Weltzugänge befördert.[63]

In stilistischer Hinsicht konkretisiert sich das Theorem einer nüchternen Ästhetik beispielsweise in dem Konzept des sogenannten «parataktischen Dramas», das einer Analyse der frühen *narcocorridos* der Gruppe der *Tigres del Norte* zugrunde liegt und das er in der Untersuchung von Bolaños viertem Teil von *2666, La parte de los crímenes* weiter entwickelt. Es beschreibt zunächst eine relative Häufung paratakischer Reihungen – als ohne Konjunktionen unmittelbar aneinander gereihte Hauptsätze – sowie eine damit einhergehende lakonische, vergleichsweise undramatische alltägliche Darstellung von zutiefst existentiellen Erfahrungen. Aufgrund der schlichten und kurzen Darstellung von Fakten und Informationen fasst Herlinghaus diesen Vorgang – im Anschluss an Alejo Carpentier – im Begriff des «notariellen Erzählens»[64] zusammen.[65]

---

[62] Hermann Herlinghaus: *Narcoepics. A Global Aesthetics of Sobriety*, S. 42.
[63] Vgl. Hermann Herlinghaus: *Narcoepics. A Global Aesthetics of Sobriety*, S. IX. Herlinghaus spricht diesbezüglich häufig von einer «narratological attitude». Vgl. etwa S. 48.
[64] Vgl. Hermann Herlinghaus: *Violence Withour Guilt. Ethical Narratives from the Global South*, S. 98.
[65] Carpentier verwendet diesen Begriff ausgehend von Stendhals Italienischen Chroniken (*Chroniques italiennes*) und beschreibt den notarialen Stil wie folgt: «Estilo notarial que consiste en no engolar la voz, en no alzar el tono, en no usar el signo de admiración: en no inmutarse

Das sogenannte «parataktische Drama» sowie andere narrative Dispositive der Nüchternheit, die der Autor als Eigenart der Narkonarrationen erkennt, werden erst im Lichte der Kontrastierung mit bzw. als Gegenkonzept zur Tradition des lateinamerikanischen Melodramas oder der aristotelisch-hegelianischen Tragödientradition begreifbar, einer Tradition, deren Darstellungsparadigmen noch heute zahlreiche große Film- und Serienproduktionen prägen.[66] Herlinghaus charakterisiert eine nüchterne Erzählhaltung vorzugsweise *ex negativo*, nämlich in der Vermeidung von «tragischen Normen» bei der Darstellung insbesondere von Gewalt, Schicksal und Tod.[67] Das geschieht vor dem Hintergrund, dass nach der besagten Tradition mit der Darstellung von «Schrecklichem» und «Grauenvollem» eine moralische Erziehung beim Zuschauer bewirkt werden sollte: *eleos* und *phobos* (Schrecken und Mitleid) kam vor allem eine kathartische und «staatbürgerlich» erzieherische Funktion zu. Nicht selten dienten aristotelische und hegelianische Dispositive insofern einer ästhetischen «Einhegung» von Gewalt, nicht aber einer dekonstruktiven Auseinandersetzung mit dieser. Darum spricht Terry Eagleton, auf den Herlinghaus verweist, von einer Darstellungstradition der «sweet violence».[68] Eine «Ästhetik der Nüchternheit» richtet sich gegen die einflussreiche Norm der «sweet violence».[69]

An die Stelle tragischer Normen treten – so die in diesem Zusammenhang zentrale These des Autors – in vielen Narkonarrationen stilistisch und affekttheoretisch zu begreifende Dispositive der Nüchternheit, welche die *res gestae* und Erfahrungen transgressiver Unmittelbarkeit mit Gewalt in den Vordergrund der Darstellung rücken. Besondere Aufmerksamkeit erhält hierbei ein parataktischer Stil, der im Kontrast zur mittelalterlichen Literatur in literarisch komplexere, d. h. moderne Erzählformen integriert wird.[70] «Epic sobriety» und «paratactical soberness» markierten das ethische Potential dieser Texte, in denen die

---

ante lo mostrado – como hacía Edar Poe ...» Alejo Carpentier: *Obras completas de Alejo Carpentier. EnsayoS*. México: Siglo Veintiuno Ed. 1990, S. 241.
66 So Herlinghaus in Anlehnung an den marxistischen Literaturwissenschaftler Terry Eagleton: Terry Eagleton: *Sweet violence: the idea of the tragic*. Malden, MasS. [u. a.]: Blackwell 2003. Näheres dazu in: Hermann Herlinghaus: *Intermedialität als Erzählerfahrung*. Frankfurt am Main: Peter Lang 1994, S. 110–15.
67 «We regard the loss of an aesthetically normative pathos regarding terror and life's destruction, the erosion of tragic norms, and the infection of literature by figures of stunning sobriety to be symptoms that will allow us to embrace, across varied spaces and contexts, a heterogeneous group of literary, musical, and cinematic expressions.» Hermann Herlinghaus: *Violence Withour Guilt. Ethical Narratives from the Global South*, S. 6.
68 Vgl. Terry Eagleton: *Sweet violence. The idea of the tragic*.
69 Vgl. Hermann Herlinghaus: *Narcoepics. A Global Aesthetics of Sobriety*, S. 45.
70 So Herlinghaus in Anlehnung an Auerbach. Vgl. Hermann Herlinghaus: *Violence Without Guilt. Ethical Narratives from the Global South*, S. 77.

Bewertung der Gewalt auf die Ebene der Immanenz und der *res gestae* gerückt werde.[71]

Mittels dieser Stilelemente werde auch eine epistemologisch-kritische Funktion der Narkoprosa erkennbar, welche nichthegemonische Einblicke in die Erfahrungswelt des «globalen Südens» eröffne.[72] Darin eingeschlossen ist ein Verständnis von «Nüchternheit», das nicht in einen Gegensatz zu Rauscherfahrungen gestellt wird, sondern die von Walter Benjamin angeregte «Dialektik des Rausches» weiterdenkt.[73]

1.3.3 Tendenzen mythifizierender und allegorischer Darstellungen des *narcomundo* in Narkoromanen

Von dem Theorem einer «Ästhetik der Nüchternheit» setzen sich in der Analyse und Interpretation solche Narkoromane ab, in denen eine stereotypisierende, mythifizierende oder gar exotisierende Darstellung des *narcomundo* und der Ge-

---

[71] Vgl. ebda., S. 97. Hier heißt es: «[...] the ethical charge inscribed in corridos moves discernment to the level of immanence.»

[72] «Experience is modeled from beyond, or beneath, the emotional territories of guilt and fear, as well as pity and vicarious suffering, condensed by a «realism» dedicated to compelling, sometimes abject scenarios where marginalization and transgression are ingrained in the everyday spaces of the Western hemisphere.» Hermann Herlinghaus: *Narcoepics. A Global Aesthetics of Sobriety*, S. 49. Vgl. auch ebda., S. 44.

[73] Vgl. ebda., S. 32–41. Weitere Ansatzpunkte finden sich bei dem mexikanischen Schriftsteller und Literaturkritiker Parra, der eine tendenziell «nüchterne», nämlich schlichte Erzählweise der sogenannten *Narradores del Norte* beobachtet, deren Werke in vielen Fällen vom Drogenhandel im Norden Mexikos handeln. Vgl. Eduardo Antonio Parra: El lenguaje de la narrativa del norte de México. In: *Revista de Crítica Literaria Latinoamericana* 30 (2004), S. 73.: «[...] gustan de contar lo que ven o lo que sucede en vez de someterse a la introspección para sacar a la luz su intimidad. Como el ámbito es fundamental, se infiere que en sus historias predominan la acción dramática y el movimiento. Se apoyan en una concepción clásica de la narrativa, independientemente de si sus técnicas o su discurso son novedosos o experimentaleS.» Der nordmexikanische Autor führt den vergleichsweise kargen, dennoch nicht weniger poetischen Erzählstil als Eigenart vieler Schriftsteller im nördlichen Mexiko auf den für diese Region typischen Sprachgebrauch des Spanischen zurück. Vgl. ebda., S. 76. Auch Kraffczyk beobachtet – insbesondere im Vergleich zu vergangenen Epochen – in der Beschreibung der von Gewalt und Korruption geprägten Gegenwart eine tendenziell deskriptive, ernüchterte Haltung: «En ocasiones ni siquiera existe una denuncia en la literatura, sólo una descripción fría y neutral de la violencia.» Felipe Oliver Fuentes Kraffczyk: *Apuntes para una poética de la narcoliteratura*, S. 55. Er interpretiert dies als Anzeichen für eine veränderte Rolle, Bedeutung und Funktion der lateinamerikanischen Literatur, was er nicht zuletzt damit begründet, dass in den Erzählungen über den Drogenhandel häufig Literaturprofessoren und andere Intellektuelle als Buchautoren aufträten.

walt festzustellen ist.[74] Das trifft vor allem auf die in der Rezeption erfolgreichen kolumbianischen «Auftragsmörderromane» (etwa *La virgen de los sicarios* und *Rosario Tijeras*) zu, die darüber hinaus deutlich melodramatische Züge aufweisen.[75] Stereotypisierende Inszenierungen arbeitet die Literaturwissenschaft vorzugsweise in mexikanischen Romanen bei der Darstellung von Drogenhändlern heraus.[76] In diese Kategorie fallen ferner Analysen von Narkoromanen, in denen die Akteure des Drogenhandels einseitig als gewalttätig, aggressiv und feindlich herausgestellt werden und dadurch, so Zavala, die unsichtbare, systemische Gewalt unverhältnismäßig in den Hintergrund tritt.[77]

Neben unterschiedlichen Formen der Mythifizierung oder Exotisierung kommt den allegorischen Narrationen und Narrativen im Rahmen dieser Narko-

---

[74] Herrera-Olaizola spricht von einer zugleich massentauglichen wie exotisierenden Darstellung der lateinamerikanischen rauen Realität (Marginalität, Armut, Gewalt, Drogenhandel, Guerilla) und bezieht sich auf folgende Romane: Fernando Vallejo: *La virgen de los sicarios*; Jorge Franco Ramos: *Rosario Tijeras*; Laura Restrepo: *Delirio*; Mario Mendoza Zambrano: *SatanáS*. *Satanás* ist der einzige Roman, der nicht zur Narkoprosa im engeren Sinne gezählt werden kann. Mit dem Begriff des *narcomundo* bezeichnet man die fiktive Welt des Drogenhandels und verwandter Milieus in den Werken der Narkoprosa.
[75] Siehe hierzu die Studien von: Camila Segura Bonnett: Kinismo y melodrama en *La virgen de los Sicarios y Rosario Tijeras*. In: *Tinta* 8 (2004), S. 111–136.; Margarita Jácome: *La novela sicaresca: testimonio, sensacionalismo y ficción*, S. 136–153; Lucía Garavito: Figuras Femeninas en *La virgen de los sicarios* de Fernando Vallejo y *Rosario Tijeras* de Jorge Franco RamoS. In: *INTI* (2006), S. 39–62.; Aldona Bialowas Pobutsky: Romantizando al verdugo: Las novelas sicarescas *Rosario Tijeras* y *La virgen de los sicarios*. In: *Revista Iberoamericana* 76 (2010), S. 567–82.
[76] So etwa die Darstellung der ermordeten Drogenhändler in Élmer Mendozas Kriminalroman *Balas de Plata*, wonach – so Zavala – die Toten allesamt Versace-Hemden und Cowboystiefel trugen. Vgl. Oswaldo Zavala: *Cadáveres sin historia: La despolitización de la narconovela negra mexicana contemporánea*, S. 56. Vgl. ferner die Analyse von López Quiñones zu dem Roman *La Reina del Sur*. Antonio Gómez López-Quiñones: La reinvención de ‹México› en La reina del sur de Arturo Pérez Reverte: Violencia y agrafismo en la otra orilla. In: *Revista de Literatura Mexicana Contemporánea* 12 (2006), López Quiñones beobachtet eine stereotypisierende Darstellung mexikanischer Räume und Figuren, allen voran der Protagonistin Teresa Mendoza und führt dies auf den Außenblick eines der Kultur fremden Spaniers, des Autors Pérez Reverte, zurück. Während sich die Beschreibungen des mexikanischen Kontextes und hier vor allem der Hauptstadt durch die omnipräsente Gewalt, Unsicherheit und Korruption auszeichneten, fände man eine Form der Exotisierung der Protagonistin, die an – koloniale – Vorstellungen vom edlen Wilden erinnerten. Erst ihre Reise nach Europa und hier insbesondere Spanien sollte sie dann an die «Kultur» heranführen.
[77] Im Sinne Slavoj Žižeks. Dieser unterscheidet zwischen subjektiver, objektiver (nämlich symbolischer und systemischer) sowie göttlicher Gewalt (in Anlehnung an Walter Benjamins Kritik der Gewalt). Näheres hierzu bei: Reinhard Heil: *Zur Aktualität von Slavoj Žižek: Einleitung in sein Werk*, S. 106–07. Vgl. Oswaldo Zavala: *Imagining the US-Mexico drug war: The critical limits of narconarratives*, S. 348.

romane eine herausragende Bedeutung zu.⁷⁸ Worin sie bestehen und welche Ausprägung, Funktion und Stellenwert sie im Einzelnen für die Darstellungsästhetik des Drogenhandels haben, ist noch weitgehend unerforscht. Auch diesem Desiderat möchte die vorliegende Dissertation entgegenwirken.

1.4 Gegenstand und Verlauf der Untersuchung

Mit der vorliegenden Arbeit soll die Diskussion um den literarischen Stellenwert der Narkoprosa und ihre literaturwissenschaftliche Einordnung substantiell erweitert und der Versuch unternommen werden, erste Gattungsumrisse und -ereignisse der Narkoprosa mit phänomenologisch eindeutig erkennbaren und typologisch abgrenzbaren Inhalten vorzunehmen. Ein besonderes Augenmerk wird hierbei neben gängigen gattungstypologischen Klassifizierungen und narratologisch orientierten Textinterpretationsverfahren auf die Verarbeitung des Imaginären in der Literatur und ihrer erzählerischen Funktionen für Autor und Leser gelegt. Maßgeblich in theoretischer Hinsicht sind hierbei die literaturanthropologischen Arbeiten Wolfgang Isers, demzufolge das Fiktive und das Imaginäre «anthropologische Dispositionen» im Sinne von menschlichen Veranlagungen und Erfahrungsmöglichkeiten darstellen.⁷⁹

Mit einer fiktionstheoretisch orientierten Analyse der Eigenarten der Narkoprosa werden bisher geläufige Interpretationspfade der Narkoprosa verlassen. Denn eine an Iser angelehnte Beschäftigung mit der literarischen Fiktion fragt neben ihrer Beschaffenheit in erster Linie nach der Funktion von Literatur aus anthropologischer und phänomenologischer Sicht. In der Hinwendung zur Funktion des Fiktiven koinzidiert die Fiktionstheorie mit neueren erzähltheoretischen Forschungen, deren Anliegen es ist, die strikt zweistellige Unterscheidung zwischen fiktionalen und faktualen Texten sowie eine auf Gattungen fokussierte Literaturwissenschaft mit einer Hinwendung zur Frage nach der Funktion narrativer Texte zu öffnen.⁸⁰ Das ist für die vorliegende Arbeit inso-

---

78 Cano arbeitet etwa in Bezug auf den Roman *Rosario Tijeras* Ähnlichkeiten der weiblichen Auftragsmörderin zu dem städtischen Kontext (Medellín) des Romans heraus und begreift das Beziehungsgeflecht zwischen Rosario, Emilio und Antonio als allegorische Verkörperung der männlich dominierten Machtbeziehungen in Medellín und Kolumbien. Vgl. Luis C. Cano: *Feminizacion de la violencia en «Rosario Tijeras» de Jorge Franco Ramos*, S. 207–23.
79 Vgl. Wolfgang Iser: *Das Fiktive und das Imaginäre. Perspektiven literarischer Anthropologie*, S. 15.
80 So heißt es etwa bei Fludernik: «Eine funktionale Betrachtung von Erzählen im Kontrast zu Beschreiben oder Argumentieren öffnet den Blick auf die Spezifika des Erzählens und lenkt die Aufmerksamkeit auf ganz andere Qualitäten des Narrativen als eine traditionelle literaturwissenschaftliche Analyse, die das Erzählen auf der Folie von Drama und Lyrik zu konturieren

weit zentral, als ein großer Teil der Narkoprosa sich an faktualen Erzählformaten, namentlich der Zeugnisliteratur und der Chronik orientiert, die ein allzu enger, auf traditionelle Gattungen beschränkter Blick aus dem Kanon der literarischen Fiktion ausschließen würde.

Eine Berücksichtigung der im weiteren Sinne anthropologischen Funktionen von Literatur eröffnet ferner gerade für die Analyse jener Narkoromane erhellende Perspektiven, die mit narrativen Strategien der Mythifizierung operieren. Sie erlaubt es ebenso, mit einem ideologiekritischen Vorurteil (etwa bei Zavala) aufzuräumen – nämlich, dass der Begriff des «falschen Bewusstseins» für die Literaturanalyse tauglich sei. Aus literaturanthropologischer Sicht ist selbst die Identifizierung mythifizierenden Erzählens mit «falschem Bewusstsein» irreführend, ja geradezu blind gegenüber der Literarizität und Bedeutung der literarischen Fiktion für den Menschen und die Gesellschaft.

Des Weiteren sind Isers fiktionstheoretische Arbeiten für die Analyse der Narkoprosa hilfreich, weil sie dazu anregen, der Bedeutung des Imaginären – im Sinne des gesellschaftlich Imaginären (Castoriadis) – eine herausragende Rolle für das Verständnis und die Eigenarten der Literatur einzuräumen.[81] Dies erscheint für die vorliegende Arbeit auch deshalb angezeigt, weil die anthropologisch und soziologisch orientierte Forschung zum Phänomen des Drogenhandels in Lateinamerika die imaginäre Konstitution in diesem Umfeld als eminent wichtig erachtet, die literaturwissenschaftliche Forschung diesem Bereich jedoch bislang nicht genügend Beachtung beigemessen hat.

«El narcotráfico es una empresa, pero al mismo tiempo, es un importante productor de imágenes que se instalan en el imaginario colectivo»[82] konstatiert der kolumbianische Anthropologe Juan Cajas, der sich der Erforschung der

---

sucht.» Monika Fludernik: *Faktuales und fiktionales Erzählen. Interdisziplinäre Perspektiven.* Würzburg: Ergon Verl. 2015, S. 8.
81 Insgesamt lässt sich eine wenn auch zögerliche Zuwendung zum Imaginären, auch unabhängig der Rezeption Isers, in den deutschsprachigen Literaturwissenschaften feststellen. Dazu gehören allen voran der Iser-Schüler Rainer Warning: Rainer Warning: Poetische Konterdiskursivität. Zum literaturwissenschaftlichen Umgang mit Foucault. In: Rainer Warning. *Die Phantasie der Realisten*, München: W. Fink, S. 313–45, und Rainer Warning: Das Imaginäre und das Symbolische bei Cornelius Castoriadis. Illustriert am mittelalterlichen geistlichen Spiel. In: *Comparatio 1*, 6 (2014). Ferner die folgenden Dissertationen: Rainer Held: *Die Rolle des Imaginären und des Vergangenen im literarischen Werk Antonio TabucchiS.* Würzburg: Königshausen & Neumann 2009; Johannes Rauwald: *Politische und literarische Poetologie(n) des Imaginären: zum Potenzial der (Selbst-) Veränderungskräfte bei Cornelius Castoriadis und Alfred Döblin.* Würzburg: Königshausen & Neumann 2013. Zum Stellenwert der Imagination und des Imaginären in neueren Fiktionstheorien, siehe auch: Thomas Klinkert: Zum Stellenwert der Imagination und des Imaginären in neueren Fiktionstheorien. In: *Kodikas/Code. Ars semiotica* 1–2, 37 (2014), S. 37.
82 Juan Cajas: *Globalización del crimen, cultura y mercados ilegales*, 38.

narcoculturas widmet. Um den Drogenhandel und die damit zusammenhängende Gewalt zu begreifen, müsse man die Realität als eine «Konstruktion der Kultur» erkennen.[83] Auch mexikanische Kulturwissenschaftler weisen, wie Luis Astorga,[84] auf die hervorstechende Bedeutung der «Mythen» im Sinne Claude Lévi-Strauss' und gesellschaftlich konstruierter Archetypen,[85] gesellschaftlicher Codes (Valenzuela),[86] oder des Symbolsystems (Cordova) hin,[87] die die Realität des Drogenhandels begleiten und gleichsam konstitutiv auf das Phänomen einwirken.

Die Diskurse und Vorstellungen von und über den *narco* bewirken einen mächtigen Widerhall auch innerhalb der Vorstellungswelt derjenigen, die nicht unmittelbar Teil des illegalen Geschäftes oder des Milieus sind. Es handelt sich um kulturell bzw. massenmedial einflussreich gewordene Regulative der Wahrnehmung – und damit auch der Realität – dessen, was man in Lateinamerika und weltweit unter dem Phänomen des Drogenhandels versteht.

Über das «Spiel» der Fiktion, das affektive, imaginäre und diskursive «Wirklichkeiten» zusammenführt und transformiert, können literarische Werke als genuine Figurationen und (Re-)Narrationen dienen, die Erfahrungsräume des Imagi-

---

[83] Ebda.
[84] Luis Astorga: *Mitología del «narcotraficante» en México*. México, D.F.: Plaza y Valdés 1995.
[85] Lévi-Strauss zufolge sind Mythen Ausdruck eines spezifischen Symbolsystems. In Anlehnung und Analogie zur strukturalistischen Linguistik definiert er Mythen als «codes du second ordre» (Claude Lévi-Strauss: *Mythologiques. Le cru et le cuit*. Paris: Plon 1964, S. 20) einer Gesellschaft. Sie bilden, wie die Sprachen – die Codes erster Ordnung – ein in sich stimmiges Symbolsystem und spiegeln Denk- und Wahrnehmungsstrukturen, die innerhalb einer spezifischen Kultur herrschen. Siehe dazu auch: Emmanuel Désveaux: Mythe. In Pierre Bonte (Hg.): *Dictionnaire de l'ethnologie et de l'anthropologie*. Paris: Presses Universitaires de France 1991, S. 501. Astorga definiert den Begriff des Archetyps nicht explizit, verwendet ihn aber im Sinne des sogenannten *archetypal criticism*, welcher sich innerhalb des akademischen Feldes des *myth criticism* in den 1950er–1970er Jahren in den USA herausgebildet hat. Im Gegensatz zu C. G. Jung, demzufolge Archetypen «ur- und überzeitliche Symbole und Bilder» eines unabhängig von Kultur und Individuum existierenden überzeitlichen Unbewussten sind, versteht Frye diese als gesellschaftlich konstruiert, nämlich als wiederkehrende Bilder und Motive eines gesellschaftlich bedingten, also nicht unabhängig von kulturellen Gemeinschaften bestehenden kollektiven Unbewussten/Imaginären in der Literatur: «archetype: that is, a typical or recurring image. I mean by an archetype a symbol which connects one poem with another and thereby helps to unify and integrate our literary experience. And as the archetype is the communicable symbol, archetypal criticism is primarily concerned with literature as a social fact and as a mode of communication» Northrop Frye/Robert D. Denham: *Anatomy of Criticism: Four Essays*, S. 91–92.
[86] José Manuel Valenzuela Arce: *Jefe de Jefes. Corridos y narcocultura en México*. Tijuana: Colegio de la Frontera Norte 2010.
[87] Nery Cordova: *La narcocultura: simbología de la transgresión, el poder y la muerte. Sinaloa y la «leyenda negra»* . Culiacán: Servicios Editoriales Once Ríos S. A. de C.V. 2011.

nären tief ausloten und mit bestimmten – anthropologischen – Funktionen versehen. Zum Beispiel haben die von Rotker so bezeichneten «ciudadanias del miedo» vielfältige Auswirkungen auf das Erzählen.[88]

Die Zusammenhänge zwischen dem gesellschaftlich Imaginären und der kollektiven und individuellen Wahrnehmung einschließlich der literarischen Produktion werden besonders wichtig und aufschlussreich in einer Zeit und unter Umständen, in denen Angst tendenziell zu einem generellen Phänomen avanciert. Denn Angst ist ein Phänomen, das zwar individuell erfahren, aber sodann gesellschaftlich konstruiert wird und kulturelle Wirkkraft entfalten kann: «[...] fear is experienced individually, it becomes socially constructed, and, finally, it becomes culturally shared.»[89] Das heißt Angst ist ein Phänomen, das sich wesensmäßig nur unter Berücksichtigung des Imaginären, der Affekte und Prozesse der Affizierung begreifen lässt, die Angst weitergeben, hervorrufen und steuern.[90]

Dementsprechend mannigfaltig und komplex ist auch die Narkoprosa, die sich der häufig maskierten und mit Angst und Fremdheit überlagerten Welt des Drogenhandels und -kriegs widmet. Die hier untersuchten Werke begegnen diesen Segmenten eines gesellschaftlichen und kulturellen Imaginären auf unterschiedliche Weise, ja, der spezifische Umgang damit erscheint insofern als stil- und gattungsbildend, als sich zwei Subtypen der Narkoprosa herausgebildet haben, die sich ganz wesentlich im Umgang mit dem von Angst- und Alteritäts-

---

88 Siehe hierzu Susana Rotker, S. 2000a. *Ciudadanías del miedo*, Caracas, Nueva Sociedad.
89 Susana Rotker/Katherine Goldman: *Citizens of Fear: Urban Violence in Latin America*. Rutgers University Press 2002, S. 19.
90 Das stark interdisziplinär ausgerichtete Forschungsgebiet der Affektforschung begreift Affekte als unterhalb des bzw. parallel zum, auf jeden Fall anders als das bewusste Wissen geartete Kräfte. Affizierung im Sinne einer wie von Gilles Deleuze und Emmanuel Lévinas definierten Primäraffizierung meint «Empfindungsfelder und Erregungszonen», «erste Bahnungen oder Unterschiedsbildungen» eines Unbewussten. Michaela Ott: *Affizierung zu einer ästhetisch-epistemischen Figur*. München: Ed. Text + Kritik 2010, S. 15. Es handelt sich um subtile Intensitäten, um vitale Kräfte, die hinter den Emotionen am Werk sind und uns zum Bewegen motivieren können: «[...] forces beneath, alongside or generally other than conscious knowing, vital forces insisting beyond emotion.» Melissa Gregg/Gregory J. Seigworth: *The affect theory reader*. Durham, NC: Duke University Press 2010, S. 1. Eine solche Sichtweise auf Emotionen und Unterschiedsbildungen eines Unbewussten erkennt den Körper als ein soziales Ereignis und gesellschaftliches Phänomen: nämlich das Ergebnis bestimmter Einflussgrößen, zu denen Diskurse gleichermaßen wie Affekte und das Imaginäre gehören, welche die individuelle Psyche und damit auch das Denken und Verhalten des Individuums beeinflussen. Judith Butler spricht von einer «Ansprechbarkeit» des Körpers auf die Welt, die sich, «je nachdem, ob wir es mit gewolltem, halb gewolltem oder ungewolltem Kontakt zu tun haben, in sehr unterschiedlichen Reaktionen manifestiert: als Lust, Wut, Leid, Hoffnung, um nur einige wenige zu nennen.» Judith Butler: *Kritik der ethischen Gewalt*. Frankfurt am Main: Suhrkamp 2007, S. 15.

dispositiven überlagerten gesellschaftlichen Narkoimaginären und ihrer anthropologischen Funktionen für Leser und Autor unterscheiden.

Insoweit gilt es auch an die Arbeiten von Herlinghaus, maßgeblich bestimmter Darstellungs- und Analysekonzepte der Ästhetik der Nüchternheit anzuschließen, die vor allem für die Interpretation der faktual orientierten Werke produktiv gemacht werden. Denn eine wie von Herlinghaus begründete nüchterne Ästhetik als wichtiges Darstellungsparadigma der Narkonarrationen lässt sich nur vor dem affektiven Hintergrund bestimmter dominanter Wahrnehmungs- und Darstellungsformen der Gewalt und des Drogenhandels in Literatur, Film und Gesellschaft begreifen. Es handelt sich um Darstellungsstrategien des lateinamerikanischen Melodramas, der aristotelisch-hegelianischen Tragödientradition und einer Norm der «sweet violence» (Eagleton).[91]

Ausgehend von der Fragestellung der erzählerischen Funktionen und der Verarbeitung des Imaginären in der lateinamerikanischen Literatur zum Drogenhandel wird in einem ersten Schritt zunächst der Natur und den möglichen Funktionen des Fiktiven und Imaginären in der literarischen Fiktion nachzugehen sein. Besonderes Augenmerk erhält dabei die Literaturanthropologie (I).

Daran anschließend wendet sich diese Ausarbeitung der Erörterung der «lebensweltlichen Narkofiktionen», das heißt solchen Diskursen, Imaginarien und Kulturen zu, die ein bedeutsames affektives, imaginäres und diskursives Bezugssystem innerhalb der Narkoprosa darstellen. In dieser kulturwissenschaftlich geprägten Zusammenführung der Forschung gilt ein besonderes Interesse der Konstruktion und dem Phänomen von Alterität (II).

Sodann gilt es, die Konturen dieses literarischen Feldes auf der Grundlage einer empirischen Untersuchung herauszuarbeiten (III). Es steht hierzu ein Korpus von 166 Werken, klassifiziert nach dem Jahr der Erstauflage, dem Herkunftsland des Autors sowie veröffentlichungsgeschichtlicher Aspekte, zur Verfügung. Diese empirische Bestandsaufnahme dient als Grundlage für eine gattungstypologische Systematisierung, die mit der Erhebung generischer Tendenzen der Narkoprosa beginnt. Sie wird durch eine Analyse fortgesetzt, die anhand von vornehmlich stilistischen und diegetischen Auffälligkeiten weitere Eingrenzungen und prägende Merkmale der Narkoprosa vornimmt, die richtungsweisend in der Beschränkung des analyserelevanten Korpus auf 14 Werke sind. Es werden zwei Entwicklungsphasen (1967 bis 1995) und (2000 bis 2013) und zwei Subströmungen unterschieden: die der faktual orientierten Narkoprosa und die der transgressiven Narkoromane.

Die nachfolgenden Kapitel (IV und V) bilden den Kern der vorliegenden Arbeit, indem sie entsprechend den benannten Subströmungen repräsentative

---

[91] Vgl. Kapitel 1.3.2 dieser Arbeit.

Werke des Korpus analysieren, dominante Darstellungsparadigmen herausarbeiten und ein Funktionsspektrum des literarischen Erzählens über den Drogenhandel/-krieg entwickeln. Dabei soll der Blick auf die dem jeweiligen Werk eigene poetologische Zielrichtung gelenkt werden. Konkret geht es darum, mittelst textnaher Werkanalysen literarische Darstellungsparadigmen in der Inszenierung des Drogenhandels und damit zusammenhängender Phänomene herauszuarbeiten und die Verarbeitung des Narkoimaginären und die erzählerischen Funktionen dieser Literatur in die Deutung miteinzubeziehen.

2 Ein fiktionstheoretischer, kontextorientierter Analyserahmen mit Schwerpunkt auf dem narrativen Umgang mit Alterität

2.1 Annäherung an das «Fiktive» und das «Imaginäre»

Der literaturanthropologischen Perspektive Wolfgang Isers nach stellt das Fiktive nicht, wie im herrschenden Sprachgebrauch, einen Gegenpol zur Wirklichkeit dar.[1] Es ist nicht die eine Seite einer, nach Warning, «zweistelligen Relation von Realität/Fiktion».[2] Vielmehr ist «im fiktionalen Text sehr viel Realität, die nicht nur eine solche identifizierbarer sozialer Wirklichkeit sein muss, sondern ebenso eine solche der Gefühle und Empfindungen sein kann.»[3] Das literarische Werk ist ferner als ein narratives Ereignis *sui generis* zu begreifen: an die Stelle eines Mimesis-Konzeptes, das in der Literatur eine wie auch immer geartete Widerspiegelung der Realität entdeckt, tritt in der Iserschen Fiktionstheorie auch die performativ-kreative Funktion des literarischen Textes, der nicht widerspiegelt, sondern eigene Realitäten schafft.[4] Das literarische Werk wird als ein Kreuzungspunkt sowohl individueller wie gesellschaftlicher Wirklichkeitsanteile und deren Entgrenzung begriffen, die eine anthropologisch begründbare Funktion für den Schriftsteller, Leser und *in extensio* die Gesellschaft einnehmen.

Das Fiktive und das Imaginäre lassen sich als «anthropologische Dispositionen»[5] im Sinne von menschlichen Veranlagungen und Erfahrungsmöglich-

---

[1] Der in der deutschen Romanistik gern zitierte Anglist W. Iser trifft in Wolfgang Iser: *Das Fiktive und das Imaginäre. Perspektiven literarischer Anthropologie* grundlegende Aussagen zur Rolle des Fiktiven und des Imaginären als elementare Bausteine einer literarischen Anthropologie. Iser bezieht sich in seiner anthropologischen Begründung der literarischen Fiktion – und der dabei erfolgten Aufnahme und Ergründung des Imaginären in der Literatur – sowohl auf die deutsche wie die französische philosophische Anthropologie. Dazu gehören deutsche Autoren wie Arnold Gehlen und Helmut Plessner wie auch der griechisch-französische Philosoph Cornelius Castoriadis. Letzterer orientiert sich grundsätzlich an der philosophischen Hermeneutik und philosophischen Anthropologie und tritt neben Freud, Marx und Trotzki auch mit Sartre und Merleau-Ponty in Dialog. Näheres hierzu bei: Matei Chihaia: Das Imaginäre bei Cornelius Castoriadis und seine Aufnahme durch Wolfgang Iser und Jean-Marie Apostolidès. In: Rainer Zaiser (Hg.): *Literaturtheorie und sciences humaines*. Berlin: Frank & Timme 2008, S. 69 und S. 74.
[2] Rainer Warning: *Die Phantasie der Realisten*, S. 186.
[3] Wolfgang Iser: *Das Fiktive und das Imaginäre. Perspektiven literarischer Anthropologie*, S. 19.
[4] Vgl. Rainer Warning: *Die Phantasie der Realisten*, S. 186.
[5] Wolfgang Iser: *Das Fiktive und das Imaginäre. Perspektiven literarischer Anthropologie*, S. 19.

keiten begreifen. Dies lässt sich nicht zuletzt daran erkennen, dass beide auch lebensweltlich, also außerhalb des literarischen Werkes vorkommen: das Fiktive etwa im Lügen und Täuschen und das Imaginäre im «Tagträumen, Träumen und Halluzinieren».[6] Allerdings lässt sich die literarische Fiktion nicht – gleichsam im Umkehrschluss – als eine Form der Täuschung oder in all zu einfacher Weise als Analogie zum Traum begreifen. Vielmehr deuten die außerliterarische Gegenwart des Imaginären im Traum und des Fiktiven zum Beispiel in der Täuschung darauf hin, dass es sich in beiden Fällen um bedeutsame Erfahrungsräume und Ermöglichungsstrategien handelt, die einen konstitutiven Teil des menschlichen Lebens darstellen.

Bevor nun eingehender auf die anthropologische Funktion des Fiktiven einzugehen ist, soll Isers Modell fiktionaler Literatur anhand der von ihm unterschiedenen Akte des Fingierens vorgestellt werden.[7] Ein literarischer Text lässt sich danach als ein virtueller, triadisch strukturierter Spielraum begreifen, in dem «Reales», «Fiktives» und «Imaginäres» zusammenwirken und dadurch eine «Realität» *sui generis* in der Fiktion erschaffen. Die so geschaffene «neue Welt» ist das Ergebnis von Akten des Fingierens, die «Reales» und «Imaginäres» miteinander verbindet. Ein solcher Prozess lässt sich zunächst als eine Form der Doppelung von Realem und Imaginärem begreifen, welche Ähnlichkeiten zur Beschaffenheit des Traumes aufweist.[8] Die literarische Fiktion ist folgerichtig ein «organisierte[r] Verbund»[9] von Fiktivem, Imaginärem und Realem, welcher sich – metaphorisch gesprochen – als (Zusammen-)spiel unterschiedlicher Wirklichkeitsaspekte sowohl des Autors, als auch des Lesers begreifen lässt. Dabei versucht das etwas schematische Modell Isers die im Verbund enthaltenen Elemente begrifflich voneinander zu trennen, wohlwissend, dass diese Bewusstseinsanteile und Praktiken des menschlichen Geistes in dem Vorgang des Fingierens nicht voneinander geschieden werden können.

Das «Reale» ist in diesem triadischen Modell literarischer Fiktion die außertextuelle Welt, die wir im literarischen Werk anfinden, nämlich all das, was

---

6 Ebda., S. 15.
7 Iser weist in Bezug auf die von ihm beschriebenen «Akte des Fingierens» verschiedentlich auf den in Bezug auf eine Theorie der Fiktion «einleitenden» Charakter dieser analytischen Kategorien hin. Vgl. z. B. Wolfgang Iser: Das Imaginäre: Kein isolierbares Phänomen. In: Dieter Henrich/Wolfgang Iser (Hg.): *Funktionen des Fiktiven (Poetik und Hermeneutik X)*. München: Fink 1983, S. 479.
8 Dies bringt Paul Ricoeur, auf den Iser zurückgreift, wie folgt zum Ausdruck: ‹All questions of schools aside, dreams attest that we constantly mean something other than what we say; in dreams the manifest meaning endlessly refers to hidden meanings; that is what makes every dreamer a poet.› Wolfgang Iser: Fictionalizing: the Anthropological Dimension of Literary Fictions. In: *New Literary History* 21 (1990), S. 943.
9 Wolfgang Iser: *Das Fiktive und das Imaginäre. Perspektiven literarischer Anthropologie*, S. 15.

als Gegebenheit dem Text vorausliegt und dessen Bezugsfelder bildet. Diese können Sinnsysteme, soziale Systeme und Weltbilder genauso sein wie etwa andere Texte, in denen eine je spezifische Organisation bzw. Interpretation von Wirklichkeit geleistet ist. Folglich bestimmt sich das Reale als die Vielfalt der Diskurse, denen die Weltzuwendung des Autors durch den Text gilt.[10]

Weder die außertextuelle Wirklichkeit, das «Reale», noch das diffuse und im Folgenden zu umschreibende «Imaginäre» zeigen sich unvermittelt im literarischen Text. Vielmehr gehen beide nur vermittelt, in einer Form der Aneignung durch den Autor im Akt des Fingierens, in den Text ein.

Das Fiktive – das bei Iser am stärksten so etwas wie «Autorintention» in den Text einbringt – ist in diesem triadischen Modell der Zwischenraum, das Organisationsprinzip, welches Reales und Imaginäres in einem Akt der Doppelung spiegelt und gleichzeitig transformiert, nämlich in ein Neues und Anderes überführt. Dabei geschieht zweierlei: In Bezug auf die lebensweltliche Realität findet eine Form der Irrealisierung statt. In der Überführung eines diffusen Imaginären in sprachliche Gestalt erfolgt dagegen «ein Realwerden des Imaginären».[11] Rainer Warning spricht von zwei Polen, an denen sich der Akt des Fingierens orientiert: «einmal zur Realität, die er repertoirehaft einzieht, und sodann zum Imaginären.»[12]

2.1.1 Das Imaginäre

Das Imaginäre, welches im Akt des Fingierens manifest wird, entzieht sich bei Iser einer abschließenden Definition. Warning betont, dass Iser das Imaginäre «nicht essentialistisch verstanden wissen will, sondern als eine Dynamis, die immer nur in ihren jeweiligen Gestaltwerdungen greifbar wird.»[13] Denn es geht Iser in seinen «Perspektiven literarischer Anthropologie» – so der Untertitel seines Werkes – darum, das Imaginäre in seiner Gestaltwerdung im literarischen Text zu begreifen. In *Das Fiktive und das Imaginäre* geht es Iser weniger um eine Bestimmung als um ein «Programm».[14]

Von Bedeutung für den «Programminhalt» des nicht isolierbaren Imaginären ist, dass Iser es in seinem triadischen Modell zunächst von traditionellen

---

10 Ebda., S. 20.
11 Ebda., S. 22.
12 Rainer Warning: *Die Phantasie der Realisten*, S. 33.
13 Ebda.
14 Vgl. Wolfgang Iser: *Das Fiktive und das Imaginäre. Perspektiven literarischer Anthropologie*, S. 21.

Konzepten und Begriffen wie «Einbildungskraft» und «Imagination», beide dem Bereich des menschlichen Vorstellungsvermögens bzw. der Phantasie zugeordnet, entkoppelt. Mit diesen Konzepten, die eine lange begriffsgeschichtliche Tradition aufweisen und je nach Epoche, Autor und Disziplin eine jeweils veränderte Bedeutung erhielten,[15] bricht Iser.[16] Das von ihm beschriebene «Imaginäre» ist kein sich selbst aktivierendes Potential mit eigener Intentionalität, sondern bedarf der Mobilisierung außerhalb seiner selbst:

> sei es durch das Subjekt (Coleridge), das Bewusstsein (Sartre) oder die Psyche und das Gesellschaftlich-Geschichtliche (Castoriadis), womit die Reihe der Aktivierungsmöglichkeiten beileibe nicht erschöpft ist. Daraus folgt: dem Imaginären eignet keine Intentionalität, vielmehr wird es erst mit einer solchen durch die jeweils erfolgte Inanspruchnahme aufgeladen.[17]

In der literarischen Fiktion erfolgt nach Iser eben diese «Aktivierung» des Imaginären, präzise im Akt des Fingierens selbst. Das niemals ganz in eine sprachliche Form eingehende bildhaft-abbildlose, unsichtbare Imaginäre wird im Akt des Fingierens «aus diffuser Gegebenheit in eine bestimmte Gestalt überführt».[18]

Spätestens seit den vor allem in Frankreich interdisziplinär entstandenen Forschungen zum gesellschaftlichen/kollektiven Imaginären steht dieser Begriff – und daran schließt Iser an – für eine innerhalb einer Gesellschaft geteilte, gemeinsame Vorstellungswelt.[19] Das sogenannte kollektive oder gesellschaftliche Imaginäre meint im Sinne von philosophischen Pionierarbeiten wie *Les structures anthropologique de l'imaginaire* von Gilbert Durand oder *L'institution imaginaire de la société* von Cornelius Castoriadis die innerhalb einer

---

15 Vgl. dazu: Jochen Schulte-Sasse: Einbildungskraft/Imagination. In: Karlheinz Barck (Hg.): *Ästhetische Grundbegriffe. Dekadent – Grotesk*. Stuttgart/Weimar: Metzler 2010, S. 88–120. Und Jochen Schulte-Sasse: Phantasie. In: Karlheinz Barck (Hg): *Ästhetische Grundbegriffe. Medien – Populär*. Stuttgart/Weimar: Metzler 2010, S. 778–98.
16 Vgl. Wolfgang Iser: *Das Fiktive und das Imaginäre. Perspektiven literarischer Anthropologie*, S. 21.
17 Ebda., S. 377.
18 Ebda., S. 22.
19 Neben dem in der deutschen Literaturwissenschaft meist zitierten Philosoph Cornelius Castoriadis haben sich zahlreiche weitere französische Wissenschaftler mit dem Thema des Imaginären beschäftigt. Dazu gehören: Gilbert Durand: *Les structures anthropologiques de l'imaginaire*. 1960; Gilbert Durand: *Champs de l'imaginaire/Gilbert Durand. Textes réunis par Danièle Chauvin*. Grenoble: ELLUG 1996; Jean-Jacques Wunenburger: *L'imaginaire*. Paris: PUF 2003; Hélène Védrine: *Les grandes conceptions de l'imaginaire: de Platon à Sartre et Lacan*. Paris: Librairie Générale Française 1990; Claude-Gilbert Dubois: *L'imaginaire de la nation (1792–1992); colloque européen de Bordeaux*. Bordeaux: Pr. Univ. de Bordeaux 1991.

Gesellschaft oder Kultur geteilten vorsprachlichen und vordenklichen Vorstellungen.[20]

Durand zufolge basiert jeder Gedanke, den wir hegen, auf allgemeinen Bildern, gesellschaftlich konstruierten Archetypen sowie Schemata oder funktionalen Potentialitäten, die unbewusst unser Denken bestimmen und die er unter dem Begriff des Imaginären zusammenfasst. Das Imaginäre ist also als ein dynamischer Organisator bei der Entstehung von kultureller Repräsentation zu denken und zu begreifen.[21] In Abgrenzung zu dem – wie von Lacan umschriebenen – Imaginären im Sinne eines individuellen psychischen Prozesses, nämlich eines «Spekularen», das in der Beziehung zwischen Ich und Anderem entsteht,[22] definiert Castoriadis das Imaginäre als eine überindividuelle gesellschaftliche Kategorie, als ein «Gesellschaftliches» im weitesten Sinne.

> Das Imaginäre, von dem ich spreche, ist kein Bild *von*. Es ist unaufhörliche und (gesellschaftlich-geschichtlich und psychisch) wesentlich *indeterminierte* Schöpfung von Gestalten/Formen/Bildern, die jeder Rede *von* ‹etwas› zugrunde liegen. Was wir ‹Realität› und ‹Rationalität› nennen, verdankt sich überhaupt erst ihnen.[23]

Um die Natur dieses Imaginären zu umschreiben, greift Castoriadis auf den aus den Naturwissenschaften entlehnten Begriff des Magmas, als einer vulkanologischen, dickflüssigen Masse zurück, die sich unter oder innerhalb der Erdkruste befindet und erst bei Vulkanausbrüchen als heiße, brodelnde Lava zum Vorschein kommt. Die Metapher des Magmas soll auf die unbestimmte und zugleich machtvolle und mitunter zerstörerische, revolutionäre Kraft dieser mental-kulturellen Ur-Materie hinweisen. In *Gesellschaft als Institution* heißt es,

---

20 Gilbert Durand: *Les structures anthropologiques de l'imaginaire*. Cornelius Castoriadis: *L'institution imaginaire de la société*. Paris: Éd. du Seuil 1975. Die deutsche Übersetzung dieses Werkes lautet: Cornelius Castoriadis: *Gesellschaft als imaginäre Institution: Entwurf einer politischen Philosophie*. Frankfurt am Main: Suhrkamp 1990.
21 So heißt es bei Durand: «toute pensée repose sur des images générales, les archétypes, «schémas ou potentialités fonctionnelles» qui «façonnent inconsciemment la pensée» ... l'imagination est dynamisme organisateur, et ce dynamisme organisateur est facteur d'homogénéité dans la représentation.» Gilbert Durand: *Les structures anthropologiques de l'imaginaire*, S. 20.
22 Die von Lacan beeinflusste Psychoanalyse begreift das Imaginäre als eine von drei Strukturen der menschlichen Psyche, die sich im Laufe eines Lebens entwickeln und das Subjekt konstituieren. Das Imaginäre entstehe im sogenannten Spiegelstadium zwischen dem sechsten und dem achtzehnten Lebensmonat, wenn das Kind sich zum ersten Mal im Spiegel betrachtet und als ganzheitliche Einheit entdeckt. Näheres hierzu bei Jacques Lacan: *Écrits*. Paris: Ed. du Seuil 1966, S. 93–100. Die deutsche Übersetzung findet sich in: Jacques Lacan: *Schriften*. Olten/Freiburg im Breisgau: Walter 1973, S. 61–70.
23 Cornelius Castoriadis: *Gesellschaft als imaginäre Institution: Entwurf einer politischen Philosophie*, S. 12.

dass der Leser, um eine Ahnung vom Magmazu bekommen, am besten an «alle Bedeutungen der deutschen Sprache» oder an «alle Vorstellungen seines Lebens»[24] denken solle.[25]

Es geht also um einen mentalen und zugleich affektiven Organisator,[26] der vorsprachlich und vordenklich zu begreifen ist, und, wie Warning formuliert, insofern eigentlich eine «Unvordenklichkeit»[27] darstellt. Diese primären Bedeutungsstrukturen erhebt Castoriadis in den Rang einer – in Bezug auf gesellschaftliche und individuelle Formationsprozesse – schöpferischen Kraft, von der aus jegliche Form des Lebens in einer Gesellschaft geprägt wird. Dazu gehöre praktisch alles, nämlich:

> Geister, Götter, Gott; polis, Bürger, Nation, Staat, Partei; Ware, Geld, Kapital, Zinssatz; Tabu, Tugend, Sünde usw. Aber auch: Mann/Frau/Kind, wie sie durch die jeweilige Gesellschaft spezifiziert sind. Jenseits rein anatomischer oder biologischer Definitionen sind Mann, Frau und Kind das, was sie sind, kraft der gesellschaftlichen imaginären Bedeutungen, die sie dazu machen.[28]

Gleichzeitig wirken diese Institutionen zurück auf das Magma, welches damit nicht nur instituierenden, sondern auch instituierten Charakter erhält. So ist es auch zu verstehen, dass Castoriadis – je nach Blickwinkel auf den instituierenden oder instituierten Charakter – unterschiedliche Realisierungen des Imaginären kennt und in der Folge unterscheidet: «[...] das radikale Imaginäre und das aktuale Imaginäre, das individuelle Imaginäre und das gesellschaftliche Imaginäre, das zentrale Imaginäre und das periphere Imaginäre».[29] Neben dem

---

24 Ebda., S. 565.
25 Er nennt es auch das «Magma der gesellschaftlichen imaginären Bedeutungen, die der sie tragenden und sie verkörpernden Institution der betreffenden Gesellschaft sozusagen Leben einhauchen». Cornelius Castoriadis: Das Imaginäre: die Schöpfung im gesellschaftlich-geschichtlichen Bereich. In: Harald Wolf (Hg.): *Das Imaginäre im Sozialen. Zur Sozialtheorie von Cornelius Castoriadis*. Göttingen: Wallstein 2012, S. 22.
26 Insoweit ergeben sich bedeutsame Anknüpfungspunkte für die Affekttheorie bzw. Affektforschung, etwa von Teresa Brennan, Gilles Deleuze und Micheala Ott, die wie Castoriadis danach streben, «das Gesellschaftliche als dem Einzelnen vorgängig zu betrachten», Michaela Ott: *Affizierung zu einer ästhetisch-epistemischen Figur Michaela Ott*, S. 24. «Ein Denken der Affizierung sucht das vermeintlich Individuelle in das Feld natürlich-kulturellen Geschehense zurückzubetten, um es auf seine unbewusste Dividualität zu entgrenzen und in seiner Verbundenheit mit dem Gesamten zu akzentuieren.» Ebda., S. 24.
27 Rainer Warning: *Die Phantasie der Realisten*, S. 33.
28 Cornelius Castoriadis: *Das Imaginäre: die Schöpfung im gesellschaftlich-geschichtlichen Bereich*, S. 22.
29 Näheres dazu bei: Johannes Rauwald: *Politische und literarische Poetologie(n) des Imaginären: zum Potenzial der (Selbst-) Veränderungskräfte bei Cornelius Castoriadis und Alfred Döblin*, S. 67.

gesellschaftlichen Imaginären kommt vor allem dem radikalen Imaginären besondere Bedeutung zu, das hier als die schöpferische Kraft zu finden ist, die neue Bedeutungen schafft.

An dieser Stelle gilt es festzuhalten, dass das unsichtbare Imaginäre im kulturellen Interagieren bzw. durch die affektive, mediale und sprachliche Vermittlung «vergesellschaftet» und weitergegeben wird. Das Individuum wird dabei zu einer Art Medium, einer «Umschaltstelle», welches davon affiziert wird und die gesellschaftlichen Bedeutungen weiterträgt, – geringfügig – schöpferisch beeinflussen kann und sich in unterschiedlicher Weise des Imaginären bedient.

Besonders sichtbar wird die Eigenmächtigkeit des Imaginären in Träumen oder gar Halluzinationen, wo es ungebändigt erscheint. Die Mächtigkeit des Imaginären, die gewissermaßen einer «Beherrschung» durch das Symbolsystem, insbesondere der Sprache bedarf, ist Ausgangspunkt für weitere Überlegungen zur Natur des Fiktiven.

2.1.2 Das Fiktive/Symbolische

Das Fiktive ist der willentliche, vom Autor beeinflusste Anteil in einem literarischen Werk, findet doch in der organisierten Verbindung von diffusem Imaginärem und außerweltlich bestehenden Realem ein willentliches Setzen und Kombinieren dieser Elemente statt. Eine derartige «Vermittlung des Imaginären mit dem Realen»[30] in der Fiktion lässt sich anhand dreier Operationen beschreiben, die Iser – analytisch – als Selektion, Kombination und Selbstanzeige bezeichnet. Diese gilt es in der gebotenen Kürze zu umreißen, um damit die Grundlage für ein Verständnis der anthropologischen Funktionen des Fiktiven und eine sich daran anschließende Interpretation fiktionaler Narkoromane zu schaffen.

Die Selektion meint die vom Autor getroffene Auswahl realer Elemente «aus den vorhandenen Umweltsystemen, seien diese sozio-kultureller Natur oder solche der Literatur selbst».[31] Insoweit sind diese Elemente «in sich nicht fiktiv, nur die Selektion ist ein Akt des Fingierens».[32]

Der Akt der Kombination imaginärer und realer Wirklichkeiten im Text meint die innertextuelle Organisation der Sprache, also von Buchstaben, Worten, Interpunktionen.[33] Herausgehobene Bedeutung erhält dabei die soge-

---

30 Wolfgang Iser: *Das Fiktive und das Imaginäre. Perspektiven literarischer Anthropologie*, S. 24.
31 Ebda.
32 Ebda., S. 25. Vgl. auch S. 27.
33 Vgl. ebda., S. 27.

nannte Relationierung im Sinne eines semantischen In-Beziehung-Setzens der unterschiedlichen Elemente eines Textes zueinander.[34] Es kommt dabei zu verschiedenen Formen der – willentlichen und unwillentlichen – Grenzüberschreitungen und Entgrenzungen der im Text aufgenommenen diskursiven, axiologischen, figurativen, affektiven oder sonstigen Wirklichkeiten, die mitunter eine Form der «Umgeltung von Geltung» bewirken: Dies hat mitunter zur Folge, dass die Sprache ihrer – denotativen – Funktion des Bezeichnens entkleidet, das heißt die konventionelle Bindung eines sprachlichen Zeichens an seinen Umweltreferenten aufgelöst wird. Stattdessen übernimmt die Sprache in je unterschiedlichem Maße die Rolle und die Funktion des Figurierens, indem sie auf etwas anderes verweist.[35]

Allerdings ist eine figurative Sprachverwendung nicht ganz ohne Verweis auf etwas. Die Verweisungsfunktion der Sprache im literarischen Text ist komplex und lässt sich nur konkret mittels der Interpretation eines literarischen Textes bestimmen. Wir können sie zunächst als ein scheinbares Paradoxon, eine Art «Rätsel» begreifen, welches darin besteht, dass die im Text dargestellte Welt als der Verweis auf etwas zu sein scheint, «das sie nicht ist, wenngleich dieses durch sie vorstellbar gemacht werden soll.»[36]

Näheres über das «Rätsel» des Bezeichnens im literarischen Text zeigt ein Vergleich zum Traum. Denn wie die literarische Fiktion hat auch der Traum eine Doppelungsstruktur und zeichnet sich durch manifeste und latente Bedeutungskorrelationen aus. Im Gegensatz zum Traum allerdings, dessen vorrangige Funktion es ist, – mitunter unterdrückte – Persönlichkeitsanteile und Wahrheiten zu verschleiern, findet im literarischen Text in der manifesten Bedeutung eine gleichzeitige Verschleierung und Entbergung von latenter Bedeutung – auch und im Besonderen des Imaginären in seinen vielfältigen Dimensionen – statt.[37]

Denn die literarische Fiktion verfügt – wiederum im Unterschied zum Traum – über eine große Bandbreite an Mitteln und Figuren der Distanzierung, ja Entfremdung von der im Text dargestellten Welt. Iser spricht von der «Selbstanzeige» der literarischen Fiktion, als dem dritten Akt des Fingierens. Angesprochen sind erzählerische Mittel, die zu einer Distanzierung des Autors und des Lesers von der erzählten Geschichte, also der in der Fiktion dargestellten

---

[34] Vgl. ebda., S. 29.
[35] Vgl. Wolfgang Iser: *Das Fiktive und das Imaginäre. Perspektiven literarischer Anthropologie*, S. 33.
[36] Ebda., S. 38.
[37] Vgl. Wolfgang Iser: *Fictionalizing: the Anthropological Dimension of Literary Fictions*, S. 945–46.

Wirklichkeit, anregen, mithin dessen Fiktionalität entblößen.[38] Damit grenzen sich fiktionale Texte auch von solchen Fiktionen ab, die jenseits der Literatur vorkommen, so etwa bestimmte Ideologien oder Weltbilder, die zwar fiktiv sind, sich aber nicht als solche ausgeben.

2.1.3 Über die anthropologische Funktion der literarischen Fiktion

Literarische Werke lassen sich neben anderem als «Antwort auf die Fiktionsbedürftigkeit des Menschen»[39] begreifen. Das hat seine Ursache vor allem in der Unmöglichkeit des Menschen, sich selbst zu erkennen und Zugang zum eigenen Bewusstsein zu finden, wie Iser u. a. unter Bezugnahme auf Helmut Plessner, Castoriadis und Ludwig Feuerbach konstatiert. Das Wesen der menschlichen Existenz sei grundsätzlich unbeantwortbar und unzugänglich.[40] Ein tieferes Verständnis dieser «Unzugänglichkeit» zum eigenen Selbst und einer daraus erwachsenden Hinwendung zur Fiktion finden wir in Plessners Versuch einer anthropologischen Begründung des soziologischen Rollenbegriffs zum sogenannten «Doppelgängertum des Menschen».[41] Nach diesem Konzept ist Identität als «Rollenspiel» geprägt, nämlich als ein Gleiten zwischen und ein Konstituieren

---

[38] Wolfgang Iser: *Das Fiktive und das Imaginäre. Perspektiven literarischer Anthropologie*, S. 35. Iser spricht von Fiktionssignalen, die den Text nicht als Diskurs, sondern als «inszenierten Diskurs» und schreibt: «Im Kenntlichmachen des Fingierens wird alle Welt, die im literarischen Text organisiert ist, zu einem Als-Ob.» Ebda., S. 35. Vgl. dazu auch: Rainer Warning: Der inszenierte Diskurs. Bemerkungen zur pragmatischen Relation der Fiktion. In: Dieter Henrich/ Wolfgang Iser (Hg.): *Funktionen des Fiktiven (Poetik und Hermeneutik X)*. München: Fink 1983.
[39] Wolfgang Iser: *Das Fiktive und das Imaginäre. Perspektiven literarischer Anthropologie*, S. 16.
[40] Iser zitiert Ludwig Feuerbachs Aphorismus: «In der Unwissenheit ist der Mensch bei sich zu Hause, in seiner Heimat, in der Wissenschaft in der Fremde.» Castoriadis äußert sich hierzu wie folgt: «L'homme ne peut exister qu'en se définissant chaque fois comme un ensemble de besoins et d'objets correspondants, mais dépasse toujours ces définitions – et, s'il les dépasse (non seulement dans un virtuel permanent, mais dans l'effectivité du mouvement historique), c'est parce qu'elles sortent de lui-même, qu'il les invente (non pas dans l'arbitraire certes, il y a toujours la nature, le minimum de cohérence qu'exige la rationalité, et l'histoire précédente), donc qu'il les *fait* en faisant et en *se* faisant, et qu'aucune définition rationnelle, naturelle ou historique ne permet de les fixer une fois pour toutes. «L'homme est ce qui n'est pas ce qu'il est, et qui est ce qu'il s'est pas», diait déjà Hegel.» Cornelius Castoriadis: *L'institution imaginaire de la société*, S. 204.
[41] Helmuth Plessner: *Gesammelte Schriften. Schriften zur Soziologie und Sozialphilosophie*. Frankfurt am Main: Suhrkamp 1985, S. 235.

von unterschiedlichen Rollen zu begreifen, die auf historisch-pragmatische Situationsbedürfnisse reagieren, diese bewältigen.⁴²

Dabei ist von entscheidender Bedeutung, dass Plessner, nicht anders als Iser, nicht von einem idealistischen Konzept des Doppelgängers ausgeht, welches dem «*homo noumenon*» einen «*homo phenomenon*», also dessen äußere Doppelgänger-Erscheinung, im Sinne einer Täuschung seines eigentlichen Selbst entgegensetzt.⁴³ Das ist etwa in der Psychoanalyse der Fall, die vom Kern-Ich und dem Spiegel-Ich spricht. Vielmehr seien Menschen vielfältig, ja mannigfaltig und grundsätzlich nicht identitär. Sie gleiten und reisen zwischen den unterschiedlichen Rollen, wie Iser es nennt:

> human beings are at best differential, travelling between their various roles which supplant and modify one another. Roles are not disguises with which to fulfill pragmatic ends; they are means of enabling the self to be other than each individual role.⁴⁴

Der Mensch könne folgerichtig nur leben, indem er sich definiere, wobei er die von ihm gesetzten, konstruierten Bilder von sich selbst stetig entgrenzt, nämlich überschreitet, wie etwa im Traum. So sei es unmöglich, das Sein eines Menschen festzuhalten. Dies hat zur unmittelbaren Folge, dass wir kreativ werden müssen, so etwa in Träumen oder im Akt des Schreibens und Lesens, die diese Leere zu füllen suchen und Rollen- und damit Identitätsmodelle schaffen.⁴⁵

---

42 Plessner schreibt: «Unser rationales Selbstverständnis gewinnt seine Formalisierbarkeit aber aus der Idee des Menschen als eines zwar auf soziale Rolle überhaupt verwiesenen, aber nicht durch eine bestimmte Rolle definierten Wesens. Der Rollenspieler oder Träger der sozialen Figur fällt zwar nicht mit ihr zusammen, kann jedoch nicht für sich abgelöst gedacht werden, ohne seine Menschlichkeit zu verlieren. Was Rolle ihm grundsätzlich und jederzeit gewährt, nämlich eine Privatexistenz zu haben, eine Intimsphäre für sich, hebt nicht nur nicht sein Selbst auf, sondern schafft es ihm. Nur an dem anderen seiner selbst hat er – sich. Mit dieser Struktur von Doppelgängertum, in welchem Rollenträger und Rollenfigur verbunden sind, glauben wir eine Konstante getroffen zu haben, welche für jeden Typus menschlicher Vergesellschaftung offen ist und eine seiner wesentlichen Voraussetzungen bildet. [...] Dem Doppelgängertum des Menschen als solchem, als einer jedwede Selbstauffassung ermöglichenden Struktur, darf die eine Hälfte der anderen keineswegs in dem Sinne gegenübergestellt werden, als sei sie «von Natur» die bessere. Er, der Doppelgänger, hat nur die Möglichkeit, sie dazu zu machen.» Ebda., S. 235. Vgl. dazu auch: Wolfgang Iser: Ist der Identitätsbegriff ein Paradigma für die Funktion der Fiktion? In: Odo Marquard (Hg.): *Identität*. München: Fink 1996, S. 727.
43 Vgl. Wolfgang Iser: *Fictionalizing: the Anthropological Dimension of Literary Fictions*, S. 946.
44 Ebda., S. 947.
45 Diesbezüglich schreibt Milan Kundera in der «Unendlichen Leichtigkeit des Seins»: «The characters in my novels are my own unrealized possibilities. That is why I am equally fond of them all and equally horrified by them. Each one has crossed a border that I myself have circumvented. It is that crossed border (the border beyond which my own ‹I› ends) which

Insofern kann man die Fiktion als eine Erweiterung des «Selbst» verstehen, welche auf das menschliche Unvermögen zurückgeht, das Ich-Bewusstsein zu erfassen.[46] Iser: «Thus being ‹beside oneself› turns out to be the minimal condition for creating one's own self and the very world in which one finds oneself.»[47] In seiner Überlegung zur Analogie und wechselseitigen Bedingtheit des Identitäts- und Fiktionsbegriffes erkennt Iser folgerichtig das «Wesen» beider Begriffsinhalte bestimmt durch einen «leeren Grund, dessen Besetzung sich über die pragmatischen Erfordernisse historischer Situationen reguliert.» Beide Begriffe dienten gewissermaßen der «Bewältigung von historisch-pragmatischen Situationsbedürfnissen»[48] des Menschen.

Die literarische Fiktion erlaubt nun, wie der Traum – und das ist eine mögliche Lösung für das «Rätsel» der figurativen Bedeutung bzw. der Doppelstruktur des literarischen Zeichens – eine Form der Begegnung mit diesem gleichzeitig anwesenden wie abwesenden, gleitenden und reisenden «Selbst»: Wie der Traum führt die literarische Fiktion zur Begegnung eben mit dieser Welterfahrung des Anwesenden und Abwesenden, des Latenten und Manifesten, das Merkmal beider Darstellungsstrukturen ist. Iser spricht folgerichtig von einer möglich werdenden Form der innerweltlichen Totalität («intramundane totality»[49]) im literarischen Kunstwerk, die im Alltagsleben sonst unmöglich wäre: «fictionalizing enacts our being in the middle of things by turning this very involvement into a mirror for itself.»[50] Daraus erwächst im übrigen die anthropologische Bedeutung des Imaginären, eines Vorgangs, der einem im Akt des Fingierens oder auch Träumens und – wie es hinzuzufügen gilt – etwa auch des Musizierens und anderen Kunstschaffens verhilft, Bilder (und damit Rollen) von uns und der Welt zu formen und Identität zu konstituieren. Dabei wird gleichzeitig Imaginäres erfahrbar, ohne dass der Mensch «von dessen Entfesselung überschwemmt [wird], wie etwa im Traum oder in Halluzinationen.»[51] Daraus erwächst schließlich eine weitergehend epistemologische Funktion der literarischen Fiktion, wird doch nur das erfunden, was man noch nicht weiß, wie Iser hervorhebt.[52]

---

attracts me most. For beyond that border begins the secret the novel asks about. The novel is not the auhor's confession; it is an investigation of human life in the trap the world has become.» Milan Kundera, New York 1987, S. 221.
46 Vgl. Wolfgang Iser: *Fictionalizing: the Anthropological Dimension of Literary Fictions*, S. 949.
47 Ebda., S. 946.
48 Wolfgang Iser: *Ist der Identitätsbegriff ein Paradigma für die Funktion der Fiktion?*, S. 727.
49 Wolfgang Iser: *Fictionalizing: the Anthropological Dimension of Literary Fictions*, S. 949.
50 Ebda.
51 Wolfgang Iser: *Das Fiktive und das Imaginäre. Perspektiven literarischer Anthropologie*, S. 381.
52 Iser schreibt: «If the borderlines of knowledge give rise to fictionalizing activity, we might perceive an economy principle at work: what can be known need not to be invented, and so

Der entscheidende Unterschied zum Traum liegt nun in der Funktion und der Bedeutung der literarischen Fiktion als einer Erfahrung des Rausches und der Ekstase. Angesprochen ist das ekstatische Potential der literarischen Fiktion. Sowohl das Fingieren durch den Autor als auch der Akt der Lektüre durch den Leser seien in ihrer anthropologischen Funktion, also ihrer Bedeutung und Wirkung auf den Menschen, erst in und als eine Form des ekstatischen Erlebens zu begreifen, das es dem Menschen erlaube, gleichzeitig aus sich herauszutreten und bei sich zu sein, sich zu haben, zu finden und auch in der Doppelstruktur seine Doppelgängernatur zu erfahren.[53] Während der Mensch im Traum innerhalb der Grenzen des eigenen Bewusstseins bleibe, ja Sklave desselben sei, werde es uns im ekstatischen Zustand, den das Fiktive tendenziell befördern kann, erst erlaubt, uns in radikal andere Welten und Rollen hineinzuversetzen und gleichzeitig bei uns selbst zu sein.[54]

Es gibt einen weiteren Unterschied der literarischen Fiktion zum Traum, den Iser hervorhebt und mit dem Mittel der «Selbstanzeige» bezeichnet: In der Selbstanzeige, die den Text als ein «Als-Ob» erscheinen lässt, findet eine besondere Form der Distanzierung von der Fiktion statt, welche die Illusionserfahrung bricht und damit eine paradoxe Form der ekstatischen Erfahrung befördern kann: nämlich eine Möglichkeit des simultanen Aus-Sich-Heraustretens und bei Sich-Selbst-Seins. Mit der Selbstanzeige, bei der die Fiktion sich als solche entblößt, erfolgt eine zweite Überschreitung der dargestellten «Welt des Textes»,[55] mithin eine «Doppelung der Doppelung», die es erlaubt, so Thomas Klinkert, eine «Beobachtungssituation zweiter Ordnung»[56] zu beziehen und die dargestellte Welt als Fiktion zu erkennen. Auf den Leser bezogen ist es so möglich, Erfahrungen rauschhaft zu erleben und sich gleichzeitig – nüchtern – da-

---

fictions always subsidize the unknowable. There are realities in human life which we experience and yet cannot know. Love is perhaps the most striking example. [...] We know that certain things exist, but we also know that we cannot know them, and this is the point at which our curiosity is aroused, and so we begin to invent.» Wolfgang Iser: *Fictionalizing: the Anthropological Dimension of Literary Fictions*, S. 951.

53 «To be present to oneself, and yet to view oneself as if we were another, is a condition of ‹ecstasy› in which, quite literally, one is beside oneself. One steps outside the enclosure of oneself, and so is enabled to have oneself.» Ebda., S. 945.

54 Iser schreibt: «Even if the dreamer should be aware that he or she is dreaming, he or she will remain within the confines of his or her dream, whereas fictionalizing in literature brings about a condition of ‹ecstasy› which allows one to be simultaneously with oneself and beside oneself.» Ebda., S. 947.

55 Wolfgang Iser: *Das Fiktive und das Imaginäre. Perspektiven literarischer Anthropologie*, S. 48.

56 Siehe hierzu Klinkerts Antrittsvorlesung an der Universität Zürich 2016. Thomas Klinkert: Literatur als Fiktionstheorie; https://tube.switch.ch/videos/3793e726 (22.02.2019).

von zu distanzieren. Das Gleiche gilt für den Autor, dem es mittels der Selbstanzeige gelingt, durch die literarische Fiktion eine Form des gleichzeitigen Erlebens und Distanzierens seines Selbst – des mannigfaltigen Rollendaseins – in der Erfahrung und Gestalt eines Anderen zu experimentieren und diese zugleich als Fiktion zu erkennen.

2.2 Lateinamerikanische Narkoimaginarien, -diskurse und -kulturen

Das literarische Werk als Zusammenspiel von «Realem», «Imaginärem» und «Fiktivem» ist seiner wesenhaften Machart nach also ein Zusammenspiel von individuellen und kollektiven Wirklichkeitsanteilen. Es lässt sich insoweit im weiteren Sinne auch als ein «Dividuelles»[57] begreifen. Einer literaturanthropologischen Perspektive nach ist die literarische Fiktion – ähnlich wie Begriff und Konzept von Identität – als Reaktion, nämlich als Bewältigung von historisch-pragmatischen Situationsbedürfnissen zu begreifen. Diese lassen sich nicht unabhängig, sondern vielmehr erst unter Bezugnahme des affektiven, imaginären und diskursiven Kontextes begründen, die das Leben und die Identität jedes Einzelnen prägen.

Nicht allein deshalb ist es für das Verständnis der Narkoprosa, einschließlich ihrer anthropologischen Dimension unabdingbar, diesen Kontext in die Analyse mit einzubeziehen. Gleichzeitig setzt sich die faktual orientierte Narkoprosa mit den ihr zur Verfügung stehenden Mitteln von bestimmten Aspekten dieser Lebenswelt ab. Und mehr: Das besondere, nämlich innovative Potential der literarischen Narkofiktion gewinnt erst vor dem Hintergrund markanter Merkmale der Narkoimaginarien, -diskurse und -kulturen, als der dominanten Wahrnehmung des Drogenhandels und damit in Verbindung stehender Phänomene, an Konturen. Deshalb werden im Folgenden wiederkehrende Bedeutungsstrukturen derselben herausgearbeitet. Ein besonderes Augenmerk wird dabei auf die Konstruktion von Alterität im Sinne von Fremdheit gelegt.

Das Fremde wird in dieser Arbeit in grundsätzlicher Weise und in Anlehnung an Bernard Waldenfels' phänomenologische Begründung des Fremden als

---

57 Im Sinne Michaela Otts: «Das Dividuelle will die Vielzahl der ineinandergreifenden Anregungs-, Aufforderungs- und Ansteckungsprozesse bezeichnen, von denen der Einzelne und das Kollektiv heutzutage durchdrungen sind. Im Terminus des Dividuellen wird die Annahme affektiver Uniformisierung gesellschaftlicher Einheiten ebenso wie die Idee rein individueller Affektbildung abgelehnt.» Michaela Ott: *Affizierung zu einer ästhetisch-epistemischen Figur*, S. 21.

eine bestimmte Form der Erschütterung der Erfahrungswelt des «Ichs» begriffen, bei der dieses mit etwas radikal Fremdem konfrontiert wird.[58] Etwas «Fremdes» ist insofern zunächst eine bestimmte Form der Wahrnehmung, nämlich von etwas, das gewohnte Zusammenhänge sprengt und in unterschiedlichem Grade außerordentlich erscheinen kann. Eine solche Wahrnehmung des Außerordentlichen ist nicht willkürlich, sondern häufig an gesellschaftlich geformte diskursive Strukturen gebunden. Zum Beispiel handelt es sich um Phänomene, die der diskursiven Ausschließung anheimfallen, welche in der Moderne, so Foucault, wesentlich durch Recht und Gesetz und deren «allgemeine Ordnungsfunktion»[59] markiert werden. Dementsprechend wird all jenes mit Fremdheit assoziiert, was als illegal und damit außerordentlich, also außerhalb der legalen Ordnung befunden wird. Der Besitz, Verkehr und Konsum von illegalen Drogen und die Anwendung von nicht legaler Gewalt rufen intensive Fremdwahrnehmungen hervor.

Doch die Bedeutung der Fremdheit geht weit darüber hinaus. Allgemeiner und mit Bezug auf die besondere Verfasstheit der (lateinamerikanischen) Moderne formuliert, lässt sich die gesamte Drogenproblematik unter verschiedenen Gesichtspunkten von Alterität (neu) diskutieren, wie es beispielhaft in der folgenden Analyse zentraler Darstellungsmerkmale und Wahrnehmungsgewohnheiten des Drogenhandels in Lateinamerika herauszuarbeiten gilt.

Die relevante kulturwissenschaftlich und soziologisch geprägte Forschung berücksichtigte diesen Aspekt in der Erforschung der Narkokulturen und -imaginarien bislang kaum.[60] Indessen liefert sie uns wichtige Bausteine, die auf

---

58 Das Fremde kann in Erscheinung treten: «in Form einer Fremderfahrung, die dem Erkennen, Verstehen und auch dem Anerkennen des Fremden vorausgeht. Dabei handelt es sich um affektiv getönte Widerfahrnisse wie das Erstaunen und Erschrecken, um Störungen, die den gewohnten Gang der Dinge unterbrechen, um Anomalien, die von der Normalität abweichen. Fremdes affiziert uns, bevor wir zustimmend oder ablehnend darauf zugehen. Es gleicht einem Einfall, der unvermutet, auch ungelegen kommt.» Bernhard Waldenfels: *Das Fremde denken*, S. 363. Der deutsche Philosoph Bernard Waldenfels unterscheidet radikale von relativer Fremdheit: «Relativ nenne ich eine Fremdheit, die von dem Zustand unseres begrenzten Wissens und Könnens abhängt. Ein Beispiel wäre die Fremdsprache, die ja prinzipiell erlernbar ist. Hierher gehört auch die normale Fremdheit des Passanten auf der Straße, die unter zivilisierten Umständen durch Sitte oder Recht eingedämmt ist. Radikal nenne ich dagegen eine Fremdheit, die zur Sache selbst gehört und an die Wurzeln der Dinge rührt.» Ebda., S. 361.
59 Ebda., S. 362. Waldenfels schreibt weiter, in Anlehnung an Foucault: «Der Dialog zerteilt sich in Diskurse im Sinne Foucaults, die jeweils spezifischen Ordnungen unterliegen. Es gilt also der Satz: So viele Ordnungen, so viele Fremdheiten. Das Außer-ordentliche begleitet die Ordnung wie ein Schatten.» Bernhard Waldenfels: *Studien zur Phänomenologie des Fremden. Topographie des Fremden*. Frankfurt am Main: Suhrkamp 1997, S. 33.
60 Eine Ausnahme stellt Juan Cajas dar, der in seinem richtungsweisenden Aufsatz zur Erforschung der unterschiedlich geprägten regionalen Narkokulturen eine solche These aufstellt.

eine solche Disposition der Narkoimaginarien, -diskurse und -kulturen hindeuten, deren Elemente es im Folgenden in einen argumentativen Zusammenhang zu stellen gilt.

Einen ersten Meilenstein kulturwissenschaftlicher Beschäftigung mit dem Phänomen des Drogenhandels in Lateinamerika legte der mexikanische Soziologe und Historiker Luis Astorga mit seinem Werk *Mitología del narcotraficante en México*.[61] Astorga kommt das Verdienst zu, erste Analysen der unterschiedlichen, von ihm tendenziell als «mythisch» bezeichneten narrativen und symbolischen Ausdrucksformen des Drogenhandels vorgenommen zu haben. Seine Analysen sind bis heute einflussreich für eine weitergehende kultur- und gesellschaftswissenschaftliche Beschäftigung mit diesem Themenbereich, wie nicht zuletzt die mexikanische Forschung zur Narkoprosa zeigt.[62]

Astorga wählt dabei einen diskurskritischen Ansatz, der nach den dominanten Wahrnehmungs- und Bewertungsstrukturen derjenigen Phänomene fragt,[63] die im Zusammenhang mit dem Anbau, Handel und Konsum von Drogen stehen.[64] Er bilanziert eine epistemologische Vorherrschaft des offiziellen, von den USA dominierten Diskurses über den Drogenhandel/-krieg.[65] Von dieser dominanten Wahrnehmung und Sinnproduktion sind, so Astorga, die Darstellungen des Drogenhandels in den *narcocorridos* sowie die Beschreibungen des Lebensstils und der naturalisierte Habitus der Drogenhändler – etwa im Bundesstaat Sinaloa – deutlich zu unterscheiden,[66] welche von dem *gros* der Forschung unter den Begriff der *narcocultura* subsumiert werden. Doch auch von diesen kulturellen Manifestationen des Drogenhandels geht eine regulierende und verknappende Wirkung auf das gesellschaftliche Imaginäre aus: sie

---

Vgl. Juan Cajas: *Globalización del crimen, cultura y mercados ilegales*, S. 34. Auch Herlinghaus spricht von einer neuen Konstruktion von Alterität in Zeiten des Drogenkrieges (Hermann Herlinghaus: *Narcoepics. A Global Aesthetics of Sobriety*, S. 52). Ferner zeigt darauf die herausgehobene Stellung der sog. «Sündenbockthematik» in seinen Studien, vgl. Kapitel 1.3.1.2 dieser Arbeit.

61 Astorga avanciert zusammen mit seinen anderen vielbeachteten und rezipierten Werken zur Geschichte des Drogenhandels in Mexiko zu einem der führenden Forscher auf diesem Gebiet. Dazu gehört u. a. Luis Alejandro Astorga Almanza: *El siglo de las drogas. El narcotráfico, del porfiriato al nuevo milenio*.

62 Siehe hierzu Kapitel 1.3.1.1 dieser Arbeit.

63 Astorga spricht von «esquemas y categorías de percepción dominantes.» Luis Astorga: *Mitología del «narcotraficante» en México*, S. 13.

64 Vgl. ebda., S. 10.

65 Astorga spricht von «sus variantes en la prensa, radio, televisión, círculos académicos y reportajes novelados», ebda., S. 13. Vgl. Auch ebda., S. 11.

66 Vgl. Luis Astorga: *Mitología del «narcotraficante» en México*, S. 36–37.

beeinflussen ebenfalls die Wahrnehmung dessen, was wir im stummen Wissen als geteilte «Wahrheit» von der Welt des Drogenhandels begreifen können.

Denn das gesellschaftlich geformte Imaginäre und die Diskurse über den Drogenhandel erhalten zusätzlich und verstärkt transnationale und «glokale» Züge: lokale Sprache, Symbole, Traditionen und Rituale sprengen ihren originär regionalen Bezugsrahmen und dringen vermehrt durch die transnationale Verbreitung und Vernetzung der zugleich wirtschaftlichen und kulturellen Abhängigkeiten in die globale Sphäre medialer Produktion ein. Sie vermengen sich mit dem offiziellen Diskurs eines *war on drugs* und anderer Darstellungen und Wahrnehmungen des Drogenhandels.[67]

Das manifestiert sich besonders deutlich in der Verbreitung der *narcocorridos* als einer zunächst originär regionalen, nordmexikanischen Gattung der Populärkultur, die sodann seit den 1970er Jahren nicht nur den nationalen mexikanischen Musikmarkt erobert hatte, sondern zunehmend auch innerhalb der mexikanisch geprägten Migrationskultur der USA an Beliebtheit gewann. Los Angeles avancierte seit den 1990er Jahren zu einem Zentrum dieser Gattung, welche von der nordamerikanischen Musikindustrie in Analogie zum sogenannten Gangsterrap auch als «gangster Corrido» bezeichnet wird.[68] In umgekehrter Richtung prägt darüber hinaus ein transnationaler, offizieller Drogendiskurs die lokalen Realitäten und Wahrnehmungen – auch die Entwicklung der *narcocorridos* –, sodass man insgesamt von konfliktiven, heterogenen und nicht zuletzt aufgrund der transnationalen Konstituiertheit von paradoxen Narkoimaginarien, -diskursen und -kulturen sprechen kann, die zum Ausdruck bringen und bestimmen, wie der Drogenhandel und dessen Akteure in Lateinamerika wahrgenommen und konstituiert werden.

In Übereinstimmung mit der bestehenden soziologisch, anthropologisch, kultur- und politikwissenschaftlich geprägten Forschung der Narkodiskurse, -imaginarien und -kulturen folgt auch die vorliegende Arbeit grundsätzlich Astorgas diskurskritischem Ansatz.[69] Insoweit unterscheiden wir – analytisch – einen offiziellen, wesentlich von den USA beeinflussten Drogendiskurs, einen von den Drogenhändlern/-kartellen verbreiteten Diskurs sowie darüber hinaus populärkulturelle Segmente wie die *narcocorridos*, deren Status changierend ist. Im heterogenen Zusammenspiel bestimmen diese wesentlich die Wahrnehmung und Bedeutung des *narco* in Lateinamerika. Sie wirken nicht nur auf die Wahrnehmung derjenigen ein, die in diesem Milieu leben, sondern auch auf die

---

67 Vgl. Hermann Herlinghaus: *Violence Without Guilt. Ethical Narratives from the Global South*.
68 Vgl. Carlos Valbuena: *Sobre héroes, monstruos y tumbas. Los capos en el narcocorrido colombiano*, S. 221–43.
69 Cajas, J. 2008. Globalización del crimen, cultura y mercados ilegales. *Ide@s, Concyteg*, S. 3.

lateinamerikanischen Gesellschaften insgesamt, deren politische und kulturelle Imaginarien davon mitgeprägt werden. Das betrifft auch Einzelne, die mit der Thematik affiziert werden, erst recht die symbolischen Ausdrucksformen und die Literatur.

2.2.1 Feindbildung und Fremdmachung im offiziellen Diskurs des *war on drugs*

Innerhalb des offiziellen lateinamerikanischen Diskurses über den Drogenhandel besteht eine deutliche Vorherrschaft des US-amerikanischen juridischen Diskurssystems.[70] Dies gilt es zunächst am Beispiel des Signifikanten *narco* darzustellen, der im gewöhnlichen Sprachgebrauch des Spanischen zur Bezeichnung all derjenigen Phänomene verwendet wird, die in Zusammenhang mit dem zeitgenössischen Drogenhandel stehen. Darunter: *la narco-arquitectura, la narco-estética, las jergas del narco, los narcocorridos, las narcofosas, las narcomantas, los narcodólares, los narcopolíticos, los narcosatánicos, los narcobanqueros, el Blog del Narco, narco-propaganda*. Luis Astorga bezeichnete bereits 1994 «narco» als einen lexikologischen Multiplikator, der über eine dominante Bedeutung, ein vorherrschendes Signifikat, verfüge.[71]

Der als Substantiv und lexikalisches Morphem gebrauchte Signifikant *narco* wurde aus dem englischen Sprachgebrauch ins Spanische übernommen. «Narcotics» bezeichnen in den USA seit den ersten gesetzlichen Verboten zu Beginn des 20. Jahrhunderts Opiate sowie aus dem Kokablatt und Hanfblatt gewonnene psychoaktive Substanzen (Kokain, Marihuana und Haschisch). Im Laufe der Zeit kamen zahlreiche andere Drogen hinzu, die unter Verbot oder Restriktion gestellt wurden.[72] Der aus dem Englischen übernommene Begriff *narco* konnotiert neben der Droge zugleich deren Verbot und gerinnt damit auch zu einem Signifikant restriktiver «Macht».[73]

Das lässt sich nicht zuletzt daran ablesen, dass im Spanischen der Begriff «narcótico» ursprünglich nur im medizinischen Bereich für «Schmerzmittel» verwendet wurde, wie ein Blick in das Wörterbuch der *Real Academia Española*

---

70 Vgl. Luis Astorga: *Mitología del «narcotraficante» en México*, S. 11.
71 Ebda., S. 41.
72 Vgl. David F. Musto: *The American disease: origins of narcotic control*. New Haven/London: Yale University Press 1973, Preface, S. ix.
73 Foucault schreibt diesbezüglich in «Die Ordnung des Diskurses»: «Der Diskurs mag dem Anschein nach fast ein Nichts sein – die Verbote, die ihn treffen, offenbaren nur allzubald seine Verbindung mit dem Begehren und der Macht.» Michel Foucault: *Die Ordnung des Diskurses*. Herausgegeben von Ralf Konersmann. Frankfurt am Main: Fischer 2014, S. 11.

verrät.[74] Das Spanische kennt eigene Bezeichnungen für psychoaktive Substanzen wie Opiate, Kokain, Marihuana und andere Drogen (*droga, sustancia psicotrópica, sustancias alteradoras* oder *psicotropo*). Diesen Weg ging die Gesetzgebung nicht, und zwar weder in den USA noch – in der Folge – in Mexiko. Das mexikanische Strafgesetzbuch übernimmt den aus der US-amerikanischen Drogengesetzgebung bekannten Terminus der «narcóticos» und damit deren Strafbarkeit.[75] Allein dies indiziert eine regulierende Funktion des US-amerikanischen und daran angelehnten mexikanischen, juridischen Diskurssystems.[76]

Die dispositive Funktion des Signifikanten *narco* lässt sich nicht zuletzt an den zahlreichen Wortneuschöpfungen ablesen, in denen dieser als lexikalisches Morphem figuriert und so die gesellschaftliche Bedeutung von Phänomenen, die in Zusammenhang mit dem Drogenhandel stehen, «verknappt» bzw. «diszipliniert». Astorga bezeichnet dies als «efecto universalizador» der juridischen Konzeption der «narcóticos».[77] Das betrifft nicht nur die spanische Sprachbildung, sondern auch das Englische sowie andere (romanische) Sprachen.

---

74 1. adj. Med. Dicho de una sustancia: Que produce sopor, relajación muscular y embotamiento de la sensibilidad; p. ej., el cloroformo, el opio, la belladona, etc. U. t. c. s. m. 2. adj. Perteneciente o relativo a la narcosis, vgl. Real Academia Española: narcótico. In: *Diccionario de la RAE*; http://dle.rae.es/?id=QFiTjFr (22.02.2019).

75 So heißt es etwa in Artikel 193 des mexikanischen Strafgesetzbuches, dem *Código Penal Federal*, der zusammen mit dem Artikel 194 die gesetzlichen Beschränkungen des Drogenhandels regelt: «Artículo 193: Se consideran narcóticos a los estupefacientes, psicotrópicos y demás sustancias o vegetales que determinen la Ley General de Salud, los convenios y tratados internacionales de observancia obligatoria en México y los que señalen las demás disposiciones legales aplicables en la materia.» Código Penal federal. Texto Vigente. Publicado en el Diario Oficial el 14 de agosto de 1931; https://www.juridicas.unam.mx/legislacion/ordenamiento/codigo-penal-federal#9980 (22.02.2019).

76 Im aktuellen kolumbianischen Strafgesetzbuch, dem *Código Penal Colombiano*, werden hingegen die originär spanischen Bezeichnungen wie droga, sustancia estupefaciente oder sicotrópica verwendet. So beispielsweise in: «Artículo 376. Tráfico, fabricación o porte de estupefacienteS. [Modificado por el artículo 11 de la ley 1453 de 2011] El que sin permiso de autoridad competente, introduzca al país, así sea en tránsito o saque de él, transporte, lleve consigo, almacene, conserve, elabore, venda, ofrezca, adquiera, financie o suministre a cualquier título sustancia estupefaciente, sicotrópica o drogas sintéticas que se encuentren contempladas en los cuadros uno, dos, tres y cuatro del Convenio de las Naciones Unidas sobre Sustancias Sicotrópicas, incurrirá en prisión de ciento veintiocho (128) a trescientos sesenta (360) meses y multa de mil trescientos treinta y cuatro (1.334) a cincuenta mil (50.000) salarios mínimos legales mensuales vigentes.» José Fernando Botero Bernal: *Código Penal Colombiano*. Medellín: Universidad de Medellín; http://perso.unifr.ch/derechopenal/assets/files/legislacion/l_20130808_01.pdf, 2000, S. 264 (22.02.2019).

77 Luis Astorga: *Mitología del «narcotraficante» en México*, S. 41: «hay que ver aquí el efecto universalizador de la concepción jurídica acerca de los «narcóticos».

Mit dem erst seit Beginn des 20. Jahrhunderts mit Verbot und Illegalität verbundenen Begriff *narcotics* wurden darüber hinaus – je nach Epoche und Region – zahlreiche weitere Konnotationen mitbedeutet.[78]

Diesen geht u. a. David F. Musto, Experte in der US-amerikanischen Drogenregulierung, der als Professor für Psychiatrie und Medizingeschichte an der Yale University und später als Berater Jimmy Carters arbeitete, nach.[79] Er untersucht in *The American Disease. Origins of narcotic control* (1973) die Ursprünge und Entwicklung der US-amerikanischen Drogenverbotspolitik seit der Mitte des 19. Jahrhunderts und kommt zu dem Ergebnis, den US-amerikanischen Drogendiskurs weniger als eine medizinische oder der Gesetzgebung unterfallende, sondern als eine politische Angelegenheit zu begreifen.[80] Der deutsche Politikwissenschaftler Robert Lessmann knüpft in seiner Studie über den Drogenkrieg in den Anden an diese Erkenntnisse an und folgert, dass sich bis heute zwei dominante Konnotationen rund um den Begriff *narcotics* im Diskurs verfestigt haben. Erstens wird der Drogenkonsum als «besonders brennendes gesellschaftliches Problem wahrgenommen»[81] und im Zusammenhang mit der öffentlichen Sicherheit diskutiert. Drogenkonsum und -abhängigkeit würden wesentlich zu aggressiv-gewaltsamem Verhalten beitragen und damit Kriminalität befördern. Dieser Logik folgend sei der Konsum von Marihuana in den 1930er Jahren in den USA wegen seiner sowohl sexuell als auch in Bezug auf das Gewaltpotential enthemmenden Wirkung gefürchtet worden.[82]

Zweitens lässt sich in der Verwendung des Begriffs *narcotics* eine konstante argumentative Verbindung der Drogenproblematik mit rassistischen Ressentiments, der Diskriminierung von Minderheiten und der Furcht vor «subversivem Gedankengut» ablesen. Konkret bedeutete dies, dass die politische Debatte um das gesetzliche Verbot von Suchtstoffen nicht selten mit der Angst nicht nur vor den Auswirkungen des Drogenkonsums bei bestimmten Bevölkerungsgruppen, sondern häufig mit deren Status insgesamt in Zusammenhang gebracht wurde.

---

[78] Der Begriff des Narkotikums (narcótico) geht ursprünglich aus dem griechischen Begriff *narkoun* hervor, welcher einschläfern, beruhigen und stillen (adormecer) sowie lindern (sedar) bedeutet. Bis zu Beginn des 20. Jahrhunderts wurde der Begriff fern einer moralischen Konnotation für beruhigende und einschläfernde Substanzen gebraucht. Näheres dazu bei Antonio Escohotado: *Historia general de las drogas*. Madrid: Alianza 1989, S. 19, auf den sich Astorga in seiner Ausarbeitung beruft. Vgl. Luis Astorga: *Mitología del «narcotraficante» en México*, S. 23.
[79] Näheres zu seiner Person in: William Grimes: David F. Musto, Expert on Drug Control, Dies at 74. In: *The New York Times* (13.10.2010); https://www.nytimes.com/2010/10/14/us/14musto.html (20.02.2019).
[80] David F. Musto: *The American disease: origins of narcotic control*, S. 244.
[81] Robert Lessmann: *Der Drogenkrieg in den Anden. Von den Anfängen bis in die 1990er Jahre*. Wiesbaden: Springer VS 2016, S. 36.
[82] Vgl. dazu ebda., S. 38.

2.2 Lateinamerikanische Narkoimaginarien, -diskurse und -kulturen — 53

Die Drogenpolitik wurde damit dazu instrumentalisiert, den Einfluss von Minderheiten und linkem Gedankengut zu stigmatisieren oder zu begrenzen, wie Musto für die erste Hälfte des 20. Jahrhunderts am Beispiel der USA herausgearbeitet hat. So verbanden sich bereits in den 1920er und 1930er Jahren Ressentiments gegen mexikanische Einwanderer mit deren angeblichem Drogenkonsum in der öffentlichen Wahrnehmung und dem Diskurs über Marihuana, wie folgendes Zitat von C. M. Goethe of Sacramento aus dem Wahlkampf der *American Coalition* belegt:

> Marijuana, perhaps now the most insidious of our narcotics, is a direct by-product of unrestricted Mexican immigration. Easily grown, it has been asserted that it has recently been planted between rows in a California penitentiary garden. Mexican peddlers have been caught distributing sample marijuana cigarets to school children. Bills for our quota against Mexico have been blocked mysteriously in every Congress since the 1924 Quota Act. Our nation has more than enough laborers.[83]

Der Konsum von Kokain wurde dagegen primär mit der schwarzen Bevölkerung in Verbindung gebracht, während Opium als das bevorzugte Rauschmittel der chinesischen Minderheit angesehen wurde. Dazu Musto:

> Cocaine was supposed to enable blacks to withstand bullets which would kill normal persons and to stimulate sexual assault. Fear that smoking opium facilitated sexual contact between Chinese and white Americans was also a factor in its total prohibition. Chicanos in the Southwest were believed to be incited to violence by smoking marihuana. Heroin was linked in the 1920s with a turbulent age-group: adolescents in reckless and promiscuous urban gangs. Alcohol was associated with immigrants crowding into large and corrupt cities. In each instance, use of a particular drug was attributed to an identifiable and threatening minority group.[84]

Die Droge, der Drogenhandel und die betreffenden Minderheiten, die damit in Verbindung gebracht wurden, verdichten und verbinden sich im US-amerikanischen Diskurs also mit etwas Gefährlichem und «Fremden», im Sinne von etwas/jemandem, den/das die gesellschaftliche Ordnung sprengt und (zer-)stört, da es/er in unterschiedlicher Weise als böser Eindringling und Störfaktor wahrgenommen wird. Wir haben es gewissermaßen mit Vermengungen unterschiedlicher Formen der sozialen einschließlich affektiven Ausschließung zu tun,[85] in

---

83 David F. Musto: *The American disease: origins of narcotic control*, S. 220.
84 Ebda., S. 244–45.
85 Siehe hierzu das Konzept der «affektiven Marginalisierung» von Hermann Herlinghaus: «Affective marginalities can be considered those that «carry the negative affects for the other» (Herlinghaus zitiert Brennan) Hermann Herlinghaus: *Violence Without Guilt. Ethical Narratives from the Global South*, S. 14. Vgl. ferner S. 11, 12, 15–16. Siehe auch Hermann Herlinghaus: *Narcoepics. A Global Aesthetics of Sobriety*, S. 35: «It is in the deeply neurotic realms of domi-

denen sich Misstrauen und Angst sowie verschiedene Ordnungsdispositive wie Rassismus,[86] Illegalität oder auch eine moralisch begründete Ablehnung von Rausch/Ekstase treffen und den Begriff der *narcotics* zu Beginn des 20. Jahrhunderts in eine bestimmte Richtung formen.[87]

Die Drogenpolitik gerät seit der Mitte des 20. Jahrhundert sukzessive in das Feld, welches Carl Schmitt als das «Politische» bezeichnete, in welchem sie zunehmend Bestandteil eines Freund-Feind-Dispositivs wird.[88] Maßgebend dafür

---

nant Western culture that the construction of otherness recreates doses of guilt by means of projection, thus producing a mechanism for psychically intoxicating the «subaltern», or the ex-centric, which can be even stronger than economic oppression.»

[86] Eine annähernde Definition dieses Begriffes ist in einem Gespräch Foucaults mit Jacques-Alain Miller u. a. an der Universität Paris-VIII (1977) über *Überwachen und Strafen* überliefert: «Das was ich mit diesem Begriff zu bestimmen versuche, ist erstens eine entschieden heterogene Gesamtheit, bestehend aus Diskursen, Institutionen, architektonischen Einrichtungen, reglementierenden Entscheidungen, Gesetzen, administrativen Maßnahmen, wissenschaftlichen Aussagen, philosophischen Lehrsätzen, kurz: Gesagtes ebenso wie Ungesagtes, das sind die Elemente des Dispositivs. Das Dispositiv selbst ist das Netz, das man zwischen diesen Elementen herstellen kann. [...] Zweitens ist das, was ich im Dispositiv festhalten möchte, gerade die Natur der Verbindung, die zwischen diesen heterogenen Elementen bestehen kann. [...] Drittens verstehe ich unter Dispositiv eine Art – sagen wir – Gebilde (formation), das zu einem historisch gegebenen Zeitpunkt vor allem die Funktion hat, auf einen Notstand (urgence) zu antworten. Das Dispositiv hat also eine dominant strategische Funktion (fonction stratégique dominante). [...] Es hat damit einen strategischen Imperativ gegeben, der als Matrix für ein Dispositiv funktionierte, das nach und nach zum Dispositiv für die Kontrolle und Unterwerfung (assujetissement) des Wahnsinns, der Geisteskrankheit und der Neurose wurde.» Jürgen Link: Dispositiv. In: Clemens Kammler u. a. (Hg.), *Foucault-Handbuch. Leben – Werk – Wirkung.* Stuttgart/Weimar: Metzler 2008, S. 239. Näheres dazu auch bei: Giorgio Agamben: *Was ist ein Dispositiv?* Zürich/Berlin: Diaphanes 2008. Und: Siegfried Jäger: Dispositiv. In: Marcus S. Kleiner (Hg.): *Michel Foucault. Eine Einführung in sein Denken.* Frankfurt/New York: Campus Verlag 2001.

[87] Ferner lässt sich eine Angst vor der Droge in einem von der puritanischen Ethik geprägten Land wie den USA auch religiös begründen. Hinter dem Verbot der Droge verbergen sich ferner zentrale Episteme der westlichen Moderne, wie jüngere Studien zur Kulturgeschichte des Rausches und der Droge in der Moderne nahelegen. Siehe hierzu: Hermann Herlinghaus: *Narcoepics. A Global Aesthetics of Sobriety*, S. 40. Näheres zur Geschichte der Droge und des Rauschs in der westlichen Hemisphäre bei Richard J. DeGrandpre: *The Cult of Pharmacology. How America Became the World's most Troubled Drug Culture*; Hermann Herlinghaus: *From Transatlantic Histories of «Intoxication» to a Hemispheric «War on Affect»: Paradoxes Unbound*; Hermann Herlinghaus: *Narcoepics. A Global Aesthetics of Sobriety*, S. 4–10. Alexander Kupfer: *Die künstlichen Paradiese. Rausch und Realität seit der Romantik; ein Handbuch.* Stuttgart: Metzler 1996. Sowie bei Robert Feustel: *Grenzgänge. Kulturen des Rauschs seit der Renaissance.* München/Paderborn: Fink 2013.

[88] Siehe dazu Carl Schmitt: *Der Begriff des Politischen. Text von 1932 mit einem Vorwort und 3 Corollarien*, S. 26–29.

sind die politischen Entscheidungen der Nixon-Administration während dessen Amtszeit, wodurch der Drogendiskurs eine kriegerische Intensität erhielt. 1969 ordnete Richard Nixon die Schließung der Grenzen zu Mexiko an, das damals massiv den illegalen Drogenmarkt in den USA mit Marihuana und Heroin belieferte und zudem ein bedeutendes Transitland für Kokain war.[89]

1971/72 erklärte Nixon offiziell den Krieg gegen die Droge (*war on drugs*), und zwar auch außenpolitisch: 1974 verbot der Kongress die Erteilung von Handelsbegünstigungen an jene Länder, die keine «geeigneten Schritte» zur Kooperation mit den Drogenprogrammen der USA unternahmen.[90] So weitete sich der innenpolitische Diskurs auf die Außenpolitik aus, es galt, den Drogenhandel nun auch außerhalb der eigenen Landesgrenzen, selbst unter Einsatz militärischer Mittel, zu bekämpfen.[91]

Konkret führte das etwa dazu, dass sich Bolivien im Zuge ausbleibender US-Hilfen bereit erklärte, zur Bekämpfung des Drogenhandels befristete Militärinterventionen US-amerikanischer Soldaten zu dulden.[92] In Kolumbien zerstörte die Regierung Turbay Ayala (1978–1982) große Teile des Marihuana-Anbaus, unterband die Ausfuhr der Droge auf dem Land- und Luftweg und unterzeichnete ein völkerrechtliches Abkommen mit den USA, das die Auslieferung von kolumbianischen Verbrechern an die USA ermöglichte. In Mexiko fand diese Politik ihren Höhepunkt in dem 2006 von Präsident Felipe Calderón ausgerufenen Krieg gegen den Drogenhandel, der zeitgleich mit der sogenannten Mérida Initiative eingeleitet wurde. Sie führte zu einer bis heute andauernden Militarisierung der Drogenbekämpfung, die von der US-Regierung mit milliardenschweren Beiträgen unterstützt wird.[93]

Spätestens seit den 1970er Jahren befinden sich die USA erklärtermaßen innen- wie außenpolitisch im Krieg gegen die Droge und den Drogenhandel. Eine solche «Kriegserklärung» hat weitreichende Folgen nicht nur für die Politik und die davon unmittelbar betroffenen Bevölkerungsteile. Die politisch ergriffenen Maßnahmen bestehen nicht allein in der Unterstützung der Strafverfolgung, dem Schutz der Außengrenzen der USA, dem militärischen Beistand bei der Zerstörung von Marihuana-Anbaugebieten, Mohn- oder sonstigen Drogenplantagen oder der direkten Inhaftierung, Auslieferung bzw. Tötung von am Drogenhandel Beteiligten. Vielmehr hat ein solcher Krieg weitreichende Konse-

---

89 Siehe dazu ebda., S. 26–29.
90 Vgl. ebda., S. 45.
91 Näheres dazu bei ebda., S. 36–54.
92 Vgl. ebda., S. 60.
93 Vgl. ebda., S. 14.

quenzen auch auf das Diskurssystem selbst, also auf das öffentliche Bewusstsein und die Konfliktprozesse in der Gesellschaft, auf ihre strukturellen und mentalen Rahmenbedingungen sowie auf das gesellschaftliche Imaginäre. Die Auswirkungen des Drogenkriegs machen damit jeden Einzelnen potentiell affizierbar.

Worum es dabei im Einzelnen geht, mag an einem Beispiel verdeutlicht werden, das mögliche Auswirkungen plastisch vor Augen führt: Judith Butler hat sich in einem Vortrag, der unter dem Titel «Krieg und Affekt» veröffentlicht wurde, mit der öffentlichen Trauer in Kriegszeiten auseinandergesetzt. Seit der Antike schon sei die öffentliche Trauer nach dem Verlust von gefallenen Soldaten, Feldherren etc. ein politischer Akt gewesen, dem hohe Symbolkraft zuerkannt worden sei. Öffentliche Trauer habe maßgeblich Prozesse der «Wir- und der Feind-Bildung» innerhalb einer Gesellschaft in Gang gesetzt und sei deshalb «von Machtregimen in hohem Maße reguliert und manchmal sogar explizit der Zensur unterworfen»[94] worden. Je nach Anlass trenne sie Bevölkerungsteile «in einerseits diejenigen, um die getrauert werden kann, und andererseits diejenigen, um die nicht getrauert werden kann»:[95] In der Logik des Krieges «Unbetrauerbar» sind naturgemäß die «Feinde», die deshalb nicht betrauert werden, weil ihnen zuvor bereits eine legitime Existenz abgesprochen worden sei.[96]

Das betrifft im Fall des Drogenkriegs vor allem diejenigen Akteure, die sichtbarer Teil der illegalen Drogenwirtschaft, nämlich feindliche, die öffentliche Ordnung bedrohende *narcos* sind. Ihr Tod wird keine «öffentliche Trauer», sondern eher das Gegenteil in der Bevölkerung auslösen. Solche Menschen sind schon zu Lebzeiten mit einem «Trauerverbot» belegt. Das wiederum hat Konsequenzen für die Wahrnehmung und Darstellung bestimmter Bevölkerungsgruppen, wie Butler in Anlehnung an die Erkenntnisse der Psychoanalytikerin Melanie Klein konstatiert. Denn die als «unbetrauerbar» geltenden «Feinde» erscheinen nicht nur nicht als so wertvoll, «dass man sie beschützt und für sie kämpft». Diese Individuen kommen «gar nicht erst in vollem Ausmaß als «Leben» in Betracht».[97] Da sie erwiesenermaßen zudem das Leben anderer gefährden, hält sie der Einzelne auch für hässlich, böse und schlecht, wie wiederum die Erkenntnisse Kleins nahelegen. Moralische Fragen, so Butler unter Rückgriff auf Klein, würden auch und vor allem auf der Ebene der Affekte, nämlich im Bezug zum Selbsterhaltungstrieb entschieden. Diejenigen und das, was das

---

94 Judith Butler/Judith Mohrmann: *Krieg und Affekt*. Zürich/Berlin: Diaphanes 2009, S. 20.
95 Ebda., S. 18.
96 Ebda.
97 Ebda., S. 36.

Selbst erhalte und bestärke, erscheine dem Menschen als positiv und werde mit Attributen des Guten und Schönen in Verbindung gebracht. Umgekehrt werde das, was das (Über-)Leben des Menschen gefährde, negativ besetzt. Wir erkennen darin das Böse, Schlechte oder Minderwertige, da davon eine Gefahr für das Überleben und die Selbsterhaltung ausgeht.[98] Einen derartigen Akkumulationseffekt negativer Eigenschaften erkennt bereits Carl Schmitt in seiner Ausarbeitung über den Begriff des Politischen, wenn er schreibt, dass in der

> psychologischen Wirklichkeit [...] der Feind leicht als böse und häßlich behandelt, weil jede, am meisten natürlich die politische, als die stärkste und intensivste Unterscheidung und Gruppierung alle verwertbaren anderen Unterscheidungen zur Unterstützung heranzieht.[99]

Der Kategorie des Feindhaften – das «Feinddispositiv», wie es hier in Anlehnung an Foucault genannt wird –, werden, verstärkt in Kriegszeiten, alle anderen moralischen und ästhetischen Kategorien und Begriffspaare, wie beispielsweise gut-böse und schön-hässlich, untergeordnet und dadurch ihrer Eigenständigkeit beraubt. Dafür genügt bereits, dass der andere der Fremde ist und damit etwas «Feindhaftes» an sich hat. Denn, so die Begründung Schmitts: «Er ist eben der andere, der Fremde, und es genügt zu seinem Wesen, daß er in einem besonders intensiven Sinne existenziell etwas anderes und Fremdes» ist.[100]

Eine solche Auflösung von Werten und menschlichen Merkmalen in der diskursiven Konstruktion eines existenziell Anderen und Fremden und der Schaffung eines entsprechenden Feindbildes ist sowohl in US-amerikanischen wie mexikanischen Studien zum Drogenhandel festzustellen. Astorga greift zum Beispiel auf nationale und regionale Zeitungstexte sowie die Studie *Desesperados* der Journalistin Elaine Shannon zurück, die sich ihrerseits auf Steckbriefe der Drug Enforcement Administration (DEA) zu namhaften «Drogenbaronen» Mexikos der 1980er Jahre bezieht.[101] Insgesamt, so zeigt die Untersuchung der Darstellung des Guadalajara-Kartells durch Shannon, ist der «offizielle», u. a. durch die Steckbriefe geprägte Diskurs über den mexikanischen Drogenhändler durch Eigenschaften und Attribute geprägt, die der «Natur» näherstünden, als der «Kultur», also das Gegenteil eines zivilisierten Staatsbürgers. Der als gewalt-

---

98 Melanie Klein: Beitrag zur Psychogenese der manisch-depressiven Zustände (1935). In: Ruth Cycon (Hg.): *Gesammelte Schriften. Schriften 1920–1945, Teil 2/mit Übers. aus d. Engl. von Elisabeth Vorspohl*. Stuttgart: Frommann-Holzboog 1996.
99 Carl Schmitt: *Der Begriff des Politischen*, S. 28.
100 Ebda., S. 27.
101 Elaine Shannon: *Desperados: Latin drug lords, US lawmen, and the war America can't win*. New York: Viking 1988, Kapitel 6 «The Guadalajara Cartel», S. 107–37.

voll, wild, impulsiv, ungebildet, sippenhaft und primitiv dargestellte *narcotraficante* ähnele einem bäuerlichen Banditen, Cowboy und ungebildeten Unternehmer.[102] Das Milieu, dem er entstammt und in dem er sich aufhält, wird mit Begriffen wie «Unterwelt» (*bajo mundo*) oder «schattenhaft, dunkel» (*sombrío*) umschrieben.[103] Im Gegensatz dazu werden die Vertreter der DEA sowie der nationalen Strafverfolgung, allen voran Polizeibeamte, mit durchweg positiven Attributen wie integer, kreativ, professionell, organisiert, konstant, geduldig und reflektiert, dargestellt.[104]

2.2.2 *Narcoculturas* als Gegen- und Fremdkulturen der bürgerlichen Mehrheitsgesellschaft

Eine anders geartete Wahrnehmung und Darstellung der Akteure und des Umfelds des Drogengeschäftes erreicht einen in der habitualisierten Lebensweise vieler *narcotraficantes* als der sogenannten *narcoculturas*.[105] Diese fanden ihren ersten Ausdruck in bestimmten *narcocorridos*, der bevorzugten symbolischen Ausdrucksform kleinerer, später einflussreicherer Drogenhändler in Mexiko.

Der stereotype *narcotraficante* Mexikos und Kolumbiens trägt teure Markenkleidung, vorzugsweise italienische Luxusmarken, und prunkvollen Schmuck. Er fährt SUVs und verfügt über andere Luxusgüter, darunter exotische Tiere und auffällige Waffen. Ferner hat sich ein eigener Architekturstil, die sogenannte *narcoarquitectura* herausgebildet. Eine eigentümliche Mischung kolonialer, barocker, griechischer und moderner Architektur und des dazugehörigen Mobiliars, für die eine auffällig häufige Verwendung von Marmorvertäfelungen und Goldverzierungen kennzeichnend ist.[106] Ähnlich (pseudo-)barock und burleske treten die *mujeres del narco*, die sogenannten *buchonas* oder *mujeres prepago* an der Seite der Drogenbarone auf. Viele von ihnen «verkörpern» die weiblichen Ideale aus der Welt der Werbe- und Pornoindustrie: Sie schminken sich übertrieben, unterziehen sich plastischen Operationen, um ihre Weiblichkeit zu betonen und tragen provokative, sexualisierte Kleidung.

Diese stereotype Oberfläche des Drogenhandels im Mexiko und Kolumbien des 21. Jahrhunderts deutet den zutiefst paradoxen Charakter an, der das Phä-

---

102 Vgl. Luis Astorga: *Mitología del «narcotraficante» en México*, S. 73.
103 Vgl. ebda., S. 73–83.
104 Vgl. ebda., S. 83–84.
105 Zur Definition dieses Begriffes siehe S. 6, Fn. 10.
106 Jorge Alan Sánchez Godoy: *Procesos de institucionalización de la narcocultura en Sinaloa*, S. 80–81. und vgl. Omar Rincon: *Narco.estética y narco.cultura en Narco.lombia*, S. 155.

nomen der *narcocultura* und den Drogenhandel im Allgemeinen begleitet. Das äußerliche Erscheinungsbild der zu Reichtum gelangten Drogenhändler und ihr Habitus sind einerseits von einer übertriebenen Nachahmung der Statussymbole der westlich geprägten kapitalistischen Konsumkultur gekennzeichnet. So ließe sich argumentieren, dass es ihnen um eine gesamtgesellschaftliche Anerkennung geht. Zugleich spricht daraus eine Form der Abgrenzung von der Mehrheitsgesellschaft, die sich unter Berücksichtigung anderer Merkmale der *narcocultura* auch als eine Form der Parallelgesellschaft begreifen lässt.[107] Insoweit ist *narcocultura* auch eine Kultur des Widerstands gegen eine vorausgegangene Stigmatisierung durch den offiziellen Drogendiskurs.

Für die Einordnung als «Parallelgesellschaft» spricht, dass Astorga in einer Studie über den Drogenhandel in Sinaloa (1995) herausarbeitet, dass *narcocultura* hier in einigen Regionen seit den 1980er Jahren eine gesellschaftlich anerkannte Lebensform darstelle.[108] Aus der habitualisierten Lebensweise des *narcotraficante* und dem *narcocorrido* dieser Epoche lasse sich ablesen, dass der Drogenhandel aus Sicht der darin Beteiligten nicht als kriminelle Aktivität und damit ein Handeln außerhalb der gesetzlichen Ordnung aufgefasst werde. Er spricht von einer selbst gewählten oder anerzogenen Lebensweise, der ein bestimmter Lebensstil entspreche. Sie sei als eine Sub- und Gegenkultur aufzufassen, welche über eine ihr eigene Mythologie im Sinne Claude Lévi-Strauss',[109] nämlich eigene Bewertungen, Sprache und Symbole, verfüge.[110]

Das gelte mit Nachdruck für die *narcocorridos* aus Sinaloa. Auch wenn sie nicht frei von anderen Einflüssen seien, stünden sie doch der Erfahrungswelt der meisten kleinen und zum Teil großen Drogenhändler des nördlichen Mexikos sehr nahe.[111] In einem Prozess des Erstarkens der in Sinaloa einst stigmatisierten Subkultur komme den *narcocorridos* bisweilen sogar eine identitätsstiftende Rolle und kathartische Funktion für die Gemeinschaft zu.[112] Davon gehen

---

107 Im Sinne von Alexander-Kenneth Nagel: *Diesseits der Parallelgesellschaft; neuere Studien zu religiösen Migrantengemeinden in Deutschland*. Bielefeld: Transcript-Verlag, S. 11.
108 Vgl. Jorge Alan Sánchez Godoy: *Procesos de institucionalización de la narcocultura en Sinaloa*, S. 82.
109 Vgl. Luis Astorga: *Mitología del «narcotraficante» en México*, S. 37 und S. 138 f. Astorgas definiert den Begriff «mitología» nicht explizit, verwendet ihn allerdings, wie das Epigraph zum Kapitel VII Corridos: Etica, Estetica y Mitologia (ebda., S. 91) nahelegt, im Sinne des französischen strukturalistischen Mythenforschers Claude Lévi-Strauss.
110 Vgl. ebda., S. 37 und S. 91–93.
111 Vgl. ebda., S. 12.
112 Vgl. ebda., S. 139–40. Nery Cordova vertieft eine solche Position in seiner Studie zur *narcocultura* in Sinaloa. Nery Cordova: *La narcocultura: simbología de la transgresión, el poder y la muerte. Sinaloa y la «leyenda negra»*.

auch der Anthropologe Marko Cameron Edberg und der Soziologe José Manuel Valenzuela aus, die in den *narcocorridos* einen maßgeblichen narrativen Untersuchungsgegenstand für die Erforschung von Sprache, Wahrnehmung und Selbstdarstellung der Drogenhändler und ihres Umfelds in Nordmexiko sehen.[113]

Analysiert man den kulturellen Erkennungswert der *narcocorridos* näher, findet man in den frühen *corridos* der 1970er und 1980er Jahre ein mannigfaltiges Vokabular, welches sich rund um Figuren, Aktivitäten und Objekte des Drogenhandels in Sinaloa herausgebildet hat. Auffällig ist zunächst, dass nur selten der Terminus *narco* und fast niemals der Begriff des *narcotráfico* benutzt wird. Stattdessen werden Begriffe wie *contrabando* (wörtlich: Schmuggel), *carga* (Ladung) oder *negocios chuecos* (krumme Geschäfte) zur Bezeichnung der (illegalen) Tätigkeit verwendet.[114] Sowie *traficante* (Händler), *contrabandistas* (Schmuggler), *mafiosos* (Mafiosi), *gángster* (Gangster), *la familia* (die Familie), *bandidos* (Banditen), *mero mero* (etwa: «der absolut Echte»), *delincuentes* (Verbrecher) für die Bezeichnung von Drogenhändlern.[115] Beliebt sind weiter sogenannte «zoologische Metaphern», die ein wahrliches «Bestiarium des Drogenhandels» (Astorga) abgeben würden: wir treffen auf Hähne, Raubtiere, Löwen der Sierra (*leon de la Sierra*), Tiger, Wildkatzen und selbst Fische (große und kleine, fette und unterernährte *peces*).[116] Auch für die unterschiedlichen Formen des Drogenschmuggels sowie die im Handel eingesetzten Autos und Waffen der Drogenhändler finden sich alternative Bezeichnungen.[117] Gleiches gilt für die «Feinde», das Militär, von denen als *hombres de verde* (Männer in Grün), *guachos*, la *PJF*, la *Interpol*, *dedos* (Finger), *soplones* (Spitzel), *el «gallo negro»* (schwarzer Hahn) und *amarrador* (Gemeiner/Geiziger) die Rede ist.[118] Kommt

---

113 Valenzuela identifiziert vorzugsweise (sozial konstruierte) archetypische Darstellungen in den Corridos, in denen sich Wahrnehmungsmuster der großen Drogenbarone sowie unterschiedlicher Frauentypen innerhalb dieses Milieus in der US-amerikanisch-mexikanischen Grenzregion abzeichnen. Er orientiert sich in seiner Analyse an der Studie zu femininen Archetypen im mexikanischen Corrido von Herrera Sobek (María Herrera Sobek: *The Mexican Corrido: Feminist Analysis*. Bloomington and Indianapolis: Indiana University Press 1990) und nimmt eine solche Analyse für das Feld des *corrido norteño* vor. Vgl. José Manuel Valenzuela Arce: *Jefe de Jefes: corridos y narcocultura en México*, S. 55–70.
114 Vgl. Luis Astorga: *Mitología del «narcotraficante» en México*, S. 93.
115 Weitere Begriffe bei ebda.
116 «gallos, gallos finos, leones, leones de sierra, tigres, fieras y hasta peces (gordos, principales y desnutridos)», ebda., S. 93.
117 Siehe dazu: ebda., S. 94.
118 Ebda., S. 93.

dagegen der Drogenhändler selbst zur Sprache, wird er häufig mit positiven Attributen wie Tapferkeit, Ehre und Männlichkeit besetzt.[119]

Aus der ethnographischen Studie von Edberg geht hervor, dass zahlreiche von ihm analysierte *narcocorridos* zwar von einer konkreten Person und deren Geschichte erzählen, als ihren eigentlichen Gegenstand aber eine «cultural persona»[120] haben: «[...] corridistas are singing about that narcotrafficker and *simultaneously* about the narcotrafficker persona.»[121] Das ist im Sinne eines komplexen imaginären Bedeutungsnetzes zu verstehen, in das mehrere archetypische Bilder hineingewoben sind. Diese verschaffen zusammengenommen Einblicke in das gesellschaftliche Imaginäre («zone of the imaginary») der Grenzregion.[122] Der Typus des Drogenhändlers weist darin einerseits Ähnlichkeiten zu dem des Sozialbanditen (Hobsbawm) in der Ausprägung des Revolutionshelden Pancho Villa auf.[123] In dieses Bild gehören aber auch die charakteristischen Merkmale eines Rangers, des «tough survivor of the sierra»[124] und des lateinamerikanischen Machos.[125]

Das von Hobsbawm beschriebene Phänomen des Sozialbanditentums ist insbesondere für das Verständnis des Drogenhandels in ländlichen Regionen zentral. Das betrifft vor allem die in diesen Regionen seitens der ländlichen Bevölkerung vorherrschende Wahrnehmung der Figur des großen Drogenbarons. Die Konzeptfigur des Sozialbanditen ist aber als ein bedeutsames Konzept auch in der Frage nach der Rolle der *narcocultura* als Parallelgesellschaft zu berücksichtigen.

---

119 Vgl. ebda., S. 93–94.
120 Edberg verwendet den Begriff der «cultural persona» synonym zu dem Konzept des «cultural archetype» im Sinne Fryes und definiert ihn wie folgt: «the archetype or persona is a culturally constructed, flexible representation existing and disseminated over time, embodied as a person and iterations of that person.» Mark Cameron Edberg: *El narcotraficante. Narcocorridos and the Construction of a Cultural Persona on the US-Mexico Border*. Austin: University of Texas Press 2004, S. 110–11.
121 Ebda., S. 112.
122 Vgl. ebda., S. 104–09.
123 Vgl. Ebda., S. 111. Auch Valenzuela nennt verschiedene Beispiele von mexikanischen «Sozialbanditen», die seit dem 19. Jahrhundert Eingang in das mexikanische Corrido gefunden haben, siehe: José Manuel Valenzuela Arce: *Jefe de Jefes. Corridos y narcocultura en México*, S. 37–40. Allerdings greift er bei der Darstellung seiner Ergebnisse in Bezug auf die Darstellung des Drogenhandels im *Narcocorrido* nicht weiter auf diesen Typus zurück. Vgl. ebda, S. 220–53.
124 Mark Cameron Edberg: *El narcotraficante. Narcocorridos and the Construction of a Cultural Persona on the US-Mexico Border*, S. 112.
125 Ebda., S. 111. Siehe auch Luis Astorga: *Mitología del «narcotraficante» en México*, S. 91–92.

Die Arbeiten des britischen Historikers Hobsbawm zum Typus des Sozialbanditen stammen aus den 1960er und 1970er Jahren.[126] Sie beschreiben eine universell vorkommende, besondere Ausprägung und gesellschaftliche Wahrnehmung von Räuber-/Banditenfiguren. Dabei handelt es sich um ein Banditentum, das eine Form des sozialen Protests darstellt, von der der Autor sagt, dass sie «vielleicht die primitivste [sei], die wir kennen.»[127] Seinen Studien zufolge kommt der Sozialbandit (Sozialrebell) maßgeblich in Gegenden vor, die auf Landwirtschaft basieren und in der Regel hierarchisch geprägt sind.[128] Typisch sei weiter, dass der Sozialbandit gemäß der sich um seine Person rankenden Legende innerhalb seines eigenen Gebietes nicht seinesgleichen beraube, also etwa von der Ernte der Bauern die Finger lasse. Er habe es auf den Reichen abgesehen, den (Feudal-)herren, Gutsherren, Adeligen und deren Besitztümer. Der Sozialbandit zeichnet sich durch eine tiefe Verwurzelung im Volk aus, welches ihn als Helden, Rächer, tapferen Kämpfer der Gerechtigkeit und Befreier von Unterdrückung verehrt.[129]

Mit dem Phänomen des Sozialbanditen gehen mythifizierende Elemente einher, die für das Verständnis des *narcotráfico*, nicht nur in den *narcocorridos* von Bedeutung sind.[130]

---

126 Hobsbawm verwendet die Begriffe *social bandit* (Sozialbandit) und *social rebel* (Sozialrebell) in der ersten Studie (Eric J. Hobsbawm: *Sozialrebellen. Archaische Sozialbewegungen im 19. und 20. Jahrhundert*. Neuwied, Berlin: Luchterhand 1971), in der er allein auf europäisches Material zurückgreift, synonym. In seinem Nachfolgewerk (Eric J. Hobsbawm: *Die Banditen*. Frankfurt am Main: Suhrkamp 1972) untersucht er das Phänomen auch im außereuropäischen Kontext, wie Rußland, Tunesien, Lateinamerika und Indien. Dabei verwendet er ausschließlich den Begriff des Sozialbanditentums (*social banditry*), der auch in dieser Arbeit vorwiegend Verwendung findet.
127 Eric J. Hobsbawm: *Sozialrebellen*, S. 27.
128 «Sozialbanditentum ist überall dort, wo eine Gesellschaft auf Landwirtschaft basiert (Viehwirtschaft inbegriffen) und ihr hauptsächlich Bauern und Landarbeiter mit oder ohne eigenen Grund und Boden angehören, die von anderen beherrscht, ausgebeutet und unterdrückt werden – von Gutsherren, Städten, Regierungen, Juristen und sogar Banken.» Eric J. Hobsbawm: *Die Banditen*, S. 14.
129 Es ist das besondere Merkmal der Sozialbanditen, dass Feudalherr und Staat den bäuerlichen «Räuber» als Verbrecher ansehen, während er jedoch weiterhin innerhalb der bäuerlichen Gesellschaft bleibt und vom Volk als Held, Retter, Rächer und Kämpfer für Gerechtigkeit betrachtet wird; vielleicht hält man ihn sogar für einen Führer der Befreiung, jedenfalls für einen Mann, den man zu bewundern hat, dem man Hilfe und Unterstützung gewähren muss. Ebda., S. 11.
130 Das betrifft auch einige davon inspirierte Werke der Narkoprosa, wie etwa: Gustavo Álvarez Gardeazábal: *Comandante Paraíso*. Bogotá: Mondadori 2002. Vgl. Kapitel 4.2.4 dieser Arbeit.

Eine Ausdrucksform der besonderen Art dieses Phänomens begegnet uns in der religiös-synkretistischen Symbolik, die den Drogenhandel in einigen Regionen begleitet. In Sinaloa finden wir etwa in der Person Jésus de Malverde einen zum Schutzpatron und Heiligen der Drogenhändler stilisierten Sozialrebellen. Malverde war während der Zeit des sogenannten Porfiriats zu Beginn des 20. Jahrhunderts Wegelagerer und lebte davon, dass er Großgrundbesitzer und reiche Familien ausraubte und die Armen an seinem Reichtum teilhaben ließ. Außerdem wurden ihm später verschiedene Wunder nachgesagt. Der seit den 1990er Jahren zur Ikone stilisierte Bandit ist nur das auffälligste Beispiel einer Drogenkultur, die sich ihre eigenen «Heiligen» schafft.[131] Sie entwickelt eine dem Sozialbanditentum ähnliche Attraktivität nicht nur in den eigenen Reihen, sondern auch für weitere Bevölkerungskreise.

Dieses Phänomen lässt sich andererseits auch im Wirken einzelner Drogenbarone wie Pablo Escobar und jüngst des Chapo Guzmán beobachten, die seit Jahrzehnten zum Gegenstand der Legenden- und Mythenbildung geworden sind. Insbesondere innerhalb der lokalen Gemeinschaften (Sinaloa und Medellín), in denen sie aufwuchsen und sozialisiert wurden, genießen diese «Helden» hohes Ansehen. Den Gemeinschaften gegenüber fühlten sie sich zugehörig und zeigten sich verantwortlich, indem sie einzelne Mitglieder an dem aus dem Drogengeschäft erwirtschafteten Reichtum teilhaben ließen.

Die sogenannte *Chapomanía*, die nach der spektakulären Gefangennahme des Bandenführers Joaquín El Chapo Guzmán 2016 ein breites Band der Solidarität in Mexiko auslöste, ist nur das jüngste Beispiel einer massenhaften Verehrung der Figur des großen Drogenbosses. In dessen Person verbindet sich die kulthafte Verehrung mit dem Hass auf das herrschende kapitalistische System. Der «Hype» um den «Chapo» (den «Kurzen») unterstreicht nicht zuletzt, dass insbesondere Jugendliche den *narco* auch als Ausdruck der Opposition zu dem in weiten Teilen verhassten, korrupten Staatsapparat verstehen und damit als ein Symbol alternativer Existenz begrüßen.

Wie der auf unzähligen Bildern und in den sozialen Medien vermarktete Chapo lässt sich auch der zu seinen Lebzeiten meist gesuchte und prominenteste Verbrecher Kolumbiens Pablo Escobar als eine subversive politische Figur begreifen. In seinem Wirken sowie dem Ruhm und Glanz, der ihm posthum zuteilwurde, nahm er schon in den 1980er Jahren, dem Höhepunkt seiner Verbrechertätigkeit, ikonenhafte Züge an.

Auch Escobar entsprach in seinem Tun und Wirken zunächst dem Typus des Sozialbanditen, der seine Unterstützung im einfachen Volk Antioquias ge-

---

[131] «Icono del bandido sacralizado», Nery Córdova: La subcultura del «narco» en Sinaloa: la fuerza de la transgresión. In: *Cultura y representaciones sociales* 3, 2 (2010), S. 111.

habt hat. Allerdings gerierte er sich seit 1986 weniger als «Räuber», denn als Terrorist, dessen Streben weit über das «Wirtschaftliche» hinaus die politische Macht anvisierte. Der Auslöser für diese Entwicklung war der Konflikt um den bereits 1979 unterschriebenen Auslieferungsvertrag mit den USA, der die Möglichkeit der Auslieferung kolumbianischer Staatsbürger in die USA vorsah und in der Person des Bandenführers Carlos Lehders aus dem Medellín-Kartell 1986 erstmals zur Anwendung gebracht wurde.[132] Infolgedessen gründete Escobar die paramilitärische Vereinigung *Los Extraditables*, die sich zum Ziel setzte, jegliche Institution oder Person einzuschüchtern oder zu vernichten, die ein solches Auslieferungsbegehren unterstützte.[133] Er erklärte der Regierung Betancur den Krieg und es begann eine Dekade grausamster Gewalt, die sich zu Beginn der 1990er Jahre noch verschärfen sollte und zu einem zeitweiligen informellen Ausnahmezustand führte.[134] Dabei sympathisierte er und verbündete sich streckenweise mit der linken Guerillabewegung M-19 und erklärte das Dynamit zur «Atombombe der Armen», wie eine der ihm zugeschriebenen Formulierungen lautet. Escobar erreichte dadurch, eine Zeit lang in die Rolle eines «Souverän außerhalb des Gesetzes» zu kommen. Dabei instrumentalisierte er den Tod zu seinem eigentlichen Machtinstrument und verlieh ihm durch sein subversives Wirken eine Bedeutung, wie es kaum zynischer in einer anderen Redewendung zum Ausdruck gebracht werden kann, die ebenfalls von Escobar stammen soll: danach ist «la muerte» das Einzige, was in Kolumbien wirklich demokratisiert wurde.[135]

Die Entwicklung, die Escobar in seiner verbrecherischen Karriere seit den Anfängen in den 1970er Jahren genommen hat, zeigt wiederum eines deutlich: es ging ihm und anderen *narcos* nicht allein um eine Ausübung des Drogenhandels zum Gelderwerb, sondern um die damit intendierte, gewaltsame Akkumulation von – gesellschaftlicher wie politischer – Macht und Anerkennung. Diese verband sich streckenweise mit einer Form des sozialen Protests gegen die herrschende Ordnung und der von ihr ausgehenden Stigmatisierung der Drogenhändler als Staatsfeinde.

Der Drogenhandel in Lateinamerika hat seine eigenen Formen und Mittel entwickelt, um seine Gefolgsleute an sich zu «binden» und seine Widersacher

---

[132] Vgl. Claudia Ospina: *Representación de la violencia en la novela del narcotráfico y el cine colombiano contemporáneo.*; https://uknowledge.uky.edu/cgi/viewcontent.cgi?referer=&https redir=1&article=1042&context=gradschool_diss, S. 38–40 (22.02.2019).
[133] Vgl. ebda., S. 40.
[134] Vgl. ebda., S. 42.
[135] Näheres zu seiner Biographie bei Alonso Salazar: *Pablo Escobar. Auge y caída de un narcotraficante.* Barcelona: Editorial Planeta 2001. Vgl. auch Hermann Herlinghaus: *Narcoepics. A Global Aesthetics of Sobriety*, S. 93–126.

zu «blenden»: er ist eine sehr ernstzunehmende Institution in Kolumbien, Mexiko und anderen Ländern Lateinamerikas. Er verkörpert ein Modell von Macht und informeller Souveränität, das neben unendlichem, blendendem Reichtum eine patriarchalische, kazikische und streckenweise misogyne Machtstruktur verkörpert. Sie beruht auf unbedingtem Gehorsam und der grenzenlosen Anwendung von Gewalt, auch gegenüber Frauen und Kindern.[136]

Dies lässt sich insbesondere in Bezug auf die Drogenkartelle in Mexiko und deren diskursives Wirken im öffentlichen Raum feststellen, wie neuere Studien zu Kommunikationsformen der Drogenkartelle, etwa des US-amerikanischen Kulturwissenschaftlers Howard Campbell, belegen.[137] Dazu gehören Videos und andere Internet-Nachrichten, die Reichtum und Waffengewalt, aber auch grausame Foltermethoden und Enthauptungsinszenierungen zeigen. Ferner zählen dazu Bilder von Terroranschlägen und andere öffentlich zelebrierte Gewaltdarstellungen. Leichen werden an Autobahnbrücken befestigt und zur Schau gestellt. Banner mit grausamem Inhalt (sogenannte *narcomantas*) werden an öffentlichen Plätzen angebracht. Nachrichten unter den Kartellen werden mittelst verstümmelter Leichen transportiert. Campbell begreift diese Diskurse als eine Form ideologieähnlicher politischer Kommunikation, die er treffend als Narko-Propaganda bezeichnet.[138] Campbell spricht von einer (neuen) Form des politischen Diskurses und der (postmodernen) Kriegsführung, die der terroristischen Gruppen des Nahen Ostens (IS) oder der kolumbianischen Guerillabewegung sehr ähnele.[139] Er richte sich an eine breite «Audienz», die von rivalisierenden Kartellen bis hin zur allgemeinen Öffentlichkeit und der US-amerikanischen Regierung reiche.[140]

---

136 Sergio González Rodríguez schreibt diesbezüglich im Prolog der dritten Ausgabe von Huesos en el desierto: «En la última década aumentó como nunca antes la delincuencia y el crimen organizado, lo que se entrelazó con la agresión tradicional de los hombres contra las mujeres, además de que el narcotráfico implica una estructura patriarcal y caciquil, cuyo accionar se funda en el uso cotidiano de la violencia que ejerce incluso contra mujeres y niños.» Sergio González Rodríguez: *Huesos en el desierto*, S. III.
137 Sarah Womer/Robert Bunker: Sureños gangs and Mexican cartel use of social networking sites. In: *Small Wars and Insurgencies* 1, 21 (2010), S. 81–94.
138 Campbell unterscheidet fünf Haupttypen von Narco-Propaganda: (1) spectacles of symbolic/orchestrated violence for public view, (2) narco-messages, written statements and signs with cartel-related content, (3) videos and cyber-postings, (4) narco-genres of music and lyrics, and (5) control and censorship of the mass media and information. H. Campbell: *Narco-Propaganda in the Mexican «Drug War». An Anthropological Perspective*, S. 64.
139 Vgl. ebda., S. 61.
140 Siehe dazu ebda., S. 64.

2.2.3 Feind-, Angst- und Alteritätsdispositive

Drogenhändler sind einerseits wahrnehmbar als eine gesellschaftliche Gruppe, zu der jene Personen gehören, die sich dem Drogenhandel als Teil der organisierten Kriminalität und/oder der *narcocultura* angeschlossen haben. Als solche repräsentieren sie aus der Sicht der – nicht zur *narcocultura* gehörenden – Mehrheitsgesellschaft etwas Fremdes und Feindliches. Sie lassen sich insofern auch als Parallelgesellschaft begreifen. Das kommt in den zahlreichen Wortneuschöpfungen zum Ausdruck, die sich mit dem lexikalischen Morphem *narco* verbinden. Die Termini reichen allesamt in Bereiche hinein, die mit Kriminalität oder radikaler Fremdheit (*narcodólares, narcotraficante*), einem bestimmten Musikgeschmack (*narcocorrido*), einem neureichen und gewaltvollen, bedrohlichen Auftreten (*narco-estética, narcoestilo*), sowie mit Gewalt und Tod (*narcofosas, narcomantas, narco-propaganda*) assoziiert werden. Die damit bezeichneten Phänomene figurieren als etwas, das außerhalb der normativen Ordnung steht und diese gefährdet; oder als begehrenswerte Objekte, die Macht, Anerkennung und Reichtum insbesondere für diejenigen versprechen, die sich am Rande der Ordnung befinden.

Insoweit kann man von einem das gesellschaftliche Imaginäre regulierenden glokalen Dispositiv sprechen, das den archetypischen und den historisch konkreten *narco* in unterschiedlicher Weise als den oder das Fremde, mithin den Feind oder eine Figuration von Subversion konstituiert.[141] Alteritätskonstruierend sind gleichermaßen die bis in das 19. Jahrhundert zurückreichenden, legalen wie politischen Mechanismen der diskursiven Ausschließung, die Rausch und Droge im 20. Jahrhundert unter Verbot gestellt haben und an der Geschichte des *war on drugs* mitwirkten.[142]

---

[141] Im Gegensatz zu C. G. Jung, demzufolge Archetypen «ur- und überzeitliche Symbole und Bilder» eines unabhängig von Kultur und Individuum existierenden überzeitlichen Unbewussten sind, versteht Frye Archetypen als gesellschaftlich konstruiert, nämlich als wiederkehrende Bilder und Motive eines gesellschaftlich bedingten, also nicht unabhängig von kulturellen Gemeinschaften bestehenden kollektiven Unbewussten/Imaginären: «archetype: that is, a typical or recurring image. I mean by an archetype a symbol which connects one poem with another and thereby helps to unify and integrate our literary experience. And as the archetype is the communicable symbol, archetypal criticism is primarily concerned with literature as a social fact and as a mode of communication» Northrop Frye/Robert D. Denham: *Anatomy of Criticism: Four Essays*, S. 91–92.

[142] Hermann Herlinghaus: *Narcoepics. A Global Aesthetics of Sobriety*, S. 40. Näheres zur Geschichte der Droge und des Rauschs in der westlichen Hemisphäre bei Richard J. DeGrandpre: *The Cult of Pharmacology*; Hermann Herlinghaus: *From Transatlantic Histories of «Intoxication» to a Hemispheric «War on Affect»: Paradoxes Unbound*; Hermann Herlinghaus: *Narcoepics. A Global Aesthetics of Sobriety*, S. 4–10. Alexander Kupfer: *Die künstlichen Paradiese; ein Handbuch*; sowie bei Robert Feustel: *Grenzgänge: Kulturen des Rauschs seit der Renaissance*.

2.2 Lateinamerikanische Narkoimaginarien, -diskurse und -kulturen — 67

Solche Phänomene von miteinander verwobenen «Maskenbildungen» erhalten eine bedrohliche Dimension in einer Gesellschaft, in der die Angst vor unwillkürlich verübten Gewaltakten sowie die Allgegenwart von symbolischer Gewalt zu einem schichtenübergreifenden Merkmal, ja, zu einem Lebensgefühl wird. Dieses hat Susana Rotker mit dem Begriff der «Ciudadanias del miedo»[143] plastisch umschrieben. Denn Folge der Angst ist, dass der Mensch, dem die Kontrolle über sein Leben zu entschwinden droht, nach den «Schuldigen» an der Gewalt und der (allgemeinen) Bedrohungslage sucht. Dazu kommen andere gesellschaftliche Krisenphänomene lateinamerikanischer Gesellschaften hinzu, wie die allseits grassierende Korruption in großem Stil, deren Verantwortliche häufig im Dunkeln bleiben.

Für all diese Phänomene bietet sich nun die Maske des *narco* als Projektionsfläche, im Sinne eines «Sündenbockes» an.[144] Dazu tragen nicht zuletzt die Massenmedien bei, die vorgeben, die Informationslücke, die der Staat lässt, zu schließen:

> Los medios, no está de más decirlo, están reemplazando – al menos en los imaginarios colectivos – las insuficiencias del aparato estatal ante la corrupción y la violencia social, actuando de fiscal que emite denuncias y de juez que castiga por la denuncia misma, ya que el orden legal se caracteriza por la impunidad de los crímenes o, al decir de Nancy Cárdia con mayor precisión, por la impunidad selectiva de los crímenes.[145]

Vor dem Hintergrund einer weitverbreiteten und vielschichtigen Atmosphäre der Angst und Bedrohung und ihren Vermittlungen in den Schichten des Imaginären wird verständlich, dass und warum es zu vielfältigen Formen der Verzerrung, ja Mythifizierung des von einigen Menschen und Bevölkerungsgruppen begehrten, andererseits gefürchteten «Fremden» kommt. Begleiterscheinungen sind das dem Imaginären nahestehende Mythische in unterschiedlichsten Facetten: Überhöhungen, Verklärungen, hyperbolische Figuren, semantische Überlagerungen und aus der Furcht geborene Fantasiebilder. Konsequent wird aus dem ohnehin schon fremden *narcotraficante*, einschließlich des Szenario

---

143 Susana Rotker: *Ciudadanías del miedo*.
144 Bild und Motiv des «Sündenbocks» geben Zeugnis eines uralten menschlichen, psychologischen Bedürfnisses und historisch belegten Phänomens, das man im Wesentlichen als Projektion (schlechter, böser, ungewollter Anteile/Aspekte) begreifen kann. Was sich heute symbolisch in Literatur und Kunst in sogenannten Sündenbockfiguren abzeichnet oder in Form gesellschaftlich konstruierter Feindbilder begreifbar wird, findet man in der Antike in Form von Ritualen oder Gesetzen wieder. Näheres dazu bei René Girard: *Le bouc émissaire*. Paris: Grasset 1982. Und Hermann Herlinghaus: *Narcoepics. A Global Aesthetics of Sobriety*.
145 Susana Rotker: *Ciudades escritas por la violencia. (A modo de introducción)*, S. 11–12.

des *war on drugs*, ein Sitten-Monster oder schlichtweg die Inkarnation aller Ängste einer spätmodernen Gesellschaft.[146]

Die Auswirkungen solcher Formen des «Othering» sind weitreichend. Sie betreffen jeden Einzelnen, der von Bildern und Diskursen über den Drogenhandel affiziert wird, einschließlich der Literatur. Auch deshalb ist eine konzeptionelle Beschäftigung mit dem Imaginären, das derartige Konnotationen diskursiver, imaginärer und affektiver Art transportiert und die medialen Repräsentationen beeinflusst, von großer Bedeutung. Verwandelt sich doch der äußere Feind schnell in den inneren Feind, nämlich in das innere Schattenbild. Er kann zu einem Alter Ego, einem Doppelgänger werden, wie es der Roman des nordmexikanischen Schriftstellers Eduardo Antonio Parra mit dem Titel *Nostalgia de la Sombra* eindrücklich zeigt.[147] Wie für diesen Roman, sind die Imaginarien für das Verständnis der Narkoprosa von besonderer Bedeutung. Das folgende Kapitel wird sich dieser Bedeutung spezifisch zuwenden und zunächst ihre genealogischen Konturen vorstellen.

---

146 Den Begriff des Sittenmonsters führte Michel Foucault in seinen Vorlesungen am Collège de France über die «Anormalen» in Bezug auf die Darstellung der Figur des politischen Kriminellen an der Schwelle zum 19. Jahrhundert (im Strafrecht), sowie Marie-Antoinette und Louis XVI nach deren Sturz im Diskurs um deren Strafe, etwa im Komitee der Legislative, ein. In beiden Fällen weist Foucault diesen als Sittenmonster stilisierten Figuren einen Platz außerhalb der gesellschaftlichen Ordnung: Sie werden in je unterschiedlichen Momenten zu politischen Feinden, als den absolut und existenziell Anderen einer Gesellschaft. Siehe dazu: Michel Foucault: *Die Anormalen. Vorlesungen am Collège de France (1974–1975)*. Übersetzt von Michaela Ott. Frankfurt am Main: Suhrkamp 2007, S. 124–35.
147 Näheres hierzu in Kapitel 5.3 dieser Arbeit.

3 Genealogische Konturen der Narkoprosa

Die vorliegende Arbeit gründet auf einer empirischen Untersuchung, die im Laufe von drei Jahren der Recherche einen Gesamtkorpus von 166 Werken der Narkoprosa ermittelt hat.[1] Der Gesamtkorpus wird zunächst einem klassifikatorischem Überblick unterzogen. In einem Folgeschritt wird daraus der spezifische Untersuchungskorpus dieser Arbeit destilliert werden, der sich auf 14 Werke beläuft.

3.1 Nationale Schwerpunkte

Eine empirische Untersuchung des Korpus der Narkoprosa nach dem Jahr der Erstauflage und dem Herkunftsland des jeweiligen Schriftstellers zeigt, dass wir es in den Jahren von 1967 bis 2013 primär mit einem kolumbianisch und mexikanisch geprägten literarischen Phänomen zu tun haben. Von den Autoren der 166 Prosawerke sind 83 mexikanischer Herkunft, 64 kolumbianischer, sechs bolivianischer, vier spanischer, drei chilenischer, zwei argentinischer und zwei kubanischer Herkunft.[2]

Eine nationale Schwerpunktsetzung zeichnet sich im Wesentlichen erst in den 1980er Jahren ab. Die ersten fünf Veröffentlichungen reichen in die späten 1960er und 1970er Jahre zurück, als zwei mexikanische Schriftsteller (1967, 1977), ein uruguayischer Autor (1970) und zwei kolumbianische Autoren (1977/ 1978) das literarische Feld der Narkoprosa betraten.[3] Ein Blick auf die Werke

---

[1] Eine wichtige Vorarbeit für die Erstellung des Korpus leisteten folgende Arbeiten: Alberto Fonseca: *Cuando llovió dinero en Macondo. Literatura y narcotráfico en Colombia y México*. Kansas, Faculty of the Graduate School, University of Kansas: 2009; Hermann Herlinghaus: *Violence Without Guilt. Ethical Narratives from the Global South*. New York Palgrave Macmillan 2009; Hermann Herlinghaus: *Narcoepics. A Global Aesthetics of Sobriety*. New York: Bloomsbury 2013; Óscar Osório: *El narcotráfico en la novela colombiana*. Cali: Colección Libros de Investigación (Universidad del Valle) 2014; Gabriela Polit Dueñas: *Narrating Narcos. Culiacán and Medellín*. Pittsburgh: University of Pittsburgh Press 2013. Darüber hinaus erfolgten Recherchearbeiten in Bibliotheken (Hillmann Library, University of Pittsburgh; Biblioteca Central de la Universidad Nacional Autónoma de México (UNAM), Bibliothek des Ibero-Amerikanischen Instituts (IAI) in Berlin, NYC Library) Buchläden in Mexiko-Stadt, Monterrey, New York City und bei Buchmessen in Guadalajara 2014 und in Frankfurt 2012/13. Weitere Hinweise ergaben Gespräche mit Verlegern (José Garza, Tecnológico De Monterrey) und Buchautoren (Eduardo Antonio Parra, Orfa Alarcón, Mario González Suárez, Yuri Herrera und Julián Herbert).
[2] Näheres dazu in der tabellarischen Klassifikation der Narkoprosa im Annex.
[3] Angelo Nacaveva: *Diario de un narcotraficante*; René Cárdenas Barrios: *Narcotráfico, S. A.* México; Carlos Martínez Moreno: *Coca. Novela.*; Hernán Hoyos: *Coca. Novela de la mafia criolla.*; Jaime Manrique: *El cadáver de papá y versiones poéticas*. Bogotá: Instituto Colombiano de Cultura 1978.

70 — 3 Genealogische Konturen der Narkoprosa

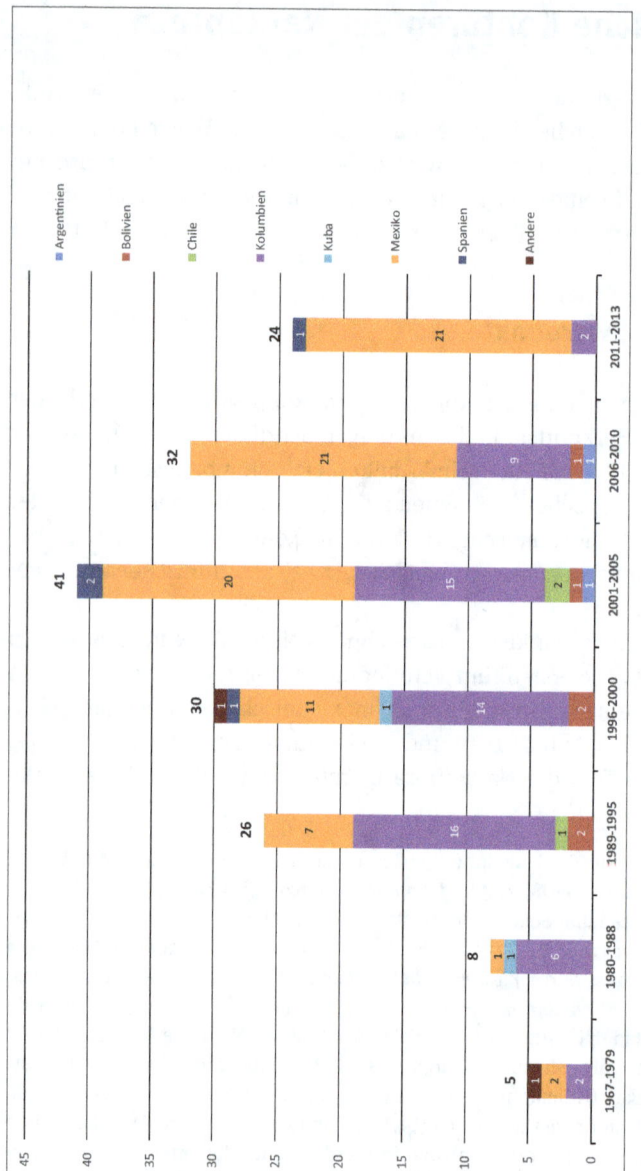

Abb. 1: Klassifikation der Narkoprosa nach dem Herkunftsland des Autors.

zeigt, dass sich die Titel gleichen und ein expliziter Bezug auf die Drogenthematik gegeben ist: *Diario de un narcotraficante* (1967); *Coca. Novela* (1970); *Coca. Novela de la mafia criolla* (1977); *Narcotráfico, S.A.* (1977).[4] Ab 1980 bis zum Jahr 2000 ist in den Veröffentlichungen eine leichte Vorherrschaft kolumbianischer Autoren zu beobachten.[5]

Ab dem neuen Jahrtausend führen die mexikanischen Schriftsteller die Liste der Neuerscheinungen der Narkoprosa an. Ferner zeigt die unten abgebildete Grafik zwei Phasen eines «Booms». Die erste, kolumbianisch dominierte Phase umfasst den Beginn der 1990er Jahre und hält mit ca. 15 Neuerscheinungen alle fünf Jahre bis zum Jahr 2005 an. In der Zeit danach nimmt die Zahl kolumbianischer Erstauflagen stark ab. Der mexikanische Veröffentlichungsboom beginnt mit dem neuen Jahrtausend und hält mit 20 Erstauflagen innerhalb einer Zeitspanne von fünf Jahren bis 2013 an.[6]

3.2 Veröffentlichungsgeschichtliche Aspekte

Ein Blick auf die Veröffentlichungsgeschichte zeigt, dass Werke der Narkoprosa – zumindest in der Erstauflage – bis weit in die 1990er Jahre hinein von den großen Verlagshäusern weitestgehend unbeachtet blieben.

Bis zur Mitte der 1990er Jahre wurden 73 % der Narkoprosa in der Erstauflage von kleinen, oft regionalen Verlagen (wie B. Costa-Amic, Fortín, Aquí y Ahora, Tercer Mundo, Cronopia, Corporación Región, CINEP), staatlichen Einrichtungen der Kulturförderung (Letras Cubanas, DIFOCUR, regionalen Kulturförderungseinrichungen und Universitäten) sowie einzelnen mittelständischen unabhängigen Verlagen (Diana, CESOC, Intermedio) veröffentlicht. Von den großen Verlagshäusern wandten sich als erste Plaza & Janés sowie Planeta der Narkoprosa zu.

Ab Mitte der 1990er Jahre erreichte das Interesse an dieser Literatur zunehmend auch die großen Verlagshäuser, die von 1995 bis 2000 mehr als ein Drittel (38 %) der Werke auf den Buchmarkt brachten. Diese Entwicklung setzte sich sukzessive fort, sodass 2000 bis 2005 53 % der Neuerscheinungen von Planeta (26 %) sowie anderer großer Häuser getätigt wurden. In den folgenden fünf Jah-

---

4 Eine Ausnahme stellt Jaime Manrique: *El cadáver de papá y versiones poéticas* dar.
5 Von insgesamt 63 Veröffentlichungen, die für die Zeit von 1967 bis 2000 registriert wurden, stammen 30 aus der Feder kolumbianischer Autoren. In Mexiko sind in dieser Zeit 20 erste Buchveröffentlichungen zu verzeichnen. Vgl. Abbildung 1 und die Tabellarischen Klassifikationen im Annex dieser Arbeit.
6 Näheres dazu in den Tabellarischen Klassifikationen im Annex dieser Arbeit.

72 — 3 Genealogische Konturen der Narkoprosa

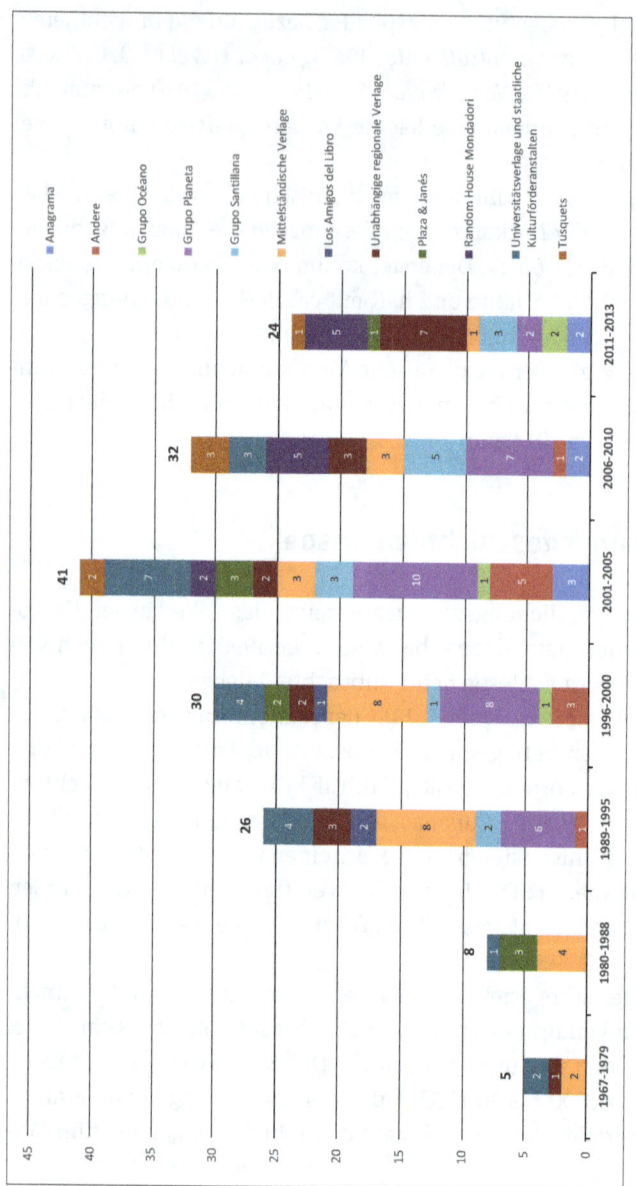

Abb. 2: Klassifikation der Narkoprosa nach dem Verlag der Erstauflage.

ren (2006 bis 2010) verlegten diese Häuser schon 68 % der Neuerscheinungen. Die Tendenz hält bis 2013 an. Auffällig in der jüngeren Veröffentlichungsgeschichte (2011 bis 2013) ist das Interesse der mittelständigen, unabhängigen Verlage wie Ediciones B., Jus und Siglo XXI an dieser Literatur, die mit zusammengenommen 7 Neuerscheinungen das Feld anführen, gefolgt von Random House Mondadori (5)). Viele der erfolgreichen Werke werden ferner in Nachdrucken von unabhängigen spanischen Häusern (Anagrama, Periférica, Almuzara) verlegt. So etwa das Werk des Autors Yuri Herrera: *Trabajos del Reino*. Diana Palaversich spricht dementsprechend in Bezug auf die mexikanische *narcoliteratura* des neuen Jahrtausends von einer «modalidad literaria ‹desterritorializada›».[7]

3.3 Generische Entwicklungslinien

Eine Sichtung der Narkoprosa, die zusätzlich generische Aspekte berücksichtigt, zeigt, dass fast alle Werke der sogenannten «Realistik»[8] zugeordnet werden können: Es herrschen in ihnen Handlungen vor, die nach dem zugrunde gelegten Wirklichkeitskonzept zumindest möglich sind. Im deutlichen Unterschied etwa zur fantastischen Literatur, die auch von «unmöglichen» Personen oder Geschehnissen erzählt. Das schließt nicht aus, dass es deutliche Unterschiede in Bezug auf die «Wahrscheinlichkeit» der erzählten Geschichten, nämlich ihres Wirklichkeitsbezugs gibt. Insoweit zeichnen sich zwei Entstehungsphasen unterschiedlicher Strömungen der Narkoprosa ab, die durch einen tendenziell ansteigenden Grad an Fiktionalisierung gekennzeichnet sind.[9] Letzterem liegt die

---

[7] Diana Palaversich: Narcoliteratura. ¿De qué más podríamos hablar? In: *II. Revista Tierra Adentro* 167–168 (2010), S. 55–63.
[8] Wir verwenden den Begriff «Realistik» in Anlehnung an Zipfel, der darunter – unter Bezugnahme auf Aristoteles – versteht: «Mit dem Begriff der Realistik soll an dieser Stelle der Fall bezeichnet werden, dass die Geschichte einer Erzählung in Bezug auf das jeweils gültige Wirklichkeitskonzept möglich ist. [...] Realistik bezieht sich hier nur auf die Ebene der Geschichte, nicht auf die Art und Weise des Erzählens.» Frank Zipfel: *Fiktion, Fiktivität, Fiktionalität. Analysen zur Fiktion in der Literatur und zum Fiktionsbegriff in der Literaturwissenschaft*. Berlin: Erich Schmidt 2001, S. 107.
[9] Darin folgen wir Fludernik, die das Fiktive als ein Kontinuum begreift, das es erlaubt anhand unterschiedlicher Kriterien zwischen fiktionalen und faktualen Texten «graduell» zu unterscheiden. Dazu gehören: 1. «Referentialität»: «faktuale oder nicht-fiktionale Texte sind welche, in denen auf real vorhandene oder auf existierende Entitäten und Räume Bezug genommen wird, während die Personen und Schauplätze von fiktionalen Erzählungen nicht existent, sondern erfunden sind.» Monika Fludernik: *Faktuales und fiktionales Erzählen. Interdisziplinäre Perspektiven*, S. 115. 2. «Autor/Erzähler-Distinktion»: «Die Erschaffung einer Erzählerfigur durch den namensverschiedenen Autor kennzeichnet eine Erzählung als fiktional.» Ebda, S. 116. 3. Vorhandensein einer «Ereignisfolge» bzw. eines «Plots». Näheres hierzu bei ebda, S. 117. Fludernik nennt ferner als viertes,

Annahme zugrunde, dass zwischen stärker faktualen und stärker fiktionalen Erzählformen unterschieden werden kann.[10] Werke faktual orientierter Narkoprosa weisen einen hohen empirischen Realbezug auf. Sie erzählen oftmals autobiographisch und unter Vernachlässigung einer klar identifizierbaren Ereignisfolge von realen Ereignissen und Figuren. Fiktionale Narkoprosa erzählt mittels eines – vom Autor abweichenden – Erzählers von einem «erfundenen» *narcomundo* und folgt dabei grundsätzlich einem klar identifizierbaren *plot*.[11]

3.3.1 Faktual orientierte Narkoprosa (1967 bis 1995)

Die erste – kolumbianisch dominierte – Phase zeigt eine deutliche Hinwendung zu faktualen Erzählformen über den Drogenhandel/-krieg, deren Darstellungsmerkmale und erzählerische Funktionen es nachfolgend anhand repräsentativer literarischer Werke unterschiedlicher Phasen herauszuarbeiten gilt.

Anzumerken ist an dieser Stelle, dass die Werke faktual orientierter Narkoprosa stilistisch und generisch betrachtet eine relative Affinität zu Narrativen des Journalismus, der Anthropologie/Ethnographie/Soziologie und autobiographischen Schreibformen aufzeigen. Es wurde eine Vielzahl von Werken veröffentlicht, die in der weiteren Tradition des Testimonios oder der Chronik stehen;[12] ferner autobiographisch geprägte Erzählungen.[13] Viele der in dieser Zeit als

---

fast kanonisch gewordenes Kriterium für fiktionales Erzählen «die Betonung innerer Vorgänge bzw. die Bewusstseinsdarstellung von Protagonisten.» Ebda.

10 Darin folgt diese Arbeit u. a. der Auffassung des GRK 1767 und setzt sich von «Thesen des Panfikionalismus» (ebda, S. 116) ab. Näheres hierzu bei Marie-Laure Ryan: Panfictionality. In: David Herman (Hg.): *Routledge encyclopedia of narrative theory*. London: Routledge 2005, S. 416–18 sowie Eva Maria Konrad: Panfiktionalismus. In: Tobias Klauk (Hg.): *Fiktionalität. Ein interdisziplinäres Handbuch*. Berlin: de Gruyter 2014.

11 Mit dem Begriff des *narcomundo* bezeichnet diese Arbeit wie erwähnt die fiktive Welt des Drogenhandels und verwandter Milieus in den Werken der Narkoprosa.

12 Die testimonialen Werken finden sich vorzugsweise in Kolumbien. Zu den bekannteren gehören u. a.: Alonso Salazar J.: *No nacimos pa' semilla. La cultura de las bandas juveniles de Medellín;* Alfredo Molano: *Rebusque mayor. Relatos de mulas, traquetos y embarques*. Bogotá: El Ancora 1997 und Arturo Álape: *Ciudad Bolívar. La hoguera de las ilusiones*. Bogotá: Planeta 1995. In Mexiko gehört dazu der erste Teil von Élmer Mendoza: *Cada respiro que tomas* (La parte de Chuy Salcido). Zu den chronistischen Werken gehören etwa Luis Cañón M.: *El Patrón. La vida y muerte de Pablo Escobar*. Bogotá: Planeta 1994; Germán Castro Caycedo. *La bruja. Coca, política y demonio*. Bogotá: Planeta 1994 und Élmer Mendoza: *Cada respiro que tomas*.

13 In Bolivien wurde etwa das Tagebuch eines anonymen Drogenhändlers gefunden und unter anonymem Namen veröffentlicht: Anónimo: *Ramón. Diario de un narcotraficante*. Bolivia: Ideas Unidas Cochabamba 1997. Dazu zählen ferner: Angelo Nacaveva: *Diario de un narcotraficante* und Antonio Gallego Uribe: *El zar. El gran capo*. Colombia: Fondo Mixto para la Cultura y las Artes de Risaralda 1995.

«Romane» veröffentlichten Werke verbinden und transformieren auf je unterschiedliche Weise Elemente der Reportage,[14] des Thesenromans,[15] der Testimonialliteratur,[16] der Kriminalliteratur,[17] der *crónica periodístico-literaria* sowie des utopischen/uchronistischen Romans.[18]

Nicht selten gestaltet sich so die Literarizität eines Werkes zu einer Frage der Betrachtung bzw. der Rezeption.[19] Häufig entscheiden eher pragmatische Gesichtspunkte wie Verlagspolitik und akademisches Interesse, zusammen mit Vorlieben des Betrachters, ob es sich um eine «Wirklichkeitserzählung»[20] im Sinne von Klein/Martínez – etwa eine journalistische Reportage, ethnographische Studie, ein autobiographischer Erfahrungsbericht – oder um einen literarischen Text im Sinne eines sprachlichen Kunstwerks handelt.

Als repräsentatives Beispiel eines nicht untypischen Gattungshybrids verdient der posthum (2008) veröffentlichte, und 1991 mit dem *Premio Bellas Artes Juan Rulfo* preisgekrönte Roman *Contrabando* des mexikanischen Dramaturgen

---

14 Der Roman Hernán Hoyos: *Coca. Novela de la mafia criolla* erzählt von den Anfängen der Kokainmafia im Cali der 1970er Jahre. Dabei werden in die Romanhandlung Zeitungsnachrichten und Informationen über den Kokahandel eingefügt. Vgl. dazu Alberto Fonseca: *Cuando llovió dinero en Macondo. Literatura y narcotráfico en Colombia y México*, S. 23.

15 Deutliche Elemente des Thesenromans weist das Werk des mexikanischen Schriftstellers Ayala Anguiano auf, das sich als ein Manifest für die Legalisierung der Droge liest. Armando Ayala Anguiano: *The gringo connection. Secretos del narcotráfico*. Siehe dazu Alberto Fonseca: *Cuando llovió dinero en Macondo. Literatura y narcotráfico en Colombia y México*, S. 218–57.

16 Neben klassischen *testimonios* findet man an diese Gattung angelehnte, stärker fiktionale Erzählformen. Dazu gehören Víctor Gaviria/Alexander Gallego: *El pelaíto que no duró nada*. Bogotá: Planeta 1991 und Álape, A. 2000. *Sangre ajena*, Santafé de Bogotá, Seix Barral.

17 Etwa die mexikanischen Kriminalromane René Cárdenas Barrios: *Narcotráfico, S. A*; Paco Ignacio II Taibo: *Sueños de frontera*. México, D.F.: Promexa 1990 sowie der kolumbianische Roman Octavio Escobar Giraldo: *Saide*. Bogotá: Ecoe 1995 und der Roman des kubanischen Autors Justo E. Vasco/Daniel Chavarría: *Primero muerto*. La Habana: Letras Cubanas 1986.

18 Elemente der *crónica periodístico-literaria* enthält etwa der posthum veröffentlichte, aber 1991 mit dem *Premio Juan Rulfo* premiere Roman: Víctor Hugo Rascón Banda: *Contrabando*. Näheres zur in Kapitel 4.1.2 dieser Arbeit. Utopische bzw. uchronistische Elemente zeigt etwa Fabio Rincón: *Colombia sin Mafia*. Bogotá: Aquí y Ahora 1989.

19 Das betrifft etwa Alonso Salazar J.: *No nacimos pa' semilla. La cultura de las bandas juveniles de Medellín* sowie einige der Beiträge in Carlos Monsiváis: *Viento rojo. Diez historias del narco en México*; Angelo Nacaveva: *Diario de un narcotraficante* sowie die Werke des kolumbianischen Soziologen Alfredo Molano (Alfredo Molano: *Siguiendo el corte. Relatos de guerras y de tierras*. Bogotá: El Ancora 1989; Alfredo Molano: *Rebusque mayor. Relatos de mulas, traquetos y embarques*, u. a.).

20 Innerhalb des weiten Feldes der Narrative faktualen Erzählens bezeichnet diese Arbeit unter Bezugnahme auf Klein/Martinez Texte nicht-literarischen Erzählens wie juristische, psychologische oder journalistische Formate als «Wirklichkeitserzählungen». Vgl. Christian Klein: *Wirklichkeitserzählungen. Felder, Formen und Funktionen nicht-literarischen Erzählens*. Stuttgart; Weimar:

Víctor Hugo Rascón Banda hervorgehoben zu werden.[21] Die autobiographische Erzählung berichtet von der Reise, die der in Mexiko lebende Schriftsteller 1987 in sein Heimatdorf Santa Rosa, Uruachic, in die Sierra Tarahumara (Chihuahua), unternimmt, wo der dort entfachte Drogenkrieg in dem einstigen Minenarbeiterdorf nahezu apokalyptische Verhältnisse geschaffen hat. *Contrabando* berichtet polyphon und fragmentarisch unter Einbindung einer Vielzahl von unterschiedlichen Erzählstimmen und -formaten, deren gemeinsamer Bezugspunkt das Dorf Santa Rosa sind, von dem dort entfachten Drogenkrieg und der in dieser Region herrschenden Straflosigkeit. Dazu gehören auch die schriftlichen Aufzeichnungen eines Tonbandes («O tú o yo») sowie sogenannte Funktelegramme («Los ruidos del aire»), der Abschiedsbrief eines im Gefängnis sitzenden Drogenbarons («Carta de Valente Armenta») sowie am Ende des Romans die literarischen Resultate der Reise: ein als eigenes Kapitel in den Roman eingelagertes Theaterstück des Autors («Guerrero Negro») und ein in Auftrag gegebenes Drehbuch («Triste recuerdo»).

Thematisch betrachtet lässt sich in dieser ersten Phase der faktual orientierten Narkoprosa (1967 bis 1995) eine besondere Fokussierung auf die Problematik, die Figuren und die Räume der Marginalität im Zusammenhang mit dem Phänomen des *sicariato* erkennen.[22] Die bis zu 15 Titel umfassenden Narrationen (testimonios, Filme und Romane) zu dieser Thematik, die sogenannte *sicaresca*, sorgten für eine rege Debatte in der Literaturwissenschaft.[23] Der Begriff der *sicaresca* geht auf den kolumbianischen Schriftsteller Héctor Abad Faciolince zurück, der 1995 in einem Artikel zur «Ästhetik des Drogenhandels» über die Faszination schreibt, welche Figuren aus dem Drogenmilieu, insbesondere die des Auftragsmörders, auf die kolumbianische Bevölkerung ausüben. Eine derartige Faszination sei auch in der respektiven Literatur zu beobachten, welche Abad sogar als eine in Medellín entstandene «literarische Schule» bezeichnete: «Hay una nueva escuela literaria surgida en Medellín: yo la he denominado la sicaresca antioqueña. Hemos pasado del sicariato a la sicaresca.»[24] Die bekann-

---

Metzler 2009. Vgl. hierzu auch Frank Zipfel: *Fiktion, Fiktivität, Fiktionalität. Analysen zur Fiktion in der Literatur und zum Fiktionsbegriff in der Literaturwissenschaft*, S. 20–21.
21 Dieser Preis wird für den ersten Roman eines Schriftstellers vergeben.
22 Dazu gehören neben den Narrativen der «sicaresca» die kolumbianischen Werke: Gustavo Álvarez Gardeazábal: *El divino*. Bogotá: Plaza & Janés 1986; Antonio Gallego Uribe: *El Zar. El gran capo*; José Libardo Porras Vallejo: *Hijos de la nieve* sowie die mexikanischen Werke: Leonidas Alfaro Bedolla: *Tierra Blanca*; Élmer Mendoza: *Cada respiro que tomas*; Gerardo Cornejo M.: *Juan Justino judicial*.
23 Zu den Filmen gehören etwa *Rodrigo D. No futuro* und *La vendedora de Rosas* von Victor Gaviria.
24 Héctor Joaquín Abad Faciolince: Estética y narcotráfico. In: *Número* 7 (1995), (iii). Mit dem Begriff der sicaresca antioqueña stellt Abad eine Analogie zur Gattung der spanischen picares-

testen Titel dieser «Schule» sind die fiktionalen Romane *La virgen de los sicarios* (1994) von Fernando Vallejo und *Rosario Tijeras* (1998) von Jorge Franco.

Auch was den Bekanntheitsgrad, die Verkaufserfolge und die Rezeption durch Literaturkritik und -wissenschaft angeht, zeichnet sich eine kolumbianische Dominanz in dieser ersten Phase ab. Viele der Romane kolumbianischer Schriftsteller wurden in andere Sprachen übersetzt und erreichten nicht zuletzt aufgrund ihrer Verfilmung einen hohen Bekanntheitsgrad. Die erste Telenovela-Produktion der Narkonarrationen entsteht auf der Grundlage des ursprünglich bereits als Drehbuch konzipierten Romans *La Mala hierba* (Gossain), der von der *Bonanza marimbera* der 1960er Jahre, dem Boom des Marihuanahandels an der Westküste Kolumbiens, handelt.[25] Die 126 Episoden zählende Fernsehserie wurde 1982/83 in Kolumbien bei *Caracol Televisión* ausgestrahlt. Gleiches gilt für Gustavo Álvarez Gardeazábals Erstlingsroman *El divino*, der vier Jahre später, 1987, bei dem gleichen Sender als Telenovela ausgestrahlt wurde. Den größten öffentlichkeitswirksamen – auch internationalen – Erfolg erzielten die beiden bereits erwähnten, später verfilmten Auftragsmörderromane *La virgen de los sicarios* und *Rosario Tijeras*.[26] Insbesondere *La virgen de los sicarios* erfreut sich einer bis heute anhaltenden breiten Rezeption durch Literaturkritik und -wissenschaft.

Mexiko verfügt in dieser ersten Phase über keine Veröffentlichungserfolge, Verfilmungen oder Telenovela-Adaptationen von Werken der Narkoprosa. Auch die Literaturwissenschaft wendet sich der mexikanischen Narkoprosa erst Jahrzehnte später zu. Das gilt im Besonderen für Rascón Bandas Roman *Contrabando*, der, wie erwähnt, erst 2008 einer breiteren Öffentlichkeit zugänglich wurde.[27] Im Sinne einer möglichen Erklärung hierzu gilt es anzumerken, dass das Wissen über den Drogenhandel in Mexiko im Vergleich zu anderen Ländern wie Kolumbien, Italien und den USA bis in die 1990er Jahre hinein minimal war. Das Thema wurde, obwohl der Drogenhandel in Mexiko eine lange Tradition

---

ca (des *Siglo de Oro*) her, findet man doch in beiden Formaten eine Erzählung eines aus den unteren Gesellschaftsschichten stammenden Jugendlichen. Siehe dazu Margarita Jácome: *La novela sicaresca. Testimonio, sensacionalismo y ficción*, S. 11–13.

25 Juan Gossain: *La mala hierba*. Bogotá: Oveja Negra 1985.
26 *Rosario Tijeras* wurde 2005 von Emilio Maillé verfilmt und zu einer der erfolgreichsten kolumbianischen Filmproduktionen aller Zeiten. Eine TV-Serienadaptation wurde 2010, unter der Regie von Rodrigo Lalinde und Carlos Gaviria vorgenommen. 2006 entstand ein Lied gleichen Namens von dem kolumbianischen Popsänger Juanés. Näheres dazu bei Luis C. Cano: *Feminizacion de la violencia en Rosario Tijeras de Jorge Franco Ramos*, S. 209 und Fn. 5, S. 221. Ferner bekommt der Roman den Preis Dashiell Hammett 2000 in Spanien. Vgl. ebda, S. 209.
27 Víctor Hugo Rascón Banda: *Contrabando*.

genießt, im offiziellen Diskurs weitgehend ausgespart.[28] Der einschlägigen Forschung zufolge begann der Drogenhandel allerdings schon in den 1920er Jahren im Zuge der chinesischen, aus den USA kommenden Einwanderungswelle in den nordmexikanischen Bundesstaat Sinaloa. Ab den 1940er Jahren wächst dort der Opium- und Marihuanaanbau sowie der Heroin- und Haschischhandel stetig.[29] Spätestens in den 1980er Jahren avancierte der Drogenhandel auch in anderen Bundesstaaten zu einem blühenden Geschäft.[30] Man kann vermuten, dass das Schweigen der Politik und der Medien in Bezug auf den Drogenhandel Teil einer spezifischen Kommunikationspolitik des autoritären PRI-Systems (der Partei der «Institutionalisierten Revolution») war, welche der peruanische Schriftsteller Mario Vargas Llosas 1990 als «perfekte Diktatur» (*dictadura perfecta*) bezeichnete. Einschlägigen Studien zufolge optierte die PRI-Regierung für eine verhandelte und tolerierte Lösung des Drogenhandels, weshalb es den Regierenden gelegen kam, dieses Thema aus der öffentlichen Debatte herauszuhalten. Lediglich im Bundesstaat Sinaloa, wo der Opiumhandel schon in den 1950er Jahren zum Markenzeichen der Region wurde, gelang dies nicht.[31]

3.3.2 Fiktionale Narkoromane (2000 bis 2013)

Mit Beginn des neuen Jahrtausends kommt es zu wesentlichen Veränderungen auf dem Feld der Narkoprosa. Insbesondere ist, wie bereits angedeutet, ein rapider Anstieg an mexikanischen und ab 2005 eine starke Abnahme an kolumbianischen Publikationen zu verzeichnen. Zusätzlich geht der mexikanische Veröffentlichungsboom mit einer Veränderung auf dem Verlagsmarkt einher, zeigen doch nun, wie erwähnt, die großen Verlagshäuser ein reges Interesse an dieser Literatur bereits in der ersten Auflage.

Zu den mexikanischen Erfolgsautoren der Narkoprosa gehören Vertreter der Kriminalfiktion, allen voran der oft als «Vater der *narcoliteratura*» bezeichnete, aus Culiacán stammende Schriftsteller Élmer Mendoza,[32] ferner Paco Ignacio Taibo II und Rafael Ramírez Heredias. Von internationalem Erfolg gekrönt war

---

28 Vgl. Luis Alejandro Astorga Almanza: *El siglo de las drogas. El narcotráfico, del porfiriato al nuevo milenio*, S. 127–28.
29 Vgl. ebda., S. 61 und S. 83.
30 Vgl. ebda., S. 127–28.
31 Vgl. ebda., S. 87.
32 Zu Mendozas Werken der Narkoprosa gehören: Élmer Mendoza: *Trancapalanca*. Sinaloa: DIFOCUR 1989; Élmer Mendoza: *Cada respiro que tomas*; Élmer Mendoza: *Buenos muchachos*. Sinaloa: Cronopia Editorial 1995; Élmer Mendoza: *El amante de Janis Joplin*; Élmer Mendoza: *Balas de plata*; Élmer Mendoza: *La prueba del ácido*; Élmer Mendoza: *Nombre de perro*. México, D.F.: Tusquets 2012.

überdies der spanische Schriftsteller Pérez-Reverte mit *La Reina del Sur* sowie Yuri Herrera mit *Trabajos del Reino*.[33] Bekannt sind auch eine Reihe von Chronisten, die über die Geschichte der Kartelle (Jesús Blancornelas), das Leben der Frauen der Capos (Javier Valdez) oder die seit den 1990er Jahren anhaltenden Frauenmorde in Ciudad Juárez (u. a. Sergio González Rodriguez) schreiben.[34]

Manche Literaturwissenschaftler meinen, das angestiegene Leserinteresse an mexikanischen Narkoromanen sowie die rapide ansteigende Zahl an Romanveröffentlichungen auf das von dem spanischen Autor Arturo Pérez-Reverte 2002 veröffentlichte Werk *La Reina del Sur* zurückzuführen, der mit diesem Roman das Blickfeld der internationalen Verlage erreicht hat.[35] Der national und international gefeierte und viel verkaufte Roman wurde als Fernsehserie adaptiert, welche 2011 im mexikanischen Fernsehen bei *Telemundo* ausgestrahlt wurde. Die Einschaltquoten der Serie erreichten Rekordhöhe. Eine solche Entwicklung der mexikanischen Narkoprosa wurde ferner dadurch befördert, dass sich zunehmend auch namhafte Schriftsteller wie Rafael Ramírez Heredia, Roberto Bolaño, Carlos Fuentes, Juan Villoro, Jorge Volpi und Daniel Sada auf diesem Feld erprobten.[36]

Die Erfolge der mexikanischen Narkoprosa gehen mit stilistischen Veränderungen der Literatur einher. Zu dem weiterhin deutlich sichtbaren faktual orientierten Narkorealismus, der die erste Phase dominierte, tritt eine Reihe auch

---

33 Arturo Pérez-Reverte: *La reina del Sur*; Yuri Herrera: *Trabajos del reino*.
34 Beispielsweise Jesús Blancornelas: *El cártel. Los Arellano Félix; la mafia más poderosa en la historia de América Latina*. México, D.F.: Debolsillo 2008, c2002; Javier Valdez Cárdenas: *Miss Narco: Belleza, poder y violencia. Historias reales de mujeres en el narcotráfico mexicano*; Sergio González Rodríguez: *Huesos en el desierto*.
35 Siehe Diana Palaversich: *Narcoliteratura. ¿De qué más podríamos hablar?* und Oswaldo Zavala: *Imagining the US-Mexico drug war. The critical limits of narconarratives*, S. 340–41. «Die Königin des Südens», wie der deutsche Titel des Romans lautet, erzählt die Geschichte Teresa Mendozas, einer einfachen jungen Frau aus Sinaloa, die nach dem Mord an ihrem Freund «El Güero Dávila» nach Spanien flüchtet. Dieser war als Pilot einer *Cessna* im Kokain- und Marihuanahandel tätig. In Spanien lernt sie den Basken Santiago Fiestera kennen, mit dem sie sich auf eine Liebesbeziehung einlässt. Dieser führt sie in die Welt des europäischen Drogenhandels ein. Das Paar wird des Drogenhandels überführt und Teresa Mendoza kommt für wenige Monate ins Gefängnis. Wieder auf freiem Fuß, begibt sie sich erneut in das Drogengeschäft und schafft es, Teile des Drogenhandels im Mittelmeerraum zu kontrollieren.
36 Rafael Ramírez Heredia: *La mara*. México, D.F.: Alfaguara 2004; Rafael Ramírez Heredia: *La esquina de los ojos rojos*. México: Alfaguara 2006; Roberto Bolaño: *2666*; Carlos Fuentes: *La voluntad y la fortuna*. México, D.F.: Alfaguara; Santallina Ediciones Generales 2008; Juan Villoro: *El testigo*. Barcelona: Editorial Anagrama 2004; Juan Villoro: *Arrecife*. Barcelona: Editorial Anagrama 2012; Jorge Volpi Escalante: *La paz de los sepulcros*. México, D.F.: Planeta: Seix Barral 2007; Daniel Sada: *Ese modo que colma*. México: Anagrama 2010; Daniel Sada: *El lenguaje del juego*.

kolumbianischer Romane hinzu, die sich durch einen höheren Grad an Fiktionalisierung auszeichnen.

Eine solche Entwicklung bahnte sich schon in der zweiten Hälfte der 1990er Jahre mit den beiden kolumbianischen, international erfolgreichen Auftragsmörderromanen *La virgen de los sicarios* (1994) und *Rosario Tijeras* (1998) sowie stärker experimenteller Werke der Kriminalfiktion oder des Abenteuerromans in mehreren Ländern Lateinamerikas an.[37] Von sichtbarem Erfolg gekrönt waren allerdings neben den beiden *novelas sicarescas* erst die Narkoromane des neuen Jahrtausends, meist Gattungshybride, die in je unterschiedlicher Weise Elemente der Kriminalfiktion,[38] des *narcocorrido*,[39] des Liebesromans,[40] des Abenteuerromans,[41] des Stadt- bzw. Regionalromans und der Fabel bzw. des Exempels kombinieren.[42]

Auf dem Feld der kolumbianischen Narkoromane ist an erster Stelle Laura Restrepo zu nennen, die mit Romanen, die Fiktion und historische Elemente verbinden, von sich reden machte.[43] Dazu gehört allen voran der Roman *Delirio*, der in den ersten Jahren nach seinem Erscheinen zum meist verkauften Roman

---

[37] Dazu gehören der Roman der Kriminalfiktion *Asesinato en una lavandería China* (1996) und der uchronistische Roman *La vida de una muerto* (1998). Ersterer handelt von einem Vampir-Drogenkartell im Hafen von Mazatlán. *Asesinato en una lavandería china* erreichte 2013 eine weitergehende Bekanntheit, als er unter dem Titel *Reencarnación. Una historia de Amor* (Regie und Produktion: Eduardo Rosoff) in die Kinos kam. Ferner erscheinen die (kaum beachteten) Romane von Tito Gutiérrez Vargas. *El demonio y las flores*. Cochabamba: Los Amigos del Libro 1999 (u. a.) aus Bolivien sowie Javier Morán: *Choque de leyendas*. La Habana: Letras Cubanas 1997 aus Kuba.

[38] Zu den mexikanischen Autoren, deren Werke im engeren und weiteren Sinne zur Kriminalfiktion gerechnet werden, gehören u. a. Élmer Mendoza; Juan Ignacio Taibó; Juan José Rodriguez; Rafael Ramírez Heredia; Bernardo Fernando; Páez Varela; Víctor Ronquillo (*Sicario. Diario del Diablo*) und Eduardo Antonio Parra: *Nostalgia de la sombra*.

[39] So etwa Arturo Pérez-Reverte: *La reina del Sur* und Yuri Herrera: *Trabajos del reino*.

[40] So etwa Yuri Herrera: *Trabajos del reino* und Orfa Alarcón: *Perra brava*.

[41] So etwa Mario González Suárez: *A wevo, padrino*. México, D.F.: Random House Mondadori 2008.

[42] Elemente des Stadt- bzw. Regionalromans finden sich etwa bei: Heriberto Yépez: *Al otro lado*. México, D.F.: Planeta 2008; Luis Humberto Crosthwaite: *Tijuana: Crimen y olvido*. México, D.F.: Tusquets 2010; Julián Herbert: *Un mundo infiel*. México, D.F.: Joaquín Mortiz 2004 und Mario González Suárez: *A wevo, padrino*. Elemente der Fabel bzw. des Exempels zeigen Yuri Herrera: *Trabajos del reino*; Juan Pablo Villalobos: *Fiesta en la madriguera* und Daniel Sada: *El lenguaje del juego*.

[43] Siehe dazu Daniela Melis, die das Gesamtwerk der Autorin als «intergenericidad entre literatura, periodismo e historia» bezeichnet. Daniela Melis: Una entrevista con Laura Restrepo. In: *Chasqui: Revista de Literatura Latinoamericana* 1, 34 (2005), S. 115 sowie Elvira E. Sánchez-Blake: *El universo literario de Laura Restrepo. Antología crítica*. Bogotá: Taurus 2007, S. 11.

Alfaguaras avancierte.[44] Zu nennen ist ebenso der junge Autor Juan Gabriel Vásquez mit seinem Debutroman *El ruido de las cosas al caer* und der – viel gelobte – poetische Roman Evelio Roseros mit dem Titel *Los Ejércitos*.[45]

Viele der mexikanischen Werke zeigen einen besonderen, von der regionalen/lokalen Umgangssprache geprägten, nicht selten parodistischen Stil auf, der sich an der Ausdrucksweise der Drogenhändler sowie der nordmexikanischen Umgangssprache orientiert und nicht selten Ähnlichkeiten zu Daniel Sadas poetischer Prosa zeigt.[46]

Bei einer Reihe der genannten *narconovelas* sowie einiger anderer Werke, die zu den erfolgreicheren und von der Forschung meist Beachteten gehören, fallen transnational wiederkehrende, markante Tendenzbildungen in Form und Inhalt der Romane auf.[47]

Die meisten dieser Narkoromane suchen keinen «realistischen» Zugang zum Drogenhandel und -krieg. Vielmehr verfremden die Romane bewusst die Wirklichkeit des Drogenmilieus und dazugehöriger Erscheinungsformen. Sie binden zwar empirisch verifizierbare Details wie Ortsbezeichnungen (Medellín im Fall der kolumbianischen Auftragsmörderromane) und andere Wirklichkeitseffekte ein, die bewirken, dass ein steter Bezug zur Realwelt hergestellt wird. Gleichzeitig finden sich Verfremdungseffekte bzw. semantische und diegetische Anomalien, welche die Illusion von Wirklichkeit – in je unterschiedlichem Grad – brechen.

Viele der Romane erzählen Geschichten von – zumeist männlichen – einem (klein-)bürgerlichen Milieu entstammten Protagonisten, die eine Reihe an zum

---

[44] Vgl. Elvira E. Sánchez-Blake: *El universo literario de Laura Restrepo. Antología crítica*, S. 15. Neben *Delirio* gehört der Roman *Leopardo al sol* zur Narkoprosa. Die kolumbianische Autorin hat den Roman über den Drogenhandel in der Region La Guajira auf der Basis eingehender Recherchen geschrieben. Eine Diskussion von Stil und Gattung findet sich bei Lourdes Rojas: Cruce de caminos: La historia personal y social. In: Elvira E. Sánchez-Blake (Hg.): *El universo literario de Laura Restrepo. Antología crítica*. Bogotá: Taurus 2007.

[45] Juan Gabriel Vásquez: *El ruido de las cosas al caer*. Madrid: Alfaguara 2011; Evelio Rosero: *Los ejércitos*.

[46] Das betrifft folgende Werke: Yuri Herrera: *Trabajos del reino*; Heriberto Yépez: *Al otro lado*; Luis Humberto Crosthwaite: *Tijuana: Crimen y olvido*; Daniel Sada: *El lenguaje del juego*; Mario González Suárez: *A wevo, padrino*; Carlos Velázquez: *La biblia vaquera. Un triunfo del corrido sobre la lógica*. México, D.F.: Consejo Nacional para la Cultura y las Artes 2008.

[47] Dazu gehören folgende Romane kolumbianischer Autoren: Jorge Franco Ramos: *Rosario Tijeras*; Fernando Vallejo: *La virgen de los sicarios*; Laura Restrepo: *Delirio*; Juan Gabriel Vásquez: *El ruido de las cosas al caer*. Sowie folgende Romane mexikanischer Autoren: Eduardo Antonio Parra: *Nostalgia de la sombra*; Julián Herbert: *Un mundo infiel*; Mario González Suárez: *A wevo, padrino*; Sergio González Rodríguez: *El vuelo*. México, D.F.: Random House Mondadori 2008; Orfa Alarcón: *Perra brava*; ferner der Roman der chilenischen Autorin: *Plasma* und folgender Roman des bolivianischen Autors: Tito Gutiérrez Vargas: *Mariposa Blanca*.

Teil radikalen und transgressiven (Fremd-)Erfahrungen in der Welt des Drogenhandels und verwandter Milieus machen. In einigen dieser Romane werden die Helden gar selbst eine Figur aus dem Drogenmilieu. So etwa Bernardo de la Garza in *Nostalgia de la Sombra*, der sich im Zuge eines nächtlichen Überfalls auf den Straßen Monterreys in einen blutrünstigen Mörder verwandelt, der in der Romangegenwart unter dem Namen Ramiro Auftragsmorde verübt.[48]

Im Mittelpunkt der meisten der hier vorliegenden Romane steht der Status einer radikalen Fremderfahrung der meist männlichen Protagonisten mit Gewalt und/oder Rausch und Sexualität, die den normativen Bezugsrahmen ihres (klein-)bürgerlichen Lebens aufbricht. Ferner beobachten wir Tendenzen der Mythifizierung und Exotisierung dieser Erfahrungen und bestimmter damit in Verbindung stehender Figuren. Dazu kommen Personifizierungen des Todes und des Teufels, mythische Orte und mystisch anmutende Verwandlungen, die dann in radikaler Weise bestimmte Darstellungsgewohnheiten des traditionellen Romans sowie grundlegende Prämissen eines aufgeklärten Menschen- und Weltbildes sprengen. Deshalb wird hier für diese Werke die Bezeichnung transgressive Narkoromane geprägt, deren Darstellungsmerkmale und erzählerische Funktionen es nachfolgend anhand repräsentativer, literarischer Werke unterschiedlicher Phasen herauszuarbeiten gilt.

Die deutlich weniger Ersterscheinungen zeigende kolumbianische Narkoprosa des neuen Jahrtausends hält jedoch – abgesehen von den erwähnten *narconovelas* – insgesamt stärker an der Tradition eines faktual orientierten Narkorealismus fest, wenngleich auch hier eine stärkere Fiktionalisierung zu verzeichnen ist. Viele der Werke stammen von Schriftstellern, die sich schon durch Vorgängerwerke etabliert hatten. So etwa Alonso Salazar, der mit seiner 2001 veröffentlichten Biographie (mit fiktionalen Anteilen) über Pablo Escobar nicht nur das Interesse der Literaturwissenschaft,[49] sondern auch und insbesondere der Fernsehserienproduktion hervorrief. Seine *Parabola de Pablo* wurde zum Drehbuch einer der erfolgreichsten kolumbianischen Serien.[50] *El patrón*

---

[48] In anderen Romanen verbindet den Protagonisten etwa eine amouröse Liaison mit Figuren des Drogenmilieus. Der Intellektuelle Fernando aus *La virgen de los sicarios* unterhält etwa eine Liebesbeziehung zu zwei jugendlichen Auftragsmördern im Medellín der 1980er Jahre. *Rosario Tijeras* erzählt von der Liebesbeziehung des aus der Oberschicht stammenden Emilio und dessen Freund, dem Ich-Erzähler Antonio, zu einer Auftragsmörderin aus den *comunas* Medellíns. Orfa Alarcóns *Perra Brava* erzählt von einer auf Macht- und Gewaltspielen beruhenden Liebesbeziehung, die eine gewöhnliche Studentin aus Monterrey (Fernanda Salas) mit Julio, dem Anführer einer Bande junger Auftragsmörder in Monterrey führt. Ähnliches gilt für *Plasma*.
[49] Beispielsweise von Hermann Herlinghaus: *Narcoepics. A Global Aesthetics of Sobriety*, S. 93–125.
[50] Alonso Salazar J.: *Pablo Escobar: Auge y caída de un narcotraficante*.

del Mal wurde 2012 mit 113 Episoden bei *Caracol Televisión* ausgestrahlt und erzielte bei der Premiere eine Einschaltquote von 80 %.[51] 2014 wurde die Serie auch im argentinischen Fernsehen gezeigt.

Auch Schriftsteller wie Gustavo Álvarez Gardeazábal und José Libardo Porras Vallejo etablieren sich mit Zweitpublikationen als Romanciers eines Narkorealismus. Wie Salazar wenden sie sich mit *Comandante Paraíso* (2002) – einer Chronik über den Kokainhandel im Valle del Cauca – und *Happy birthday, Capo* (2008) der Figur des großen Drogenbarons zu.[52] Ferner halten einzelne Autoren weiterhin an der Gattung der Testimonialliteratur fest.[53]

Die mexikanischen Vertreter dieser Tendenz faktual orientierter Narkoprosa verfolgen die Tradition der zeitgenössischen *crónica*, so etwa der von Carlos Monsiváis herausgegebene Band *Viento Rojo*, ferner *Huesos en el desierto* von dem Journalisten und Autor Sergio González Rodriguez sowie der von diesem Werk inspirierte vierte Teil (*La parte de los crímenes*) von Roberto Bolaños *2666*. Das weit über die mexikanischen Grenzen hinaus Bedeutung erlangte Werk *2666* von Roberto Bolaño und im Besonderen dessen vierter Teil über die Verbrechen in Santa Teresa, das Modell für Ciudad Juárez steht, bringt die Literatur über den waltenden Drogenkrieg in Mexiko zu einem ersten literarischen Höhepunkt. Der chilenische Schriftsteller, der die letzten Jahrzehnte seines Lebens in Mexiko verbrachte, hat in der sogenannten *La parte de los crímenes* den bis heute unaufgeklärt gebliebenen infamen Frauenmorden in der nordmexikanischen Grenzstadt Juárez ein literarisches Denkmal besonderer Art gesetzt, indem es fiktionale und faktuale Erzählformen nicht nur zu verbinden, sondern zur Kunst zu erheben weiß. Wir können seine Prosa als ästhetisierte Form verschiedener Schreibtraditionen über die Realität und Gewalt des nördlichen Mexikos erachten, die Bolaño zusammenführt und zur Kunst erhebt.

Hiermit ist der zunächst empirisch ermittelte Gesamtkorpus gängigen gattungstypologischen Kriterien gemäß und überblicksartig exponiert worden. Es zeichnen sich zwei markante literarische Tendenzbildungen ab, die nahelegen, mindestens zwei Subströmungen der Narkoprosa zu unterscheiden: den faktual orientierten Narkorealismus und transgressive Narkoromane. Angesprochen sind Tendenzbildungen, die sich durch bestimmte Darstellungsparadigmen und diegetische Auffälligkeiten auszeichnen und welche in der einen oder anderen

---

51 Vgl. Peter Burghardt: Richtig guter Stoff. In: *Süddeutsche Zeitung* (16.02.2014); https://www.sueddeutsche.de/medien/telenovela-pablo-escobar-patron-des-boesen-richtig-guter-stoff-1.1889273 (02.03.2019).
52 Gustavo Álvarez Gardeazábal: *Comandante Paraíso*; Gustavo Álvarez Gardeazábal: *Happy birthday, Capo*.
53 So etwa Alfredo Molano: *Penas y cadenas*. Bogotá: Planeta 2004; Alfredo Molano: *Ahí les dejo esos fierros*. Buenos Aires: Aguilar 2009.

Weise literaturgeschichtlich betrachtet etwas «Neues» darstellen. Darum geht es in den nun folgenden Kapiteln IV. und V., die narratologisch orientierte Einzelinterpretationen repräsentativer Werke dieser beiden Tendenzbildungen vornehmen. Ein besonderes Augenmerk gilt es hierbei auf den narrativen Umgang mit dem hochkonfliktivem, von Angst- und Alteritätsdispositiven überlagerten Narkodiskursen, – imaginarien und -kulturen als dem realen, imaginären und affektiven Bezugsfeld dieser Romane zu legen.

Bei der näheren Eingrenzung des Analysekorpus wurden Romane in Betracht gezogen, die erstens in besonders markanter Weise die jeweilige Tendenzbildung der faktual orientierten oder transgressiven Narkoprosa illustrieren und gleichzeitig die nationale und generische Vielfalt unterstreichen. Das betrifft auf dem Feld der testimonial orientierten Narkoprosa etwa Élmer Mendozas *Cada respiro que tomas* (1991), ferner Arturo Álapes *Sangre Ajena* (2000) und Víctor Hugo Rascón Bandas *Contrabando* (2008).

Berücksichtigung fanden ferner Werke, die insofern als stil- und gattungsbildend erachtet werden können, da sie eine Art Vorreiterrolle einnehmen. Auf dem Feld der faktual orientierten Narkoprosa betrifft dies das zu internationaler Bekanntheit gelangte testimoniale Werk «No nacimos pa' semilla» (1990) von Alonso Salazar, ferner *Huesos en el desierto* (2002) von Sergio González Rodríguez. Für die transgressiven Narkoromane nimmt diese Stellung das vielbeachtete und verfilmte Werk Fernando Vallejos *La virgen de los sicarios* (1994) ein.

Darüber hinaus werden Werke herangezogen, die in Bezug auf den hier verfolgten Analyseschwerpunkt ein besonderes Reflexionspotential aufweisen. Bezugspunkt ist ein fiktionstheoretischer Fokus, der bei der Deutung auch die anthropologische Funktion der literarischen Fiktion für ihren Autor und Leser miteinbezieht. Diese Werke binden zahlreiche metapoetische Wegweiser in die von ihnen erzählte Geschichte ein. Sie erhalten insoweit eine «Leuchtturmfunktion» für die Analyse auch anderer Werke der Narkoprosa. Letzteres ist der Fall bei *Sangre Ajena*, ferner Eduardo Antonio Parras *Nostalgia de la Sombra* (2002) und Guadalupe Santa Cruz' Roman *Plasma* (2005).

Schließlich orientiert sich diese Arbeit bei der Werkauswahl auch an dem kritischen Erkenntniswerk der Werke bezüglich der im Gravitationsfeld der Drogenproblematik auftauchenden gesellschaftlich relevanten Konfliktprozesse. Das betrifft im Besonderen die chronistisch orientierte mexikanische Narkoprosa und hier: *2666* von Roberto Bolaño (2004). Ferner schließt dies die Romane *Plasma* und *Nostalgia de la Sombra* mit ein. Davon erfasst ist auch der kritische Umgang mit dem von Alteritäts- und Angstdispositiven überlagerten *narcoimaginario*, den die meisten der hier analysierten Werke suchen.[54]

---

54 z. B. *Nostalgia de la Sombra, Plasma, No nacimos pa' semilla* und *Cada respiro que tomas*.

4 Faktual orientierte Narkoprosa

Die Werke faktual geprägter Narkoprosa nähern sich der Welt des Drogenhandels auf der Basis real erlebter Erfahrungen und Ereignisse. Sie orientieren sich in der Darstellung an faktualen Erzählformaten, denen gemein ist, dass sie sich in der Darstellung der außersprachlichen Realität des Drogenhandels/-kriegs aus der Perspektive derjenigen nähern, die direkt in den Drogenhandel eingebunden sind, Opfer von Gewaltakten im Kontext des Drogenkriegs wurden oder in anderer Weise als «Quellenmaterial» bzw. Informanten im ethnographischen Sinne figurieren.[1]

Dafür lassen sich charakteristische Werkbeispiele nennen: *No nacimos pa' semilla* (1990), *Sangre ajena* (2000), *El peleito que no duró nada* (1991) und andere testimonial orientierten Werke geben den Auftragsmördern der Armutsviertel Medellíns und Bogotás eine Stimme, indem sie deren Lebensgeschichten und Sprache den Rahmen eines literarischen Werkes geben, welches aus ihrer Perspektive (in Ich-Form) geschrieben ist. Die biographisch erzählten Werke *El diario de un narcotraficante* (1967) und *El Zar. El gran Capo* (1995) zeichnen minutiös und mit einem nah an mündlichen Sprachgewohnheiten orientierten Stil den Werdegang eines Drogenhändlers nach. Die unterschiedlichen testimonial und chronistisch orientierten Erzähleinheiten aus Élmer Mendozas Debütwerk *Cada respiro que tomas* (1991) berichten von unterschiedlichen Erfahrungen mit der Narkokultur in Sinaloa. Der autobiographische Roman *Contrabando* (2008) erzählt und dokumentiert die Veränderungen, die der Drogenhandel nach Santa Rosa, einem Dorf in der Sierra Tarahumara in Chihuahua, gebracht hat und orientiert sich wesentlich an den Berichten und Erfahrungen der Dorfbewohner, die in Ich-Form in den Text eingelagert werden. *Comandante Paraíso* (2002) erzählt unter Einbindung autobiographischer Elemente eine mögliche Chronik über die Geschichte des Kokainhandels in der Region des *Valle del Cauca*, die sich an der Wahrnehmung der Bewohner der Region, darunter auch der großen Drogenbarone, Auftragsmörder und Folterer orientiert, von deren Erfahrungen wir in Form von in den Text eingelagerten Berichten in erster Person oder im Text abgedruckter «Interviews» erfahren. *Huesos en el desierto* (2002) und *La parte de los crímenes*, der vierte Teil von Bolaños *2666* (2004), rücken die infamen Frauenmorde, die sich in Ciudad Juárez seit Beginn der 1990er Jahre ereigneten, in den Fokus ihrer faktennahen Darstellung.

In zahlreichen dieser Werke faktual geprägter Narkoprosa kristallisieren sich darüber hinaus weitere gemeinsame Merkmale in der Darstellung des Dro-

---

[1] Näheres zur Unterscheidung zwischen fiktionalen und faktualen Erzählformen in Kapitel 3 dieser Arbeit.

genhandels/-kriegs und ihrer Erzählfunktionen heraus, die es im Folgenden anhand repräsentativer Werkanalysen herauszuarbeiten gilt. Sie sind von eher autobiographisch orientierten Erfahrungsberichten oder Sachbüchern über das Leben der großen Drogenbarone sowie Chroniken, die über die Geschichte der Kartelle, deren innere Strukturen oder das Leben der Frauen der Capos berichten, deutlich zu unterscheiden.[2]

4.1 Generische Einordnung

Erste poetologische Grundzüge lassen sich aus der Gattungszugehörigkeit der Werke ableiten. Denn die literarischen Gattungen geben bestimmte «Regeln» im Spiel der Fiktion vor, an denen sich die Akte des Fingierens orientieren, indem sie bestimmten Darstellungsparadigmen folgen und andere verfremden.[3] Im Fall vieler Werke faktual orientierter Narkoprosa betrifft dies eine Gattungsverbundenheit bzw. -ähnlichkeit und eine nachfolgende Verfremdung des Testimonios bzw. der Testimonialliteratur und der Chronik.[4]

4.1.1 Die Testimonialliteratur

Das lateinamerikanische *Testimonio* entstand,[5] abgesehen von frühen Vorläufern aus der Kolonialzeit – etwa des Mönchs Fray Bernardino de Sahagún –, in

---

[2] So etwa Angelo Nacaveva: *Diario de un narcotraficante*; Anonym: *Ramón. Diario de un narcotraficante* und die Werke Jesús Blancornelas (etwa: Jesús Blancornelas: *El cártel. Los Arellano Félix; la mafia más poderosa en la historia de América Latina*) oder Diego Osornos (etwa: Diego Enrique Osorno: *El Cártel de Sinaloa. Una historia del uso político del narco*. México, D.F.: Debolsillo 2011, c2009) über die Kartellstrukturen in Mexiko und/oder die Frauen der Capos (beispielsweise: Javier Valdez Cárdenas: *Miss Narco: Belleza, poder y violencia. Historias reales de mujeres en el narcotráfico mexicano*). Diese Werke werden in dieser Arbeit keine Beachtung finden.

[3] Siehe dazu u. a. Rainer Warning: *Der inszenierte Diskurs. Bemerkungen zur pragmatischen Relation der Fiktion*.

[4] Im englischsprachigen Raum wird auch der Begriff des *Testimonial writing* oder *testimony* verwendet; in der französischen Literatur spricht man von *témoignage* und im spanischen Raum gilt auch der durch den kubanischen Schriftsteller Miguel Barnet geprägte Begriff der *novela-testimonio*.

[5] Testimonial- oder Zeugnisliteratur findet sich auch im europäischen Raum, insbesondere im Bereich der sogenannten Holocaust-Literatur. Näheres dazu bei: Monika Walter: Postkoloniales oder postmodernes Erzählmodell? Ein hemisphärischer Blick auf Erzählpraxis und Theoriedebatten von testimonio und témoignage. In: Peter Birle/Marianne Braig/Ottmar Ette/Dieter Ingenschay (Hg.): *Hemisphärische Konstruktionen der Amerikas*. Frankfurt: Vervuert 2006.

den 1960er und 1970er Jahren und steht in enger Verbindung zu der kubanischen und der sandinistischen Revolution sowie zu den damaligen autoritären Regimen.[6] Es beruht auf Interviews mit zumeist randständigen, der Schriftkultur entfernt stehenden Personen, welche die postkoloniale Literaturwissenschaft als subalterne Subjekte bezeichnet. Im Unterschied zu klassischen Biographien erwächst die Testimonialliteratur einer Gesprächssituation, in der sich meist ein Anthropologe, Journalist oder Schriftsteller mit einem bestimmten – wissenschaftlichen, sozialen oder politischen – Interesse einer Person und deren prägenden Erfahrungen nähert.

Die besondere Lebenssituation der Betroffenen weist eine Kommunikationsnotwendigkeit auf, die auf erlebter Unterdrückung, Armut, Ausbeutung, Marginalisierung, Kriminalität oder einen (politischen) Kampf zurückzuführen ist, so John Beverly.[7] Beispiele sind der aus Miguel Barnets *Biografía de un cimarrón* bekannte, einst entlaufene, 100-jährige Sklave Esteban Montejo, oder – wie in dem von Elisabeth Burgos verfassten Werk *Me llamo Rigoberta Menchú* – die guatemaltekische Menschenrechtsaktivistin Rigoberta Menchú, von deren Leben und politischem Kampf ein narratives Zeugnis abgelegt wird.[8] Monika Walter betont den mit dem Testimonio intendierten «ethisch-politischen Appellcharakter»,[9] der in der Zeugnisforschung als ein grundsätzliches Schreibmotiv erkannt wird. In Lateinamerika wird das Testimonio überdies in vielen Fällen von einem visionär-revolutionären Geist des Autors beflügelt, wie die Worte Ángel Ramas in dessen Begründungstext dieser Gattung bezeugen: «mostrar la línea de la tarea y la lucha de la Amércia Latina a través de la literatura.»[10] Insoweit zeichnet sich das lateinamerikanische Testimonio durch eine Form der Politisierung der grundsätzlich ethnographisch orientierten Narrative aus.

---

6 Näheres dazu bei Monika Walter: Selbstrepräsentation des Anderen im Testimonio? Zur Archäologie eines Erzählmodus lateinamerikaner Moderne. In: Hermann Herlinghaus/Utz Riese (Hg.): *Sprünge im Spiegel. Postkoloniale Aporien der Moderne in beiden Amerika.* Bonn: Bouvier Verlag 1997.
7 «La situación del narrador en el testimonio siempre involucra cierta urgencia o necesidad de comunicación que surge de una experiencia vivencial de represión, pobreza, explotación, marginalización, crimen, lucha.», John Beverley: Anatomía del testimonio. In: *Revista de Crítica Literaria Latinoamericana* 25, 13 (1987), S. 9.
8 Esteban Montejo/Miguel Barnet: *Biografía de un cimarrón.* La Habana: Instituto de Ethnologìa y Folklore 1966; Rigoberta Menchú/Elisabeth Burgos-Debray: *Me llamo Rigoberta Menchú y así me nació la conciencia.* Barcelona: Argos Vergara 1983.
9 Monika Walter: *Postkoloniales oder postmodernes Erzählmodell?. Ein hemisphärischer Blick auf Erzählpraxis und Theoriedebatten von testimonio und témoignage,* S. 131.
10 Ángel Rama: Conversación en torno del testimonio. In: *Casa de las Américas* 200, XXXVI (1995).

Die aus den Gesprächen erwachsenen Erzählungen erreichen häufig die Länge eines Romans oder einer Novelle. Ihnen liegt eine autodiegetische Erzählsituation zugrunde: der Ich-Erzähler – das interviewte Subjekt – wird zugleich zum Protagonisten des Erzählten.[11] Walter bezeichnet das Testimonio deshalb als «Texthybrid zwischen Roman, Dokument [und] mündlicher Erzählung».[12] Das lateinamerikanische Testimonio etablierte sich bereits in den 1970er Jahren als literarische Gattung, eine Entwicklung, die nicht zuletzt der kubanische Literaturpreis der *Casa de las Américas* beförderte.[13]

Im Gravitationsfeld der Drogenkonflikte entstand nun eine spezifische poetologische Ausrichtung des Testimonios, die als solche noch nicht zusammenhängend und im Vergleich mit den zu dieser Thematik entstandenen chronistischen Werken untersucht wurde. Im Unterschied zum klassischen Testimonio, das eine deutlich politische Zielrichtung aufweist, dominiert der ethnographische Aspekt in den Werken testimonial orientierter Narkoprosa, wie noch herausgearbeitet wird.

Die testimonial orientierten Werke der Narkoprosa sind fast ausschließlich in Kolumbien in den späten 1980er und 1990er Jahren entstanden und haben unterschiedliche Akteure und Beteiligte des hier waltenden *guerra del narcotráfico* sowie davon Betroffene zum Gegenstand.[14] Ein besonderes Interesse betraf Anfang der 1990er Jahre die Figur und das Phänomen des – oft jugendlichen – Auftragsmörders aus den sozialen Randzonen Medellín, der damaligen Hochburg des Drogenhandels. Zu den testimonial orientierten Werken über das Auftragsmördertum zählen *No nacimos pa' semilla* von Alonso Salazar, Victor Gavirias *El peleito que no duró nada* und die Werke Arturo Álapes.[15] Neben den *sicarios* kommen in den testimonialen Werken des Soziologen Alfredo Molano auch indigene Siedler und Bauern vor, die in den 1960er Jahren mit dem Anbau

---

11 Hierzu schreibt John Beverly: «un testimonio es una narración – usualmente pero no obligatoriamente del tamaño de una novela o novela corta – contada en primera persona gramatical por un narrador que es a la vez el protagonista (o el testigo) de su propio relato. Su unidad narrativa suele ser una «vida» o una vivencia particularmente significativa (situación laboral, militancia política, encarcelamiento, etc.).» John Beverley: *Anatomía del testimonio*, S. 9.
12 Monika Walter: *Selbstrepräsentation des Anderen im Testimonio?. Zur Archäologie eines Erzählmodus lateinamerikaner Moderne*, S. 32.
13 Vgl. Monika Walter: *Postkoloniales oder postmodernes Erzählmodell?. Ein hemisphärischer Blick auf Erzählpraxis und Theoriedebatten von testimonio und témoignage*, S. 107.
14 Mit dem Begriff des «guerra del narcotráfico» bezeichnet diese Arbeit in Bezugnahme auf A. Salazar und H. Herlinghaus den Terror und die Gewalt, die von 1987 bis 1992 vom Medellín-Kartell gegen den kolumbianischen Staat ausgeübt wurde. Vgl. Hermann Herlinghaus: *Narcoepics. A Global Aesthetics of Sobriety*, S. 94.
15 Víctor Gaviria/Alexander Gallego: *El peláito que no duró nada*; Arturo Álape: *Ciudad Bolívar. La hoguera de las ilusiones*; Arturo Álape: *Sangre ajena*. Bogotá: Seix Barral 2000.

von Coca und Marihuana in den ländlichen Gegenden Kolumbiens umzugehen hatten, sowie kleinere Drogenschmuggler und -händler.[16] Mit Gabriel García Márquez' *Noticia de un secuestro* über prominente Entführungsopfer der Jahre des kolumbianischen *guerra del narcotráfico* treten schließlich auch die Opfer der bürgerlichen Oberschicht auf die literarische Bühne testimonial orientierter Narkoprosa.[17]

4.1.2 Die crónica periodístico-literaria

Die Chronik ist, ähnlich wie das Testimonio, ein zugleich literarisches wie historiographisches Narrativ mit langer Tradition in Lateinamerika. Ihr traditioneller Gegenstand sind gesellschaftlich relevante Ereignisse und Begebenheiten wie die Geschichte eines Landes, die Erfahrungen bestimmter gesellschaftlicher Gruppen oder von bedeutenden Einzelpersonen. Erzählt wird die Chronik für gewöhnlich in chronologischer Reihenfolge, häufig aus der Sicht eines Augenzeugen. Im Fall der ersten lateinamerikanischen Chroniken, der sogenannten *crónicas de Indias*, erfolgte dies als Narration über die spanischen Eroberer Hernán Cortés, Christoph Kolumbus und des Franziskanermönchs Fray Bartolomé de las Casas, die Zeugnis von ihrer Reise und der Eroberung des neuen Kontinents ablegten. Die Tradition der Chronik wurde seitdem vielfach weiterentwickelt und ist in der neueren mexikanischen und kolumbianischen Literatur nicht mehr wegzudenken.

Ein moderner Vertreter der *crónica* in Mexiko entstand in den 1980er Jahren mit den von Elena Poniatowska und Carlos Monsiváis verfassten Werken, die hier im Anschluss an Bencomo als *crónica periodístico-literaria* bezeichnet werden.[18] Der Begriff bezieht sich auf Textformate, die eine Weiterentwicklung und Zusammenführung der Tradition der Chronik und des Testimonios vornehmen, indem sie testimoniale, chronistische und essayistische Elemente mit einem nicht selten poetisch-literarischen Stil verbinden und sich dabei weniger den Großereignissen der offiziellen Geschichtsschreibung, als ihren Nebenschauplätzen, dem alltäglichen Leben und der Alltagskultur zuwenden.[19] Carlos Monsiváis beschreibt diese narrative Zielrichtung wie folgt:

---

16 Alfredo Molano: *Rebusque mayor. Relatos de mulas, traquetos y embarques*; Alfredo Molano: *Penas y cadenas*; Alfredo Molano: *Ahí les dejo esos fierros*; Alfredo Molano: *Siguiendo el corte. Relatos de guerras y de tierras*.
17 Gabriel García Márquez: *Noticia de un secuestro*. New York: Penguin 1996.
18 Anadeli Bencomo: *Voces y voceros de la megalópolis. La crónica periodístico-literaria en México*. Madrid/Frankfurt: Vervuert 2002.
19 Anadeli Bencomo, die den Gattungsbegriff prägte und eine eingehende Analyse verschiedener Texte vornahm, definiert diese Ausprägung der Chronik wie folgt: «La crónica periodístico-

Democratizada la noción de Historia, la crónica la multiplica en su variedad de aproximaciones literarias a manifestaciones, almacenes de Suburbia, modas de los mass-media, excéntricos que no lo son tanto, vivencias de alta y baja política, vida cotidiana en las márgenes.[20]

Mit dem Testimonio teilen viele Werke der *crónica periodístico-literaria* ferner den ethisch-politischen Appellcharakter.[21] Anschaulich wird dies in den von Poniatowska und Monsiváis veröffentlichten Werke über das Grauen von Tlaltelolco, dem 1968 auf der *Plaza de las tres culturas* in Mexiko-Stadt von der mexikanischen Armee und Polizei an Studenten verübten Massaker, um dessen Aufklärung und Bezeugung der – staatlich verübten – Gewalt diese Texte bemüht sind.[22] Kraft einer an gelebten Erfahrungen orientierten Schrift und innovativer, experimenteller Schreibformen strebt die *crónica periodístico-literaria* es an, hinter die Kulissen des offiziellen Diskurses und der «perfekten Diktatur» (Vargas Llosas) zu schauen.

Die in der Tradition der *crónica periodístico-literaria* stehenden Werke der Narkoprosa sind im Wesentlichen in Mexiko entstanden. Dazu gehören Werke wie: *Viento Rojo*, *Huesos en el desierto* von Sergio González Rodríguez, *Las*

---

literaria se presenta como un texto generalmente breve que aborda preferentemente la representación de temas, sucesos y personajes cotidianos, para construir una imagen de la cultura y las prácticas sociales de determinado momento.» Ebda., S. 13. Gewisse Ähnlichkeiten bestehen zu dem von Miguel de Unamuno geprägten Begriff der *Intrahistoria*. Er umschreibt Geschichten und Stimmen des traditionellen Lebens, oft dem «Hintergrundgeschehen» zur offiziellen Geschichtsschreibung. Im Diccionario der Real Academia Española wird dieser Begriff wie folgt definiert: «Voz introducida por el escritor español Miguel de Unamuno para designar la vida tradicional, que sirve de fondo permanente a la historia cambiante y visible.» Real Academia Española: Intrahistoria. In: Real Academia Española: *Diccionario de la lengua española*. https://dle.rae.es/?id=Lynu9Mx (23.03.2019).
20 Carlos Monsiváis: De la Santa Doctrina al espíritu público. Sobre las funciones de la crónica en México. In: *Nueva Revista de filología hispánica* 2, 35 (1987), S. 771.
21 Vgl. hierzu Bencomo, die die Merkmale der crónica periodístico-literaria wie folgt zusammenfasst: «la experimentación formal y la inclusión de técnicas de representación hasta entonces confinadas a otros terrenos de la literatura; la mirada atenta a las manifestaciones diversas de la contracultura y las prácticas cotidianas; la atención crítica al terreno de la política como horizonte forjador de simbologías y modos de actuar que pretenden forjar una cohesión nacional sobre las bases de un imaginario poco democrático y la representación que recupera las zonas periféricas de la sociedad urbana al prestar atención a los personajes, prácticas y discursos desdeñados por otros medios de representación.» Anadeli Bencomo: *Voces y voceros de la megalópolis. La crónica periodístico-literaria en México*, S. 194.
22 Dazu gehören v. a. Elena Poniatowska: *La noche de Tlatelolco. Testimonios de historia oral*. México: Ediciones Era 1971; Elena Poniatowska: *Hasta no verte, Jesús mío*. México: Era 1969 und Carlos Monsiváis: *Días de guardar*. Mexico: Era 1979; Carlos Monsiváis: *Entrada libre. Crónicas de la sociedad que se organiza*. México, D.A.: Era 1987.

muertas de Juárez von Víctor Ronquillo, *Contrabando* von Víctor Hugo Rascón Banda, das Debutwerk Élmer Mendozas *Cada respiro que tomas* sowie *La parte de los crímenes*, der vierte Teil von Roberto Bolaños *2666*.[23]

4.2 Testimonial orientierte Narkoprosa (Kolumbien)

Im Folgenden wenden wir uns bei der textnahen Analyse repräsentativer Werke testimonial orientierter Narkoprosa – entsprechend ihrer nationalen Verbreitung – vor allem kolumbianischen Werken zu. Während Alonso Salazars *No nacimos pa' semilla* – einem der Gründertexte der kolumbianischen *sicaresca* – schon zu Beginn der 1990er Jahre veröffentlicht wurde, erschienen Gustavo Álvarez Gardeazábals *Comandante Paraíso* und Arturo Álapes *Sangre Ajena* erst ein Jahrzehnt später. Dennoch erzählen sie allesamt von den 1980er und dem Beginn der 1990er Jahre und damit einer Periode kolumbianischer Geschichte, die mit dem in dieser Zeit maßgeblich durch das Medellín-Kartell entfachten Drogenterror den kolumbianischen Staat in seine bis dato tiefste Krise und das Leben in Kolumbien zu einer *ciudadania del miedo* hat werden lassen.[24] Eine Ausnahme stellt der erste Teil von Élmer Mendozas *Cada respiro que tomas* (*La parte de Chuy Salcido*) als dem einzigen mexikanischen Vertreter testimonial orientierter Narkoprosa dar, der in dieser Arbeit berücksichtigt wird.

Mit der Analyse von *La parte de Chuy Salcido* und *No nacimos pa' semilla* begeben wir uns an den Beginn der testimonial orientierten, literarischen Befassung mit dem Drogenhandel in Lateinamerika. Die Werke sind nicht nur aufgrund ihres testimonialen Formats, sondern auch ihrer Reichweite und Veröffentlichungsgeschichte repräsentativ für die erste Phase der Narkoprosa: Bis Mitte der 1990er Jahre wurden die meisten Werke (73 %) in der Erstauflage von kleinen, oft regionalen Verlagen, staatlichen Einrichtungen der Kulturförderung oder einzelnen mittelständischen Verlagen publiziert. Das gilt auch für *Cada respiro que tomas*, das 1991 in Sinaloa in geringer Auflage erschien.[25] Es gibt nur wenige Exemplare dieses Werkes und es liegen kaum Interpretationen vor, wenngleich einzelne Kritiker dessen literarischen und kulturkritischen Wert be-

---

[23] Carlos Monsiváis: *Viento rojo. Diez historias del narco en México*; Sergio González Rodríguez: *Huesos en el desierto*; Víctor Ronquillo: *Las muertas de Juárez*. México: Planeta 1999. In dieser Arbeit werden davon folgende Werke näher berücksichtigt: Víctor Hugo Rascón Bandas *Contrabando*; Élmer Mendoza *Cada respiro que tomas*; *Huesos en el desierto* von Sergio González Rodríguez und *La parte de los crímenes* von Roberto Bolaño.
[24] Den Begriff prägte, wie erwähnt, Susana Rotker: *Ciudadanías del miedo*.
[25] Élmer Mendoza: *Cada respiro que tomas*.

tonten.²⁶ Ein Jahr zuvor, 1990, wurde Alonso Salazars *No nacimos pa' sermilla* von einem kleinen Verlag regionaler Reichweite (CINEP) in Medellín herausgebracht.²⁷ Im Unterschied zu Mendozas *Cada respiro que tomas* erreichte *No nacimos pa' semilla* einen hohen Bekanntheitsgrad und wurde in mehrere Sprachen, u. a. ins Deutsche unter dem Titel *Totgeboren in Medellín* übersetzt.²⁸

Bei beiden Werken handelt es sich um Debütwerke von Autoren, die es später zu relativ großer Bedeutung und Bekanntheit auf dem Feld der Narkoprosa bringen sollten. Mendoza gilt in Mexiko insbesondere aufgrund seiner später veröffentlichten, zahlreichen Kriminalromane als «Vater» der *narcoliteratura*. Salazars *No nacimos pa' semilla* ist das Debütwerk des kolumbianischen Journalisten, Schriftstellers und späteren Bürgermeisters von Medellín (2008–2011), der mit zwei testimonialen und mehreren chronistischen Werken zu einem der bedeutendsten Autoren, Forscher und Analysten über den Drogenkrieg in Kolumbien avancierte.²⁹ Sein *Pablo Escobar: Auge y caída de un narcotraficante* (2001) wurde zum Drehbuch einer der erfolgreichsten kolumbianischen TV-Serien: *El patrón del Mal* (2012).³⁰

Zunächst werden die beiden Werke im Hinblick auf die im Text inszenierte Rede- und Erzählweise von unmittelbar am Drogenkrieg Beteiligten und Betroffenen analysiert. In *La Parte de Chuy Salcido* wird – in Form eines transkribierten Interviews – die Sprache eines Drogenhändlers des nördlichen Mexikos nahezu unverfälscht in den Rahmen eines literarischen Werkes gestellt. *No nacimos pa' semilla* hingegen kann als ein Beispiel eines narratologisch komplexeren Formates angesehen werden, dessen narrative Kommunikationssituation – nämlich dessen Inszenierung von Figuren und Sprache des *narcomundo* – paradigmatischen Wert für die hier zu beschreibende faktual orientierte Narkoprosa erhält.

---

26 So etwa: Federico Campbell: El narco. In: Federico Campbell (Hg.): *La era de la criminalidad*. México: Fondo de Cultura Económica 2014. Vgl. auch Alberto Fonseca: *Cuando llovió dinero en Macondo*.
27 Alonso Salazar J.: *No nacimos pa' semilla*.
28 Alonso Salazar J.: *Totgeboren in Medellín. Aus dem kolumbianischen Spanisch von Werner Hörtner*. Wuppertal: Hammer 1991.
29 So Alonso Salazar J.: *Drogas y narcotráfico en Colombia*. Bogotá: Planeta 2001; Alonso Salazar J.: *La cola del lagarto. Drogas y narcotráfico en la sociedad colombiana*. Medellín, Colombia: Proyecto Enlace: Corporación Región 1998; Alonso Salazar J./Ana María Jaramillo A.: *Medellín: las subculturas del narcotráfico*. Santafé de Bogotá: CINEP 1992; Alonso Salazar J.: *Drogas y narcotráfico en Colombia*.
30 Alonso Salazar J.: *Pablo Escobar. Auge y caída de un narcotraficante*. Näheres dazu in Kapitel 3.3.2 dieser Arbeit.

Die in den Werken exponierte Rede- und Erzählweise der unmittelbar am Drogenkrieg Beteiligten und Betroffenen geben ferner signifikante Aufschlüsse auf deren Welt- und Selbstwahrnehmung. Diese zu Sprache gewordene Ästhetik im etymologischen Sinne des Wortes erhält darüber hinaus weitergehende poetologische Bedeutung, auch für die stärker fiktionalen Werke: [31] *Sangre Ajena* verfremdet etwa die Sprache und Redeweise jugendlicher Bewohner der Armutsviertel Bogotás und Medellíns, der wir auch in *No nacimos pa' semilla* begegnen, und überführt diese in die Form eines Romans ethnographischer wie literarischer Prägung.

4.2.1 *La parte de Chuy Salcido*: Testimonio eines nordmexikanischen Drogenhändlers

La parte de Chuy Salcido stellt den ersten Teil der Chronik *Cada respiro que tomas* über die Drogenkultur im Bundesstaat Sinaloa dar.[32] Es handelt sich um ein von Élmer Mendoza aufgezeichnetes Interview mit einem Gefängnisinsassen – Jesus (Chuy) Salcido – der zum Zeitpunkt der Aufzeichnung ca. 50 Monate im Gefängnis verbracht hatte. Im Gegensatz zu klassischen Testimonios, die im Interesse der Lesbarkeit des Werkes von den Autoren angepasst und verändert wurden, wird Chuys Monolog nur an wenigen Stellen von im Text abgedruckter Zwischenfragen des Interviewpartners unterbrochen und in 11 Kapitelsequenzen unterteilt. Chuy Salcido berichtet von seiner Kindheit, seiner Jugend und insbesondere seiner kriminellen Karriere als Drogenschmuggler, die er mit 16 Jahren begann und die ihn später ins Gefängnis bringen sollte. Sein Leben ist exemplarisch für viele *narcos*: Die Aussicht auf leicht verdientes Geld sowie familiäre und schulische Probleme trieben ihn im Alter von 16 Jahren in die Arme von Drogenhändlern.

Chuys transkribierter Monolog zeigt stellenweise große Ähnlichkeiten zu Form und Gattung des «Bewusstseinsstroms», mit dem Unterschied, dass hier nicht im Präsens und nicht von gegenwärtig wiedergegebenen Bewusstseinsinhalten erzählt wird. Chuy spricht vielmehr meist im Vergangenheitstempus *pasado* von zurückliegenden Erlebnissen, die er weniger zu erzählen, denn vielmehr verbal – samt Gefühltem und Gesagtem – «nachzuspielen» scheint: Ganze Dialoge werden oftmals in wörtlicher Rede, ohne einleitende *verba dicendi* wie-

---

[31] Das altgriechische Etymon *aísthēsis* bedeutet «Wahrnehmung» und «Empfindung».
[32] Élmer Mendoza: *Cada respiro que tomas*. Der zweite – chronistische – Teil erzählt in Form von sieben kurzen Erzähleinheiten von typischen Begebenheiten und Charakteren der nordmexikanischen Drogenkultur. Näheres dazu in Kapitel 4.3.1 dieser Arbeit.

dergegeben.[33] Ein besonders markantes Beispiel hierfür ist eine Passage, bei der es um Anfahrtsschwierigkeiten mit einem *Pick-up* geht, mit dem Chuy und seine Kollegen Schmuggelware transportierten.

> Ahí le dije al primo de aquél: qué onda compa, bríquele pa' que pilotee esa madre. ¿Qué que qué? Rómpale, compa, ¿sabes manejar? No pos, sí sé compa. ¿Y luego? ¿Por qué no le brinca? ¿Qué dijo aquel hombre, pues?[34]

Leitet Chuy zwar die erste Frage dieses Absatzes durch den Halbsatz «Ahí le dije al primo de aquél» ein, so wird der nachfolgende Dialog allein durch die Interpunktion – v. a. Fragezeichen – voneinander abgesetzt und es bleibt offen, welche Aussage von wem getroffen wurde.

Ferner fallen die stark umgangs- bzw. jugendsprachliche Färbung, sowohl in der Lexik (qué onda compa, pa', pilotear, rómpale, pos) als auch in der Syntax auf: Wir finden eine lakonische, einsilbige Sprache und Wortwiederholungen wie die Epizeuxis «¿Qué que qué?», die auf eine affektive Erregung des Erzählenden schließen lassen. Die Hektik des Momentes und die damit verbundene Angst und Nervosität, gefasst zu werden, zumal als das Auto nicht gleich anfährt, finden gewissermaßen ihren Niederschlag in der einsilbigen Sprache und unverbunden aneinander gereihter Dialoge. Darin entdecken wir ein erstes Merkmal dieser Erzählweise Chuys, die – wie die poetische Sprache – Tendenzen zur Ikonisierung aufweist.[35] Der Signifikant, also die sprachliche Form – Chuys Redeweise (Lexik und Syntax) einschließlich ihrer Transkription durch Mendoza – wird gewissermaßen zum ikonischen Zeichen seines affektiven Zustands, während er sich an das Erlebte erinnert.

Chuy dient die Sprache also nicht nur dazu, im eigentlichen Sinne von Vergangenem zu erzählen, also für bestimmte Emotionen passende Worte zu fin-

---

[33] Ein solcher Stil erinnert an den für Élmer Mendoza in seinen späteren Romanen charakteristischen Stil, der, wie in diesem Textausschnitt Dialoge unverbunden, also ohne redeeinleitende Verben, zum Teil sogar ohne Satzzeichen oder Redemarkierungen in den Erzähltext einbindet, sodass die Dialoge nur durch den Situationskontext zuordenbar sind. So etwa in Élmer Mendoza: *Balas de plata*.
[34] Élmer Mendoza: *Cada respiro que tomas*, S. 24.
[35] Der Begriff der Ikonisierung geht auf Charles S. Peirce semantische Zeichentheorie zurück, welche unterschiedliche Zeichentypen (icon, index, symbol) kennt. Thomas Klinkert verwendet diesen Begriff in Anlehnung an Peirce für die Beschreibung eines grundlegenden Verfahrens poetischer Texte. Eine Ikonisierung liegt demnach dann vor, wenn der Signifikant «zum ikonischen Zeichen des Signifikats» wird: «Ausdrucks- und Inhaltsseite sind kookkurrent (analog), so daß die im Prinzip arbiträren Sprachzeichen durch ihre Kombination auf der Ebene der Sekundärstrukturen zu motivierten Zeichen gemacht werden.» Thomas Klinkert: *Einführung in die französische Literaturwissenschaft*. Berlin: Schmidt 2004, S. 210.

den und Situationen verbal zu umschreiben. Vielmehr dient ihm die Sprache auch – und vor allem – dazu, die Erinnerung, das Vergangene – samt des affektiven Zustands, der, so zumindest seiner Erinnerung nach, im Auto herrschte (Hektik, Nervosität etc.) – möglichst situationsgetreu wieder aufleben zu lassen, man könnte auch sagen: seine Erinnerung möglichst ungefiltert zum Ausdruck zu bringen.

Als weiteres Analysebeispiel dient hier eine von Chuy erzählte Anekdote, bei der dieser als 16-Jähriger, in der Rolle eines Anführers einer kleineren Gruppe, für den Transport von Marihuana innerhalb des nordmexikanischen Bundesstaates Baja California verantwortlich war.

> Salimos. En chinga. Me tocó llevar esta mota hasta allá. Ir cuidando a 2,4,6 burreros cabrones. Puro pinche chacalón malandrín y yo morral todavía, con mis pinches 16 años; pero, pos qué, me hacían los mandados los batos. Iba sobres, iba sobres, atento a que nadie se quisiera pasar de listo. Por allá llegamos a un pinche pueblo que se llama Coahuila, allá en Baja California. Ahí debíamos descargar. Era de noche cuando nos arrimamos a un pinche caserón de poca madre con un jardín de aquéllas, grandote, bonito, con árboles grandes, flores y eso. Ahí teníamos que descargar. Estaba la pinche judicial esperándonos y nosotros más choridos que, pero no pa' chingarnos, sino pa'yudarnos a llevar la merca pa'l cantón. Bien a toda madre, carnal; con esos pinches enemigos pa' qué carajos quieres amigos.[36]

Auch hier ist die Redeweise stark von der nordmexikanischen Umgangssprache und einer emotionalen Ausdrucksweise geprägt. Es herrscht ein paratatktischer und elliptischer Stil mit emphatisch-vulgärer Sprachverwendung vor,[37] wie sich an den mexikanischen Kraftausdrücken wie *chinga, cabrones, pinche* (6), *poca madre/toda madre, carnal, bato, morral*, den Interjektionen *pos, pa', carajos* sowie weiteren Ausdrücken des Narkojargons (*mota, burreros, chacalón, merca* etc.) ablesen lässt. Wieder drängt sich der Eindruck auf, dass man einen unvermittelten Ausschnitt seiner zu Sprache geronnenen Erinnerungen liest, die sich als eine Reihe von Handlungssequenzen, Bildern, Dialogen und Emotionen begreifen lassen. Letztere manifestiert Chuy mittelst derber Ausdrücke des Fluchens und emphatisch gebrauchter Adjektive und Adverbien, wie die *Accumulatio* mexikanischer Schimpfwörter «pinche chacalón malandrín», mit denen er die Schmuggler, die er im Schlepptau hatte, bezeichnet. Ferner indiziert die elliptische und paratatktische Sprache Chuys emotionale Erregung.

Chuys Darstellung des Erlebten zeichnet sich überdies dadurch aus, dass er tendenziell davon absieht, das ihm Widerfahrene über eine gut- oder schlech-

---

36 Élmer Mendoza: *Cada respiro que tomas*, S. 16–17.
37 Etwa: «Salimos. En Chinga. Me tocó llevar esta mota hasta allá.» und «Ir cuidando a 2,4,6, burreros cabrones.»

theißende Darstellung hinaus zu bewerten, wie am Beispiel der von ihm erzählten Anekdote ersichtlich wird, über die er sich abschließend mit den Worten «Bien a toda madre» äußert. Angesprochen ist damit die Komplizenschaft des mexikanischen Staates – hier in Gestalt sogenannter *judiciales* –, die die Gruppe um Chuy bei ihrer Ankunft am Zielort empfangen. Doch nicht wie erwartet, um Chuy und seine Helfershelfer festzunehmen, sondern damit sie die Ware sicher ins Quartier verfrachten.[38] Nicht ohne einen Anflug an Ironie endet Chuy seine Anekdote mit einer rhetorischen Frage, in der er «Feind» und «Freund» antithetisch gegenüberstellt, um einen solchen Gegensatz zugleich zu nivellieren: «con esos pinches enemigos pa' qué carajos quieres amigos» («bei diesen verflixten Feinden, warum, verdammt, willst du Freunde»). Damit entlarvt Chuy die Absurdität des mexikanischen Rechtssystems, indem sich auch mal die «Feinde», der mexikanische Staat, als «Freunde» entpuppen können. Anstatt Situationen durch bestimmte und psychologisch eindeutig besetzte Begriffe wie Angst, Freude, Schuld oder Reue eine spezifische Bedeutung zu geben oder politische oder moralisch-ethische Bewertungen durch Begriffe wie Ungerechtigkeit, Straflosigkeit oder Heuchelei vorzunehmen, beschreibt er die Umstände detailgetreu und anschaulich und bewertet sie vorbewusst-affektiv durch eine parataktisch elliptische Erzählweise sowie Zustimmung, Ablehnung oder eine gewisse, abgeklärte Situationsironie. Dabei ist nicht unbedeutend, dass Interjektionen und Adjektive bzw. Adverbien wie «a toda madre», «carajo» und «pinche» im mexikanischen Umgangsspanisch nicht nur austauschbar verwendet werden, sondern sich sowohl auf bejahende wie ablehnende Emotionen beziehen und damit den affekthaften und weniger wertenden Charakter unterstreichen.[39]

Das Ausklammern, möglicherweise auch die Unfähigkeit oder Ablehnung einer moralischen Bewertung seines Verhaltens oder der eigenen Lebensumstände, spricht Chuy gleich zu Beginn seines Berichtes an, wenn er ausführt:

> Pues les voy a contar algunas, se pueden nombrar historietas, anécdotas, en fin, una parte de mi vida ... no sé cómo calificarla; lo que sí sé es que la estoy viviendo y que tengo mucho por delante.[40]

Chuy redet hier seine Zuhörerschaft an («les voy a contar»), in deren realer oder imaginärer Anwesenheit er spricht und an die er – eventuell ihre mögliche Bewertung antizipierend – appelliert: «no sé cómo calificarla». Sein fehlendes

---

38 Es heißt: «pero no pa' chingarnos, sino pa'yudarnos a llevar la merca pa'l cantón.»
39 Darin bestehen Ähnlichkeiten zu dem von Herlinghaus beschriebenen Konzept des parataktischen Dramas, als einer bedeutsamen Figur nüchterner Ästhetik auf dem Feld der Narkonarrationen. Näheres hierzu in Kapitel 1.3.2 dieser Arbeit.
40 Élmer Mendoza: *Cada respiro que tomas*, S. 11.

Vermögen, das Vergangene zu bewerten, verbindet er sodann mit seinem Bekenntnis, dass das Einzige, was er wisse, sei, dass er lebe und er viel vorhabe: «lo que sí sé es que la estoy viviendo y que tengo mucho por delante.» Das ist alles. Der Rest scheint Schicksal zu sein, wie Chuy gleich zu Beginn seines Monologs andeutet:

> Estoy en un lugar que ni al peor enemigo se lo deseo. Estoy aquí por causas del destino. Estamos aquí por causas del destino. Unos culpables, otros inocentes; al fin y al cabo estamos aquí.[41]

Chuy beginnt sein Testimonio mit diesen sehr ausdrucksstarken Sätzen, die – nicht ohne Pathos – seinen Gemütszustand und seine Haltung zu seinem Leben im Gefängnis wiedergeben. Eine Betrachtung der semantischen Merkmale dieser Anfangssätze – der Isotopien – zeigt, dass wir es mit einer wirksamen, nämlich dominanten Isotopie zu tun haben, die die weitergehende Bedeutung dieses Incipit beherrscht und alle weiteren Oppositionen aufhebt: «estar aquí» («hier sein»).[42] Dies zeigt sich in der dreifachen Rekurrenz dieser – in der ersten Person Singular und Plural zwei Mal vorkommenden – Wortkombination sowie einer weiteren Variante des Lexems «estar» im ersten Satz der Textstelle, die im Kern synonymisch zu «estar aquí» verwendet wird: «Estoy en un lugar». «Estar aquí» wird ferner kausal mit dem zweifach gebrauchten Nomen «Schicksal» zusammengeführt: «estoy aquí por causas del destino». Gewissermaßen rahmen das mehrfach wiederholte Sem «estar» in Zusammenhang mit dem Adverb «aquí» das «Schicksal» semantisch ein und verhelfen ihm so zu seiner spezifischen Bedeutung. Dabei ist nicht unbedeutend, dass «estamos aquí» – als Epipher – das letzte Wort in diesem Abschnitt hat. Das «hier sein», also «im Gefängnis sein» nimmt Chuy folgerichtig als etwas Schicksalhaftes wahr.

Ein solches Schicksal, so erfährt man weiter, treffe den Einzelnen unabhängig von seiner möglichen Schuld für vergangene Taten und für sein Leben, was sich darin ausdrückt, dass die durch den Parallelismus verstärkte Opposition schuldig-unschuldig («unos culpables, otros inocentes») aufgehoben, ja zurückgedrängt und nivelliert wird. Hinter dem «bloßen Dasein» im Gefängnis verblasst alles andere, allen voran die Fragen der Schuld und «Schuldhaftigkeit», aber auch der Freund-Feind-Gegensatz, auf den der erste Satz abhebt, wenn es heißt, dass Chuy diesen Ort nicht einmal seinem schlimmsten Feind wünsche: «Estoy en un lugar que ni al peor enemigo se lo deseo».

---

41 Ebda., S. 11.
42 Im Sinne von Algirdas Greimas: *Sémantique structurale. Recherche de méthode*. Paris: Larousse 1966.

Unterschiedliche Formen und Muster der Wiederholung entlarven sich so als tautologische Varianten ein und derselben Aussage, die – konkludierend und unterstreichend – die Satzfolge beschließt: «estamos aqui». Die zwei Worte bringen Chuys Grundhaltung zum Leben zum Ausdruck. Es scheint, als ob er sich diese zu einer Art Lebensmotto gemacht hat, indem er geradezu mantrisch die Verantwortung für seinen zum Zeitpunkt der Aufnahme bereits 50-monatigen Aufenthalt im Gefängnis einer unbestimmten Größe außerhalb seines Selbst zuschiebt: dem Schicksal in Form eines bloßen, nicht weiter zu befragenden «Hierseins».[43]

Gleichzeitig geben die Figuren der Wortwiederholung der Dauer und Eintönigkeit des Aufenthaltes einen verbalen Widerhall. Auch hier können wir von einer Tendenz zur Ikonisierung der Rede sprechen, werden doch die unterschiedlichen Formen der *Repetitio* gewissermaßen als ikonische Zeichen für die Monotonie im Gefängnis verwendet.

Das Schicksal und seine Bedeutung als Erklärungsmuster für Chuys Sicht auf sein Leben und die Lebensumstände taucht zu einem späteren Zeitpunkt in der Erzählung wieder auf. Am Schluss des 10. Kapitels liest man von einem missglückten Überfall, in den der noch jugendliche Chuy hineingezogen wurde. Dabei wurde sein Auto, ein *Pick-Up*, verwendet, weshalb er sich aus Angst vor einem Racheakt des überfallenen Drogenhändlers gezwungen sah, zu fliehen und das Auto in einem Nachbardorf zu übermalen und anschließend zu verkaufen. Chuy fuhr in der Folgezeit noch oft an dem Dorf vorbei und erinnerte sich jedes Mal an den Vorfall. In der narrativen Geste einer «Quintessenz» oder «Moral» schließt er seine Erzählung mit den Worten:

> y cada que pasaba me acordaba; pero nomás, son cosas del destino. Lo que pasó pasó, chingue a su madre; él que se salvó se salvó, y el qué no, pues, pasó a mejor vida, como dicen.[44]

Das Schicksal soll ihn also entlasten, um eine Erklärung und Bewertung seines Verhaltens und des Geschehenen zu vermeiden, ja eine solche strikt abzuwehren. Denn man erfährt, dass er sich jedes Mal, wenn er an dem Ort vorbeifuhr, an die Flucht und den Verkauf seines Autos erinnerte: «y cada que pasaba me acordaba» Auf die Erinnerung folgt – abrupt – die emphatisch gebrauchte Konjunktion «pero», die eine Abwendung von der Erinnerung und eine Hinwendung zu einer Haltung zum Ausdruck bringt, die Chuy sich zu eigen gemacht hat: die Verantwortung für das Geschehene an das «Schicksal» abzuschieben: «pero nomás, son cosas del destino».

---

43 Vgl. Élmer Mendoza: *Cada respiro que tomas*, S. 11.
44 Ebda., S. 37.

Statt also die Verantwortung für das Vergangene auf sich zunehmen, gar Reue zu empfinden, oder bei einem anderen oder einer überirdischen Instanz, wie Gott, die Begründung dafür zu suchen, entscheidet sich Chuy dafür, das Vergangene als bloßes Geschehen, als ein einfaches Passieren zu deuten: «Lo que pasó pasó, chingue a su madre.» Die Verbindung der Geminatio pasó pasó mit dem im mexikanischen Umgangsspanisch feststehenden Kraftausdruck «chingue a su madre», der dem englischen «fuck you» sehr nahekommt, legen nahe, Chuys Lebenshaltung weniger als «Schicksalsergebenheit», denn als eine bewusste Entscheidung zu interpretieren. «Lo que pasó pasó, chingue a su madre» gewinnt insofern Bedeutung und Funktion eines performativen Sprechaktes, der das, was er benennt, auch hervorruft.[45] Die Textstelle bringt eine Form des Widerstandes gegen jegliche davon abweichende Formen der Erklärung und Sinndeutung seines Lebens zum Ausdruck, so als wolle er sagen: «Ya basta!» – «Schluss jetzt, ihr könnt mich alle mal, es gibt keine andere Möglichkeit hier zu überleben, als die Dinge so zu nehmen, wie sie nun einmal sind!» Die Erinnerung ist damit der bloße Nachvollzug des Passiert-Seins.

Diese Art, das Leben zu deuten, zeigt sich auch in dem darauffolgenden Satz, wenn Chuy in einem weiteren Parallelismus («él que se salvó, salvó») lapidar feststellt: «Der, der sich gerettet hat, hat sich gerettet.» Erneut bringt die Geminatio (salvó, salvó) eine Form des rhetorischen Zirkelschlusses zum Ausdruck, der ein weiteres Mal eine resolute Absage an jegliche Form der Erklärung oder Begründung des eigenen Verhaltens erteilt. Chuy führt die Möglichkeit, ungeschoren aus den von ihm erlebten Situationen herauszukommen («sich zu retten»), nicht auf die persönliche Geschicklichkeit oder Professionalität des Einzelnen zurück, sondern begreift das Leben als etwas jenseits von Kausalität und Verantwortung. Man rettet sich, oder man rettet sich nicht, so, als ob man über ein Minenfeld läuft und es vollkommen willkürlich erscheint, ob man dabei auf eine Mine tritt und stirbt oder sich rettet und weiterlebt. Dabei wird der Tod, der einem im schlimmsten Fall droht, euphemistisch als «das bessere Leben» bezeichnet, eine gängige Periphrase des Spanischen, die einmal mehr eine Form abgeklärten Zynismus darstellt. Das Ganze verbindet Chuy überdies mit gängigen Vorstellungen aus dem Volk, so als wäre seine Lebensphilosophie Allgemeingut, wie in der Wendung «como dicen» zum Ausdruck kommt.

Als bisheriges Resümee gilt es festzuhalten, dass man in *La Parte de Chuy Salcido* eine tendenziell ikonisierende Erzählweise und Funktion der Rede er-

---

45 «Eine performative Handlung ist eine solche, die das, was sie benennt, hervorruft oder in Szene setzt und so die konstitutive oder produktive Macht der Rede unterstreicht.» Judith Butler: Für ein sorgfältiges Leben. In: Seyla Benhabib (Hg.): *Der Streit um Differenz. Feminismus und Postmoderne in der Gegenwart*. Frankfurt am Main: Fischer 1993, S. 123–24.

kennen kann, welche das konkret Erlebte möglichst nah an den Erinnerungsbildern als ein Sich-Zeigendes (Phänomen) darstellt und dabei sämtliche Kategorien der menschlichen Bewertung und Begründung des Daseins zurückdrängt, die nach Grund, Sinn oder Verantwortlichkeit für das eigene Leben fragen. Insoweit besteht eine gewisse Nähe zur Phänomenologie.[46] Darüber hinaus lässt sich eine performative Funktion dieser Rede feststellen, dient Chuy doch die schicksalhafte Fremdbestimmtheit des eigenen Lebens dazu, mit seinem Dasein im Gefängnis zurecht zu kommen und seine Lebensumstände und die Vergangenheit als bloße *res gestae*, als einfaches «Passieren», anzunehmen.

4.2.2 *No nacimos pa' semilla*: Ein vielstimmiges Testimonio über das *sicariato* in Medellín

Das Werk *No nacimos pa' semilla* von Alonso Salazar ist das Ergebnis eingehender Recherchen und aufgezeichneter Interviews mit in den *barrios populares* Medellíns Ende der 1980er Jahre lebenden Menschen, darunter viele jugendliche Auftragsmörder. Diese überführt Salazar in ein testimoniales Format mit sechs Kapiteln, die unterschiedliche Personen der Armutsviertel zu Wort kommen lassen, deren gemeinsamer Bezugspunkt der hier waltende Bandenkrieg ist: Dazu gehören jugendliche Auftragsmörder sowie deren Mütter und andere Angehörige, ferner Mitglieder von nachbarschaftlichen Bürgerwehren. Den Paratexten des Buches – allen voran dem Prolog – entnehmen wir, dass Salazar eine repräsentative, testimoniale Darstellung suchte, die, unter Wahrung der Verständlichkeit des Textes, sich weitest möglich an der Sprache der interviewten Personen orientiert:

> Este trabajo presenta la voz propia de algunos de los protagonistas de la violencia que hoy padecemos. Los relatos fueron elaborados teniendo como base una serie de entrevistas realizadas en el año 1989 e inicios de 1990. Del total de entrevistas realizadas en la investigación, seleccionamos las que creimos más representativas. Hemos tratado de conservar el estilo y el lenguaje de las narraciones originales. Solo organizamos los relatos buscando cierta coherencia y fluidez que facilitan la lectura y la comprensión. Los nombres, los lugares y algunas circunstancias se han cambiado por razones obvias.[47]

---

46 An dieser Stelle wird diesbezüglich nur auf den auf Edmund Husserl zurückgehenden phänomenologischen Phänomen-Begriff verwiesen, welchen das Historische Wörterbuch der Philosophie von Ritter als «eine vorurteilslose Beschreibung der Phänomene als unmittelbar und absolut Gegebenes ebenso wie die Ablehnung einer dahinter verborgenen, unzugänglichen Welt der Dinge an sich» beschreibt. Joachim Ritter/Karlfried Gründer u. a.: Phänomen. In: *Historisches Wörterbuch der Philosophie, Band 2*. Lizenzausg. ed. Darmstadt: Wiss. Buchges. 2007, S. 478.
47 Alonso Salazar J.: *No nacimos pa' semilla*, S. 18.

Im Gegensatz zu der transkribierten Form, der man in *La parte de Chuy Salcido* begegnet, zeigt das vorliegende Werk nicht nur eine Anordnung, sondern auch eine Form der Umschreibung der Interviews, bei gleichzeitiger Wahrung markanter sprachlicher Eigenheiten.

4.2.2.1 Eine testimoniale Erzählsituation

Als Beispiel einer eher stärkeren Fiktionalisierung und poetischen Darstellung der Erfahrungen der jugendlichen Auftragsmörder kann das Incipit des Werkes angeführt werden, das von einem nächtlichen Initiationsritual zur Aufnahme in eine der Jugendbanden Medellíns erzählt.

> Sobre la luna redonda se dibuja la silueta de un gato sin cabeza que cuelga amarrado de las patas. En el piso, en una ponchera, se ha recogido la sangre. Ahora caen solo gotas de manera intermitente y pausada. Cada gota forma al caer pequeñas olas que se crecen hasta formar un mar tormentoso. Olas que se agitan al ritmo del rock pesado que se escucha a todo volumen. A un lado está la cabeza, que todavía mira con sus ojos verdes y luminosos. Quince personas participan silenciosas del ritual. Al fondo está la ciudad.[48]

Der Text beginnt mit einer eindrucksvollen, poetischen Passage, die – in interner Fokalisierung – aus der Perspektive eines Bandenmitglieds erzählt wird, was allerdings erst zwei Absätze später erkennbar wird. Erst dann erfährt der Leser, dass diese Eingangspassage die im Delirium aufflammende Erinnerung des auf dem Totenbett liegenden Toño in Worte fasst: «Al recuerdo de Toño vienen disparadas las imágenes de su ritual de iniciación en una de las bandas juveniles, allá en un barrio alto de la comuna nororiental.»[49] Der Passus taucht den Leser in die Erinnerungsbilder des Auftragsmörders, denen der Text damit das Privileg des Textanfangs belässt. Auf die interne Fokalisierung folgt sodann – nachgeordnet – die Stimme eines allwissenden Erzählers, der das Gelesene einordnet und festhält, dass Toño sich im *pabellón* San Rafael des Krankenhauses San Vicente de Paúl befindet und von dessen Innenleben dieser soviel wie Toño zu wissen scheint, wenn es heißt:

> A sus viente años Toño ha frentiado muchas veces la muerte, pero nunca la había sentido tan cerca. Sabe, aunque no lo diga, que ésta es su final.[50]

No nacimos pa' semilla wird an Stellen wie diesen heterodiegetisch, nämlich mittels eines an den einzelnen, in Ich-Form erzählten Anekdoten unbeteiligten Erzählers erzählt, der – als der Interpret und auswertende Ethnograph der Inter-

---

48 Ebda. S. 23.
49 Vgl. ebda. S. 24.
50 Ebda.

views – sich stellenweise als allwissend gibt. In der Regel beschränkt er sich allerdings darauf, Überleitungen und Hinführungen zu den einzelnen testimonialen Fragmenten zu machen. Die testimonialen Binnenerzählungen weisen sodann allesamt eine autodiegetische Erzählsituation auf: die Ich-Erzähler sind gleichzeitig die Protagonisten der von ihnen erzählten Anekdoten und Erinnerungen.

Diese Erzählsituation, die ihrem Grundprinzip nach in sämtlichen Werken faktual orientierter Narkoprosa zu finden ist, könnte man auch als eine Form der Doppelung der dem Werk vorgängigen Erfahrungen des Autors interpretieren: in *No nacimos pa' semilla* wäre dies die Begegnung mit den Bewohnern der *barrios populares* Medellíns, die der Kommunikationswissenschaftler analysierte und in einen testimonialen Text überführte, dessen Anliegen es u. a. ist, den Armutsviertelbewohnern eine Stimme zu geben. Eine Analyse und Interpretation – und damit eine Bewertung dieser Welt – erfolgt erst in einem abschließenden, gesonderten Kapitel.[51]

Indem Salazar aus einer Vielzahl an testimonialen Fragmenten der Bewohner der *barrios populares* – darunter Bandenmitglieder und deren Mütter – ein heterogenes Textganzes formt, entsteht eine besondere Ausprägung der testimonialen Fiktion. Denn es findet eine Form der Zusammenführung sich angleichender und doch divergierender Erzählungen statt, welche eine mögliche – polyphone – Version der Wahrnehmung der Bewohner der *barrios populares* Medellíns schafft. In diesem polyphonen Testimonio wird die «Bedeutungsgebung» nur an wenigen Stellen einer Erzählerinstanz überlassen, welche über ein «Mehr an Wissen»[52] gegenüber der Figurenrede verfügt.[53] Es findet eine Form der Kreuzung unterschiedlicher Stimmen statt, welche zusammengenommen «die Bedeutung» dessen schaffen, was wir als eine mögliche Realität der *barrios populares* im Medellín Ende der 1980er Jahre begreifen können.

Salazars polyphone, zugleich ethnographische wie literarische Annäherung an die Welt der Armutsviertel wirkt so zumindest teilweise dem Dilemma des klassischen Testimonios entgegen, dessen Problematik in der monologischen Form begründet liegt. Denn das klassische Testimonio suggeriert gewissermaßen eine Form der – aus der Perspektive eines Subalternen erzählten – Auto-Biographie, wenngleich diese von dem editierenden Schriftsteller meist nicht nur in eine lineare Erzählstruktur gebracht, sondern auch sprachlich verändert wurde. Monika Walter spricht zutreffend von einem doppelstimmigen testimo-

---

51 VI. La Resurrección De Desquite, ebda., S. 183–211.
52 Michail M. Bachtin: *Probleme der Poetik Dostoevskijs*. München: Hanser 1971, S. 80.
53 Wie beispielsweise in Form des erklärenden Einschubs des Erzählers nach der Darstellung des Eingangsrituals, vgl. Alonso Salazar J.: *No nacimos pa' semilla*, S. 24.

nialen «Ich» und weist auf die Gefahr einer subtilen, weil «solidarisch formulierten Form der kulturellen Vereinnahmung»[54] hin.

Dahinter verbirgt sich ein spezifisch ethisch-politisches Interesse, wie es Camilo Borrero im Prolog der ersten Ausgabe anspricht, der das vorliegende Werk dezidiert von stereotypisierenden Darstellungen des *sicariato* abgrenzt. Innerhalb der kolumbianischen Gesellschaft der 1980er Jahre herrschte – so Borrero – ein klar umrissenes Bild eines «Auftragsmörders» vor: man sprach «von dem auf dem Motorrad» und stellte sich ein elegantes, anonymes Wesens vor, das Millionenverträge annahm und nach vollzogener Arbeit diskret von der Bildfläche verschwand: eine Art «kreolischer Rambo», eine kalte und unsensible Todesmaschine.[55] Überdies wurden die *sicarios* als funktionale Anhänge der sogenannten Drogenkartelle wahrgenommen.[56]

Das änderte sich, als die Auftragsmörder zu reden begannen, wie es heißt, und die Wahrnehmung sich veränderte: Der Fokus wurde nun auf die Situation der Armut und darauf gelegt, dass die Berufsmörder noch Kinder waren. Es breitete sich ein Gefühl kollektiver Schuld aus, alle meinten das Phänomen zu verstehen, die Täter wurden gewissermaßen zu Opfern. Nicht wenige blickten nun auf die «Kinderauftragsmörder» mit einer gewissen Empathie oder zumindest einer gewissen Bewunderung.[57] Insofern stellt *No nacimos pa' semilla* auch eine Art Gegenreaktion auf diese Formen der Stereotypisierung und medialen Vereinnahmung des *sicario* dar.

4.2.2.2 Figuratives Erzählen über Gewalt und Tod

Im Folgenden gilt es nun, charakteristische Merkmale der einzelnen Erzählstimmen, also der Redeweise der Protagonisten des Werkes herauszuarbeiten. Eine der zentralen Figuren des Werkes – der Auftragsmörder Toño – beschreibt die Erfahrung seines ersten Mordes wie folgt:

---

54 Monika Walter: *Selbstrepräsentation des Anderen im Testimonio?*, S. 32.
55 In dem von dem Sozialwissenschaftler Camilo Borrero verfassten Prolog zu *No nacimos pa' semilla* heißt es: «Las características personales para ejercer la profesión de sicario que nos vendía en décadas pasadas la televisión eran bien definidas. Se trataba de seres elegantes, anónimos, con mil rostros y contratros millonarios, quienes cumplían el encargo con inmensa sofisticación y desaparecían discretamente de la escena. En buena medida, todos habíamos asumido esta imágen como verdadera cuando la muerte comenzó a ser negocio lucrativo en Colombia. Nos hablaban de «el de la moto» y nos representábamos inmediatamente una especie de rambos criollos, máquinas frías e insensibles de la muerte.» Alonso Salazar J.: *No nacimos pa' semilla*, S. 11.
56 Vgl. ebda.
57 Vgl. ebda., S. 11–12.

> Yo recuerdo mucho la primera vez que me tocó matar. Ya había herido personas pero no había visto los ojos de la muerte. Fue en Copacabana, un pueblo cercano a Medellín. Un día por la mañana estábamos robando en una casafinca y sin saber de dónde se nos apareció el celador. Yo estaba detrás de un muro, a sus espaldas, asomé la cabeza y de puro susto le metí los seis tiros del tambor. El hombre quedó frito de una. Eso fue duro, pa' que le miento, fue muy duro. Estuve quince días que no podía comer porque veía el muerto hasta en la sopa ... pero después fue fácil. Uno aprende a matar sin que eso le moleste el sueño.[58]

Wir begegnen Toño, der zum Zeitpunkt des Interviews auf dem Sterbebett liegt und auf sein Leben zurückblickt. Er erzählt von einer seiner eindrücklichsten Erinnerungen, nämlich davon, wie er seinen ersten Mordauftrag erhielt: «Yo recuerdo mucho la primera vez que me tocó matar.» Die Beschreibung dieses ersten Mordes mag aufgrund der tendenziell lakonischen Erzählweise alltäglich anmuten, nichtsdestotrotz schimmert die Ergriffenheit, ja die Erschütterung durch, die ihn nach dieser Mordtat erfasste, wenn es in der Geste einer emphatischen Repetitio heißt: «Eso fue duro, pa' que le miento, fue muy duro.» Und sodann: «Estuve quince días que no podía comer porque veía el muerto hasta en la sopa ...» Gleich darauf folgt in einer parallelistischen Absetzung von dem zuletzt Gesagten, dass es ihm nach diesem ersten Mord dann hingegen einfach vorkam, jemanden zu töten: «Pero después fue fácil. Uno aprende a matar sin que eso le moleste el sueño.» Denn man lerne zu töten, ohne dass dies den Schlaf störe.

Es fällt überdies eine figurative Sprachverwendung, insbesondere in Bezug auf die Darstellung von Tod und Gewalt auf. Wie auch aus anderen Textstellen des Werkes hervorgeht, verwenden die Bewohner der *barrios populares*, allen voran die *sicarios*, eine große Varietät an anschaulichen, zum Teil euphemistischen Periphrasen, um das Töten und Morden zu umschreiben. Dazu gehört der metaphorische Ausdruck «el hombre quedó frito de una»[59] (der Mann war sofort frittiert) sowie zum Teil standardisierte sprachliche Wendungen wie «tumbar»[60] (umlegen), «encender a plomo»[61] (mit Blei anzünden) und Periphrasen wie: «cargar tierra con el pecho»[62] (Erde auf der Brust tragen), die von einer tendenziell metonymischen Sprachverwendung zeugen: das Abstraktum «Töten» oder «tot sein» wird dabei durch ein Konkretum wie «encender a plomo» (mit Blei anzünden) oder «cargar tierra con el pecho» (Erde auf der Brust tragen) ersetzt.

---

58 Ebda., S. 26.
59 Ebda.
60 Vgl. ebda.
61 Vgl. ebda.
62 Vgl. ebda., S. 27.

In dem oben zitierten Passus wird nicht nur der Mordvorgang in das Gewand einer figurativen Sprache gehüllt, sondern auch der emotionale Umgang mit dem Tod selbst. So liest man gleich im zweiten Satz, dass Toño zwar schon Menschen verletzt, aber niemals in die Augen des Todes («los ojos de la muerte») geblickt habe. Über seinen ersten Mord sagt er sodann, dass ihm danach der Ermordete sogar in der Suppe erschienen sei. Auch hier greift Toño auf ein Konkretum – den Toten in der Suppe – zurück, um damit seinen emotionalen bzw. psychischen Zustand zu beschreiben: wohl eine Form der Paranoia, die dazu führte, dass Toño die Fratze des von ihm getöteten Mannes wie in einem Spiegel im Suppenteller erblickte. Dies könnte eine Angst vor Rache oder auch ein Gefühl der Schuldigkeit anzeigen. Toño gibt darüber keine Auskunft, sondern belässt es – und hier besteht eine Parallele zu Chuys Redeweise – bei der konkreten Beschreibung dieser Folgewirkungen der Mordtat und einer eher affektiven Bewertung der Situation als «muy duro». Nicht anders ergeht es dem auf dem Totenbett liegenden, delirierenden Toño der Jetzt-Zeit. Er klagt darüber, dass er den ganzen Tag in die Fratze des Todes blicke: «Mirando todo el día esa mueca jodida que es la muerte, haciendo señas sin decidirse a arrimar.»[63] Auch Don Rafael, einer der Gründer der Bürgerwehren in den *barrios populares* personifiziert die Gewalt, wenn er schreibt, dass sie ihn von klein an begleitet habe und darin zuverlässiger als eine hässliche Freundin sei.

> La que sí, no me ha corrido y me ha buscado en todas partes es la maldita violencia, esa sí es más cumplida que una novia fea. Desde muy joven me ha tocado vivir con ella.[64]

Salazar, der in dem letzten Analyse-Kapitel von *No nacimos pa' semilla* die Kultur der Jugendbanden zutreffend als eine ausgesprochen «visuelle Kultur» bezeichnet, führt weitere Beispiele einer figurativen Sprachverwendung an, die dem Optischen eine besondere Bedeutung einräumen: «Vivir a lo película», «montar videos», «engordar pupila», «en vivo y en directo», «tomar fotografía».[65]

Wie lässt sich die figurative Sprache und die damit einhergehende Personifizierung abstrakter Größen, allen voran des Todes und der Gewalt interpretieren?

Eine solche Sprache weist zunächst darauf hin, dass diese Phänomene als Akteure mit Handlungsmacht wahrgenommen werden, also als Phänomene, die das Leben der Bewohner dieser Viertel begleiten und ihr Handeln bestimmen. Dies zeigt sich nicht zuletzt darin, dass sie – auf Ebene der Syntax – nicht selten die Rolle von Satzsubjekten einnehmen, wie das oben zitierte Beispiel: «esa sí (la muerte) es más cumplida que una novia fea» anschaulich demonstriert.

---

63 Ebda., S. 55.
64 Ebda., S. 67.
65 Ferner sei ihre Art und Weise sich – modisch – zu kleiden sehr auffällig. Vgl. ebda., S. 200–01.

Einen Hinweis auf die spezifische Bedeutung der Personifizierung von Tod und Gewalt geben die Paratexte des Buches. Bezeichnenderweise beginnt Salazar seinen Prolog mit dem Abstraktum und Satzsubjekt «*la violencia*», von der er schreibt, dass sie ein Teil der Realität in Medellín sei.

> La violencia es una parte de la realidad de Medellín. Vivimos en una ciudad en guerra. Una guerra donde intervienen muchos poderes y donde los protagonistas son los jóvenes. Ellos son los que matan y mueren. Ejecutantes de un libreto escrito por otras manos e inspirado en el sentido trágico que sigue marcando nuestra historia.[66]

Es ist somit die Gewalt als eine für sich stehende Größe, die das erste Wort des Buches erhält, wenn es heißt, dass sie ein Teil der Realität in Medellín ist. Die erst im zweiten Satz erwähnten Protagonisten des Buches, die Jugendlichen der *barrios populares* Medellíns, werden sodann nur als die Ausführenden eines tragischen, von anderen Händen geschrieben Librettos bezeichnet. Der Text bleibt einem eine Antwort über deren «Autoren» schuldig, sodass der «Gewalt an sich» die Rolle einer das Leben dieser Menschen prägenden «Intentionalität» zufällt.

Hinter dem Begriff der *violencia* verbirgt sich Salazar zufolge eine Wahrnehmung des *sicariato* und der damit zusammenhängenden Gewalt, welche diese im Kern als ein soziales und kulturelles Phänomen begreift.[67] Eine solche «Kultur der Gewalt» gehe nicht allein auf den Drogenhandel zurück.[68] Sie gehöre vielmehr zum kolumbianischen Alltag dazu. Sie sei auf die gewachsene Tradition einer an die Gewalt gewöhnten Gesellschaft und im Fall des *sicariato* überdies auf eine Lebensweise zurückzuführen, die in hohem Maße emblematisch für unsere heutige Zeit, die kapitalistische Konsumgesellschaft, sei. Für den *sicario*, der das Töten nicht in den Dienst einer Ideologie oder «höheren Macht» stelle, sondern der vom Töten lebe und stets mit dem eigenen Tod rechnen müsse, seien der Tod und die Gewalt eine Ware und eine Alltäglichkeit.[69] Kennzeichen dieser Kultur sei, dass in ihr allein für den Moment gelebt werde und Leben und Tod austauschbar seien. Unsere Kultur und ephemere Lebens-

---

[66] Dies trifft sich auch mit der weitergehenden Bedeutung des Begriffs «*la violencia*», mit dem auch der in Kolumbien von 1948 bis 1957 andauernde Bürgerkrieg bezeichnet wird, der nach der Ermordung des linksliberalen Präsidentschaftskandidaten Jorge Eliécer Gaitán im April 1948 ausbrach und in dem ca. 25.000 Menschen umkamen.
[67] Vgl. hierzu auch die deutsche Übersetzung: Alonso Salazar J: *Totgeboren in Medellín. Aus dem kolumbianischen Spanisch von Werner Hörtner*, S. 140.
[68] Vgl. Alonso Salazar J.: *No nacimos pa' semilla*, S. 192.
[69] «El sicario lleva la sociedad de consumo al extremo: convierte la vida, la propia y la de las víctimas, en objetos de transacción económica, en objetos desechables. [...] Es normal matar y morir.» Ebda. S. 200. Siehe dazu auch S. 186–87.

weise stoße mit der Figur des «sicario suicida»[70] gewissermaßen an ihre Grenzen.[71]

Die zuweilen zynisch anmutenden periphrastischen Ausdrücke und Personifizierung von Tod und Gewalt wie «quedó frito» lassen sich – wie es hinzuzufügen gilt – insoweit auch als sprachliche Umgangsformen interpretieren, die – und darin besteht die performative Komponente dieser figurativen Sprache – auf einer Form der Notwendigkeit der Sprecher regieren, eine an sich unerträgliche Realität erträglicher zu machen. Dies lässt sich etwa damit begründen, dass – wie die oben zitierte Textstelle über den ersten Mord Toños nahelegt («pero después fue fácil, uno aprende a matar») –, eine Art Lern- und Entwicklungsprozesses im Umgang mit Tod und Gewalt stattfindet, bei dem die Sprache eine nicht unbedeutende Rolle spielt. Insofern liegt es nicht fern, diese als eine spezifische Form der «Überlebensstrategie» der Jugendlichen zu begreifen, welche – so wie für Chuy Salcido der Begriff des Schicksals – einen «erträglicheren» Umgang mit Mord, Tod und Gewalt ermöglicht, suggeriert eine solche Sprachverwendung doch Spiel und Leichtigkeit. Dazu gehört, wie sich argumentieren ließe, nicht zuletzt die Aneignung eines spezifischen Vokabulars, ja, einer spezifischen Redeweise, die zusammengenommen eine Form der Mythologie im Sinne Lévi-Strauss' bzw. eine «community of praxis»[72] formt, die dazu beiträgt, diese Lebensform aufrecht zu erhalten.

4.2.3 *Sangre Ajena*: ein Meta-Testimonio über das *sicariato* in Kolumbien

Auf eine mögliche weitere Bedeutung der figurativen Sprache verweist das Werk *Sangre Ajena* von Arturo Álape, ein Roman, der – in noch stärkerem Maße

---

70 Ebda., S. 186.
71 Salazar schreibt hierzu: «El sicario ha incorporado el sentido efímero del tiempo propio de nuestra época. La vida es el instante. Ni el pasado ni el futuro existen. Este hecho lleva a una valoración distinta de la vida y de la muerte: «Vive la vida hoy, aunque mañana te mueras», ebda., S. 200.
72 Begriff und Konzept der *community of practice* stammen aus der empirischen Sozialforschung und wurden maßgeblich von Étienne Wenger und Jean Lave geprägt. Jean Lave/Etienne Wenger: *Situated learning: legitimate peripheral participation*. Cambridge [u.a.]: Cambridge University Press 1999, Etienne Wenger: *Communities of practice: learning, meaning, and identity*. Cambridge [u.a.]: Cambridge Univ. Press 1999. Der Begriff fand auch in Arbeiten auf dem Feld der Soziolinguistik Anklang. Dort wird er wie folgt definiert: «A community of practice is an aggregate of people who, united by a common enterprise, develop and share ways of doing things, ways of talking, beliefs, values – in short practices.» Penelope; McConnell-Ginet Eckert, Sally: New generalizations and explanations in language and gender research. In: *Language in Society* 2, 28 (1999), S. 186.

als bei Salazar – die Sprache der jugendlichen Bewohner der Armutsviertel verfremdet und in einen literarischen Stil *sui generis* transformiert, der sich, wie es herauszuarbeiten gilt, auch als Interpretation dieser Redeweise begreifen lässt. Der im Jahr 2000 in Kolumbien veröffentliche Roman lässt sich als eine fiktionale Erweiterung der – im Allgemeinen fünf bis zehn Jahre früher veröffentlichten – Testimonialliteratur zum *sicariato* begreifen.[73] Neben der Einbindung typischer Erzählmerkmale der jugendlichen Armutsviertelbewohner übernimmt der Roman die charakteristische testimoniale Erzählsituation. Doch auch hier findet eine fiktionale Transformation statt, die das Werk zu einem meta-literarischen Kommentar zur Gattung des Testimonios werden lässt.

Schon die – von Álape gewählte – Bezeichnung «Roman» – gleich auf der ersten Seite des Werkes – deutet auf einen dezidiert fiktionalen Zugang zum Phänomen des *sicariato* im Kolumbien der 1980er und 1990er Jahre. So heißt es nach einem eingeschobenen Zitat, das dem Protagonisten des Romans (Ramón Chatarra) attribuiert wird:

> Cuando escuché esta larga reflexión en boca de Ramón Chatarra, pensé, ahora sí la novela se escribirá, y él asumirá el rol de narrador-protagonista.[74]

Aus dieser – metafiktionalen – Aussage des Erzählers spricht erstens, dass im Zentrum des Romans Ramón Chatarra als «narrador-protagonista», also ein Ich-Erzähler steht, der zugleich der Protagonist der von ihm zu erzählenden Geschichte ist und damit der testimonialen – autodiegetischen – Erzählsituation folgt. Ramón Chatarra ist ein Jugendlicher aus Bogotá, der zum Auftragsmörder wurde und von dessen Werdegang *Sangre Ajena* erzählt. Darüber hinaus erfährt man, dass der sich im Text als Autor des Buches ausgebende Erzähler seinen Protagonisten persönlich kennt und mit ihm Gespräche geführt hat, in deren Verlauf er sich entschied, Ramón Chatarra zum Protagonisten seines Buches zu machen.[75]

---

[73] Einen guten Überblick und Einstieg in das Gesamtwerk des Autors bietet Camilo Jiménez: Elementos para una valoración de la obra de Arturo Álape. In: *Revista de Estudios Colombianos* 37–38 (2011).

[74] Arturo Álape: *Sangre ajena*, S. 13.

[75] Diese Angaben koinzidieren überdies mit solchen, die Arturo Álape in einem Interivew über den Entstehungsprozess des Romans macht. Er sei dem realen Vorbild von *Sangre Ajena* – dem Protagonisten und dessen Geschichte – eines nachmittags in *Ciudad Bolívar*, einem der Armenviertel Bogotás, begegnet: «Una dramática historia que una tarde, escuché en boca de un joven de 16 años en Ciudad Bolivar, en agosto de 1993 su historia y la historia de su hermano, él de nueve años y su hermano de doce, su viaje a Medellín y el regreso, después de vivir la experiencia del sicariato durante cuatro años, con el cadáver de su hermano.» Riahna Weakley: Sangre ajena: El testimonio de un sicario. In: *Estudios de Literatura Colombiana* 16 (2005), S. 154.

Ramón wächst zusammen mit seinem großen Bruder Nelson, vier weiteren Geschwistern und seinen Eltern in größter Armut in Bogotá auf. Ihre Mutter ernährt die Familie, indem sie Abfall sammelt und verkauft, der Vater ist Alkoholiker und klinkt sich aus der Erziehung der Kinder aus.[76] Mit acht (Ramón) und zwölf (Nelson) Jahren flüchten die beiden Brüder, nachdem sie das vierte Schuljahr nicht bestanden, aus dem elterlichen Haus und landen auf der Straße.[77] Hier treffen sie auf den Ñero Palogrande, ein Straßenkind, mit dem sie sich zu Fuß auf eine Reise von Bogotá nach Medellín begeben. In Medellín finden sie über Umwege Unterschlupf bei Don Luis, der eine Art Raub- und Killerschule führt und sie zu professionellen Auftragsmördern ausbildet.[78] Die beiden Brüder bewegen sich von nun an im kriminellen Milieu, verdienen sich durch Auftragsmorde Geld, nehmen Drogen und machen ihre ersten sexuellen Erfahrungen. Eines Tages stirbt Nelson und Ramón Chatarra kehrt mit dem Leichnam seines Bruders nach Bogotá zurück.

4.2.3.1 Eine – fiktive – testimoniale Erzählsituation

Sangre Ajena weist ein für die Gattung des Testimonios typisches Erzählformat auf. So findet man erstens einen sich durchgängig zu Beginn der Kapitel in einer – kursiv gedruckten – Rahmenhandlung äußernden heterodiegetischen «Autor-Erzähler», der über die Entstehungsgeschichte des Buches informiert. In den insgesamt sieben Kapiteln sowie dem Epilog dienen diese kursiven Passagen, die in Form von Miniprologen den Kapiteln vorangestellt sind, einer Rekonstruktion der Interviewsituation mit dem Protagonisten. Sie erzählen davon, wie der Autor-Erzähler Ramón Chatarra begegnete – in Cafés oder bei einem der beiden zu Hause – und geben in proleptischen Einschüben einige bedeutende Sätze und Ereignisse aus dem Leben des Protagonisten wieder, welche sodann – leicht verändert – in der Binnenerzählung ein zweites Mal erzählt werden. Die Binnenerzählung, die auf die vorangestellten Miniprologe der Rahmenhandlung in den insgesamt sieben Kapiteln folgt, weist eine autodiegetische Erzählsituation auf und offenbart sich als eine Form der Fiktionalisierung des in den Interviews Erzählten (also der kursiv gedruckten Rahmenhandlung). Sie erzählt linear den Werdegang der beiden Brüder.

Diese Erzählsituation scheint eine faktuale Erzählsituation zu assoziieren. Wie in Salazars *No nacimos pa' semilla* scheint auch der vorliegende Roman mit und in der dualen Erzählsituation die Annäherung des Autors an dessen

---

76 Vgl. Arturo Álape: *Sangre ajena*, S. 15–20.
77 Vgl. ebda., S. 27.
78 Vgl. ebda., S. 57.

Erfahrungen mit dem *narcomundo*, hier der jugendlichen Auftragsmörder, widerzuspiegeln: Die Rahmenhandlung erzählt von der Begegnung mit dem historischen Vorbild des Romans, die Binnenerzählung von dessen Lebensgeschichte.

Allerdings belegen Interviews mit dem Autor und die einschlägige Forschung zu dem Roman, dass es zwar ein historisches Vorbild für Ramón Chatarra gegeben zu haben scheint, die Annäherung, wie sie die Rahmenhandlung darstellt, jedoch nicht in dieser Weise stattgefunden hat. Danach hat Álape das «Vorbild» seines Romans im Rahmen eines Workshops, dem sogenannten «*taller de la memoria*» zwar kennengelernt,[79] Interviews und mehrfache persönliche Gespräche, von denen die Rahmenhandlung erzählt, haben allerdings nicht stattgefunden. Die Figur Ramón Chatarra und die Diegese des Romans sind fiktionaler Natur.[80] In einer weiteren Veröffentlichung, in der Álape Angaben über das Entstehen seiner Werke macht («Razones de una escritura»), heißt es, bezogen auf den vorliegenden Roman:

> Sangre ajena emerge como un fantasma despavorido de una realidad circundante que me ha rodeado los últimos años, realidad con la cual he convivido por experiencia propia o través de vidas ajenas. En ese sentido, asumo el papel del escritor que se alimenta sin piedad para su escritura, de la carroña en los conflictos personales. La escritura se transforma en un amasijo creativo que en esencia, descifra esa masa de información humana que yace en la memoria y en los documentos escritos.[81]

Álape beschreibt mit diesen Sätzen den kreativen Entstehungsprozess, der *Sangre Ajena* hervorgebracht hat und stellt den Roman als die zur Schrift geronnene Essenz seiner jahrelangen Erfahrungen direkter und indirekter Art mit der ihn umgebenden Realität dar. Wie ein angsterfülltes Gespenst («fantasma despavorido») erhebe sich auf und über diesen Erfahrungen der Roman *Sangre Ajena*, den Álape als eine aus der Angst geborene Fiktion bezeichnet. Die Schrift – la escritura – nehme dabei die Form eines kreativen «Knetteiges» (amasijo) an,

---

[79] Dessen Ergebnisse und Erfahrungen gingen in folgendes testimoniales Werk ein: *Ciudad Bolíva: la hoguera de las ilusiones* Arturo Álape: *Ciudad Bolívar. La hoguera de las ilusiones*, Siehe dazu: Riahna Weakley: *Sangre ajena: El testimonio de un sicario*, S. 155 und Camilo Jiménez: *Elementos para una valoración de la obra de Arturo Álape*, S. 65.
[80] Vgl. hierzu auch Riahna Weakley: *Sangre ajena: El testimonio de un sicario*, S. 155, wo geschrieben steht: «No quedan dudas, Chatarra es un personjae literario, creado por Álape, que cuenta una historia basada en hechos objetivos y no necesariamente representa una persona histórica concreta.»
[81] Arturo Álape: Razones de una escritura. In: *Anuario L L/Instituto de Literatura y Lingüística de la Academia de Ciencias de Cuba* 35 (2004). Bei dem Text handelt es sich um eine Rede, die der Autor anlässlich der Verleihung seiner Ehrendoktorwürde an der Universidad del Valle in Santiago de Cali am 13. 03. 2003 hielt.

die die Fülle an Informationen, die in der Erinnerung und den schriftlichen Dokumenten liegen, zu entziffern wisse. Er beschreibt *Sangre Ajena* als ein Werk, das andere Texte sowie die kollektive Erinnerung nicht nur zusammenführt, sondern auch auslegt: nämlich mit den Mitteln der Fiktion analysiert, wie nicht zuletzt die Dialogsituation in der Rahmenerzählung, als prototypisch hermeneutisches Szenario unterstreicht.

Die «Zitate» Ramón Chatarras in der Rahmenerzählung sind also nicht als die Zitate einer historischen Figur zu lesen, sondern als von unterschiedlichen *sicarios* getätigte, zum Teil transkribierte, zum Teil von Álape erinnerte Aussagen, die er wohl in Interviews gehört, oder auch in einem der testimonialen Werke gelesen haben mag. Ramón Chatarra ist eine literarische Figur *par excellence*, welche – wie es in kursiver Schrift im Roman heißt – repräsentativ für das Erleben vieler steht: «Su voz tendrá la característica y timbre propios que hablarán por otras voces.»[82]

4.2.3.2 Die Fiktion des «Testimonios»

Nun lässt sich fragen, worin die Funktion der – kursiv gedruckten – Rahmenerzählung besteht, wenn diese doch fiktiv ist, also zu keinem Zeitpunkt Interviews oder gar Gespräche mit einem historischen Ramón Chatarra stattgefunden haben. Wie ist diese «faktuale Illusion», die die Rahmenerzählung darstellt, zu interpretieren? Diese Frage gilt es ausgehend von der «diskursiven Inszenierung» einer der von Ramón gefallenen «Zitate» zu diskutieren. Darin geht es um drei «Blicke», von denen es heißt, dass Ramón sie von seiner Reise «mitgenommen» habe. Der Autor-Erzähler der Rahmenhandlung zitiert seinen Protagonisten in kursiver Schrift, indem er dessen Worte in Anführungsstriche setzt: «Tres miradas preservo en mi vida como recuerdo del viaje que hicimos con Nelson mi hermano a Medellín. Tres miradas».[83]

Bevor nun der Autor-Erzähler die drei Blicke in Form weiterer eingeschobener Zitate Ramóns näher beschreibt, greift er korrigierend ein. Er berichtigt seinen Protagonisten, indem er darauf hinweist, dass es sich streng genommen nicht um drei, sondern um vier Blicke gehandelt habe, denen Ramón auf seiner Reise begegnet sei. Bei einem ersten Treffen der beiden habe Ramón nämlich vier Blicke erwähnt. Dieser vierte Blick, so die Vermutung des Autor-Erzählers, werde nun in dem vorliegenden, im Text abgedruckten Zitat, das offensichtlich aus einem späteren Gespräch der beiden stamme, aufgrund der seelischen Schmerzen, die der vierte Blick Ramón bereite, weggelassen. Bei dem von Ramón in diesem Zitat unterschlagenen vierten Blick handele es sich, wie der Le-

---

[82] Arturo Álape: *Sangre ajena*, S. 13.
[83] Ebda., S. 31.

ser weiter erfährt, um den Blick der «Paisa», seiner ersten Freundin, als diese ihn darum bat, sie am Leben zu lassen und er sie trotz ihres Flehens und Versprechens für immer bei ihm zu bleiben, mit mehreren Messerstichen umbrachte, da sie für den Tod seines Bruders Nelson verantwortlich war.[84] Soweit die «Geschichte» von dem «vierten Blick», wie sie sich nach den Angaben des Autor-Erzählers der Rahmenhandlung tatsächlich zutrug. Warum aber dieser Einschub, diese *Correctio* seitens des Autor-Erzählers in der Rahmenhandlung? Weshalb spricht der Roman nicht einfach von vier Blicken oder von dreien und lässt diesen vierten Blick schlichtweg weg? Welche Bedeutung hat dieses scheinbar «unnütze Detail» bzw. in Worten Roland Barthes, der sich der Bedeutung unnützer Details im realistischen Roman widmete: «Wie lautet dann letztlich, wenn man so sagen kann, die Bedeutung dieser Bedeutungslosigkeit», ist doch in einer «Erzählung alles signifikant»[85]?

Die vorliegende *Correctio* hat erstens, wie wir hier in Anlehnung an Barthes formulieren, einen «Wirklichkeitseffekt»[86] zur Folge. Die Funktion der Aussage liegt darin begründet, den Leser glauben zu machen, dass der Ich-Erzähler der Rahmenhandlung, welcher sich als Autor des Buches ausgibt, tatsächlich mehrere Interviews mit einer historischen Figur namens Ramón Chatarra geführt habe. Gewissermaßen erhöht die *Correctio* – und darin besteht ihr manipulatives Potential – die Glaubhaftigkeit der – wenn auch nur scheinbar – faktualen Aussage über den Entstehensprozess des Buches. Es handelt sich im Fall der unnütz erscheinenden *Correctio*, wiederum in Anlehnung an Barthes, nicht um ein «referentielles Zeichen». Die Bedeutung der Aussage liegt vielmehr auf Ebene dessen, was man als den Wirklichkeitsstatus der vorliegenden Erzählung begreifen kann: Das «Signifikat» der Aussage ist auf der Ebene der «Kategorie des Wirklichen» zu suchen.

Das hier vorliegende scheinbar «unnütze Detail» ist allerdings nicht, wie bei Barthes, ein einfacher Gegenstand, etwa ein Barometer, welches in einer Erzählung Flauberts über dem Klavier im Raum von Madame Aubin hängt und die «Wirklichkeit» im realistischen Roman bezeichnet.[87] Der Autor-Erzähler der Rahmenhandlung in *Sangre Ajena* hinterfragt mit dieser *Correctio* vielmehr die

---

84 Vgl. ebda., S. 32.
85 Roland Barthes: Der Wirklichkeitseffekt. In: Roland Barthes (Hg.): *Kritische Essays. Das Rauschen der Sprache; Aus dem Französischen von Dieter Hornig*. Frankfurt am Main: Suhrkamp 2006, S. 166.
86 Barthes bezeichnet die scheinbar unnützen Details als «Signifikat des Realismus», nämlich als Beschreibungen, die dazu dienen, die Glaubhaftigkeit des Dargestellten in der Erzählung zu erhöhen. Siehe dazu: Ebda., S. 171–72.
87 Ebda., S. 164.

Wahrhaftigkeit eines Ramón Chatarra in den Mund gelegten Zitates. Es geht nicht allein um die Herstellung eines Wirklichkeitseffekts, etwa der Schaffung einer «testimonialen Illusion», die suggeriert, dass wirklich ein Interview stattgefunden habe. Vielmehr geht Álape einen Schritt weiter, stellt die Aussage doch die Wahrhaftigkeit des «Zitates» und damit den Wirklichkeitsstatus der kursiv gedruckten Rahmenerzählung insgesamt in Frage: Das scheinbar «unnütze Detail» wird so zu einer spitzfindigen Frage über den Wirklichkeitsstatus des Gelesenen. Denn der Leser muss sich fragen, warum wohl Ramón Chatarra es in einem weiteren Interview offenbar vorgezogen habe, nun nur von drei und nicht von vier Blicken zu sprechen und welche Gründe dies habe. Möglicherweise wird der Leser bezweifeln, ob Ramón Chatarra überhaupt in wahrhaftiger Weise über sein Leben berichte. Erzählt vielleicht Ramón Chatarra seinem Interviewpartner eine Version seines Lebens, die für ihn erträglicher oder zumindest gerade gelegen erscheint? Oder hat er sich die drei – oder vier – Blicke gar ausgedacht? Und schließlich: Gibt es überhaupt einen historischen Referenten, also empirische Erfahrungen und Geschehnisse in diesem Buch, die sich tatsächlich ereignet haben oder ist nicht alles von Ramón Chatarra frei erfunden? Der Text spielt mit der Gattung des *testimonios*, indem er Zitate einführt und in einem nächsten Schritt den Wahrheitsgehalt dieser Zitate hinterfragt und damit am Wirklichkeitsstatus des Gelesenen rüttelt beziehungsweise darauf hinweist, dass die zitierten Aussagen in einem anderen Interview anders ausgefallen und womöglich «falsch» oder unzureichend sind.

Ein solches Verfahren erinnert an später als spezifisch postmodern erklärte erzählerische Mittel, wie man sie aus Jorge Luis Borges *Pierre Menard, autor del Quijote* oder *Tlön, Uqbar, Orbis Tertius* der Kurzgeschichtensammlung *El jardín de senderos que se bifurcan* (1941) kennt, in denen erfundene Zitate, Werke, Landkarten und Autoren eingeführt werden, die einen spezifischen Wirklichkeitseffekt erzielen, indem den fiktionalen Erzählungen eine faktuale Basis angedichtet wird. Die im stummen Wissen herrschende Grenze zwischen Fiktion und Wirklichkeit wird in diesen Texten verwischt, nämlich gleichsam umgekehrt, erscheint doch Erfundenes als faktual, sodass der Leser sich im Umkehrschluss fragt, ob denn alles, was er sonst als faktual erkennt, nicht ebenso gut erfunden ist.[88]

Vergleichbares gilt für das «Zitat» Chatarras in kursiver Schrift, dem wir in einem als Roman bezeichneten Werk der Fiktion als einer konkreten Aussage eines Menschen begegnen, welche anderen Textstellen zufolge den Anspruch

---

88 Vgl. dazu auch: Riahna Weakley: *Sangre ajena: El testimonio de un sicario*, S. 157, die schreibt: «Álape logra hacer efectiva esa tendencia de la narrativa posmoderna de jugar a borrar las barreras entre lo ficticio-literario y lo histórico.»

erhebt, eine repräsentative Stimme vieler anderer zu sein. Damit entlarvt sich ein solches Zitat in seinem diskursiven Gesamtzusammenhang als Fiktion, die in der *Correctio* ihren fiktionalen Status anzeigt: nämlich den Leser, der sich nun Gedanken über die Funktion der *Correctio* macht, auf eine übergeordnete Erzählebene hebt. Die sogenannte Metaebene, auf der sich der Text mit seinem Leser über sich selbst unterhält. Gleichzeitig offenbart sich der Text auch als Schrift im Sinne von *Différance* (Derrida), da sie immer einen gewissen Abstand zu ihrem außerweltlichen Referenten trennt: hier der Vorstellung eines historischen Ramón Chatarra.

Álape stellt sich damit nicht nur in die Tradition spezifisch postmodernen Erzählens, sondern nimmt auch einen spielerisch-literarischen Umgang mit der am *testimonio* vorgenommenen Kritik vor, die u. a. auf den nicht unproblematischen Wirklichkeitsstatus dieser Gattung der *nonfiction* verweist.[89] Denn während zwar das *testimonio* oder die *nonfiction novel* auf real stattgefundenen Ereignissen bzw. auf Interviews mit historischen Personen beruhen, produziert die Art und Weise ihrer Darstellung unweigerlich immer Fiktion, wie hier nicht zuletzt auch unter Bezugnahme auf Isers Fiktionstheorie formuliert wird, wonach bereits die «Selektion» von «Realem» ein Akt des Fingierens ist. Im Fall des *testimonios* gehört dazu schon der Akt der Transkription, ferner die Anordnung und Strukturierung des Interviewmaterials.

Auch Amar Sánchez folgt dieser Auffassung, wenn sie in einem Aufsatz mit dem aussagekräftigen Titel *La ficción del testimonio* über die Gattung der *nonfiction* in Lateinamerika schreibt: «Los textos ponen en escena una versión con su lógica interna, no son una «repetición» de lo real sino que constituyen una nueva realidad regida por leyes propias».[90] Folgerichtig spricht sie von der Kreuzung zweier Unmöglichkeiten: «la de mostrarse como una ficción puesto que los hechos ocurrieron y el lector lo sabe [...] y, por otra parte, la imposibilidad de mostrarse como un espejo fiel de esos hechos.»[91] Eben mit diesen beiden «Unmöglichkeiten» – weder ganz Fiktion noch ganz referentielles Zeichen einer empirischen Wirklichkeit zu sein –, spielt der vorliegende Roman in der Rahmenhandlung, lässt er uns doch in einem ersten Schritt glauben, dass wir es mit tatsächlich stattgefundenen Interviews zu tun haben. Erst in einem zweiten Blick wird an Stellen wie der genannten *Correctio* die faktuale Illusion subvertiert. *Sangre Ajena* offenbart damit eine mehrdimensionale Textur mit unterschiedlichen Funktionen und Ebenen des Fiktiven, die neben einer testimonia-

---

[89] Wie etwa: Ana María Amar Sánchez: La ficción del testimonio. In: *Revista Iberoamericana* 151 (1990), S. 447–61.
[90] Ebda., S. 447.
[91] Ebda.

len Begegnung mit dem *sicario* Distanz zur Gattung des *testimonios* aufbaut. Das Fiktive fungiert folgerichtig auch zur Sondierung des Wirklichkeitsstatus des inszenierten *narcomundo*.

Eine Lektüre, die diese doppelte Bedeutung des Fiktiven berücksichtigt, erkennt sodann, dass, wenn in kursiver Schrift über Ramón Chatarra gesprochen wird, nicht von einer historischen Figur – dem *sicario* Ramón Chatarra erzählt wird –, sondern von einer literarischen Figur. Insofern ist der Autor-Ich-Erzähler der Rahmenhandlung auch nicht der «echte» Autor Álape, sondern dessen Double in der Fiktion: in beiden Fällen handelt es sich um literarische Figuren mit bestimmten Funktionen im Text.

Damit sind wir indessen noch nicht am Ende der Analyse der metafiktionalen Dimension dieses Textes. Wir erfahren über Ramón Chatarra im kursiven Modus weiter, dass er zum Zeitpunkt der Interviews 19 Jahre alt ist. Er hat eine neunmonatige Tochter und lebt mit seiner kleinen Familie in äußerst ärmlichen Verhältnissen in einem der Armenviertel Bogotás, Ciudad Bolívar.[92] Dort verdient er sich, wie einst seine Mutter, seinen Lebensunterhalt mit Abfallhandel.[93] Der 19-Jährige wird als eine Person gezeichnet, die zwar das Auftragsmördertum hinter sich gelassen hat, aber weit davon entfernt ist, ihre Reise nach Medellín als ein abgeschlossenes Kapitel seiner Vergangenheit betrachten zu können. Vielmehr begegnen wir einer Figur mit vielen Narben und offenen Wunden. In der Binnenerzählung erfahren wir, dass Ramón acht Jahre war, als er aus dem elterlichen Haus ausbrach, seine Reise nach Medellín antrat und dort seine Karriere als Auftragsmörder begann.

Wenn Ramón zum Zeitpunkt der Veröffentlichung des Buches (2000) 19 Jahre alt war, können wir den Zeitpunkt der Handlung, von der der Roman erzählt, in die Mitte/Ende der 1980er Jahre legen: Es handelt sich um die Entstehungszeit der ersten Testimonialliteratur über das Phänomen des *sicariato* (Auftragsmördertums).[94] Salazars berühmt gewordenes Werk, das in der Literatur als eines der Vorgängerwerke von Álapes *Sangre Ajena* gilt, sowie Gavirias «*El pelaito que no duró nada*»[95] wurden in den Jahren 1989/1990 veröffentlicht. Auch vor diesem literaturgeschichtlichen Hintergrund liegt es nahe, *Sangre Ajena* als einen Meta-Text der Testimonialliteratur über das *sicariato* überhaupt zu begreifen.

Der Roman weist überdies Ähnlichkeiten zu den bekannten testimonialen Vorgängerwerken der *sicaresca*, speziell Salazars *No nacimos pa' semilla* und

---

92 Vgl. Arturo Álape: *Sangre ajena*, S. 31.
93 Vgl. ebda., S. 79.
94 Arturo Álape: *Ciudad Bolívar. La hoguera de las ilusiones*.
95 Víctor Gaviria/Alexander Gallego: *El pelaito que no duró nada*.

Gavirias' *El peleito que no duró nada* auf. Wie bei Gaviria finden wir etwa eine Annäherung an das *sicariato* in Form einer Diegese, die von einem Brüderpaar erzählt. So wählt Álape in Ramón Chatarra eine Romanfigur, die einen großen Bruder – Nelson – hat, mit dem er seine Erfahrungen im Auftragsmördermilieu Medellíns teilt. Es handelt sich um ein ungleiches Brüderpaar, die hinsichtlich Charakter und Verhalten Extreme darstellen. Nelson ist mutig und handelt zugleich berechnend wie instinktiv. Er erkämpft sich als Alphatier willensstark das, was er sich in den Kopf gesetzt hat. Sein jüngerer Bruder Ramón Chatarra ist körperlich und psychisch schwächer, ängstlicher und passt sich an die Gegebenheiten an. Er folgt seinem Bruder blind bis zu dessen Tod. So lenkt das ungleiche Brüderpaar fern der Verallgemeinerung der Erfahrungen eines einzelnen Auftragsmörders den Blick auf mögliche Charaktertypen des Milieus.

Einer solchen Perspektive zufolge erhalten die kursiv gedruckten Miniprologe weitergehend poetologischen Wert: nicht nur für den vorliegenden Roman, sondern für das Selbstverständnis der Testimonialliteratur über das *sicariato*. Dazu gehört auch das sehr eindrückliche *Incipit*, ein weiteres «Zitat» Ramón Chatarras.

> No estoy hablando de arrepentimientos en este instante en que trato de prender una llama a mis recuerdos. El arrepentimiento y la culpa son pura mierda, en la cual uno se va hundiendo, como si fuera arena movediza, ahogándome hasta dejar de respirar y perder la fuerza de vivir.[96]

Sangre Ajena beginnt mit einer aussagekräftigen Litotes, die durch die Verneinung den dezidiert willentlichen Charakter des Gesagten unterstreicht, also eine bewusste Abwendung von solchen Gedanken und Emotionen markiert, die man als «Reue» oder «schlechtes Gewissen» bezeichnen kann. Zur Begründung einer solchen Haltung führt Chatarra sodann periphrastisch ausdrucksstarke Bilder an, die von einer maritimen Isotopie, bei gleichzeitig stark kreatürlicher Ausdrucksweise dominiert werden: Man versinke («undir») im schlechten Gewissen und dem Schuldgefühl («culpa»), welches er mit «arena movediza» (Treibsand) vergleicht. Wie der Treibsand berge schlechtes Gewissen und Schuldgefühl die unmittelbare Gefahr, daran zu ersticken. Ramón greift auf eine weitere Periphrase zurück, die in einfachen Worten den konkreten Prozess des Sterbens beschreiben: «hasta dejar de respirar y perder la fuerza de vivir». Schuldgefühle und schlechtes Gewissen werden also in einen semantischen und kausalen Zusammenhang zu körperlichen Prozessen des Ablebens gebracht, die als Gefahr, nämlich leibliche Folgewirkung dieser Gefühle und Ge-

---

[96] Arturo Álape: *Sangre ajena*, S. 13.

danken figurieren. Überleben steht und fällt damit, dem Treibsand auszuweichen, nicht hinein zu geraten, seinen Leib nicht mit Schuld und schlechtem Gewissen zu belasten.

Der Text spricht weiter davon, eine Flamme an Ramón Chatarras Erinnerungen zu halten: «prender una llama a mis recuerdos». *Sangre Ajena* übernimmt damit – nicht anders als die Testimonialliteratur über das *sicariato* – die Funktion des Sichtbarmachens, des Bezeugens und Erinnerns («recuerdos»). Dies wird noch deutlicher, wenn einige Sätze später der Absage an Schuld und Reue ein befreites Ich-Bewusstsein entgegengesetzt wird:

> Uno ha sido lo que ha sido y seguirá siendo sin que tenga que colgarse por obligación otra fotografía muy sonriente en el cuello como si fuera un escapulario de salvación pública.[97]

«Uno ha sido lo que ha sido y seguirá siendo» – die Besinnung auf das bloße, von Schuld und Reue befreite Dasein wird mit einer Abwendung von einer spezifisch – katholischen – Religiosität verbunden, bei der die Heiligenverehrung im Vordergrund steht, wie im Verweis auf die «escapularios» deutlich wird. Angesprochen ist ein mit einem Heiligenbild bedruckter Stoffanhänger, den offenbar – so die in den Medien und nicht zuletzt in der Verfilmung von *La virgen de los sicarios* verbreiteten Bilder – viele Auftragsmörder tragen. Die Abkehr von einer traditionell katholischen Moral geht also mit einer gleichzeitigen Hinwendung zu den gelebten Erfahrungen von Gewalt einher, wie die an Chuy Salcidos Redeweise erinnernde tautologische Bestimmung des eigenen Daseins eindrücklich aufzeigt: «Uno ha sido lo que ha sido y seguirá siendo.» Genau diese Reflektionen Ramón Chatarras, gepaart mit einer ihm eigenen, außergewöhnlichen Beobachtungsgabe, bewogen den Autor, wie schon eingangs erwähnt, Ramón Chatarra zum Protagonisten des Buches – eines Meta-Testimonios, wie wir an dieser Stelle hinzufügen – zu küren.

Sangre Ajena beginnt demnach mit der Vision eines von Schuld befreiten Selbstbewusstseins.[98] Eine derart prominente Position im Roman weist der Aussage eine weitergehend meta-poetologische, also Stil und literarische Darstellung anzeigende Funktion zu, die ihre Bedeutung in der typischen Sprache und Redeweise der *sicarios* findet, von denen sich die testimonialen Werke über dieses Phänomen leiten lassen. Es geht um die Konstituierung einer von einem gängigen moralischen Dispositiv abweichenden Lebenshaltung: hier eine Annäherung an das Phänomen der Gewalt im Kolumbien der 1990er Jahre, die jenseits der katholischen Moral und damit einhergehender Schulddispositive er-

---

97 Ebda.
98 Vgl. ebda., S. 13–14.

folgt. Herlinghaus sieht diese Haltung zu Recht als konstitutiv für eine Reihe von Werken der Narkonarrationen an, die – in Bezug auf Gewalt und Tod – jenseits von Schuld und einer tragisch-kathartischen oder gar melodramatischen Darstellung eine vergleichsweise «nüchterne Ästhetik» vor Augen führen, die aus der alltäglich gelebten Erfahrung von Gewalt, Tod, Armut und Hoffnungslosigkeit erwächst.[99]

4.2.3.3 Eine «leiblich phänomenologische» Annäherung an Tod und Gewalt

Zur Umschreibung der konkreten Ausprägung dieser Redeweise in dem hier vorliegenden Roman gilt es zunächst, die schon erwähnten «drei Blicke» wieder aufzunehmen, die das Werk leitmotivisch strukturieren, repräsentieren sie doch die wichtigsten Erlebnisse dieses Menschen, auf die die Binnenerzählung immer wieder zurückkommt.[100] Schon in der Begriffswahl – *mirada* – lässt sich in besonderer Weise eine Orientierung an der auffällig visuellen Ausdrucksweise der jungen Auftragsmörder beobachten, die bereits Salazar in den Paratexten seines testimonialen Werkes als hervorstechendes Merkmal dieser Kultur nannte und die Álape in einen poetischen Erzählstil überführt.[101]

Die erste *mirada* war die einer Tarantel, in deren Augen Ramón Chatarra zum ersten Mal den Tod erblickte. Dies geschah im Kontext einer von dem Straßenkind Ñero Grande initiierten Mutprobe, die dieser auf ihrem Weg von Bogotá nach Medellín für seine Begleiter ersann. Jeder der drei Kumpane sollte eine der auf der Straße krabbelnden Taranteln mit einem Stock berühren. Die Spinnen krabbelten in der Folge auf den Stock. War dies erfolgt, mussten sich die Jungen den Stock mit der Tarantel vor die Augen halten und – so die Mutprobe – bis 20 zählen, während sich die Tarantel immer weiter dem Gesicht näherte. Dies führte dazu, dass Ramón Chatarra erstmals dem Tod in die Augen sah. Der zweite – in der Erinnerung unauslöschliche – Blick war der «des Meeres» wie es heißt, als er das erste Mal in *Cartagena* das Meer erblickte. Der dritte Blick wird als der seines toten Bruders Nelson beschrieben, kurz nachdem dieser umgebracht wurde.[102]

Rein inhaltlich verweisen die drei Blicke auf von Ramón erlebte neue – außergewöhnliche – Erfahrungen auf dessen «Reise». Die in die Erinnerung eingemeißelten *miradas* lassen sich überdies als sprachliche Zeichen begreifen, die

---

99 Näheres hierzu in Kapitel 1.3.2 dieser Arbeit.
100 So etwa sehr eindrücklich, wenn in der testimonialen Binnenerzählung vom Tod Nelsons (Arturo Álape: *Sangre ajena*, S. 167) oder der Paisa erzählt wird (ebda., S. 177).
101 Vgl. Alonso Salazar J.: *No nacimos pa' semilla*, S. 200–01.
102 Vgl. Arturo Álape: *Sangre ajena*, S. 31–32.

dazu dienen, eine bestimmte Form der Welt- und Selbstwahrnehmung der *sicarios* zum Ausdruck zu bringen. Diese Perspektive einnehmend gilt es hervorzuheben, dass der Text den Begriff der «mirada» – und damit eine visuelle Metapher wählt –, um von den bedeutendsten Erlebnissen dieser Reise und von Ramóns Schlüsselerfahrungen auf dem Weg des Erwachsenwerdens zu erzählen.

Indem die drei – von etwas «Fremdem» ausgehenden – Blicke für existentiell neue Erfahrungen und die Entwicklung prägende Momente stehen, erhalten sie weitergehende ontologische bzw. philosophische Relevanz. Ein fremder Blick, der einen trifft, ist zunächst ein physiologisches Phänomen und ein Blickwechsel eine Form der Affizierung des eigenen Sehnervs durch den Blick – das Auge – eines Anderen. Die «ontologische» Bedeutung des fremden Blicks für das Ich hat u. a. der französische Existenzphilosoph Jean-Paul Sartre in *Das Sein und das Nichts*, das auf Hegels *Phänomenologie des Geistes* aufbaut, beschrieben. Eine Erkenntnis vom eigenen – zunächst unreflektierten – Bewusstsein ist demnach erst durch den Blick eines Anderen möglich, wie Sartre etwa am Beispiel der Eifersucht, des Stolzes oder der Scham exemplifiziert. Diese Empfindungen zeigten in besonderer Weise die Bedeutung des fremden Blicks für die Selbsterkenntnis: «Die Scham oder der Stolz enthüllen mir den Blick des Anderen und mich selbst am Ziel dieses Blickes, sie lassen mich die Situation eines Erblickten erleben, nicht erkennen.» Und weiter: «Ich bin, jenseits aller Erkenntnis, die ich haben kann, dieses Ich, das ein Anderer erkennt. Und dieses Ich, das ich bin, bin ich in einer Welt, die der Andere mir entfremdet hat.»[103] Daran anschließend lässt sich fragen, ob Ramón Chatarra mit den drei fremden «miradas» Momente einer durch den Blick eines Anderen erfolgten Selbsterkenntnis beschreibt, also ein Wahrnehmen des Selbst, das – wie im Moment des Empfindens von «Scham» – voraussetzt, dass der Blick eines Anderen es erfasst, vor dem es sich schämt, da es sich mit seinen Augen sieht. Eignet den drei Blicken somit eine phänomenologisch zu begründende Erkenntnisfunktion im Sinne Sartres?

In Bezug auf die genauere Funktion der «Blicke» für die Darstellung der Wahrnehmung der Hauptfigur gilt es, auf ihre Inszenierung im Text zurückzukommen. In den kursiv gedruckten Passagen der Rahmenhandlung werden die Blicke eher lakonisch, in mehrfacher Wiederholung des Sem «mirar» (als konjugierte Verbform oder Nomen) näher bestimmt. Dort heißt es über den Blick der Tarantel auf dem Stock:

---

[103] Jean-Paul Sartre: *Das Sein und das Nichts: Versuch einer phänomenologischen Ontologie.* Aus dem Französischen von Hans Schöneberg u. a. Reinbek: Rowohlt 1991, S. 471.

> Indeciso, bocabajo y de frente, a ras de tierra miraba los ojos de la tarántula que venía embalada para mirarme con su mirada de muerte. Ésa fue la primera mirada.[104]

Im ersten Fall ist es ein *sintagma preposicional* («mirada de muerte»), welches in eher allgemeiner Weise eine Form der Begegnung mit dem Tod oder der Angst vor dem Tod zum Ausdruck bringt, die Ramón Chatarra zum ersten Mal in der Konfrontation mit der Tarantel erlebte. Über die zweite Begegnung, den Blick des Meeres, heißt es:

> El mar dispersa las miradas y las pone a corretear en las olas. Yo le dije a Nelson en los oídos, hermano, siento que las olas me están mirando por todo el cuerpo.[105]

Der zweite Blick ist komplexer und lässt sich in zwei Widerfahrnisse unterteilen: In einem ersten Schritt zerstreut das Meer den Blick von Ramón, indem dessen Blick den Wellen hinterhereilt, sich also gewissermaßen in der Bewegung der Wellen verliert (El mar dispersa las miradas y las pone a corretear en las olas.). Auf die Dispersion, die Zerstreuung des eigenen Blickes, folgt dann eine Personifikation des Meeres, das Ramón Chatarra nun ganzheitlich erfasst, wie zum Ausdruck gebracht wird, wenn es heißt: «siento que las olas me están mirando por todo el cuerpo». Offenbar beschreibt das Zitat eine seinen gesamten Leib erfassende Affizierung durch den Anblick der Wellen, scheint es ihm doch, dass dieses seinen ganzen Körper anschaute. Und über dritten Blick, den «leeren Blick» seines toten Bruders Nelson, heißt es:

> La tercera mirada nunca pude apagarla en mis pensamientos, como hubiera querido para salvar mi olvido. Es la mirada de Nelson mi hermano, muriéndose, yéndose como olas fugitivas. Esa mirada que mis manos nunca pudieron atrapar con vida, era mariposa en agonía ...[106]

Auch den Blick seines großen Bruders kennzeichnen zwei Aspekte. Ein erster Relativsatz («que mis manos nunca pudieron atrapar con vida») umschreibt den Blick als das Gefühl der Unmöglichkeit, dass seine Hände diesen Blick wieder mit Leben füllen könnten. Damit wird ein – unbestimmt bleibendes – Empfinden von Ohnmacht zum Ausdruck gebracht. Die Adverbiale «era mariposa en agonía» zeigt möglicherweise auf etwas konkret Sichtbares, wie ein letztes Flackern und Zucken, welches Ramón in Nelsons Augen sah. Gleichzeitig ist der Schmetterling von jeher ein Bild für die Seele, deren Sterben damit bezeichnet wird.

---

104 Arturo Álape: *Sangre ajena*, S. 31.
105 Ebda., S. 32.
106 Ebda.

Chatarra beschreibt damit zwar offenbar Momente, in denen er sich und seine Existenz auf eine ihm neue Art und Weise kennenlernt, also eine Form der Ich-Entwicklung stattfand. Allerdings fällt dabei auf, dass es sich erstens nicht um von anderen Menschen ausgehende Blicke handelt, durch die sich das Kind erkannt, identifiziert oder – wie Sartre es ausdrückt – von seinem unreflektierten Bewusstsein entfremdet und von einem Anderen erkannt sieht. Die Blicke beschreiben nicht Erkenntnisse seines Ich-Bewusstseins durch die *Cogitatio*, welche durch den Blick der Anderen provoziert werden. Vielmehr zeichnen sich die Blicke dadurch aus, dass sie zwar von fremden und ihm neuen Objekten ausgehen – der Tarantel, den Wellen/das Meer, dem toten Bruder –, aber weniger eine Form der rationalen Selbsterkenntnis über das Sein oder das Ich transportieren, als (ganzheitliche) Erfahrungen, im Sinne eines eher unbestimmt bleibenden Gefühls evozieren, welches Chatarra in diesen Momenten ergriff. In der Binnenerzählung liest man hierzu:

> Entonces en los ojos de aquella repugnante pollona vi claramente los ojos de la muerte: estaba ya casi que paralizado; la mano que sostenía el palo estaba dormida; sólo tenía alientos para acercar la cabeza a la punta del palo. [...]
>
> Cuando intenté acercar mi rostro asustado al inmundo bicho, para imitar la verraquera de Nelson, sentí con horror, no sé si fue pura imaginación, que la tarántula había saltado de pronto sobre mi nariz para hundir su ponzoña venenosa directo en mis ojos.[107]

Was Chatarra ergreift, erfährt der Leser sogleich zu Beginn dieses Textausschnittes: «Entonces en los ojos de aquella repugnante pollona vi claramente los ojos de la muerte.» Die Augen der widerwärtigen Spinne – los ojos de aquella repugnante pollona – verwandeln sich im Blickwechsel, den Ramón mit der Spinne erlebt, in etwas Anderes: in «los ojos de la muerte», ein Gefühl von Angst vor dem Tod. Die Diaphora unterstreicht den Bedeutungssprung, welchen die Augen der Spinne im Text durch die Wahrnehmung des Protagonisten erfahren. Chatarra wird durch den Blick der Spinne affiziert, bekommt wahrscheinlich Angst, was sich in dem Funktionswandel dieser Begriffe nachvollziehen lässt, bei der die referentielle Funktion dieses Wortes in eine figurative Sprachverwendung übergeht. Die Augen der Tarantel sind nicht länger die des Insektes, sondern werden mit dem Tod in Verbindung gebracht. Sie werden zu Augen des Todes («los ojos de la muerte».). Bezeichnet wird mit dieser Diaphora die Entstehung eines Gemischs an Affekten (wie Angst, Staunen, Ekstase), die den ganzen Leib in der Folge beherrschen und mit dem Tod assoziiert werden. In der Folge geht der Text darauf ein, welche konkreten körperlichen Auswir-

---

107 Ebda., S. 41.

kungen dieser Blick auf den Protagonisten ausübte. Sein ganzer Körper reagiert, von der Lähmung in Form einer eingeschlafenen Hand bis hin zur Einengung der Atemwege. Der Text beschreibt eindrücklich die physiologischen Reaktionen, die die Augen der Tarantel bei Ramón ausgelöst haben und in einer Art – ebenfalls konkret und körperlich beschriebenen – Wahnvorstellung kulminieren, die darin besteht, dass die Spinne auf seiner Nase sitzt und mit ihrem Stachel direkt in seine Augen eindringt. («sentí con horror, no sé si fue pura imaginación, que la tarántula había saltado de pronto sobre mi nariz para hundir su ponzoña venenosa directo en mis ojos»). Voller Entsetzen läuft Ramón schreiend davon.[108]

Der Text fasst die körperlichen Reaktionen, die auf den Blick der Tarantel folgen, in Worte und nähert sich dabei einer Auffassung dieses Blickes, den man unter Bezugnahme auf Waldenfels leiblich phänomenologische Bestimmung der Fremdheit als Fremdaffizierung begreifen können. «Fremdes affiziert uns, bevor wir zustimmend oder ablehnend darauf zugehen.»[109] Genau diesen Moment der Primäraffizierung scheint mit dem Begriff der «mirada» zum Ausdruck gebracht zu werden. Gewissermaßen transformiert *Sangre Ajena* die visuelle, figurative Sprache der *sicarios* in einen Stil, der dem Leib und seiner Wahrnehmung Rechnung trägt und selbst das Gedächtnis als ein Phänomen des Leibes begreifbar werden lässt.

In diesem Zusammenhang gilt es, als weiteres Beispiel eine Nebenfigur des Romans, Nuzbel und die Beschreibungen heranzuziehen, die in Bezug auf seine Person über das Erinnern von Gewalterlebnissen gemacht werden. Nuzbel ist ein erfahrener Auftragsmörder im Dienste Don Luis', bei dem die beiden Brüder in Medellín zeitweilig untergebracht sind. Er ist zu ihnen wie ein älterer Bruder, Lehrer und Vorbild zugleich.[110] Nuzbel stirbt eines Tages an einer Überdosis Kokain in Anwesenheit der beiden Brüder in einer Bar.[111] Nuzbels «Verdienst» ist, Ramón und Nelson eine «neue Sichtweise» auf das Leben und den Tod nahe gebracht zu haben. Lernten die Brüder in der Schule und durch den Priester, dass der Tod etwas nicht Vorhersehbares sei, für den es keine größere oder geringere Wahrscheinlichkeit gebe und den es, wenn er sich nähere, schicksalsergeben zu empfangen gelte,[112] lernen sie von Nuzbel eine andere Sicht auf den

---

108 Vgl. ebda., S. 41.
109 Bernhard Waldenfels: *Das Fremde denken*, S. 363.
110 Vgl. Arturo Álape: *Sangre ajena*, S. 109.
111 Vgl. ebda., S. 119–20.
112 Bei der Abschlusszeremonie in der Auftragsmörderschule sagt ein Priester Folgendes über den Tod: «La muerte llega por designio de Dios, por lo tanto hay que recibirla con pleno gozo, dijo convencido al darnos la bendición.» ebda., S. 72.

Tod kennen: Er erklärt, dass das Töten eines anderen Menschen nach einer Weile zwar zur Routine werde, doch dass unter all den Toten oftmals der erste oder solche, die man aus Ehrgefühl umlege, sich einer finde, der einen verfolge, einen umbringen und sich an dem Leben rächen wolle, das man trage. «En cada muerto que uno se anota para su orgullo personal, se está labrando también su propia muerte.»[113] Und weiter: «El muerto rasga señales en el cuerpo de su matador.»[114] (der Tote kratzt Zeichen in den Körper seines Mörders.).

Eine solche abermals zugleich bildhafte wie anschaulich körperliche Formulierung, die man als poetischen, leiblich phänomenologischen Erzählstil bezeichnen kann, deutet auf Reue, ja Gewissensbisse, sie muss aber nicht notwendigerweise diese Gefühle beschreiben und damit den Grund für den Tod in der belastenden «Schuld» finden. Ramón Chatarra folgt dieser Sichtweise Nuzbels, wenn er dessen Tod reflektiert und bemerkt, dass es wohl nicht die Überdosis Kokain gewesen sei, die ihm den Tod brachte, sondern einer der Toten, der ihn aus dem Jenseits verfolgt habe:

> Ahora que lo pienso, no fue la sobredosis lo que lo llevó a la muerte. Según Nuzbel, debió ser el primero de sus muertos que lo llevó a su destino y le montó la perseguidora desde el más allá.[115]

Bezeichnenderweise verwendet Ramón im Zusammenhang mit dem ersten Toten, der aller Wahrscheinlichkeit nach Nuzbels Tod zu verschulden habe, den Begriff des Schicksals: «Según Nuzbel, debió ser el primero de sus muertos que lo llevó a su destino y le montó la perseguidora desde el más allá.» Aus dem Jenseits würde er ihn verfolgen und ihm zum Schicksal werden, indem er seinen Tod herbeisehne. Sehr anschaulich beschreibt die Textstelle sodann die konkrete Paranoia, die Nuzbel durchlebte:

> Uno de sus muertos que nunca le perdonó que lo hubiera matado de esa forma: lo vigilaba en el baño, lo incitaba a golpearse la cabeza contra los muros, lo llenaba de terror al abrir o cerrar la puerta del apartamento, le impedía terminar la comida, inundaba su cabeza de tristezas, lo postraba en la cama por tres días seguidos y cuando se levantaba se quejaba de un dolor intenso por todo el cuerpo. Y ese muerto le señaló su muerte la noche de la sobredosis ... .[116]

Der Tote wird personifiziert, es heißt: Nuzbel lauerte ihm im Bad auf («lo vigilaba en el baño»), er erfüllte ihn mit Panik/Terror («lo llenaba de terror») und

---
113 Ebda., S. 112.
114 Ebda.
115 Ebda., S. 120.
116 Ebda.

beherrschte sein Verhalten. Der Tote habe Nuzbel dazu gebracht, seinen Kopf gegen Wände zu hauen («lo incitaba a golpearse la cabeza contra los muros») oder hinderte ihn daran, weiter zu essen («le impedía terminar la comida»). Die Auswirkungen seien ferner physisch spürbar. Nuzbel sprach von einem intensiven Schmerz («se quejaba de un dolor intenso por todo el cuerpo»). Auch die psychischen Auswirkungen werden als Widerfahrnisse und Erscheinungen des Leibes beschrieben, etwa wenn es heißt, dass der Tote seinen Kopf mit «Traurigkeiten» überschwemmte («inundaba su cabeza de tristezas»).

Wieder ist es die Phänomenologie der Leiblichkeit, die diese Beschreibungen geradezu kommentiert. Merleau-Ponty führt in seiner Phänomenologie der Wahrnehmung in Bezug auf sein Konzept von «Freiheit», das er u. a. in Auseinandersetzung mit Sartres *Das Sein und das Nichts* entwickelt, einen neuen Begriff der «Intention» ein, der mit der Husserl'schen Intentionalitätskonzeption bricht. Bei Merleau-Ponty erhält der Leib im Sinne eines Daseins zwischen Psychischem und Physiologischem einen eigenen Pulsschlag.[117] In der *Phänomenologie der Wahrnehmung* heißt es:

> Sofern ich Hände, Füße, einen Leib, eine Welt habe, trage ich stets mich umgebende Intentionen in mir, denen keinerlei Entscheidungscharakter eignet und die meine Umgebung mit Charakteren versehen, die ich nicht wähle.[118]

Ähnlich wie die Sprache sei der Leib eine «Umschlagsstelle (Husserl), an der Eigenes und Fremdes, Kulturelles und Natürliches ineinander übergehen.»[119] Waldenfels präzisiert, dass das leibliche Selbst «als ein changierendes Gebilde aus Eigenleib und Fremdkörper»[120] zu begreifen sei. Eine solche Zwischenstellung begründet Waldenfels schließlich mit und durch das, was oben als Erfahrung der Fremdheit umschrieben wurde:

---

[117] Vgl. Maurice Merleau-Ponty: *Phänomenologie der Wahrnehmung*. Berlin: de Gruyter 1966, S. 104. Dort heißt es: «Es gibt also eine von allen Reizen relativ unabhängige Konsistenz unserer «Welt», die eine Reduktion des Zur-Welt-seins auf eine Summe von Reflexen ausschließt; es gibt eine gewisse von allem willentlichen Denken relativ unabhängige Kraft des Pulsschlages der Existenz, die ebenso eine Reduktion des Zur-Welt-seins auf einen Akt des Bewußtseins ausschließt. Die ihm eigene präobjektive Sicht unterscheidet das Zur-Welt-sein von jedem Prozeß dritter Person, von jederlei Modus der res extensa, wie auch von jederlei cogitatio, jeder Erkenntnis in einer Person: so vermöchte es zwischen «Psychischem» und «Physiologischem» eine Brücke zu schlagen.»
[118] Vgl. ebda., S. 499–500.
[119] Bernhard Waldenfels: *Das Fremde und das Unbewußte – Phänomenologie und Psychoanalyse im Austausch*, S. 312.
[120] Ebda.

> Die Tatsache, daß wir durch Ichfremdes affiziert werden und Ichfremdem ausgesetzt sind, hängt weder von unserem Wissen noch von unserem Wollen, also vom sogenannten Bewußtsein ab, sie weist zurück auf unseren Leib.[121]

Wesentliche Zustände unseres Seins und damit unserer Identität sind demnach weniger willentlich, nämlich als Folge eines steuernden Ich-Bewusstseins zu begreifen. Der von Nuzbel Ermordete – also die personifizierte Erinnerung an ihn bzw. der im Gedächtnis gespeicherte Moment des Mordens – wird im vorliegenden Fall zu einem Charakter in seiner Umgebung, er nimmt Gestalt an und wird zu einer Intentionalität des Leibes als einer zwischen Psychischem und Physiologischen liegenden Kraft, der zwar kein Entscheidungscharakter eignet, die jedoch eine Handlungsgröße in seinem Leben darstellt, welche in letzter Konsequenz zum Tode führt oder zumindest dazu beitragen kann. In der Personifizierung des Toten im Text gibt sich diese Affizierung des leiblichen Bewusstseins – der Erinnerung des Leibes – als Intention zu erkennen und grenzt sich damit von eher psychologisch konnotierten, sprachlich mehr oder weniger eindeutig fixierten Konzepten wie Obsession, Paranoia, Schuld oder Reue ab. Diese Konzepte spielen wohl zweifelsohne eine bedeutsame Rolle, wenn es darum geht, Nuzbels Überdosis und seinen nachfolgenden Tod zu erklären. Allerdings legt *Sangre Ajena* nahe, den Toten nicht so zu klassifizieren, sondern ihm vielmehr die Rolle einer Intentionalität, die eines Charakters seines leiblichen Bewusstseins zu geben: ihn als fremdes Blut (*Sangre Ajena*), das ihn affiziert hat und ein Teil seines Selbst geworden ist – zu eigenem Blut geworden ist – zu begreifen.

Jede darüber hinausgehende Interpretation dieses Textes kann zwar aufschlussreich sein, mindert aber Kraft und Eigensinn der poetischen Erzählweise, die die Fremdbestimmtheit des eigenen Daseins «leiblich» begründet. Wie das Phantomglied bei Merleau-Ponty, werden die hier erfolgten Beschreibungen erst erfasst, wenn man die Existenz – insbesondere angesichts von Gewalt, Tod und Schmerz – als einen Zustand begreift, der zwischen «Psychischem» und «Physiologischem» liegt und diesem Zwischenzustand einen eigenen Pulsschlag, eine eigene Kraft einräumen, welche jenseits einer willentlichen Steuerung des Verhaltens durch die *cogitatio* begründet ist.

Ein solcher Stil koinzidiert mit einer Reihe an poetischen Metaphern über das Leben und Dasein der beiden Brüder, die allesamt Umschreibungen einer unbestimmten «Fremdbestimmtheit» ihres Lebens sind, wie folgende Textstelle offenbart.

---

[121] Bernhard Waldenfels: *Grundmotive einer Phänomenologie des Fremden*. Frankfurt am Main: Suhrkamp 2016, S. 74.

> Lo digo porque la vida nos tiró como piedra certera lanzada por una cauchera, hacia la basura y la sangre. Nada nos detuvo, nada sirvió de muro de contención a aquella avalancha que ha sido la vida de pronto feliz, quizá también turbia, gris y triste. Cada quien tiene su línea de la vida trazada con tiza blanca en un puto tablero negro. Otros hombres la trazan, lo mismo que los acontecimientos que le llegan a uno como montones de mierda caídos del cielo y uno simplemente se involucra en ellos como perro faldero, que lame la leche en la mano de cualquiera. Uno de niño es insecto volador que alguien puede bajar de su vuelo, aterrizarlo y ponerlo a caminar sobre la tierra: una canica que rueda y rueda empujada por cualquiera y el niño metido en la bola de cristal girando a oscuras, dando vueltas con lo que será su vida en el futuro.[122]

Das – personifizierte – Leben habe Ramón und seinen Bruder Nelson wie ein treffsicherer, von einer Kautschukarbeiterin geworfener Stein, Richtung Müll und Blut geworfen («la vida nos tiró como piedra certera lanzada por una cauchera, hacia la basura y la sangre»), heißt es zu Beginn der Textstelle, die den «Beruf» der beiden: den Abfallhandel und das Auftragsmördertum benennt. Die Metonymie, bei der das «konkrete Arbeitsmaterial» («basura», «sangre») stellvertretend den «Beruf» anzeigt (Müllverkäufer, Auftragsmörder), unterstreicht, wie in Salazars *No nacimos pa' semilla* – die für die Sprache der *sicarios* charakteristische figurative Sprachverwendung, die durch eine Substitution des Abstraktums durch das Konkretum gekennzeichnet ist. Der Text geht über zu einem weiteren Konkretum – einer Metapher für die Fremdbestimmtheit des Lebens der beiden Jungen –, wenn es heißt, dass nichts die Lawine habe aufhalten können, als die sie das Leben wahrnahmen («Nada nos detuvo, nada sirvió de muro de contención a aquella avalancha que ha sido la vida de pronto feliz, quizá también turbia, gris y triste»). Gleich im Anschluss wird das Leben sodann als eine von anderen gezeichnete Lebenslinie auf einer schwarzen Tafel näher umschrieben.

Der Text belässt es aber nicht bei diesen Vergleichen und metaphorischen Konkreta – tautologische Periphrasen eines Daseinszustandes, welcher dem Abstraktum «Leben» eine Form der Intentionalität einräumt («Lawine», «Linie») und an die Stelle eines selbstbestimmten Individuums tritt. Die Textstelle motiviert vielmehr weitere Metaphern, wie der von vom Himmel fallenden Scheißhaufen, die einen treffen und in die man sich wie ein «Schoßhund» hineinbegebe, der jedem x-beliebigen die Hand lecke («que los acontecimientos que le llegan a uno como montones de mierda caídos del cielo y uno simplemente se involucra en ellos como perro faldero, que lame la leche en la mano de cualquiera.»). Plastisch wird so die willkürliche Servilität umschrieben, die das Auftragsmördertum beherrscht. Der Absatz endet mit dem eindrücklichen

---

[122] Arturo Álape: *Sangre ajena*, S. 17.

Bild einer gläsernen Murmel, in der ein Kind sitze und welche – von irgendjemand angestoßen – nicht aufhöre, im Dunklen zu rollen und sich so drehend entscheide, was aus seiner Zukunft werde.

Die von Álape verwendeten Metaphern für das kindliche Dasein der Brüder verweisen auf eine Form der Fremdbestimmung und Eigendynamik des Lebens, das – einmal angestoßen – sich wie eine gläserne Murmel rollend in eine ungewisse Zukunft weiterbewegt. Dem Kind Ramón, der als der kleine Schatten blind seinem Bruder auf der Reise nach Medellín folgt, bleibt allein übrig, die Erfahrungen zu erleben und bestimmte Momente dieser Reise in seinem Bewusstsein festzuhalten. «Cada instante se vuelve como un espejo que revela lo que viene en fila, acontecimientos sumados a otros acontecimientos.»[123] Jeder Augenblick entscheidet, was aus dem nächsten wird. Eine Erfahrung bestimmt die nächste, die sich aneinanderreihen, denen aber kein Entscheidungscharakter zukommt. Es ist wie bei der Murmel, die im Rollen darüber entscheidet, was aus dem Kind wird, das in ihr sitzt. Gewissermaßen können wir die Metapher der Murmel als das leibliche Bewusstsein des Kindes interpretieren, welches sich fortbewegt, affiziert wird, Erfahrungen sammelt und weiterrollt.

Die unterschiedlichen Formen der Amplifikation des Gesagten, die der Fremdbestimmtheit/Eigendynamik des Lebens einen Namen geben, haben überdies in ihrer geradezu massenhaften Anhäufung eine weitergehend ikonische Funktion: Die unterschiedlichen tautologischen Wiederholungen, der Bilderreichtum des Signifikanten, bezeugt poetisch den Erfahrungsreichtum eines solchen Lebensgefühls bei gleichzeitigem Widerstand des Symbolsystems, dieses in Worte zu fassen. Eine personifizierende Verwendung des Begriffs «Leben», auch im Sinne des Zur-Welt-Seins Merleau-Pontys, kommt einem solchen Zustand wohl am nächsten, allerdings wird selbst der Begriff des Lebens vom Bilderreichtum der Sprache, den kühnen Metaphern und starken Bildern geradezu weggedrängt: Das Symbolische wird – und darin besteht die poetische Kraft dieses Textes und der Redeweise der Jugendlichen, an denen sich der Text orientiert – mittels des Imaginären dieser Kinder und Jugendlichen mit neuem Inhalt gefüllt und subvertiert.

In der Zusammenführung mit der Eingangspassage, die eine Absage an Schuld und Reue erteilt, lässt sich dieser Stil als eine Schreibweise begreifen, die bewusst den konventionellen Symbolismus, etwa eine moralisierende oder psychologisierende Funktion, die sich mit bestimmten Begriffen wie Schuld verbindet, umgeht:

> No estoy hablando de arrepentimientos en este instante en que trato de prender una llama a mis recuerdos. El arrepentimiento y la culpa son pura mierda, en la cual uno se va

---

123 Ebda., S. 32.

hundiendo, como si fuera arena movediza, ahogándome hasta dejar de respirar y perder la fuerza de vivir.[124]

Diese Arbeit optiert insofern für eine Interpretation auch der figurativen Sprache in anderen *testimonios*, wie der visuellen Sprache in *No nacimos pa' semilla*, die diese in Zusammenhang mit einer Form der Wahrnehmung bringt, die dem Leib im Sinne der Phänomenologie der Leiblichkeit zu neuerer Bedeutung verhilft. Das fiktionale Format Álapes erlaubt überdies, mehr als die stärker faktual orientierten Werke, eine Lektüreerfahrung, die in den Worten von Iser zu einem Heraustreten im Sinne von Ekstase wird, welche so im Akt der Lektüre eine Form der Begegnung mit dieser leibbezogenen Wahrnehmung erlaubt und Empathie und Verständnis für den als Feind stigmatisierten *sicario* erzielen kann.

4.2.4 *Comandante Paraíso*: Das literarische Projekt einer testimonialen Geschichtsschreibung über den Kokainhandel im Valle del Cauca

Als weiteres Werk faktual orientierter Narkoprosa gilt es, den 2002 von Gustavo Álvarez Gardeazábal veröffentlichten Roman *Comandante Paraíso* anzuführen.[125] Das 128 Kapitel zählende Werk ist ein heterogenes Konglomerat unterschiedlicher Erzählformate, welche zusammengenommen eine alternative Chronik über den Drogenhandel in Kolumbien darstellen.[126] In den meisten Fällen sind dies *testimonios*, fiktionale Monologe oder Interviews, die aus der Sicht und in der Sprache von unmittelbar aus dem Drogenmilieu und davon betroffener Einwohner ländlicher Gegenden des Valle del Cauca – der Heimatregion des Autors – erzählt werden.

Die Lebensgeschichte des fiktiven und titelgebenden Drogenbarons Enrique Londoño, alias «Comandante Paraíso», bildet als thematischer Bezugspunkt der meisten Kapitel den – wenngleich eher erratisch durchscheinenden – «roten Faden» des Romans. Enrique Londoño ist ein aus sehr einfachen, dörflichen

---

124 Ebda., S. 13.
125 Eine Biographie und einen Überblick über sein Gesamtwerk gibt Jonathan Tittler: Jonathan Tittler/Gustavo Álvarez Gardeazábal: *El verbo y el mando: vida y milagros de Gustavo Álvarez Gardeazábal*. Tuluá: Unidad Central del Valle del Cauca, UCEVA 2005.
126 Davon weicht die Interpretation von Forero ab, der den Roman im weiteren Kontext des Kriminalromans in Kolumbien analysiert. Vgl. Quintero Gustavo Forero: La novela de crímenes en Colombia a partir de la teoría de la anomia: el caso de Comandante Paraíso de Gustavo Álvarez Gardeazábal. In: *Lingüística y Literatura: revista del Departamento de Lingüística y Literatura de la Universidad de Antioquia* 55, 30 (2009), S. 75.

Verhältnissen stammender Mann, einer der Pioniere des Drogengeschäftes,[127] der in der Romangegenwart zu einem der mächtigsten Capos weltweit avanciert. Als solcher unterhält er Handelsbeziehungen mit der ganzen Welt und kontrolliert einen großen Teil des Kokaingeschäftes.[128] Mittelst eines Heeres, bestehend aus Drogenhändlern, das Enrique Londoño zur «Jetzt-Zeit» des Romans (1988–1995) in den gebirgigen Regionen des Landes aufbaut, plant er einen Putsch.[129] Sein Ziel ist es, der oligarchischen kolumbianischen Oberschicht mit Gewalt das Zepter aus der Hand zu reißen. Nach Jahrhunderten der Ausbeutung des kolumbianischen Volkes sei die Zeit gekommen, für diese das «Paradies» zu erobern und das Land – und insbesondere den Kokainmarkt – vor der US-amerikanischen Übernahme zu bewahren.[130]

Doch erzählt *Comandante Paraíso* diese Lebensgeschichte des Drogenbarons nicht im eigentlichen Sinne, sondern bildet vielmehr ein heterogenes Textensemble, das weniger zu erzählen, als gelebte Erfahrungen mit dem Drogenhandel zu bezeugen und eine alternative Sicht auf das Phänomen in Kolumbien zu geben sucht.

Diese poetologische Zielrichtung erschließt sich bereits aus von Gardeazábal gemachten Aussagen, die uns in einem 1997, fünf Jahre vor Veröffentlichung von *Comandante Paraíso*, geführten Interview mit dem Literaturkritiker Jaime Zambrano, überliefert sind. Der Autor bemerkt darin, dass der Roman ursprünglich den Titel *Crónicas de los tiempos del perico* («Chroniken der Zeit des Koks») tragen sollte und er darin die Geschichte der «traquetos» seiner Region erzähle.[131] Wir erfahren darin ferner von den von ihm geführten Interviews, Gesprächen und Aufzeichnungen, die er, vor allem während seiner Zeit als Bürgermeister von Tuluá, gesammelt hat.[132] Aufgrund der Gefahren, die eine Veröffentlichung mit sich bringe, wusste er 1997 noch nicht, ob und wann er das

---

127 Vgl. Gustavo Álvarez Gardeazábal: *Comandante Paraíso*, S. 274.
128 Vgl. ebda., S. 134.
129 Vgl. ebda., S. 40 und ebda., S. 341.
130 Vgl. ebda., S. 154.
131 Vgl. Gustavo Álvarez Gardeazábal/Jaime Zambrano: Gustavo Álvarez Gardeazábal. In: *Hispamérica* 76/77, 26 (1997), S. 113, wo es heißt: «Es que es contar la historia de todos los «traquetos» de mi tierra recogidas durante mi período como alcalde. Es ver como constituyeron una cultura.» In dem Interview gibt der Autor auch nähere Informationen zum Begriff des «perico». Vgl. S. 113.
132 So heißt es: «Aunque el episodio central es un poco novelado – son los monólogos a un doctor, que obviamente soy yo, de un capo contando el principio de su vida – no lo es el ejercicio de su vida, y muestra ciertas obsesiones típicas de ellas. Las otras partes son pequeñas historias acaecidas con distintos personajes y distintas circunstancias del momento. Todas en plan testimonio.» Ebda, S. 113–14. Vgl. auch S. 115.

Buch publizieren würde. Ziel sei es, mit diesem Werk von solchen Ereignissen und Figuren zu erzählen, die die Presse verschweige sowie diesen eine romanähnliche Form zu geben.[133]

Das chronistisch-testimoniale Romanprojekt widersetzt sich in Form und Sprache sowohl der Tradition herkömmlich linear erzählter Chroniken, als auch der «offiziellen Geschichtsschreibung» über den Drogenhandel, wie sie etwa der Presse entnommen werden kann. Es reiht sich insoweit in die Tradition lateinamerikanischer Testimonialliteratur und der *crónica periodístico-literaria* ein, die in *Comandante Paraíso* zusammengeführt und um romaneske Elemente ergänzt werden. Wie es Eigenart dieser faktual orientierten Erzählformate ist, lässt sich auch Gardeazábal mit *Comandante Paraíso* im Spiel der Fiktion von den alltäglichen Erfahrungen und der Wahrnehmung derjenigen leiten, die von einer je unterschiedlichen Situation gesellschaftlicher oder politischer «Dringlichkeit» aus eigener Erfahrung zu berichten wissen: hier betrifft dies das Phänomen des Drogenhandels und -kriegs in Kolumbien und im Besonderen der ländlichen Gegenden des *Valle del Cauca*.

Der geographische Bezugspunkt der meisten Geschichten ist das Dorf Alcañiz.[134] Das Dorf liegt in einer gebirgigen Region, der Cordillera Occidental des Valle del Cauca und findet seine reale Entsprechung in der Heimatstadt des Autors – Tuluá –, in der dieser zwei Mal Bürgermeister war. Gleiches gilt auch für viele andere Figuren, Ereignisse und autobiographische Elemente des Romans – einschließlich der im Roman erzählten Zeit (1989–1995) –[135] die aus dem reichen Erfahrungsschatz des Autors in dieser Region und mit dem Drogenhandel stammen, die dieser als Bürgermeister Tuluás (1988–1990 und 1992–1994), Gouverneur des Valle del Cauca (1997–1999), und anschließend im Gefängnis

---

133 Vgl. ebda, S. 119, wo es heißt: «Entonces lo que se quiere es esa hibridación en que conservando cierta estructura novelesca se le permita al lector captar la información. La información que le niegan los noticieros o los manejedores de la información. Todo lo que nosotros decíamos en sotte voce, se volvió verdad oficial. [...] Lo que hay que hacer es contarle a la gente eso que todavía no sale en los periódicos.»
134 Alcañiz ist auch der Name der Finka des Autors in Tuluá. Vgl. Claudia Ospina: *Representación de la violencia en la novela del narcotráfico y el cine colombiano contemporáneo*, S. 202.
135 Gardeazábal bekleidete während der im Roman erzählten Zeit das Amt des Bürgermeisters von Tuluá (1988–1990 und 1992–1994). Dies geht aus den in den Roman eingelagerten Briefen hervor, die der im Gefängnis einsitzende Gabriel Ángel an den Capo schreibt. Insoweit wird die Romanhandlung zeitlich durch die Briefe, die Gabriel Ángel aus dem Gefängnis schrieb, eingerahmt. Zu Beginn des Romans heißt es noch, Gabriel würde 1996, also nach 8 Jahren, aus dem Gefängnis entlassen werden. Am Ende des Romans wird Gabriel dagegen nach schon 7 Jahren, also 1995, freigelassen. Es liegt daher nahe, die im Roman erzählte Zeit als die Periode zu identifizieren, in der Gardeazábal Bürgermeister Tuluás war.

(1999–2001) sammeln konnte, wo er zwei Jahre wegen angeblich illegaler Bereicherung in Zusammenhang mit dem Drogenhandel einsaß.[136] Hier schloss er die schon 1993 begonnene Arbeit an dem vorliegenden Roman ab.[137]

4.2.4.1 Erzählen aus der Perspektive der Drogenhändler und des einfachen Volkes

Im Folgenden gilt es – unter Berücksichtigung repräsentativer Analysebeispiele unterschiedlicher Kapiteltypen – die besondere poetologische Zielrichtung dieses Romans herauszuarbeiten, der sich, wie andere Werke faktual orientierter Narkoprosa in der Darstellung des Drogenhandels an der Wahrnehmungs- und Erfahrungswelt der unmittelbar von diesem Phänomen Betroffenen, hier des Valle del Cauca, orientiert. Besonderes Augenmerk ist hierbei auf die Inszenierung der Figur des großen Drogenbarons und die Sprachverwendung und Erzählweise von im Dienste des Drogenhandels arbeitender Folterknechte zu legen.

Die faktuale Zielrichtung des Werkes offenbart sich an erster Stelle an dem generischen Grundgerüst von *Comandante Paraíso*: Von den 128 sehr heterogenen Kapiteln, die multiperspektivisch, polyphon und fragmentarisch Etappen des Werdegangs Londoños zu einem Drogenbaron und der Geschichte des Kokainhandels in dieser Region erzählen, folgen die meisten testimonialen und dokumentarischen Erzählformaten: Dazu gehören 24 monologische Kapitel, in denen der Capo von seinem Leben und seinen umstürzlerischen Plänen berichtet, die er mit der Gründung seiner Narko-Guerilla verfolgt. In weiteren 25 – größtenteils testimonialen – Kapiteln erzählen Auftragsmörder und Drogenhändler von Morden und den Schwierigkeiten im Geschäft. Weitere 18 szenisch, nämlich in Dialogform geschriebene Kapitel stellen Zeugnisse von unbekannt bleibenden Erzählstimmen, Einwohnern des Dorfes bzw. Repräsentanten des einfachen Volkes dar, die ihre Sichtweise auf die Figur des *Comandante Paraíso* und den Drogenhandel kundtun. Sieben weitere Kapitel stellen Interviews mit Auftragsmördern dar. Ferner finden sich 15 in den Text eingelagerte Briefe, die Gabriel, ein in Kentucky im Gefängnis einsitzender Drogenhändler an den Capo

---

136 Vgl. El tiempo: Prisión preventiva para Álvarez Gardeazábal. In: *El tiempo* (05.05.1999); http://www.eltiempo.com/archivo/documento/MAM-912186 (02.03.2019).
137 Einem Interview mit Jaime Zambrano zufolge hatte der Autor 1997 bereits vier Jahre an dem Roman gearbeitet, er sei an sich schon veröffentlichungsreif gewesen. Die erst 2002 erfolgte Veröffentlichung muss daher in Zusammenhang mit seinem späteren Gefängnisaufenthalt (1999–2001) gesehen werden, wo der Roman endgültig fertiggestellt wurde. Vgl. Gustavo Álvarez Gardeazábal/Jaime Zambrano: *Gustavo Álvarez Gardeazábal*.

und seine Mutter schreibt. Dazu kommen, vorwiegend zu Beginn des Romans, aus der Sicht eines allwissenden Erzählers erzählte prosaische Kapitel (10) sowie solche, die über den historischen Hintergrund der Geschichte des Kokains informieren (29).

Wie in *No nacimos pa' semilla* wird das Werk in den testimonial orientierten Kapiteln, einschließlich der Monologe des *Comandante Paraíso*, autodiegetisch – in Ich-Perspektive – erzählt. Menschen aus dem einfachen Volk, die zu Auftragsmördern und Drogenhändlern wurden, wird damit nicht nur eine Stimme gegeben, sondern es wird gleichzeitig deren Perspektive auf den Drogenhandel und -krieg in die «Bedeutungskonstruktion» des Romans mit eingebunden. Das betrifft auch die eher dialogischen Erzählformate.[138]

In diesem mehrstimmigen Textensemble taucht nur selten die Erzählstimme eines außerhalb dieser erzählten Welt stehenden ordnenden Erzählers auf. Der meist nur «Doctor» genannte Erzähler nimmt dann Rolle und Funktion eines Dialogpartners und Zuhörers der Dorfbewohner, Auftragsmörder und Folterer, einschließlich des Capos an. Dies belegt im Besonderen der folgende Satz, der den Roman beschließt:

> Publique entonces todo lo que ya tiene listo, todo lo que ha recogido, todo lo que le he contado, pero deje la puerta abierta, las crónicas de los tiempos del perico no se han acabado todavía. Habrá mucho, pero mucho más que contar antes que ganemos el Paraíso.[139]

Es ist der Drogenbaron, der in diesem letzten Satz den Erzähler nicht allein anspricht, sondern ihn gar damit beauftragt, alles, was dieser gesammelt habe, auch zu veröffentlichen. Metafiktionale Aussagen wie diese zeigen an, *Comandante Paraíso* als eine Art testimoniale Auftragsarbeit zu begreifen, welche im Dienst des Drogenbarons geschrieben wurde.

Dass hinter diesem Erzähler niemand anders als der Autor selbst steht, geht nicht nur aus Interviews mit dem Autor, sondern auch aus den Briefen Gabriels an den Capo hervor, in denen der Bürgermeister von Alcañiz unter seinem echten Namen in Erscheinung tritt.[140] Der Buchautor Gardeazábal fügt so seinem

---

[138] Ausgenommen davon sind Kapitel, die über den historischen Hintergrund der Geschichte des Kokains informieren (29), in denen der Erzähler als «Chronist» figuriert.
[139] Gustavo Álvarez Gardeazábal: *Comandante Paraíso*, S. 343.
[140] Dort heißt es etwa: «Ayer que llegué de Atlantic City encontré que Gardeazábal me había enviado los periódicos y una cartica de la alcaldía diciéndome que mientras estuviera aquí metido no solo me seguirán llegando sino que está a la orden.» Ebda., S. 41. Der fiktive Bürgermeister Gardeazábal des Dorfes Alcañiz versendet, wie einst im echten Leben als Bürgermeister der Kleinstadt Tuluá, an die in den USA aufgrund von Verstrickungen in den Drogenhandel

Roman nicht nur autobiographische Elemente bei, sondern authentifiziert deren Echtheit quasi durch die Unterschriftsleistung auf den in den Roman eingelagerten Briefen. Damit schließt er gleichsam – wie hier Philippe Lejeune folgend festgestellt werden kann – eine Art «Pakt» mit seinem Leser: er bürgt für das Geschriebene, das nicht zuletzt auch deshalb testimonialen Charakter erhält.[141]

Eine derartige Verschmelzung des Autor-Erzählers mit der Wahrnehmung der Dorfbewohner, einschließlich der Drogenhändler und des Capos, spricht in besonderer Weise aus Kapiteln, die aus der Perspektive des personifizierten *pueblos* (Dorf/Volk) geschrieben sind. Das zeigt sich etwa in Kapitel 103, wo der Drogenkrieg sprichwörtlich am Himmel dieses Dorfes erscheint, als fünf große Militärflugzeuge das kleine Propellerflugzeug eines Drogenhändlers verfolgen. Die Propellermaschine fliegt dabei, um nicht zum Opfer von Luftbomben zu werden, ganz nah an den Häuserdächern vorbei und gewinnt die Jagd schließlich dadurch, dass es in einem unbeachteten Moment, nach eineinhalb Stunden der Verfolgung, entkommt. In der aus Sicht des «pueblos» erzählten Anekdote heißt es, das Dorf personifizierend:

> este pueblo sintió que la guerra le había llegado a sus entrañas y no una guerra de esas de la historia, no, una guerra como la de las películas.[142]

Und weiter, in erster Person Plural:

> Cuando todos vimos que la avioneta se volaba, se oyó un grito unánime en todas las orillas del pueblo y los de la chichería y los de Farfán quemaron cohetes como si el equipo de futból acabara de ganar el campeonato nacional.[143]

Mit diesem Stilmittel bringt Gardeazábal zum Ausdruck, wie die Dorfgemeinschaft – darin eingeschlossen ihr Chronist, der sich im «Wir» als einer von ihnen ausgibt – angesichts des Kriegsszenarios zusammenrückt. Geschlossen stellt sich das Dorf hinter die Drogenhändler, wie weiter aus solchen Textstellen hervorgeht, in denen es heißt, dass man einen «einstimmigen Schrei aus allen Ecken des Dorfes» hörte, so als ob die Fußballmannschaft gewonnen hätte. («se oyó un grito unánime en todas las orillas del pueblo»). Das Dorf wird gewissermaßen zu einem einzigen Klangraum dieser Schreie und damit zu einem Schutzraum für den Drogenhandel.

---

im Gefängnis sitzenden Kolumbianer Zeitungen und sichert den Gefangenen so seine Unterstützung zu.
141 Philippe Lejeune: *Le pacte autobiographique*. Paris: Seuil 1996.
142 Gustavo Álvarez Gardeazábal: *Comandante Paraíso*, S. 279.
143 Ebda., S. 281.

4.2.4.2 Über den poetologischen Stellenwert des Phänomens des Sozialbanditentums

In der situationalen Solidarisierung des Volkes mit dem Drogenhandel, allen voran der Figur des großen Drogenbarons in Gestalt Enrique Londoños, bestehen signifikante Parallelen zu dem von Hobsbawm beschriebenen Phänomen des Sozialbanditentums. Diese – häufig in ländlichen Gegenden auftretende und durch Legenden belegte – Ausprägung des Banditentums beschreibt Hobsbawms u. a. wie folgt:

> Es ist das besondere Merkmal der Sozialbanditen, daß Feudalherr und Staat den bäuerlichen «Räuber» als Verbrecher ansehen, während er jedoch weiterhin innerhalb der bäuerlichen Gesellschaft bleibt und vom Volk als Held, Retter, Rächer und Kämpfer für Gerechtigkeit betrachtet wird; vielleicht hält man ihn sogar für einen Führer der Befreiung, jedenfalls für einen Mann, den man zu bewundern hat, dem man Hilfe und Unterstützung gewähren muss.[144]

Vor diesem Hintergrund lässt sich auch der Titel, der auf die gleichnamige Hauptfigur, den *Capo del narcotráfico* Enrique Londoño, anspielt, interpretieren. Die dem Bereich des Militärwesens entlehnte Bezeichnung des «Kommandanten» – eines militärischen Anführers – erfasst im lateinamerikanischen Kontext seit der kubanischen Revolution auch die Gestalt eines sozialistischen Revolutionärs. Weltweit wird seitdem der Begriff des *Comandante* mit dem des Revolutionärs *Comandante Che Guevara* (1928–1967) in Verbindung gebracht. Darüber hinaus versteht man in Kolumbien unter *Comandante* die Anführer von paramilitärischen und Guerilla- Gruppen. Seine spezifische Bedeutung erhält der *Comandante* und «Sozialrebell» dieses Romans in dem Titel-Zusatz «Paraíso». Damit wird – mit einem ironischen Augenzwinkern – auf die Großmachtphantasien, die «Obsessionen» der großen Drogenbarone angespielt.[145] Wie Pablo Escobar suchten diese mit Gewalt wirtschaftliche und politische Macht an sich zu reißen, um so das «Paradies» für sich und das einfache Volk zu erobern.[146]

4.2.4.2.1 «Inversionslogik» in den Monologen des Comandante Paraíso

Von den Großmachtfantasien und politischen Befreiungsabsichten dieses Narko-Sozialrebells handeln die «Monologe» des «*Comandante Paraíso*» als dem Kernstück des Romans. Gardeazábal kreiert in diesen fiktionalen Monologen ein

---

[144] Eric J. Hobsbawm: *Die Banditen*, S. 11.
[145] Vgl. hierzu Claudia Ospina: *Representación de la violencia en la novela del narcotráfico y el cine colombiano contemporáneo*, S. 199.
[146] Vgl. Gustavo Álvarez Gardeazábal/Jaime Zambrano: *Gustavo Álvarez Gardeazábal*, S. 113.

an die Rolle der Capos der 1980er und 1990er Jahre angelehntes und von deren Sprach- und Diskursformen inspiriertes Bild.[147] Der Capo erzählt darin von seinem Leben, nimmt vereinzelt zur politischen Situation des Landes Stellung und schmiedet Pläne, ein (nationales) Heer aus Drogenhändlern aufzustellen, das mit Gewalt die Regierung stürzen solle. Es entsteht dabei das Bild eines fleißigen, aus dem einfachen Volke kommenden Mannes, der sich mit Ehrgeiz und Unternehmergeist an die Spitze des Drogengeschäftes seiner Region hochgearbeitet hat. Er zeigt sich gegenüber der armen Bevölkerung großzügig und fürsorglich und genießt seiner Heimatregion, allen voran in Alcañiz, hohes Ansehen.[148] Wie im Falle des von Hobsbawm beschriebenen Sozialbanditentums, positioniert der *Comandante Paraíso* sich und seine Narko-Guerilla darüber hinaus als eine Form des aus dem Volke stammenden Widerstands gegenüber der herrschenden Ordnungsmacht.

Die Ausdrucksweise des *Comandante* ist ungehobelt, zum Teil vulgär, stets umgangssprachlich und mitunter aggressiv. Aus seinen politischen Ansichten spricht ein aus der Ablehnung und Demütigung geborener Hass auf die bürgerliche Oberschicht und das von ihr beherrschte oligarchische System, wie das folgende Textbeispiel zeigt, in dem der *Comandante Paraíso* begründet, weshalb er eine «Narco-Guerilla», ein «Ejército Nacional de los Traquetos» gründe.

> Por eso estoy formando este Ejército Nacional de los Traquetos, para que ahora los indigestas resulten siendo esos riquitos de mierda, envidiosos, que en vez de hacer sociedades con gente como yo prefirieron irse a lamberle al gringo o seguir imitando las estupide-

---

[147] Vgl. dazu die Aussagen Gardeazábals: «Aunque el episodio central es un poco novelado – son los monólogos a un doctor, que obviamente soy yo, de un capo contando el principio de su vida – no lo es el ejercicio de su vida, y muestra ciertas obsesiones típicas de ellos.» Ebda, S. 113–14; Ferner: «Es el fruto de oír largas charlas de los grandes dueños del novedoso poder que se tomó el traqueto colombiano.». Ebda, S. 115. Zu den «*Capos del narcotráfico*», die ihm für die Monologe des Comandante Paraíso Modell standen, gehören aller Wahrscheinlichkeit nach Figuren wie Pablo Escobar und Carlos Lehder, mit denen Enrique Londoño die revolutionär-politische Ausrichtung sowie den antioligarchischen Charakter seines Diskurses teilt. Es gilt darauf hinzuweisen, dass einer der Capos des Cártel de Cali, welches in der Romangegenwart (1988–1995) den Großteil des weltweiten Kokainhandels kontrollierte, mit Enrique Londoño den Nachnamen teilt. José Chepe Santacruz Londoño war nach den Brüdern Orejuela der dritte Mann des Cártel de Cali, bis er 1995 starb. Ospina zufolge stehen die Drogenhändler des Kartells des Norte del Valle im Fokus des Romans. Vgl. Claudia Ospina: *Representación de la violencia en la novela del narcotráfico y el cine colombiano contemporáneo*, S. 195.
[148] Dieses Bild geht auch aus Kapiteln hervor, in denen anonyme Dorfbewohner sich in Bezug auf seine Person äußern. Vgl. etwa Gustavo Álvarez Gardeazábal: *Comandante Paraíso*, S. 142. Hier heißt es in Bezug auf Enrique Londoño, alias Hatoviejo: «– Es que él no permite robos a nadie. ¿Usted ha visto alguien mas honrado que «Hatoviejo»?»

ces que predicaba ese maniático moralista de Galán y que últimamente ha revivido el demoniaco del fiscal Valdivieso.[149]

Der *Comandante Paraíso* zielt mit seinem Narko-Heer auf einen Putsch, nämlich die Inversion der Machtverhältnisse ab, damit nun – wie gleich der erste Satz enthüllt – die regierende Oberschicht in die Position der wörtlich «Unverdaulichen» («los indigestas»), nämlich der «Schlechten» und feindlichen «Anderen» der Gesellschaft rückten. Denn – so heißt es begründend – statt mit den Drogenhändlern eine Gesellschaft zu bilden, hätten diese sich mit den USA und der Bewegung des *Nuevo Liberalismo* verbündet («que en vez de hacer sociedades con gente como yo prefirieron irse a lamberle al gringo o seguir imitando las estupideces que predicaba ese maniático moralista de Galán y que últimamente ha revivido el demoniaco del fiscal Valdivieso.»).[150]

Doch dem *Comandante* geht es in seinen Schmähreden weniger um eine sachliche Begründung seines Machtanspruches, sondern um eine herabwürdigende Beleidigung, die gleichsam verbal die Herrschenden zu vernichten trachtet. Seine Hasstirade ist gespickt mit Verbalinjurien an die Adresse der Herrschenden, namentlich des Gründers und – bis zu seinem Tode 1989 – Vorsitzenden des *Nuevo Liberalismo*, Luis Carlos Galán, sowie dessen Cousin, des Staatsanwalts Valdivieso.[151] Er holt weit aus und stellt die Regierung auf eine Stufe mit dem Gemeinen und Hässlichen («envidiosos», «lamberle al gringo»), dem Dämonischen («ese demoniaco del fiscal Valdivieso»), des Ekeligen und Monströsen («riquitos de mierda», «ese maniático moralista de Galán», «lamberle al gringo»). Sein Angriff gipfelt in der Verurteilung der Herrschenden als «Verbrecher», wie aus folgender Textstelle hervorgeht, die mit der rhetorischen Frage nach der Rechtmäßigkeit von «Strafe» für die Taten der großen Drogenbarone der 1980er und 1990er Jahre eingeleitet wird:

> ¿Cuál pena doctor? La de no haber conseguido más plata para tumbar a esta manada de bandidos que vestidos de gente bien y tomando whisky barato en los cócteles bogotanos no nos dejaron entrar nunca a la sociedad.[152]

Polemisch und mit verächtlicher Ironie, antwortet der *Comandante*, dass man sie allenfalls dafür bestrafen könne, dass sie noch nicht genug Geld beisammen

---

149 Ebda., S. 239.
150 Der *Nuevo Liberalismo* verfolgte eine dezidierte Strategie zur Bekämpfung des Drogenhandels und setzte sich, allen voran der damalige Justizminister Lara Bonilla, mit leidenschaftlichem Engagement für Rechtsstaatlichkeit, eine konsequente Strafverfolgung der Drogenhändler und deren Auslieferung an die USA ein.
151 Galán wurde 1989 im Auftrag Pablo Escobars umgebracht.
152 Gustavo Álvarez Gardeazábal: *Comandante Paraíso*, S. 133.

hätten, um diese «Herde an Verbrechern» umzubringen («... pena ... de no haber conseguido más plata para tumbar a esta manada bandidos»).[153] Der *Comandante* dreht den Spieß um und vertauscht die Rollen, sodass nun die Regierenden zu Tätern – «einer Herde an Banditen» – werden, denen Strafe gebührt. Hinter den «gente bien» – den scheinbar «Guten» – stecke in Wahrheit etwas Monströses, eine Art «Sittenmonster»,[154] wie auch der Begriff der «manada de bandidos» suggeriert und sich einmal mehr eine Inversionslogik im Diskurs des Capos offenbart.[155]

Diese erreicht schließlich auch seine politischen Absichten: der *Comandante* strebt nach dem Umsturz der Herrschaft und legitimiert diesen damit, dass das Land einen starken Mann wie ihn brauche:

> Yo, doctor, no es que me crea Napoleón pero aquí sí necesitamos alguien que se amarre los pantalones y los ponga a comer mierda y a trabajar de verdad.[156]

Lapidar, in der Weise einer Litotes, heißt es, dass er sich zwar nicht für Napoleon halte («no es que me crea Napoleón»), aber dass das Land jemanden brauche, der «den Gürtel enger schnallt» und die regierende Klasse «Scheiße essen» und sie wirklich arbeiten lasse («los ponga a comer mierda y a trabajar de verdad»). Im Kern geht es ihm also darum, mit der von ihm geplanten Machtübernahme eine «Inversion» der Machtverhältnisse vorzunehmen. An anderer Stelle wird diesbezüglich auch der Vergleich zu einem anderen «starken Mann», nämlich dem von der Bergbevölkerung in den Wahlen von 1970 bevorzugen Präsidentschaftskandidaten, dem General Rojas Pinilla, angeführt.[157]

---

153 Indirekt nimmt er damit Bezug auf die sogenannten *magnicidios*, die im Auftrag des Medellínkartells verübten Morde an Führungspersonen des öffentlichen Lebens wie des Justizministers Lara Bonilla, Präsidentschaftskandidat Luis Carlos Galán und des Verlegers der Tageszeitung *El Espectador*, Guillermo Cano.
154 Im Sinne des von Foucault geprägten Begriffs. Vgl. S. 59, Fn. 149. Wie den «Sittenmonstern» von damals (das französische Verbrecher-Königspaar) sieht man, so der *Comandante*, der bogotaner Oberschicht ihre Monstrosität nicht an.
155 Dieser Begriff stammt von Reinhart Koselleck und wird von diesem in Bezug auf die Funktion der Kriegerdenkmale nach dem ersten Weltkrieg in Deutschland verwendet. Gemeint ist damit, dass die Denkmäler «kraft einer Inversionslogik auch aus der Niederlage zur Identifikation mit dem Vaterland herausfordern, für das der Tod erbracht worden war.» Reinhart Koselleck: Kriegerdenkmale als Identitätsstiftungen der Überlebenden. In: Odo Marquard (Hg.): *Identität* München: Fink 1996, S. 263.
156 Gustavo Álvarez Gardeazábal: *Comandante Paraíso*, S. 133.
157 Rojas Pinilla unterlag in den Präsidentschaftswahlen 1970 seinem Gegner Misael Pastrana Borrero mit nur 70.000 Stimmen. Er war der Wunschkandidat der ländlichen Bergbevölkerung gewesen, für die er sich während seiner kurzen Regierungszeit eingesetzt hatte. Rojas Pinilla wird im Roman als der vom Volk, von der ruralen Bevölkerung verehrte und ersehnte Kandidat

Zu seinem «Propagandadiskurs» gehört ferner – und auch darin bestehen gewisse Parallelen zu Hobsbawms «Sozialbanditentum» – dass er die Bedeutung seiner Narko-Guerilla in das Gewand der nationalen Rettung, nämlich der Bewahrung Kolumbiens vor der US-amerikanischen Invasion, kleidet: [158]

> Si nos van a perseguir a los narcos para ellos producir la cocaína y quitarnos ese privilegio a los colombianos, como hicieron con la mariguana se jodieron doctor. Si el Ejército Nacional no libra la batalla para defender al país de esos gringos abusivos, nosotros sí la damos y la ganamos.[159]

Der *Comandante Paraíso* inszeniert sich – wie es Merkmal des Sozialbanditen ist – als «Retter, Rächer und Kämpfer für Gerechtigkeit»[160] sowie als «einen Führer der Befreiung»,[161] wenn er es anstrebt, an der Stelle des kolumbianischen Staates mit seinem Narko-Heer die nationale Befreiung vor der US-amerikanischen Invasion anzuführen («Si el Ejército Nacional no libra la batalla para defender al país de esos gringos abusivos, nosotros sí la damos y la ganamos.»). Er inszeniert sich angesichts eines solchen Szenarios als einzig legitime, nämlich aus dem Volk stammende und für das Volk handelnde Souveränität, die im Interesse des Landes die Anwendung von revolutionärer Gewalt geradezu einfordert, um damit eine legitime Regierung an die Stelle eines brüchig gewordenen, von den USA dominierten Systems zu stellen.

Eine solche Position, die in dem Drogenhandel der 1980er Jahre in Kolumbien ein revolutionäres Moment erkennt, wird auch in den Kapiteln, die histori-

---

dargestellt. Der Roman legt in den historischen Passagen nahe, dass die Wahlen ein entscheidender Markstein für das Land waren. Bildete sich doch in Folge der politischen Sackgassensituation die linke Terrorgruppe M-19, die sich von Rojas Pinillas Partei ANAPE abgespalten hatte. Vgl. ebda., S. 162, 122, 143–44. Auch der *Comandante* beschwört einen anderen Ausgang der Geschichte, wäre der General Pinilla 1970 an die Macht gekommen: «Vea doctor, piénsalo bien, con el general mandado, los gringos no se hubieran vuelto contra nosotros como se volvieron y todos habríamos podido disfrutar de la bonanza. No habrían salido Pablos Escobares ni Gilbertos Rodríguez ni yo había cogido el auge que he cogido ahora y el poder que tengo, más el que me inventan, él se las habría ingeniado para que todos trabajáramos y de fijo que habría encontrado cómo aumentar sin tanto muerto ni tanta prohibición el consumo de los gringos. Pero nos robaron las elecciones y nos tuvimos que abrir a trabajar solos, a demostrar que los verracos algún día podíamos ser mejores que ellos y ya ve el vacío que nos han hecho.» Ebda., S. 136.
158 Der Begriff der Propaganda wurde jüngst auch in Bezug auf das diskursive wie nonverbale Verhalten der mexikanischen Drogenkartelle verwendet. Siehe dazu H. Campbell: *Narco-Propaganda in the Mexican «Drug War». An Anthropological Perspective*. Vgl. hierzu auch Kapitel 2.2.2.
159 Gustavo Álvarez Gardeazábal: *Comandante Paraíso*, S. 154.
160 Eric J. Hobsbawm: *Die Banditen*, S. 11.
161 Ebda.

sche Hintergrundinformationen zum Geschehen liefern, bezogen. Denn auch diese suggerieren, dass, was die kubanische Revolution nicht geschafft habe – die Eigentumsverhältnisse umzukehren – in Kolumbien nun das Verdienst des Drogenhandels sei: «En otras palabras, los que no pudo la revolución cubana, cambiar de estrato social a los dueños de la tierra lo logramos en Colombia con el narcotráfico.»[162]

4.2.4.2.2 Märchenhaftes, mythifizierendes Erzählen

Eine an der Wahrnehmung der Bevölkerung ausgerichtete Erzählweise und «Inszenierung» der Figur des *Comandante Paraíso* erreicht ferner auch die prosaischen, stärker romanesken Kapiteltypen, deren Erzählweise wieder erst unter Bezugnahme auf die von Hobsbawm beschriebene Ausprägung des sozialen Banditentums bedeutungsvoll wird.

Das Sozialbanditentum lässt sich nicht losgelöst von den unter dem (armen) Volk kursierenden Legenden und von diesem vorgenommenen Formen der Mythifizierung dieser Figur begreifen, die den Drogenbaron erst zu einem «Volkshelden» und «Rächer der Armen» werden lassen.[163] Von der Legenden- und Mythenbildung rund um die Figur des großen Drogenbarons, die für das Verständnis seiner Figur und des Drogenhandels allen voran in ländlichen Regionen elementar ist, scheint Gardeazábal inspiriert worden zu sein, wenn er *Comandante Paraíso* mit einer Legende über die Zeugung des großen Capos einleitet. Ein Märchenerzähler erhält somit das erste Wort dieser Chronik über den Kokainhandel in Kolumbien und berichtet mit metaphernreicher Sprache und

---

162 Gustavo Álvarez Gardeazábal: *Comandante Paraíso*, S. 299.
163 Eric J. Hobsbawm: *Sozialrebellen*, S. 27. Anzumerken ist ferner, dass der von Hobsbawm beschriebene Typus des Sozialbanditen, den er auch als «idealtypisches Sozialbanditentum» (ebda, S. 28) bezeichnet, zunächst weniger ein empirisches Phänomen, denn eine kulturelle (imaginäre) Konstruktion, ein «Mythos» bzw. Archetyp des gesellschaftlich Imaginären ist, welcher sich in unterschiedlichen Gebieten der Erde zu unterschiedlichen Epochen herausgebildet hat. Dennoch lasse dieser «Mythos» auch Rückschlüsse auf die empirische Wirklichkeit zu, so Hobsbawm einleitend in «Die Banditen»: «Zweitens bediente ich mich recht bedenklicher historischer Quellen: Balladen und Gedichte. Diese Form kollektiver Erinnerung und Mythisierung ist gewiß unzuverlässig, was die einzelnen Tatsachen des Banditenwesens betrifft, doch verschafft sie bei aller Distanz von den wahren Ereignissen immer wieder Einsicht in die soziale Umwelt der Banditen, insofern als kein Grund zur Annahme besteht, daß diesen in den Balladen und Gedichten verfälscht wird. Allerdings werfen die Balladen eine schwierige Frage auf: Inwiefern wirft der «Mythos» vom Banditen tatsächlich ein Licht auf die wirklichen Verhaltensweisen von Banditen? [...] Eine gewisse Verbindung besteht hier sicherlich. Hier hilft nur der gesunde Menschenverstand, und ich hoffe, daß ich seinen Boden nicht verlassen habe.» Eric J. Hobsbawm: *Die Banditen*, S. 8–9.

umständlichem, schwülstigem Stil, wie der jüdische Hausierer Abrahán Iscariote seine Mutter Anacarsis entjungferte.

> Llegaba siempre con la luna llena, como cumpliendo un rito maldito y fue bajo el amparo de una noche de esas que hundió su candelabro en las hendiduras virginales de Anacarsis, a la orilla de la quebrada de Cantarrana, donde después del jineteo le hizo las abluciones de sus ancestros y le dio unas recomendaciones como si nunca fuese a volver a pasar por ese camino.[164]

Der Text beschreibt ein zugleich romantisches («luna llena», «orilla de la quebrada») wie wüstes Szenario, das den Hintergrund der Schwängerung Anacarsis darstellt, welche unter Bezug auf die Metapher des «Kerzenleuchters» und der «jungfräulichen Spalten» beschrieben wird («hundió su candelabro en las hendiduras viriginales») und mythische Züge annimmt, wenn es heißt, dass der Jude Iscariote, als ob er einen Fluch bzw. einen verfluchten Ritus erfüllen würde, immer bei Vollmond kam und nach vollzogenem Geschlechtsakt (seinem jineteo («Ritt»)) Anacarsis einer rituellen Waschung unterzog («después del jineteo le hizo las abluciones de sus ancestros»).[165]

Von einer ganz anderen Form der Mythifizierung, nämlich «Erhöhung» der Figur des großen Drogenbarons erfährt man im zweiten Kapitel. Auf die märchenhafte Erzählung seiner Zeugung folgt ein *testimonio* eines Auftragsmörders, der von seinem ersten Mord berichtet und dabei an verschiedenen Stellen einen gewissen «*patrón*» erwähnt. Schon in der Bezeichnung «*patrón*» schwingt neben der väterlichen Fürsorge eine darüber hinausgehende Form mafiöser Machtbindung mit, die in folgendem Textbeispiel näher beschrieben wird:

> Bajar a Ramiro era como decirme que subiera al Everest para que me dieran el trabajo. Y que subiera solo porque la orden me la dio el patrón sin ningún testigo y poniéndome la mano en el hombro, señal inequívoca de que nunca podría contar, mientras él viviera, que yo había sido el ejecutor.[166]

In den Worten des Auftragsmörders wird gleichsam der mächtige Umriss eines Mannes mitgezeichnet, dessen Einfluss und Macht indirekt mit dem höchsten

---

164 Gustavo Álvarez Gardeazábal: *Comandante Paraíso*, S. 12.
165 Der jüdische Hausierer Abrahán Iscariote mit dem Spitznamen Löwe aus Juda (*León de Juda*) wird ferner wie eine Art «Melquíades» aus Gabriel García Márquez *Cien años de Soledad* dargestellt. So heißt es über ihn, dass er als Verkäufer von Stoffen einmal im Monat mit seinem Karren aus dem zweiten Weltkrieg ins Dorf kam und er Sonderangebote, Kredite, Glasperlen und auch Hoffnungen feilbot: «cuando el vendedor de telas pasaba cada mes, en su carromato de la Segunda Guerra Mundial, ofreciendo descuentos y créditos, abalorios y esperanzas detrás de sus ojos azules y su mirada de ardilla regordeta.» Ebda., S. 10.
166 Ebda., S. 15.

Berg der Welt, dem Mount Everest, verglichen wird. Denn Ausdruck der Macht und Einfluss des *patrón*s ist der Grad der Überwindung, die es den Auftragsmörder gekostet hat, seinen ersten Mordauftrag zu erfüllen, um beim *patrón* zu arbeiten. Der Auftragsmörder nimmt in seinen Aussagen überdies Bezug auf die Geste – dessen Hand auf seinen Schultern – als er Ramiro den Mordauftrag gab. Einer Interpretation dieser Geste gleich, bezeichnet er sie als «señal inequívoca de que nunca podría contar, mientras él viviera, que yo había sido el ejecutor». Es steht fest, dass solange der *patrón* lebt, er zu ewigem Schweigen darüber verdammt ist, dass er den Mord ausgeführt hat.

4.2.4.3 «Inversionslogik» in der Mythologie von Folterknechten

Neben der Inszenierung der Figur des großen Drogenbarons, gilt ein gesondertes Augenmerk den im Roman abgedruckten Interviews mit professionellen Folterknechten, die im Dienste der Kartelle ihrem Geschäft nachgehen. Die Interviews erlauben erschreckende Einblicke in eines der dunkelsten Kapitel der Geschichte der Gewalt in Kolumbien. Die Sprachverwendung der Folterknechte deutet auf tieferliegende Wahrnehmungs- und Bedeutungsverschiebungen, nämlich auf eine Art «Berufsethik», die sich im Kontext der Folterszene herausgebildet hat und die herkömmlichen Kategorien von Gut und Böse nicht nur umgeht, wie etwa auch Martha Huggins für die «professionellen Folterer» im Dienste des brasilianischen Staates beobachtet hat, sondern geradezu umkehrt.[167]

Doch bevor es näher auf die besondere Sprachverwendung der Folterer in Analysebeispielen einzugehen gilt, ist kurz die Bedeutung des Interviews als Darstellungsform einiger Kapitel der hier vorliegenden Chronik hervorzuheben. Anders als das monologische *testimonio* erfolgt im «Interview» weniger eine Darstellung der Welt des Anderen aus den Augen eines repräsentativen Vertreters, denn eine Konfrontation des Anderen mit den Fragen und Ansichten eines Anderen, hier des Autors Gardeazábal.

Als erstes Analysebeispiel dient in dieser Arbeit Kapitel 38, in dem ein im Drogengeschäft tätiger Auftragsmörder und Folterer interviewt wird.

¿Cuántos ha bajado usted?
Muchos.
¿Lleva la cuenta?
No, porque todos me los han pagado.

---

[167] Vgl. Martha K. Huggins: La violencia del Estado en Brasil: la moral «profesional» de los torturadores. In: Susana Rotker (Hg.): *Ciudadanías del Miedo*. Caracas: Nueva Sociedad 2000.
[168] Gustavo Álvarez Gardeazábal: *Comandante Paraíso*, S. 123. Vgl. auch Kapitel 116 (S. 310–17).

> ¿Ha torturado antes de matar?
> He hecho de todo.
> ¿Era necesario?
> Para gozar sí.
> ¿Y cómo se puede gozar así?
> Gozando... con verles la cara de dolor, con verlos llorar, con verlos implorar misericordia.
> ¿Y usted nunca ha pensado que lo mismo le pueden hacer a usted?
> Todo en la vida se paga, el gozo también.
> ¿Y no sería mejor no hacer lo que hace para que después no se lo hagan a usted?
> El gozo es gozo.[168]

In den Antworten entsteht das Bild einer Person, die wortkarg und selbstbewusst mit wenigen Worten zum Ausdruck bringt, was sie denkt. Wir finden keine *Concessios*, *Correctios* oder andere Formen der Einschränkung oder Erklärung des Gesagten, vielmehr sind die Antworten affirmativ, einsilbig und lakonisch. So lautet die Antwort auf die Frage, wie viele Personen der Auftragsmörder umgebracht habe: «Muchos».

Der affirmative Charakter und die Einsilbigkeit geht mit einer Abwendung von Formen der Erklärung, Begründung und emotionalen Anteilnahme einher. Näheres über mögliche Motive und Denk- und Bewertungsstrukturen hierfür erfährt man in der Antwort auf die Frage, ob er Liste über die Ermordeten führe: «No, porque todos me los han pagado.» Die Bezahlung der Morde enthebt den Auftragsmörder – dieser Antwort nach – also jeglicher Form der persönlichen Anteilnahme an dem von ihm verübten Mord.

Doch ist das Argument der «Professionalität» nicht ausreichend, um das Verhalten und die in Sprache geronnene Vorstellungswelt dieses Menschen zu begreifen. Auf die Frage, ob es notwendig war, zu Foltern, antwortet er – in offenbarer Provokation: «Para gozar sí.» (Um zu genießen, ja). Und sodann, auf die Frage hin, wie man denn dabei genießen könne: «Gozando ... con verles la cara de dolor, con verlos llorar, con verlos implorar misericordia.» («Indem man genießt ... ihr vor Schmerz verzerrtes Gesicht sieht, sie weinen sieht, sie um Erbarmen bitten sieht.»). In der Redeweise entsteht der Eindruck einer selbstgerechten Person, die über die Motivation ihres Verhaltens geradezu versteinert immerzu das gleiche Argument – nämlich die Genussmöglichkeiten beim Foltervorgang – anbringt, was angesichts eines Aktes der Folter hochgradig zynisch wirkt und in der Tautologie «Gozo es gozo» kulminiert. Die Tautologie bringt eine Form des argumentativen Zirkelschlusses zum Ausdruck, der eine Verweigerungshaltung bezüglich jeglicher Form rationaler Begründungen oder Rechtfertigung zum Ausdruck bringt und darin signifikante Ähnlichkeiten zu den ebenfalls tautologischen Begründungsstrukturen Chuy Salcidos (aus *Cada respiro que tomas*) aufweist, wenn dieser über Grund und Sinn seines Aufenthaltes im Gefängnis berichtet. In der emphatischen Wiederholung des «Genusses» spricht er der Folter eine Form des Eigenwertes zu, die diese ihrer Instrumentalität enthebt.

Andere Textstellen legen nahe, eine solche Haltung, die in dem Moment der Folter eine Form des Genusses erkennt, als eine besondere Form der Professionalität, nämlich als die im Geschäft geforderte Haltung zu begreifen, wie folgende Zitate suggerieren, die von Jaime Serna, dem «Chef-Folterer» des «Patróns» handeln.[169]

> Jaime era cruel pero no por malo sino por gozo y a mí, que apenas fui aprendiz todo el tiempo, lo que me enseñó fue a sentir satisfacción en lo que hacía, no importando los resultados.[170]

Aus Sicht des Ich-Erzählers, des Foltergehilfen von Jaime, war sein Chef zwar grausam, aber nicht aus Bösartigkeit. Denn – die Begründung ist entscheidend – er war um des Genusses willen grausam («Jaime era cruel pero no por malo sino por gozo»). Der Genuss an der Folter enthebt ihn also jedweder moralischen Bewertung seines Verhaltens. Vielmehr wird die Genussfähigkeit des Akts der Folter als ein zu erstrebendes Gut innerhalb dieses Geschäftes dargestellt. Die «Lehre» besteht nämlich für den Foltergehilfen darin, den Genuss am Akt des Folterns zu erlernen («lo que me enseñó fue a sentir satisfacción en lo que hacía, no importando los resultados»).[171]

Diesem «Ideal» zufolge inszeniert Jaime seine Folterpraktiken als prototypisch sadistische Szenarien, ja, als eine Art sadistisches «Liebesspiel» zwischen Folterer und Gefoltertem, das er etwa wie folgt beschreibt:

> El proceso resultaba repetido. Yo lo empezaba, por supuesto, cuando entraba en la sala del gozo con mi máscara completa de cuero, mis trajes de hombre sádico que Jaime compraba por docenas cada que iba a Nueva York o Los Ángeles, y les arrancaba con furia la ropa, primero con las manos y después con tijeras o alicates.[172]

Jaimes Welt funktioniert nach anderen Gesetzmäßigkeiten, er gibt – einem Schauspiel gleich – Räumen, Figuren und Objekten einen eigenen, neuen Na-

---

169 Vgl. ebda., S. 310.
170 Ebda.
171 Auch einem anderen Zitat zufolge besteht kein Widerspruch zwischen der Genussfähigkeit der Folter und der Professionalität des Geschäftes: «Yo no sé a cuántos me tocó ayudar para que hablaran, ni a cuántos dejó vivos pero de lo que sí me acuerdo muy bien es con cuáles gozó más y con cuáles me hizo gozar a mí. Tal vez por esa razón no me da arrepentimiento alguno. Lo nuestro siempre fue muy profesional y Jaime no creo que se haya equivocado nunca.» Ebda., S. 312.
172 Ebda., S. 313.

men. Zu den Requisiten seines «Folterspiels» gehören erstens der schwarze Anzug, die Ledermaske und die Peitsche, die Jaimes Gehilfe zur Anwendung bringt. Der Sadismus findet ferner in der stark euphemistischen und erotisierenden Ausdrucksweise Eingang, die den Folterern und Gefolterten bestimmte Namen und damit auch Rollen innerhalb des «Liebesspiels» zuweist. Jaime fällt dabei die Rolle des «Liebkosers» zu – er wird vom «patrón» der «acariciador»[173] (Liebkoser) genannt –, seine Opfer sind die «Liebkosten» und die Folterkammer, in der alles stattfindet, erhält die Bezeichnung «sala del gozo» (Raum des Genusses).

Wir haben es mit einer Form der radikalen «Umkehrung», nicht nur der Werte, sondern auch der Sprache sowie der damit zusammenhängenden Vorstellungswelt zu tun, die ihre eigenen Gesetzmäßigkeiten und Kategorien des «Guten» und des «Bösen» geschaffen hat, welche es im Sinne eines «Folterhabitus» zu erlernen gilt, um «professionell» zu werden. Es findet dabei eine sprachliche Neubesetzung bestimmter Begriffe und Handlungen statt, die sich sodann als die angelernte Haltung im Geschäft entlarvt, indem es darum geht, maximalen Genuss dabei zu empfinden, andere Menschen an die Grenzen des Erträglichen, ja des Menschseins zu bringen, indem sie in den denkbar schlimmsten Weisen gedemütigt und sexuell gefoltert werden. Genuss ist insofern nicht länger ein Signifikant für eine bestimmte Form des Wohlbefindens, sondern ein mächtiges Gegenkonzept, das zur «Professionalität» erklärt wird und traditionelle, christlich und humanistisch geprägte Denk- und Verhaltensformen gewaltsam abprallen lässt, indem dieser Begriff in sein Gegenteil verkehrt wird.

4.3 Chronistisch orientierte Narkoprosa über den nordmexikanischen Drogenkrieg und die Frauenmorde in Ciudad Juárez (Mexiko)

Im Folgenden wenden wir uns bei der Analyse wichtiger Werke chronistisch orientierter Narkoprosa entsprechend ihrer nationalen Gewichtung vor allem mexikanischen Werken zu. Die meisten Werke spielen im mexikanischen Norden, allen voran in der Grenzregion. So auch die hier ausgewählten *Contrabando* von Víctor Hugo Rascón Banda, *Huesos en el desierto* von Sergio González Rodríguez, Élmer Mendozas *Cada respiro que tomas* und *La parte de los crímenes*, der vierte Teil von Roberto Bolaños monumentalem Roman *2666*. Diese Werke wenden sich der komplexen Thematik der im Kontext des Drogenkriegs

---

[173] Ebda., S. 312.

und einer Situation systemischer Gewalt massenhaft verübten, unaufgeklärten Gewaltverbrechen der 1980er und 1990er Jahre zu. Das betrifft in besonderer Weise die infamen Frauenmorde von Ciudad Juárez, die die Literatur bezeugt und deren Hintergründe sie analysiert.

In der Analyse der Erzählweise und poetologischen Ausrichtung dieser Werke wird der Pionierroman *Contrabando* von Víctor Hugo Rascón Banda besondere Beachtung finden.[174] Der Roman wurde erst 2008 posthum veröffentlicht, doch bereits 1991 mit dem *Premio Bellas Artes Juan Rulfo* ausgezeichnet.[175] Er wurde von fast allen Kritikern als ein frühes Meisterwerk auf dem Feld der mexikanischen Narkoprosa gefeiert.[176]

Damit sollen vom eher frühen Format der Chronik ausgehend Momente von Kontinuität und Wandel der chronistisch orientierten Narkoprosa in Mexiko herausgearbeitet werden. Diese erfährt ihren literarischen Höhepunkt vorerst mit dem Roman *2666*. Dessen vierter Teil, *La parte de los crímenes*, wird als ein fiktionales Exemplum chronistisch orientierter Narkoprosa diskutiert. Neben einer Chronik aus dem Erzählband *Cada respiro que tomás* mit dem Titel *Clínica Santa María* wird *Huesos en el desierto* in der Analyse Berücksichtigung finden.

Die sich diesen Werken eher zögerlich zuwendende mexikanische Forschung stellt heraus, dass es sich um einige der wenigen Beispiele handelt, die sich durch einen alternativen Diskurs zur vorherrschenden Sicht über den Drogenkrieg in Mexiko auszeichnen. Eine solche Position wird von Kritikern wie Zavala vor allem inhaltlich begründet, nämlich in der spezifischen Darstellung des Verhältnisses Staat-Drogenkartelle. Der offizielle Drogendiskurs verbreite den «Mythos Drogenhandel». Dieser gehe von klar umrissenen Feindbildern – der Drogenkartelle – aus, die als außerhalb staatlicher Strukturen wirkende kriminelle Organisationen figurierten. *Contrabando* und *2666* gehörten zu den Werken, die diesem Mythos nicht aufsäßen und eine alternative Sichtweise auf

---

174 Rascón Bandas Theaterstücke *Guerrero Negro* und *Contrabando* gehören zu den ersten literarischen Zeugnissen über den Drogenkrieg in seiner Heimatregion Chihuahua. *Contrabando* ist Rascón Bandas einziger Roman.
175 Dieser Preis wird in Mexiko für den ersten Roman eines Schriftstellers vergeben.
176 Dazu gehört u. a. Juan Villoro: La alfombra roja. Comunicación y narcoterrorismo en México. In: Oswaldo Estrada (Hg.): *Senderos de violencia. Latinoamérica y sus narrativas armadas*. Valencia: Albatros Ediciones 2015, S. 31–42. Ferner: Oswaldo Zavala: Imagining the US-Mexico drug war. The critical limits of narconarratives. In: *Comparative Literature* 66 (2014), S. 340–60; Sophie Esch: In the Crossfire. Rascón Banda's Contrabando and the «Narcoliterature» Debate in Mexico. In: *Latin American Perspectives*, 41 (2014), S. 161–76; Diana Palaversich: Contrabando, a Masterpiece of the Mexican Narconovela. In: *Literature & Arts of the Americas*, 47 (2014), S. 28–33.

den Drogenkrieg erreichten.[177] Die Analysen Anadeli Bencomos zu González *Huesos en el desierto* und Herlinghaus' zu Bolaños *2666* berücksichtigen ebenso Form und Ästhetik der Werke. Nach ihrer Auffassung widersetzten diese sich ebenfalls dem vorherrschenden, maniquäischen Diskursparadigma.[178]

Die chronistisch orientierte Narkoprosa folgt der Tradition der *crónica periodístico-literaria* Monsiváis und Poniatowskas. Wie diese zeichnet sie sich durch einen ethisch-politischen Appellcharakter aus. Kraft einer Orientierung an der Wahrnehmung und Erzählweise der direkt vom Drogenkrieg Betroffenen zielt sie darauf ab, eine alternative Sicht auf den herrschenden Drogenkrieg zu geben. Das betrifft insbesondere die Rolle, die darin der Staat spielt. Insoweit bildet der affektive, imaginäre und diskursive Kontext ein wichtiges Bedeutungssubstrat. Die Literatur strebt es insbesondere an, die Dispositive des *war on drugs* und damit einhergehende Formen der Feindbildung zu konterkarieren.

Contrabando nimmt etwa schon mit der Wahl des Titels eine Form der Stellungnahme vor. Epitheton und Substantiv *narco*, allen voran der Begriff des *narcotráfico*, sind Teil des offiziellen Diskursparadigmas. In der regionalen Umgangssprache hingegen und in den zu dieser Zeit in Chihuahua verbotenen *narcocorridos* findet sich der Begriff des *contrabando*, um den Drogenhandel zu bezeichnen.[179] Damit wählt Rascón Banda erstens einen Titel, der seine spezifische Bedeutung nur innerhalb eines bestimmten diskursiven Kontextes erhält: der Sprachverwendung des nordmexikanischen Drogenmilieus.[180] Nur hier bedeutet *contrabando* «Drogenhandel» und nicht wie gewöhnlich im Spanischen «Schmuggel». Ferner lässt sich *Contrabando* auch als Anspielung auf den im Roman mehrfach intertextuell verarbeiteten *narcocorrido* mit dem Titel *Contrabando y traición* verstehen.[181] Der sehr berühmte Corrido war zu dieser Zeit in Chihuahua verboten. Eine damit einhergehende Oppositionshaltung gegenüber

---

177 Vgl. Oswaldo Zavala: *Imagining the US-Mexico drug war: The critical limits of narconarratives*, S. 342. Siehe hierzu Kapitel 1.3.1.1 dieser Arbeit.

178 Vgl. Anadeli Bencomo: Los relatos de la violencia en Sergio González Rodríguez: Huesos en el desierto, El vuelo y El hombre sin cabeza / Stories of violence in the works of Sergio González Rodríguez. In: *Andamios* 8 (2011). Und Hermann Herlinghaus: *Narcoepics. A Global Aesthetics of Sobriety*, S. 157–232.

179 Neben den Begriffen *contrabando* werden auch *carga* oder *negocios chuecos* zur Bezeichnung der (illegalen) Tätigkeit verwendet. Luis Astorga: *Mitología del «narcotraficante» en México*, S. 93.

180 Davon weicht Juan Villoros' Intepretation des Titels dieses Buches ab, der den spezifischen Gebrauch des Begriffes nicht zu kennen scheint, wenn er «Contrabando» auf die eher allgemeine Bezeichnung «Schmuggel» zurückführt. Juan Villoro: *La alfombra roja. Comunicación y narcoterrorismo en México*, S. 40.

181 Auf *Traición y contrabando* nimmt auch eine der kurzen Chroniken von *Cada respiro que tomas* mit dem Titel *Camelia la Texana* Bezug, welche eine kurze Episode aus dem Leben der

dem staatlichen Diskurs offenbart der Text überdies in bestimmten Aussagen. So etwa, wenn der Ich-Erzähler im ersten Kapitel des Romans, im Rahmen einer Straßenkontrolle einem Polizisten antwortet:

> Soy escritor. Voy a mi casa en Santa Rosa. Vivo en México. Escribo en Proceso. Denunciaré todo.[182]

Neben dem sogenannten «autobiographischen Pakt», der mit dieser Aussage zwischen Autor und Leser geschlossen wird,[183] demonstriert der Text das Rollenverständnis seines Ich-Erzählers. «Soy escritor [...] Denunciaré todo.» Es handelt sich um eine Art Selbstanzeige des Textes, wird doch damit eine der Hauptfunktionen der vorliegenden Fiktion benannt: die Dokumentation offiziell verschwiegener Gewaltakte und illegaler Praktiken.

Ein diesbezüglich aufschlussreiches Bild auf den Autor und das Buch wirft auch die «Veröffentlichungsgeschichte» des Werkes. Rascón Banda lehnte es ab, das Werk zu seinen Lebzeiten zu publizieren. Und dies, obwohl er mit dem unveröffentlichten Roman den für Debütromane vergebenen *Premio Juan Rulfo de novela* erhalten hatte. Laut Vicente Leñero, Freund und Lehrer des Schriftstellers, dessen Name im Roman fällt, finden sich hierfür zwei mögliche Gründe: Der Dramaturg fremdelte erstens mit der Prosaform. Mehr noch aber fürchtete er die Konsequenzen einer solchen Veröffentlichung. Die meisten der im Buch erzählten Geschehnisse, allesamt unaufgeklärt bleibende Gewaltverbrechen, seien real. Entsprechend äußert sich der Ich-Erzähler, wenn er schreibt, er wolle alles verbrennen, was er in Santa Rosa geschrieben habe.[184]

Ungefähr zehn Jahre später verfassen Sergio González Rodríguez mit *Huesos en el desierto* und Roberto Bolaño mit *2666* ebenfalls Werke, die sich der vom Drogenkrieg und der anhaltenden Situation endemischer Gewalt erschütterten nordmexikanischen Grenzregion widmen. Sie machen die unaufgeklärten infamen Frauenmorde in Ciudad Juárez zum Gegenstand ihrer Werke. Sergio González Rodríguez schreibt hierzu im Prolog der dritten Auflage: «A lo largo de los años, el gobierno mexicano ha protegido a los asesinos y a quienes los patrocinan cuantas veces ha sido necesario. *Huesos en el desierto* lo demues-

---

gómera (Opiumverkäuferin) Camelia la Texana erzählt. Vgl. Élmer Mendoza: *Cada respiro que tomas*, S. 53–55.
182 Víctor Hugo Rascón Banda: *Contrabando*, S. 11.
183 Siehe dazu: Philippe Lejeune: *Le pacte autobiographique*, S. 27–46.
184 «Voy a quemar todo lo que escribí en Santa Rosa, se lo prometí a mi madre.» Víctor Hugo Rascón Banda: *Contrabando*, S. 210. Es gilt ferner zu beachten, dass sein Bruder im Gefängnis war und er diesen als dessen Anwalt vertrat und seine Mutter das Amt einer Richterin bekleidete. Vgl. Juan Villoro: *La alfombra roja. Comunicación y narcoterrorismo en México*, S. 40.

tra.»[185] Die Texte eint nicht allein ein aufklärerisches, die Staatsautorität anklagendes Dispositiv.

In der nachfolgenden Analyse wendet sich die Arbeit zunächst dem sich angleichenden generischen Grundgerüst und der Darstellung von «Handlung» und «Figuren» der Werke zu. Anschließend wird die aufklärerisch-investigative Zielrichtung der Werke anhand von repräsentativen Textanalysen herausgearbeitet. Die Interpretation sucht überdies den Vergleich zu Juan Rulfos *Pedro Páramo* und diskutiert davon ausgehend die gesellschaftspolitische Aussagekraft der Werke.

4.3.1 Faktual orientiertes Erzählen und rhizomatische Handlungsgeflechte

Die Werke offenbaren eine Darstellung des Drogenkriegs, die zulasten einer einheitlichen *storyline* einen hohen Realbezug aufweist. Die Literatur steht, wie schon *Comandante Paraíso*, eindeutig im Zeichen des Bezeugens von empirisch belegten Geschehnissen. Diesem wird das «Erzählen» im klassischen Sinne untergeordnet.

Contrabando ist der Rahmenhandlung nach ein autobiographischer Reisebericht:[186] Der in Mexiko lebende 39-jährige Schriftsteller fährt 1987 für 27 Tage in sein Heimatdorf Santa Rosa, Uruachic in der Sierra Tarahumara in Chihuahua.[187] Dort findet er in der familiären Zurückgezogenheit den Stoff und die nötige Muße zum Schreiben eines Drehbuchs, eine Auftragsarbeit des mexikanischen Ranchero-Sängers Antonio Aguilars. Das fertig gestellte Drehbuch *Triste Recuerdo* und das ebenfalls dort verfasste Theaterstück *Guerrero Negro* bilden die letzten Kapitel des Romans.[188]

Der Reisebericht verschriftlicht die Erfahrungen, die der Schriftsteller von seinem Eintreffen in Chihuahua bis zu seiner Rückkehr nach Mexiko-Stadt macht.[189] Mehr als seine eigenen Erfahrungen, dokumentiert der autobiographische Ich-Erzähler all das, was ihm über den Drogenhandel/-krieg in Santa Rosa zu Ohren kommt. Auf ein aus Sicht des Ich-Erzählers erzähltes Kapitel folgt

---

185 Sergio González Rodríguez: *Huesos en el desierto*, S. II.
186 Der Definition von Philippe Léjeune nach, in: Philippe Lejeune: *Le pacte autobiographique*. (Ich-Erzähler und Protagonist sind weitestgehend identisch mit dem Autor selbst.).
187 Vgl. Víctor Hugo Rascón Banda: *Contrabando*, S. 26.
188 Vgl. ebda., S. 24.
189 Zwischen dem ersten («El camino a Santa Rosa») und dem letzten Kapitel («Desenlace») vergehen drei Monate; das letzte Kapitel ist mit einem zweimonatigen Abstand zu seiner Reise in den Norden Mexikos verfasst, wie man erfahren kann: «Escribo estas páginas tres meses después de que salí de Santa Rosa.» Ebda., S. 207.

ein dokumentarisches oder testimoniales Format. In 23 Kapiteln werden unterschiedliche Geschichten, Stimmen und Dokumente eingeflochten, die aus unterschiedlicher Erzählperspektive von miteinander verwobenen Einzelschicksalen erzählen. Ihr gemeinsamer Bezugspunkt ist der hier entfachte Drogenkrieg, der in dem einstigen Minenarbeiterdorf apokalyptische Verhältnisse geschaffen hat. Das schafft Polyphonie im Bachtinschen Sinne.[190]

Der herrschende Drogenkrieg in Santa Rosa wird also nicht kraft einer einheitlichen Diegese und auf diese Bezug nehmender Nebenerzählungen und/ oder Analepsen oder Prolepsen erzählt. Vielmehr wird dieser vermittelst testimonialer oder dokumentarischer Erzähleinheiten bezeugt. Dazu gehören transkribierte Funktelegramme («Los ruidos del aire»), Tonbandaufzeichnungen («O tú o yo») und *testimonios* sowie der Abschiedsbrief eines im Gefängnis sitzenden Drogenbarons («Carta de Valente Armenta»). Die logische Verknüpfung all dessen zu einem Gesamtbild wird weitgehend dem Leser überlassen wird.

Aus der Sicht des Ich-Erzählers ist zu erfahren, dass in der Jetzt-Zeit des Romans zwei grausame Massaker verübt werden. Das Kapitel «Una noche en Santa Rosa» berichtet von einem während einer Feierlichkeit im Dorf verübten Blutbad, bei dem es 16 Tote und 20 Verletzte gab.[191] «El Río de la muerte» beschreibt, wie nahe eines Flusses, an dessen Ufern Drogen angebaut werden, die dort arbeitenden und lebenden Kleinbauern aus der Luft von Hubschraubern erschossen werden.[192]

Man erfährt auch von dem Verschwinden des *Presidente Municipal* von Santa Rosa.[193] Julián ist der Cousins des Schriftstellers. Die Suche nach ihm bildet in der insgesamt fragmentarischen und erratischen Handlungsführung so etwas

---

190 Diesbezüglich heißt es bei Bachtin: «Alle diese Gattungen bringen ihre Sprachen in ihn ein, spalten daher die sprachliche Einheit des Romans und vertiefen seine Redevielfalt auf neue Weise.» Michail M. Bachtin: *Probleme der Poetik Dostoevskijs*, S. 210.
191 Es handelt sich um eine während eines Dorffestes stattfindende Konfrontation zwischen zwei in Pickups angefahrener Gruppen fremder junger Männer. Während die eine Männergruppe offenbar dem verschwundenen *Presidente Municipal* aufwartete, wird die zweite Gruppe als *Judiciales Federales*, die wie *narcos* aussehen, bzw. als *narcos* mit Ausweisen von *Judiciales Federales* im Roman beschrieben. Letztere begaben sich auf die Suche nach Ersteren und schossen alle Dorfbewohner nieder, die ihnen Auskunft darüber verweigerten. Später begaben sie sich ins Dorf, suchten nach Drogen und plünderten dabei alles, was ihnen wertvoll erschien. Diejenigen Frauen, die nicht beim Tanz waren – das sind vor allem minderjährige Mädchen zwischen 12 und 15 Jahren und Frauen über 40 Jahre – wurden vergewaltigt. Vgl. Víctor Hugo Rascón Banda: *Contrabando*, S. 85–91.
192 Vgl. ebda., S. 97–101.
193 Der Posten des *Presidente Municipal* entspricht dem des Bürgermeisters, allerdings erstreckt sich seine Regierungsgewalt auf die gesamte Region.

wie einen roten Faden.[194] Denn der autobiographische Ich-Erzähler, der auch als Journalist und Anwalt arbeitet, setzt er sich etwa per Funktelegramm mit verschiedenen Bekannten in Chihuahua in Verbindung. Davon erzählt das Kapitel «Los ruidos del aire», das aus verschiedenen transkribierten Funkkonversationen besteht, die partiell Aufschluss über den Drogenhandel in der Region geben.[195] Das Verschwinden seines Cousins ist überdies immer wieder Gesprächsthema der Familie, die Mutmaßungen über sein Verbleiben anstellt.[196] Man beachte das testimoniale Erzählparadigma, das es den Dorfbewohnern u. a. eingelagerten Dokumenten überlässt, Aussagen über die Hintergründe der Geschehnisse zu machen.

Die erratische Handlungsführung erreicht stellenweise auch die Vergangenheit des Drogenhandels dieser Region.[197] An ihm sind im Wesentlichen zwei Familien beteiligt: die Armentas aus Santa Rosa und die Fonsecas aus Guamúchil, Sinaloa. Das Schicksal beider Familien findet in der Figur Valente Armentas zusammen, als dieser sich mit Rosario Fonseca vermählte.[198] Darin liegt die

---

[194] Vgl. Víctor Hugo Rascón Banda: *Contrabando*, S. 210.
[195] Ebda., S. 43–50.
[196] Der Vater Juliáns, der Onkel des Ich-Erzählers, führt das Verschwinden auf die Ankunft des Schriftstellers im Dorf zurück. Denn es habe eine Zeitungsnachricht gegeben, in der gestanden hätte, dass Víctor Hugo Rascón Banda nach Santa Rosa, dem Zentrum des Drogenhandels käme, um hier eine reale Geschichte für sein Drehbuch für Tony Aguilar zu finden. Vgl. ebda., S. 24–26. Die Mutter des verschwundenen Bürgermeisters, die «*Tía Lydia*», zieht eine persönliche Racheaktion in Erwägung, die sie auf Beobachtungen und Mutmaßungen einiger Dorfbewohner gründet, die am Tag vor dem Verschwinden Juliáns die beiden Brüder von dessen Ex-Verlobter Anselma im Dorf gesehen hatten. Sie könnten, um ihre Schwester zu rächen, den Bürgermeister verschleppt haben. Denn Anselma hatte sich, nachdem sie einige Tage nach ihrem Junggesellenabschied von der Blitzheirat ihres einstigen Verlobten Julián gehört hatte, das Leben genommen. Vgl. ebda., S. 131–32.
[197] Siehe dazu Kapitel 16 («Su última boda») und Kapitel 18 («Carta de Valente Armenta»), ebda., S. 102–08. Sowie S. 114–30.
[198] Man erfährt überdies, dass die Familie Fonseca aus Guamúchil in Sinaloa stammt und sich in zweiter Generation dem Drogenanbau und -handel widmet. Zu den Kindern der zweiten Generation gehören die Söhne Manuel, José Dolores und dessen Zwilling Marcial, die Töchter Rosario Fonseca und Güera Rosenda. Die Familie Fonseca zieht nach Chihuahua, um hier Mohn und Marihuana anzubauen, da in Sinaloa, so heißt es, Drogenanbau und -handel immer stärker kontrolliert werden. In Chihuahua lernt Rosario Fonseca den ältesten Sohn der Familie Armenta, Valente, kennen, der zum Geschäftspartner ihrer Brüder und zum Pionier des Drogengeschäftes in Chihuahua werden sollte. Die Familie Armenta widmete sich, bevor sie in das Drogengeschäft einstieg, in dritter Generation der Waffenherstellung und des -handels und ist gebürtig aus Sepayvo, einem «*municipio*» von Santa Rosa. Don Darío Armenta, Sohn des Filemón Armenta Anguiano ist mit Doña Filomena Rosales Roques verheiratet und hat vier Söhne: Valente, Rómulo, Rogelio und Sotero. Vgl. ebda., S. 114.

zentrale Bedeutung der Hochzeit des Valente Armenta, der im Roman ein eigenes Kapitel gewidmet ist, das noch dazu in der Mitte des Romans einen entsprechenden Platz erhält. Erlaubt doch das Kapitel, die restlichen Geschichten aus der Umgebung Santa Rosas besser zu verstehen. Diese hängen fast sämtlich in irgendeiner Weise mit den vier Brüdern der Familie Armenta, ihren ehelichen und unehelichen Kindern, Liebschaften, Frauen und Geschäftspartnern zusammen. Entsprechend lässt sich der entbrannte Drogenkrieg auf die Rivalitäten und blutigen Streitigkeiten der Brüder Armenta zurückführen.[199]

Auch die anderen hier berücksichtigten Werke zeigen ein ähnliches, stilistisch heterogenes und fragmentarisches Gerüst: *Cada respiro que tomas* umfasst neben dem transkribierten Interview mit Chuy Salcido im ersten Teil sieben kurze Chroniken im zweiten Teil. Diese erzählen von typischen Begebenheiten und Charakteren der mexikanischen Drogenkultur Sinaloas.[200] *Huesos en el desierto*

---

[199] Valentes Brüder, Rómulo und Rogelio Armenta wollten Valentes Brief zufolge nicht in das Geschäft ihres Bruders einsteigen, sondern zogen es ihrerseits vor, mit Drogenanbauern und -händlern aus Obregón zusammen zu arbeiten, die sie bei einer Reise nach Guamúchil kennengelernt hatten. Die geschwätzige Art und der laute und gewaltsame Umgang ihrer Mitarbeiter, so heißt es im Roman, sollte alsbald dazu führen, dass die staatlichen Autoritäten vermehrt kontrollierend eingriffen und die Region für ihren verbotenen Anbau berühmt wurde. So dauerte es nicht lange, bis man in den Zeitungen Chihuahuas und Sonoras über den Drogenanbau sprach. Das wiederum säte Zwist zwischen den Brüdern Armenta, da indirekt auch Valente von diesem Verhalten geschädigt wurde. Darüber hinaus intervenierte zunehmend auch die Bundeskriminalpolizei, indem Felder verbrannt und so nach und nach auch die bis dahin verborgen gebliebenen Gebiete Valentes entdeckt wurden. Es kam zu einem Bruch und zu tiefem Misstrauen zwischen den Brüdern, was dazu führte, dass die Angriffe der Bundesbehörden indirekt auf die jeweils andere Seite zurückgeführt wurden und die Brüder sich untereinander den Krieg erklärten. Vgl. ebda., S. 120–21.
[200] *Clínica Santa María* handelt von einer blutigen Schießerei während einer Beerdigung in einem mexikanischen Dorf. *Camelia la Texana* erzählt eine kurze Episode aus dem Leben von Camelia la Texana, einer sogenannten *gómera* (Opiumverkäuferin), die umgebracht werden soll und bei einer Nachbarin Unterschlupf findet. *Camelia la Texana* ist eine der bekanntesten Figuren aus dem Drogenmilieu, die durch den Corrido «Contrabando y traición» bekannt wurde und innerhalb der Narkonarrationen einen nahezu archetypischen Charakter erreicht hat. *Una de Malverde* handelt von Lucía, einer ehemaligen Prostituierten, die, um ihrem Mann – einem Drogenhändler – zu helfen, sich dem Schutzheiligen Malverde anvertraut und dank dessen Hilfe – so ihr Glaube – wie durch ein «Wunder» bei einem Drogentransport ungeschoren aus einer Straßenkontrolle entkam. *La culpa, la tienen los narcos* handelt von einem durch Verwechslung verursachten Tod dreier Bauern – die für Drogenhändler gehalten wurden – und der daraufhin unter den Dorfbewohnern diskutierten Schuldfrage. Das Buch endet mit *El sepelio de don Bernardino Quintero* (der Beerdigung Don Bernardo Quinteros), eines in ganz Sonora und Sinaloa bekannten Drogenbarons: Der Leser erfährt von den durch seinen Tod zurückgelassenen, zahlreichen Witwen, zugleich den Müttern seiner zahlreichen Kinder. Ferner erfährt man von seinen *socios*, die sich für die Zeit der Beerdingung mehrere Tage «Straflo-

bezeugt und analysiert in 18 unterschiedlichen Erzähleinheiten die in Ciudad Juárez in den 1990er Jahren begangenen Frauenmorde. Darunter finden sich testimoniale, journalistische, essayistische und chronistische Textformate. Dieses Thema wird *La parte de los crímenes* ebenso aufgreifen und sich, wenngleich stärker fiktionalisiert, stets an einer faktualen Erzählweise orientieren.

Eine klar identifizierbare *storyline* weicht auch in diesen Werken einer Vielzahl an Erzählsträngen. In *La parte de los crímenes* und *Huesos en el desierto* ist es stets die Suche nach Verantwortlichen und Schuldigen an den verübten Frauenmorden in Ciudad Juárez bzw. Santa Teresa, die für die Diegese wegweisend sind. Diese verdichtet sich zeitweilig in den Figuren des Ägypters Sharif Sharif bzw. des Klaus Haas.[201] Beide wurden unschuldig als verantwortliche Serienmörder an den Frauenmorden zu Gefängnisstrafen verurteilt und insoweit zu Sündenböcken für die Frauenmorde gemacht.

Diese Diegesen sind nur einzelne Elemente der insgesamt labyrinthischen Beschreibung des Geschehens. An die Stelle von Diegesen, die Sinn ergeben und «Rätsel» lösen, tritt eine verschachtelte und fragmentarische Handlungsführung. Christgau verweist in Bezug auf Bolaño unter Verweis auf Deleuze und Guattari auf den «rhizomatischen» Charakter einer solchen Darstellung, die sich als «ein Gefüge ohne Zentrum, als wuchernde Formation»[202] offenbare. Der Leser erhält so den Eindruck, immer nur scheinbar der Lösung der Verbrechen näherzukommen. Es regt sich bei der Lektüre der Zweifel, ob es überhaupt möglich ist, eindeutige Täterschaften und Schuldige zu identifizieren.

Fragt man nach den literaturgeschichtlichen Einflussfaktoren für eine derartige Darstellung von «Handlung», gilt es auch, den sogenannten mexikanischen Hyperrealismus in Betracht zu ziehen.[203] Dieser bezeichnet eine poststrukturalistisch geprägte Tendenz des Theaters der 1980er Jahre. Der Begriff geht auf Vicente Leñero zurück, an dessen Theaterworkshop auch der Drama-

---

sigkeit» bei den mexikanischen Autoritäten erkauften. Vgl. Élmer Mendoza: *Cada respiro que tomas*.

201 Dieser wird des Mordes an Elizabeth Castro García verdächtigt und zu 30-jähriger Gefängnisstrafe verurteilt. Vgl. Sergio González Rodríguez: *Huesos en el desierto*, S. 16 und S. 331.

202 Nathaniel Christgau: *Tod und Text*. Berlin: Matthes & Seitz 2016, S. 17. Christgau bezieht sich auf: Gilles Deleuze/Félix Guattari: *Tausend Plateaus*. Berlin: Merve 1992, S. 15–16.

203 Damit gemeint ist nicht ein wie von Jean Baudrillard im Rahmen seiner Medientheorie und -kritik definierter Hyperrealismus, den dieser als Kritik an der Reproduzierbarkeit von Medien in der Moderne formuliert. Näheres dazu in: Jean Baudrillard: *Der symbolische Tausch und der Tod. Anhang: Baudrillard und die Todesrevolte / Aus dem Französischen von Gerd Bergfleth*. München: Matthes & Seitz 1982, S. 113–14. Der Begriff wird ferner im Bereich der Photographie als eine Variante des sogenannten Photorealismus verwendet.

turg Rascón Banda teilnahm.[204] Der Hyperrealismus strebt danach, die Realität weniger zu erklären, als sie wie eine Momentaufnahme zu imitieren und sich dem Ideal einer «photographischen Operation der Schrift» anzunähern.[205] Gemeint ist eine Form des dokumentarischen Texttheaters, die Alltägliches so darstellt, dass die Einheit von Handlung, Ort und Zeit eingehalten wird. Erzählte Zeit und Erzählzeit stimmen weitestgehend überein.[206] Die Darstellung fokussiert sich auf das Sichtbare, die *apparentia*, das «Phänomen» im etymologischen und phänomenologischen Sinne des Wortes.[207] Eine solche Momentaufnahme solle weniger «erklären», denn die Unerklärlichkeit der Realität unterstreichen und insoweit zu einem tieferen Verständnis derselben führen.[208]

Ein derartiges Darstellungsparadigma setzt auf dem Feld der hier besprochenen Texte am radikalsten Élmer Mendozas Debütwerk *Cada respiro que tomas* um. Abgesehen von den Kapitelüberschriften, die durch die Zahlenfolge «Teil 1 und Teil 2» Zusammengehörigkeit suggerieren, fehlt in diesem Werk eine einheitliche *storyline*. Jedes Kapitel lässt sich als eine Form der narrativen Momentaufnahme der Narkokultur Sinaloas lesen.

---

204 Gewissermaßen ist der Workshop einer der beiden Motivationen für die Reise des Schriftstellers nach Santa Rosa, trat dieser sie doch mit dem Vorhaben an, ein Theaterstück und ein Drehbuch zu schreiben, welche er an den Schluss seines Romans stellt. Während das Drehbuch den Anforderungen Tony Aguilars und im Besonderen des Genres des «Rancheros» folgt und aus dem vorgefundenen Material ein mexikanisches Melodrama macht, zeigt das Theaterstück «Guerrero Negro», das auch separat veröffentlicht wurde, hyperrealistische Elemente. Neben *Guerrero Negro* finden sich hyperrealistische Elemente in den Theaterstücken: *La banca*, *El edificio* und *Manos arriba*, Mehr dazu bei: Myra S. Gann: El teatro de Víctor Hugo Rascón Banda: Hiperrealismo y destino. In: *Latin American Theatre Review* 1, 25 (1991).
205 Der Theaterkritiker Fernando de Ita umschreibt den Hyperrealismus wie folgt: «La nueva tendencia del teatro del texto que se desarrolla en el taller de Leñero es plasmar la realidad como una fotografía instantánea que pone de relieve el sentido inexplicable de la vida. Algunos estudiosos llaman a esta operación fotográfica de la escritura hiperrealismo. Una historia de los hechos cotidianos contada por los hechos mismos, dejando a un lado la manía sicologizante del realismo convencional.» Fernando de Ita: La danza de la pirámide: Historia, exaltación y crítica de las nuevas tendencias del teatro en México. In: ebda. 23 (1989), S. 13.
206 Vgl. ebda, S. 13. und vgl. auch: Ysla Campbell/María Rivera (Hg.): *Textos para la historia de la literatura chihuahuense*. Ciudad Juarez, Chihuahua: Universidad Autónoma de Ciudad Juárez 2002, S. 490.
207 Vgl. Joachim Ritter/Karlfried Gründer u. a.: Phänomen. In: *Historisches Wörterbuch der Philosophie, Band 2*. Lizenzausg. ed. Darmstadt: Wiss. Buchges. 2007, S. 478.
208 Darin zeigt der Hyperrealismus Ähnlichkeiten zum französischen *Nouveau Roman*. Christopher Domínguez Michael weist darauf hin, dass der mexikanische Hyperrealismus u. a. von dem französischen Nouveau Roman, der novela católica, und dem New Journalism geprägt ist. Christopher Domínguez Michael: *Diccionario crítico de la literatura mexicana, 1955–2011*. México, D.F.: Fondo de Cultura Económica 2012, S. 320.

4.3.2 Aufklärerisch-politische Fiktionen

Bezogen auf die hier besprochenen Werke lassen sich die von Brüchen geprägten Handlungserfahrungen zunächst als Darstellung eines «diegetischen Gefüges ohne Zentrum» begreifen. Als solche bringen sie – hyperrealistisch – die in dieser Region vorherrschende Straflosigkeit als Teil eines übergreifenden Systemversagens des Staates zum Ausdruck. In dem stärker investigativ-journalistischem Werk *Huesos en el desierto* wird diese explizit benannt: So etwa in den Kapitelüberschriften: «Policías bajo sospecha» (13.), «La defensa imposible» (14.), «La vida inconclusa» (18.).

Zweitens doppelt sich in der rhizomatischen Handlungsführung die Erfahrung von Angst und Orientierungsverlust des Einzelnen, nämlich der Bewohner dieser Region, einschließlich der Autoren selbst. Wie Chuy Salcido aus *Cada respiro que tomas* begreifen diese ihr Leben als steuerungslos.[209]

Die tieferliegend ontologische Bedeutung dieser Handlungsführung für das Gesamtverständnis von Bolaños *2666* gilt es an dieser Stelle nur anzudeuten und auf die je unterschiedlichen Interpretationen von Herlinghaus und Christgau zu verweisen.[210] Der vierte Teil beschreibe das Gravitationszentrum des gesamten Romans, dessen physische Repräsentation Santa Teresa ist. Das trifft sich mit zu dem Roman gefundenen Notizen des Autors.[211] Der stärker philosophisch-ontologisch argumentierende Christgau unterstreicht diesbezüglich die (Derridasche) Abwesenheit einer Zentrums- und Ursprungslogik, welche die rhizomatische Erzählweise indiziere.

Herlinghaus hingegen entdeckt das «verborgene Zentrum» in den komplexen Machtstrukturen und Mechanismen der Gewalt, die in dieser Grenzregion herrschten. Er interpretiert die Frauenmorde als das geheimnisvolle Zentrum des Romans, die Symptome einer globalen Macht- und Gewaltsituation sind, welche er kraft der dialektischen Konzeptfigur des *pharmakon/pharmakós* so interpretiert:

> To show how the scapegoat is first constructed and then annihilated, how that terrible burden is imposed upon certain individuals, and groups and, above all, upon a large,

---

209 Eine diffus und abstrakte Steuerlosigkeit/Fremdbestimmtheit des menschlichen Daseins in Zeiten des Drogenkriegs bringt in besonderer Weise das in den Roman vollständig integrierte Theaterstück *Guerrero Negro* zum Ausdruck, das an die Stelle von menschlichen Handlungsträgern abstrakte Handlungsgrößen stellt. Darunter: «Gewalt» und die «Droge» bzw. der «Drogenhandel» in Form der Figur des «Guerrero Negro». Vgl. Víctor Hugo Rascón Banda: *Contrabando*, Vgl. S. 135–69.
210 Nathaniel Christgau: *Tod und Text*, S. 10–15.
211 Vgl. hierzu: Ignacio Echeverría: Nota a la primera edición. In: Roberto Bolaño (Hg.): *2666*. Barcelona 2004, S. 1121–25. Und: Nathaniel Christgau: *Tod und Text*, S. 10–15.

gendered collective, is what marks the novel's secret center. This is what «The Crimes» can help us uncover.[212]

Daran gilt es in dieser Arbeit anzuschließen und die Darstellung der im Roman dargestellten Welt als eine fiktionale Doppelung gesellschaftlicher Macht- und Gewaltstrukturen in der von globalen Machtinteressen beherrschten Grenzregion zu begreifen. Diese gibt partiell Aufschluss über das *aenigma* von Macht und Souveränität in diesen Zonen. Den dargestellten Fiktionen kommt insofern eine eminent politische Bedeutung zu, als sie als Medien der Reflektion des Politischen im Sinne Friedrich Balkes fungieren: Gemeint sind Figurationen, einschließlich literarischer Texte, die es Autor und Leser erlauben, eine mögliche «‹poietische› Instanz» zu denken, «der es obliegt, die Gesellschaft imaginär in Szene zu setzen und ihr über zahllose Zeichen eine Quasi-Repräsentation zu verschaffen».[213]

Dies gilt es zunächst am Beispiel bestimmter, für die herrschende Situation der Gewalt emblematischer Figuren zu diskutieren. Dazu gehört erstens Damiana Caraveo aus *Contrabando*. Der Ich-Erzähler begegnet ihr das erste Mal mit seinem Vater auf deren nächtlicher Fahrt vom Flughafen Chihuahua nach Santa Rosa, von der man im Eingangskapitel erfährt. Damiana kreuzt wie eine geisterhafte Erscheinung ihren Weg, wie der Fahrer Venturrón kommentiert, der sie aus der Entfernung vorbeihuschen sieht: «Es una aparecida, dijo el Venturrón.»[214] Ein solches Bild verfestigt sich, als der Ich-Erzähler Damiana kurz darauf, als sie neben ihm im Auto sitzt, als den wandelnden Tod bezeichnet:

> La mujer me observaba con desconfianza. De negro, con una mirada de loca y una vejez prematura, era la imagen de una muerte triste o del ánima en pena de una mujer sin sepultura.[215]

Schwarz, mit verrücktem Blick sei Damiana das Bild eines traurigen Todes («era la imagen de una muerte triste»). Eine «ánima en pena»: die sühnende Seele einer Frau ohne Sarg. Der Text versinnbildlicht sie als Metapher des traurigen Todes, der Santa Rosa im Zuge des Drogenkrieges heimgesucht hat und als dessen böse Vorbotin sie in Erscheinung tritt.

Ähnlich wie Juan Preciado in Rulfos *Pedro Páramo* auf seinem Weg nach Comala einen sprichwörtlich «Verlassenen» («Abundio») trifft, der unheilvoll das Schicksal Comalas ankündigt, erzählt Damiana dem Ich-Erzähler noch vor

---

212 Hermann Herlinghaus: *Narcoepics. A Global Aesthetics of Sobriety*, S. 209.
213 Friedrich Balke: *Figuren der Souveränität*, S. 509.
214 Víctor Hugo Rascón Banda: *Contrabando*, S. 11.
215 Ebda., S. 12.

dessen Ankunft im Dorf von einem Massaker. Auf dem Gut ihrer Schwiegereltern in Yépachi kam dabei ihre gesamte Familie, einschließlich ihrer beiden Kinder, um. Dieses *testimonio* bildet das zweite Kapitel von *Contrabando*. Auch die Worte, mit denen sie sich im ersten Kapitel vorstellt, «Soy Damiana, la de Los Táscates»[216] rufen die umhergeisternden Seelen (die *ánimas en pena*) aus Rulfos Comala in Erinnerung: «Soy Eduviges Dyada. Pase usted.»[217]

In der Inszenierung ihrer und anderer Figuren zeichnet der Text keine allegorischen Figurationen im Sinne sinnbildlicher Abstrakta, etwa des Todes. Vielmehr inszenieren die Texte meist real existierende Figuren, die exemplarische oder metonymische Bedeutung für die Gesellschaft und deren Machtbeziehungen haben, da diese sie zu dem gemacht haben, was sie darstellen. Hier: «la imagen de una muerte triste». Gewissermaßen werden an diesen Figuren gesellschaftliche Machtstrukturen manifest. Figuren wie Damiana gerinnen aufgrund des von ihnen erlebten Schicksals gleichsam unmotiviert zu Metonymien der Machtverhältnisse und lassen sich damit als politische Figurationen interpretieren.[218] Das gilt es, als signifikantes Merkmal faktual orientierter Narkoprosa festzuhalten.

Damiana erwähnt in ihrem Testimonio über das Massaker in Yépachi nichts von den Verstrickungen ihrer Familie in den Drogenhandel. Das ist weiter von herausragender Bedeutung für die Inszenierung ihrer Figur im Text. Der Leser erfährt erst im weiteren Verlauf des Romans, dass ihr Mann Rogelio Armenta einer der vier Brüder der Drogenmafia Santa Rosas ist. Vermutlich wusste sie nichts davon oder wähnte sich im Schutz der Autoritäten. Nur so lässt sich erklären, dass sie sich an die *Judiciales estatales* (die Kriminalpolizei von Chihuaha) in Madroño wandte, um diese um Hilfe zu bitten.

Die Geschichte nimmt nun einen grotesken Verlauf: auf dem Gut ihrer Schwiegereltern empfingen sie angebliche *Judiciales Federales* (Beamte der

---

216 Ebda., S. 11.
217 Juan Rulfo/José C. González Boixo: *Pedro Páramo*. Madrid: Cátedra 2010, S. 71.
218 Im Gegensatz zur Allegorie zeichnet sich die Metonymie nach Jakobson dadurch aus, dass eine Beziehung der Ähnlichkeit (Kontiguität) zwischen dem Bezeichnenden und dem Bezeichneten, zwischen Signifikant und Signifikat vorliegt, also eine verwandtschaftliche Beziehung zwischen einem Teil (etwa einer Figur) und dem Ganzen (etwa der Gesellschaft). Das macht die Metonymie nach Jakobson zu einem beliebten Darstellungsmittel des realistischen Autors: «Den Prinzipien der Kontiguitätsrelation folgend, geht der realistische Autor nach den Regeln der Metonymie von der Handlung zum Hintergrund und von den Personen zur räumlichen und zeitlichen Darstellung über. Er setzt gerne Teile fürs Ganze.» Roman Jakobson: Zwei Seiten der Sprache und zwei Typen apathischer Störungen. In: Roman Jakobson: *Aufsätze zur Linguistik und Poetik*. Herausgegeben von Wolfgang Raible. Frankfurt am Main: Ullstein 1979, S. 135. Vgl. auch Heinrich F. Plett: *Einführung in die rhetorische Textanalyse*. Hamburg: Helmut Buske 1985, S. 77.

Bundeskriminalpolizei), die alle dort Anwesenden getötet hatten und die *Judiciales estatales* ebenfalls erschossen. Daraufhin zwangen sie Damiana zu einem Geständnis, wonach sie der Kopf einer Bande von Verbrechern sei. Eines solchen Verbrechens bezichtigt, wird Damiana zu mehreren Jahren Gefängnishaft verurteilt: Sie sühnt für Verbrechen, die unaufgeklärt bleiben und für die sie nichts kann. Unschuldig wird ihr die Schuld anderer aufgebürdet. Sie übernimmt so Rolle und Funktion eines Sündenbocks, der tragischen Rolle vieler Frauen und Männer im Kontext des Drogenkriegs in Mexiko.[219]

Damiana muss für die Verbrechen anderer büßen. Das erinnert an das von Kafka beschriebene und von Walter Benjamin (u. a. in Auseinandersetzung mit Kafkas Werk) so bezeichnete «bloße Leben». Dieses zeige sich in der schicksalhaften Verschuldung des menschlichen bloßen und schutzlosen Lebens als ein fremdbestimmtes. Wie bei Kafka ist es auch hier ein diffuses Nicht-Wissen um die Gewalt, die das Leben in der Grenzregion beherrscht.[220] Im Unterschied zu Kafka und zu Benjamins Begriff des bloßen Lebens sind es allerdings nicht ungewusste, vergessene, vor allem religiöse Gesetze und Traditionen, die den

---

219 Davon handelt etwa auch der 2016 in Mexiko gedrehte Dokumentarfilm *Tempestad* von Tatiana Huezo: *Tempestad* erzählt davon, wie in der südmexikanischen Stadt Cancún eine im Flughafen arbeitende Mexikanerin von Kartellmitgliedern der *Zetas* verschleppt und öffentlich des Menschenhandels bezichtigt wird, dessen sich die Kartelle schuldig gemacht hatten. Statt der eigentlichen Verantwortlichen wird sie öffentlich als Teil des Kartells erklärt und muss an ihrer statt die Schuld in einem vom Cartel del Golfo geführten Gefängnis in Tamaulipas absitzen.

220 Über die weiteren Bedeutungen und semantischen Konnotationen des Begriffs des bloßen Lebens bei Walter Benjamin, der diesen Begriff verwendet, um auf die besondere Konstitution des modernen Menschen hinzuweisen, geben Sigrid Weigel zufolge Benjamins Arbeiten zu Kafka Aufschluss. Näheres dazu bei Sigrid Weigel: Zu Franz Kafka. In: Burkhardt Lindner/ Thomas Küpper u. a. (Hg.): *Benjamin-Handbuch. Leben – Werk – Wirkung*. Stuttgart: Metzler 2006, S. 548. Benjamins Kafka Interpretation zufolge sind Kafkas Figuren, wie etwa K. in das Schloss in besonderer Weise ein Bild für das Dasein des heutigen Menschen. Der heutige Mensch lebe in seinem Körper wie K. im Dorf am Schlossberg. Damit sei er «ein Fremder, Ausgestoßener, der nichts von den Gesetzen weiß, die diesen Leib mit weit höheren Ordnungen verbinden.» Walter Benjamin: *Gesammelte Schriften. [Aufsätze, Essays, Vorträge]*. Frankfurt am Main: Suhrkamp 1977, S. 680. Sigrid Weigel ergänzt und expliziert die benjaminsche Interpretation und schreibt: «Dadurch ist er auf das Dasein einer Kreatur verwiesen – in der Terminologie der KRITIK DER GEWALT: auf das «bloße Leben». Sigrid Weigel: *Zu Franz Kafka*, S. 544. Es ist also die dem Menschen ungekannte und ungewusste Fremdbestimmtheit, die durch uralte und vergessene Traditionen eingeübten Gepflogenheiten von Kafkas Figuren «ohne Wissen um deren Herkunft, am wenigsten um deren Abkunft aus Theologie oder Religion» ebda., S. 548, die menschliches Leben zu bloßem Leben machen. Näheres zur Bedeutung des «bloßen Lebens» für die Narkonarrationen bei Hermann Herlinghaus: *Violence Without Guilt. Ethical Narratives from the Global South*. Hier insbesondere S. 3–28.

Menschen auf das bloße Leben verweisen. Vielmehr geht eine solche Macht in der nordmexikanischen Grenze zuallererst auf die komplexen politischen Machtverstrickungen und Gewaltverhältnisse zurück, die *Contrabando* und *La parte de los crímenes* thematisieren. Diese haben eine Situation der Straflosigkeit und Komplizenschaft der Machteliten hervorgerufen, von denen viele Menschen nur eine blasse Ahnung haben.[221]

Damiana Caraveo hat in ihrem Leben jedoch eine Wandlung vollzogen, die sie von einem Sündenbock zu einer prophetischen Erinnye Santa Rosas werden lässt. Denn im Gefängnis lernt sie die Wahrheit kennen und beginnt Rache zu schwören. Sie mutiert von einem Sündenbock zu einer Rächerin, wie nicht zuletzt der intertextuelle Verweis auf das *Corrido Contrabando y Traición* enthüllt. Das Lied handelt von der Rache Camelias an Emilio. Damiana bedient sich bestimmter Formulierungen des *Corridos*, um ihre Rolle als Rächerin an geschehenem Unrecht zu bekräftigen.

Dies zeigt folgende Textstelle, in der Damiana dem Schriftsteller gegenübertritt und ihm auf der Radiostation des Dorfes ihre Version des Drogenkriegs in Santa Rosa unterbreitet:

> La traición y el contrabando terminan con muchas vidas. Acaban también con pueblos. Santa Rosa es ahora un pueblo de puertas cerradas. Un caserío de antenas parabólicas por donde pasa el dinero mal habido. Un mundo de extraños que no se saludan en la calle. Y cuánta soledad hay en las almas. Santa Rosa de Lima tiene lágrimas, pero no son de cera. Está llorando. Quién pudiera llorar así. Pero a mí se me secaron los ojos, porque ya estoy muerta. Empecé a morir cuando galopaba hacia El Madroño. Morí en la balacera de Yepachi. [...] ¿Dónde estará el cabrón de Julián? [...] Mientras yo esté aquí, él no va a aparecer. No quiere que le vea los ojos cuando me dé la cara. Es que el contrabando y la traición no se llevan. En la cárcel yo comía venganza. Soñaba venganza. Estoy muerta, pero la venganza me sostiene.[222]

---

[221] Ein weiteres Beispiel ist Jacinta. Jacinta ist die Tochter des vierten Sohnes von Don Darío Armenta, Sotero Armenta, der als einziger der vier Söhne, die Armut dem Drogenhandel vorgezogen hatte. Jacinta sollte im Zuge der Feierlichkeiten zur Schönheitskönigin des Dorfes José Dolores Fonseca des Sinaloa-Klans (vgl. Víctor Hugo Rascón Banda: *Contrabando*, S. 119) kennenlernen, der seinen Angaben nach schon im Vorfeld wesentlich zu der Entscheidung beigetragen hatte, dass Jacinta zur Schönheitskönigin gewählt würde, indem er alle ihre Stimmen gekauft hatte (vgl. ebda., S. 32). Die beiden sollten heiraten, zwei Kinder bekommen und glücklich zusammenleben, bis José Dolores Fonseca eines Tages, nach dem überraschenden Auftauchen seiner bis dahin unerwähnt gebliebenen Ex-Ehefrau im Dorf verschwinden sollte (vgl. ebda., S. 36–37). Aus dem Brief Valente Armentas erfährt man, dass er im Zuge verschiedener Konflikte und Ungereimtheiten bei einem Trinkgelage von seinem Geschäftspartner Valente Armenta umgebracht wurde (vgl. ebda., S. 123). Jacinta weiß nichts von den Verstrickungen ihres Mannes in den Drogenhandel und sucht weiter nach den Ursachen für sein Verschwinden.
[222] Víctor Hugo Rascón Banda: *Contrabando*, S. 89–90.

Damiana kreiert ihren eigenen *narcocorrido*, der mit diesem den insgesamt parataktischen Stil teilt.²²³ Allerdings schlägt sie einen ungleich (an-)klagenderen, ja prophetischen Ton an, wenn es heißt, dass Santa Rosa nun ein Dorf mit verschlossenen Türen sei, ein Dorf aus Fremden, die sich nicht grüßen. («Santa Rosa es ahora un pueblo de puertas cerradas. [...] Un mundo de extraños que no se saludan en la calle.»). Sie verfremdet gewissermaßen den eher epischen, nüchtern erzählten *narcocorrido* und macht aus ihm eine furiose Rede über die gesellschaftliche Situation in Santa Rosa. Daraus sprechen die Erfahrungen einer Frau, die den Drogenkrieg am eigenen Leib erlebt hat, indem sie zunächst alle ihre Angehörigen verlor und später als Kopf einer Bande von Drogenhändlern zu mehreren Jahren Haft verurteilt wurde und ins Gefängnis kam.

Damianas Diskurs ist der einer «Wissenden», die sich der argumentativen Waffen des *narcocorridos* und damit des in dieser Region vorherrschenden alternativen «Wahrheitsdiskurses» bedient: «La traición y el contrabando terminan con muchas vidas.» (Der Verrat und der Drogenhandel beenden viele Leben). So beginnt ihre Rede in Anspielung an den *Corrido Contrabando y traición*. Damiana hält den Bürgermeister Julián an dem an ihrer Familie verübten Massaker für schuldig, ihm wirft sie Verrat vor und schwört Rache, indem sie abermals auf eine Formulierung des *narcocorridos* verweist: «Es que el contrabando y la traición no se llevan.» Indirekt hebt sie damit auf das Schicksal Emilios aus dem Corrido ab, der, aufgrund von verübtem Verrat an seiner Begleiterin Camelia, von ihr mit sieben Kugeln niedergeschossen wurde. Der Verrat des Bürgermeisters habe darüber hinaus den Niedergang des Dorfes zu verantworten, so Damiana: «Acaban también con pueblos».

Damiana zeigt in dem Rachemotiv und der visionären Geste ihrer Rede eine gewisse Parallele zu Bolaños Florita Almada. Auch sie ist eine Seherin («vidente») und Naturheilerin («yerbatera») aus Sonora, die im Verlauf des vierten Teils mehrmals im Fernsehen, in der Talkshow von Reinaldo auftritt.²²⁴ Florita Almada gerät bei ihrem ersten Fernsehauftritt in Trance und erlebt eine Obsession, die sie zur Hellsichtigkeit führt. Ihre Vision beschreibt sie wie folgt:

> Un desierto muy grande, una ciudad muy grande, en el norte del estado, niñas asesinadas, mujeres asesinadas. ¿Qué ciudad es?, se preguntó. A ver, ¿qué ciudad es? Yo quiero saber cómo se llama esa ciudad del demonio. (...) ¡Es Santa Teresa! ¡Es Santa Teresa! Lo estoy viendo clarito. Allí matan a las mujeres. Matan a mis hijas. (...) Hay que romper el silencio, amigas. El licenciado José Andrés Briceño es un hombre bueno y cabal y no dejará en la impunidad tantos asesinatos.²²⁵

---

223 Näheres hierzu bei Hermann Herlinghaus: *Violence Without Guilt. Ethical Narratives from the Global South*, S. 57–80.
224 Vgl. Roberto Bolaño: *2666*. Nueva York: Vintage Español 2009, S. 535–47.
225 Ebda., S. 546–47.

Wie Damiana in Rascón Bandas *Contrabando* auf die Abgründe und Zustände ihres Heimatdorfes zeigt, die sie zugleich metonymisch verkörpert, so auch Florita Almada in *2666*. Unter Rückgriff auf eine paratakische Struktur und eine «seherisch», poetisch visionäre Rede klagt sie die Morde von Santa Teresa an. Ihr Angriff gilt dem offiziellen Schweigen darüber, also der herrschenden Straflosigkeit.

In beiden Fällen sind es Frauenfiguren, die Erinnyen gleich ihren anklagenden Zeigefinger auf die wunden Stellen der Gesellschaft richten.[226] Wie die mexikanische Llorona weinen sie um die unschuldig verstorbenen Kinder, die ihre Reden zu Klageliedern werden lassen.[227] Wir finden also in Bezug auf bestimmte Frauenfiguren eine Verknüpfung von Opfer und Hellsichtigkeit/Wahrheit, die die alte Semantik des altgriechischen Wortes *pharmakós* in Erinnerung bringen. Wie Derrida in seiner *Dissémination* expliziert, ist *pharmakós* ein Synonym für *pharmakeus*, des Zauberers, Magiers und Giftmischers. Zweitens verweist das Wort auf die historisch lang tradierte Gestalt des Sündenbocks.[228]

4.3.3 Eine polyphon ermittelnde, testimoniale Erzählweise

Die rhizomatische «Handlungsführung» und metonymisch orientierte Figurendarstellung verbindet sich mit einer grundsätzlich «testimonialen Erzählsituation». Ein heterodiegetischer Erzähler bleibt tendenziell außerhalb der erzählten Welt, die sich mittels einer Vielzahl von am Geschehen beteiligter Stimmen geradezu selbst zu erzählen scheint. Das betrifft sowohl Täter, Opfer wie Augenzeugen der Gewalt. In den aus Perspektive des Ich-Erzählers erzählten Passagen offenbart dieser einen meist nüchternen Erzählstil, aus dem eine gewisse Distanz zu dem sich ihm darbietenden Szenario der Gewalt spricht.

Für die nähere Analyse wurden Textpassagen ausgewählt, die man als repräsentativ für die Darstellung des Drogenkriegs und der damit zusammenhän-

---

[226] Eine solche Bezeichnung fällt in Bezug auf Florita Almada, Vgl. ebda., S. 547. Hier heißt es in Klammern, in indirekter Wiedergabe der Gedanken Reinaldos in erlebter Rede: «(Reinaldo jamás en su vida la había visto así, propiamente una erinia)».

[227] Darin zeigen diese Frauen Ähnlichkeiten zur Figur der «Llorona» aus der mexikanischen Folklore, einer mythologischen Figur, die, wie Damiana und Florita, um den Tod ihrer Kinder trauert. Die beiden Frauenfiguren stellen überdies eine interessante Parallele zu der Protagonistin von Laura Restrepos *Delirio*, Agustina, dar. Auch Agustina werden hellseherische Qualitäten nachgesagt. Auch sie benennt öffentlich die Gewalt, der sie in dem Fitness-Studio von Midas Mc Alister gewahr wird und gerät daraufhin sprichwörtlich aus der Spur, indem sie ins Delirium fällt. Vgl. Laura Restrepo: *Delirio*.

[228] Vgl. Jacques Derrida: *Dissemination*. Übersetzt und herausgegeben von Peter Engelmann. Wien: Passagen Verl. 1995, S. 147.

genden Gewalt erachten kann. Neben der Inszenierung von Akten der Gewalt wird ein besonderer Fokus auf die Darstellung der «Drogenhändler» sowie der Gewaltopfer, allen voran der Frauenleichen in Ciudad Juárez gelegt.

4.3.3.1 Contrabando

Die Analyse beginnt mit der Darstellung des ersten in *Contrabando* geschilderten Massakers, zu dessen Augenzeuge der Ich-Erzähler bei seiner Ankunft in Chihuahua wurde. Es bildet zudem den Beginn des Romans:

> Es medianoche en Santa Rosa. Cansado, lleno de polvo por el viaje a ese pueblo minero de la Baja Tarahumara, no quiero dormir sin dejar un pormenor de lo que me ha pasado este día.[229]

Rascón Banda wählt ein klassisch autobiographisches Incipit: die Szenerie des nächtlichen Tagebuch-Schreibens. Damit schließt das Werk gleich zu Beginn einen sogenannten «autobiographischen Pakt» zwischen Autor und Leser, der die Authentizität des Folgenden bezeugt.[230] Die autobiographische Prägung des Erzählten wird in diesen Anfangssätzen ferner durch die genauen Ortsangaben (Santa Rosa, pueblo minero de la Baja Tarahumara) unterstrichen.[231] Entsprechend der Gattung des (Reise-)Tagebuches werden sodann aus der unmittelbaren Erinnerung die als erwähnenswert angesehenen Geschehnisse des Tages geschildert.

Der Erzähler beobachtete nach Verlassen des Flugzeugs zwei junge Männer, denen er die Namen Rubén und Santos gibt,[232] deren Äußeres er wie folgt beschreibt:

> Por sus ropas vaqueras y su rostro serrano, apuesto, de rasgos fuertes, su cabello largo mal cortado y la ansiedad que muestran, deben ser pasajeros que por primera vez toman

---

229 Víctor Hugo Rascón Banda: *Contrabando*, S. 7.
230 Gemeint ist damit die Bezeugung der Identität zwischen Autor, Ich-Erzähler und Protagonist («l'identité auteur-narrateur-personnage»), Philippe Lejeune: *Le pacte autobiographique*, S. 30.
231 Die im Roman gemachten Orts- und Namensangaben konnten durch eine Internetrecherche verifiziert werden. Das betrifft sowohl die Angaben über die Familie des Schriftstellers (Rascón ist der Name des Vaters und Banda der Name der Mutter) sowie Eigennamen und Angaben zur Historie des Drogenhandels in der Region. So fällt mitunter der Name von Rafael Caro Quintero, dem Gründer des *Cártel de Guadalajara*, in folgender Textstelle des Romans: «cantaban en la grabadora Los Cadetess de Linares, refiriéndose a R-1, que no es otro que Rafael Caro Quintero, socio de Valente Armenta.» Víctor Hugo Rascón Banda: *Contrabando*, S. 110.
232 Vgl. ebda., S. 7.

> el avión. Por sus relojes dorados, sus anillos ostentosos y sus cadenas de oro al cuello, no son campesinos pobres, sino trabajadores bien pagados que pueden viajar en avión. Por la forma como fuman en silencio, con nerviosismo, hablando a veces, entre los dos, las mínimas palabras, con monosílabas y silencios que expresan más que una conversación, es claro que son hermanos o amigos íntimos que se comunican con un lenguaje lleno de sobrentendidos.[233]

Er hält gewissermaßen in der Nacherzählung des Wahrgenommenen inne, er «dehnt» die erzählte Zeit. Er zeichnet eine Art «Portrait», eine narrative Momentaufnahme der beiden jungen Männer. Gewissermaßen lässt er seine Erinnerung erstarren, um die Identität der ihm offenbar fremd erscheinenden Männer mit Distanz und Neugier zu erörtern. Bezeichnenderweise leitet ein kausaler Nebensatz die Beschreibung der jungen Männer ein, um so zu verdeutlichen, dass nicht mehr als Indizien das nachfolgend gezeichnete Erscheinungsbild der beiden rechtfertigen.

Der Text hangelt sich vorsichtig – mittels der jede Beobachtung einleitenden Anapher «por» – von einem Merkmal zum nächsten: Aufgrund einer Bekleidung im Cowboystil, einer äußerlichen Ähnlichkeit zu Bergbewohnern sowie ihres ängstlichen Auftretens folgert der Erzähler, dass die Männer zum ersten Mal fliegen. Hingegen sprächen ihre goldenen Uhren, die prunkvollen Ringe und ihre Goldketten gegen ihre bäuerliche Herkunft. Es müsse sich um gut bezahlte Arbeiter handeln. Das stereotype Bild eines Bergbauern wird von dem offenbaren Reichtum dieser Männer durchbrochen, die schon allein deshalb keine gewöhnlichen Bauern sein könnten, da sie sich einen solchen Flug leisteten. Aufgrund ihrer Körpersprache und «Kommunikation», etwa da sie nur ab und zu ein Wort miteinander wechselten, sei anzunehmen, dass es sich um Brüder oder enge Freunde handeln müsse.

Der Erzähler belässt es nicht bei einer Beschreibung des Äußeren der Männer, sondern er ermittelt ihre Identität. Dies indiziert u. a. die Anapher «por», zusammen mit unterschiedlichen Periphrasen des Verbes «ser» (deber ser; no son; es claro que son). Allerdings vermeidet er dabei, sich eindeutig festzulegen und verweist lediglich auf deren bäuerliche Herkunft, ihren Reichtum und eine gewisse Komplizenschaft. Er mutmaßt weiter nicht über deren Beruf oder einen etwaigen kriminellen Hintergrund, geschweige denn bezeichnet er sie als «narcos». Vielmehr fährt der Text fort und beschreibt, wie die beiden Männer auf ihrem Weg zum Anschlussflug nach Ciudad Juárez von einer Gruppe von ca. sechs bis neun bewaffneten Männern verfolgt und erschossen werden. Der Mord wird wie folgt beschrieben:

---

[233] Ebda., S. 8.

justo frente a mí, cayó balaceado. Quedó de lado, mirándome con los ojos muy abiertos, mientras un hilo de sangre le salía de la boca y su camisa de cuadros negros se manchaba de rojo.[234]

Es fällt erstens auf, dass der Erzähler selbst bei der Beschreibung des unmittelbar neben ihm erschossenen Mannes, dem er zuvor den Namen Rubén gegeben hatte, nicht seine Rolle des ermittelnden Augenzeugens aufgibt. Der periphere Ich-Erzähler verlässt nie seinen außerhalb der dargestellten Welt situierten Erzählerstandpunkt und seine Rolle als Beobachter.[235]

Ohne auch nur ein Wort über seine emotionale Verfasstheit zu verlieren oder das Geschehene zu bewerten, berichtet er lakonisch, dass der Mann direkt neben ihm erschossen wurde («justo frente a mí, cayó balaceado»). Er fokussiert sich in der nachfolgenden Beschreibung der Leiche ganz auf das Gesehene, das er in chronologischer Reihenfolge wiedergibt. Nach einer knappen Aussage über die Position der Leiche («Quedó de lado») ist es allein die Gerundivkonstruktion «mirándome», die den Standpunkt und die Anwesenheit des Erzählers in die Aussage einbindet, um sodann mit der Beschreibung des Zustands der Leiche fortzuführen. Wir erfahren, dass sie den Erzähler mit weit geöffneten Augen anblickte, während Blut aus ihrem Mund tropfte und das karierte Hemd des toten Mannes befleckte.

Aufgrund der nüchternen und knappen Darstellung von Fakten und Informationen kann man in Anlehnung an Alejo Carpentier von einem notariell orientierten Stil sprechen,[236] oder von einem notariellen Lakonismus.[237] Die so bezeichneten Erzählstile beziehen sich auf eine Darstellungsform, die angesichts äußerst existentieller Erfahrungen wie Gewalt und Tod einen sachlichen Ton beibehält und sich von dem Erzählten nicht erschüttern lässt.[238]

---

234 Ebda., S. 9.
235 Der Begriff des peripheren Ich-Erzählers stammt von Stanzel. Siehe dazu: Franz K. Stanzel: *Theorie des Erzählens*. Göttingen: Vandenhoeck & Ruprecht 1979, S. 263–67.
236 Carpentier verwendet diesen Begriff ausgehend von Stendhals Italienischen Chroniken (*Chroniques italiennes*) und beschreibt den notariellen Stil wie folgt: «Estilo notarial que consiste en no engolar la voz, en no alzar el tono, en no usar el signo de admiración: en no inmutarse ante lo mostrado – como hacía Edar Poe.» Alejo Carpentier: *Obras completas de Alejo Carpentier. Ensayos*, S. 241.
237 Vgl. Hermann Herlinghaus: *Violence Withour Guilt. Ethical Narratives from the Global South*, S. 98.
238 Ein notarieller Stil ist ein bedeutsames Merkmal einer Reihe anderer Werke der faktual orientierten Narkoprosa, wie die Arbeiten von Hermann Herlinghaus, ausgehend von seinen Analysen der frühen *narcocorridos* der Gruppe *Los Tigres del Norte*, belegen. Zu Bolaño vgl. Hermann Herlinghaus: *Narcoepics. A Global Aesthetics of Sobriety*, S. 208–231. Dazu gehören ferner eine Reihe an Filmen. Vgl. Hermann Herlinghaus: *Violence Without Guilt. Ethical Narratives from the Global South*, S. 172–202.

Nach der lakonischen Darstellung des ersten Mordes fährt der Text damit fort, die Reaktionen der Umstehenden zu beschreiben. Diese versammeln sich unmittelbar nach den Morden um die beiden toten Männer, über die sich ihre Mörder gebeugt haben, um den Leichen die Goldketten, Uhren u. a. Wertgegenstände zu entwenden. Die sich um die Opfer gebildete Menge, zumeist Frauen, schreit entrüstet die beiden Mörder an, indem sie diese anklagend als «Mörder» beschimpft.

> Asesinos, gritó una mujer embarazada a los hombres que apuntando con sus armas se acercaron a revisar el cuerpo, sacándole sus documentos, su billetera, sus cigarros, su agenda, su pasaporte, su boleto. Asesinos, les gritó una anciana de bastón. Eran narcos, respondió uno de los hombres, que volteó y la miró con furia. Eso no les quita a ustedes lo asesinos, le dijo una joven. Asesinos, asesinos, gritaron otras mujeres. La gente que se juntó alrededor del cuerpo hizo coro. En todos los rostros había indignación. Asesinos. Asesinos. Asesinos.[239]

Die Beschreibung des Mordes wird mit der szenischen Darstellung einer entrüsteten Menge beschlossen, bei der sich der Erzähler wieder auf redeeinleitende und beschreibende Funktionen beschränkt. So wird dargestellt, wie die Menge sich um den toten «Körper» versammelt und einem Chor gleich ihrer Empörung in den wiederholten Ausrufen «Asesinos» Ausdruck verleiht.

Die Exclamatio «asesinos» beherrscht «unüberhörbar» die Beschreibung dieser Szene, die zunächst als Anapher und sodann als Geminatio (Aseninos, asesinos) erscheint, bevor sie als Kyklos den dramatischen Schlusspunkt setzt. Die Stilfiguren ahmen die erregten Zwischenrufe der Menge nach. Erzählzeit und erzählte Zeit sind weitestgehend identisch. Die Darstellung imitiert das Gesehene mehr, als dass von ihm im eigentlichen Sinne erzählt wird. Das zeigt nicht zuletzt die Zeichensetzung, die sich ganz in die Geste der «Imitierung» des Gehörten und Gesehenen einreiht. So zeigen die Punkte, die aus der Epizeuxis «Asesinos asesinos asesinos» abgeschlossene Satzsegmente machen, das «Aufatmen» und den Nachdruck der einförmig gewordenen Rufe des «Chores» an, der sich um den toten Körper gebildet hat. Wie die poetische Sprache, weist der Text Tendenzen zur Ikonisierung auf.

Die sich um die toten Körper gleichsam zu einem «Chor» formierte Menge, die das hier verübte Verbrechen schreiend an- und beklagt, besteht vorwiegend aus Frauen.[240] Wie in der antiken Tragödie eines Sophokles ist es somit der Chor, der in der Funktion der Stimme des Volkes – hier der Frauen – eine Kom-

---

239 Víctor Hugo Rascón Banda: *Contrabando*, S. 9.
240 Dies ist ein typisches Merkmal für das Werk Rascón Bandas. Siehe dazu beispielsweise das Theaterstück: Víctor Hugo Rascón Banda: *Contrabando*. México, D.F.: El Milagro 1993.

mentierung der Geschehnisse vornimmt, indem er lautstark die Mörder als solche bezeichnet. Das mag verwundern, ist es doch im Kontext des Drogenkriegs nicht ungefährlich, seine Stimme gegen die Gewalt zu erheben. Die zu erwartende Reaktion wäre eher ein ängstliches Zurückschrecken oder die Benachrichtigung des Sicherheitspersonals des Flughafens gewesen. Der sich vor den Augen der Frauen abspielende Mord scheint für diese also eine höchst persönliche und existentielle Angelegenheit zu sein. Nur so ist zu erklären, dass sie den Mut aufbrachten, ihre Stimme zu erheben.

Gleichzeitig drängt der Text zur Stilisierung, indem er, wie im Fall der Inszenierung Damianas, eine metonymisch zu begreifende Szene darstellt, die sich als Miniatur des herrschenden Drogenkriegs interpretieren lässt. Dafür spricht die Reaktion einer der Mörder auf die anklagenden Rufe der Frauen, wenn dieser dagegenhält: «Eran narcos». Die erste Position im Satz, die zuvor durch das Substantiv «asesinos» bestritten wurde, wird in der Aussage des Mörders durch «Eran narcos» ersetzt. So nimmt diese verstärkt den Charakter einer Art verbalem Schlagabtausch an, der – metonymisch – eine Szene des herrschenden Drogenkriegs in dieser Region darzustellen scheint.

Der Mörder führt die Aussage «eran narcos» als «Rechtfertigung» seines Verhaltens an, das sich nicht allein darauf beschränkt, die «narcos» zu erschießen, sondern zudem den Leichnamen Papiere, Pässe, Geldbeutel, Zigaretten, Kalender und Flugtickets zu entwenden. Dies zeugt erstens von einer Haltung, die keine Skrupel kennt und keine Konsequenzen fürchtet. So wurde ein solcher Mord und anschließender Raub doch am helllichten Tag an einem öffentlichen und gewöhnlicherweise streng bewachten Ort, nämlich dem Flughafen der Landeshauptstadt Chihuahuas, begangen. Das explikative Syntagma «eran narcos» zeigt so an, dass es offenbar ausreichend und damit legitim ist, ein solches Verhalten damit zu begründen, dass die Erschossenen «narcos» waren.

Das Verhalten des Mörders und dessen Rechtfertigungsversuch muss vor dem Hintergrund des Drogenkriegs und des Gesamtgefüges der diskursiven Ordnung gesehen werden. Das betrifft im Speziellen die vorherrschende Konnotation des Begriffes «narco». Wie oben dargestellt, nimmt innerhalb des offiziellen Diskurses, vermehrt seit den 1980er Jahren, dieser Terminus eine politische Dimension an. Epitheton und Substantiv «narco» bezeichnen im offiziellen Diskurs den politischen Feind im Sinne Carl Schmitts, also den existentiell Anderen und Fremden, der eine Gefahr der öffentlichen Ordnung darstellt und insofern sein Recht auf den Schutz der Rechtsordnung verloren hat.[241] Indem die

---

[241] Der «narco» zeigt in dieser Hinsicht eine signifikante Nähe zur Figur des *Homo Sacer* im Sinne Agambens, also des Vogelfreien, Rechts- und Staatenlosen, der von jedermann getötet werden kann. Vgl. Giorgio Agamben: *Die souveräne Macht und das nackte Leben*. Frankfurt am Main: Suhrkamp 2002.

Ermordeten als «narcos» bezeichnet werden, gilt das Kriegsrecht, der Ausnahmezustand. Eine Form der Paralleljustiz, die den *narcos* das Recht auf Leben verwehrt. Diese «Rolle» des narco erinnert an das oben erwähnte Konzept des «unbetrauerbaren Lebens» im Sinne Judith Butlers, das sein Recht auf Leben verwirkt hat.[242]

Das allerdings kennzeichnet nur die Sicht der damals vorherrschenden Moral. Das zeigt nicht zuletzt die Antwort einer jungen Frau auf, die dem Mörder entgegnet, dass die Tatsache, einen *narco* zu töten, einen nicht weniger zum Mörder mache: «Eso no les quita a ustedes lo asesinos». Damit entfernt sich die Frau von der allgemeinen Rechtfertigungslehre, wonach im Kampf gegen die «narcos» jedes Mittel recht ist. Insofern begegnen wir in dieser Miniatur des Drogenkriegs auch nur einer kleinen Menge, gebildet vorwiegend aus Frauen. Sie schreien gegen die Straflosigkeit von Verbrechen und die herrschende Machtordnung an, innerhalb derer ein «narco» *de facto* sein Recht auf Leben verloren hat.

Zusammenfassend lässt sich aus der Beschreibung der Szene am Flughafen festhalten: Der periphere Ich-Erzähler belässt es dabei, die Stimmen einer kleinen Menge am Flughafen sprechen zu lassen und situiert sich trotz des autobiographischen Formats außerhalb des darzustellenden *narcomundo*. Autor und Leser sind *voyeure*, wie Rascón Banda bezogen auf seine Theaterstücke schreibt.[243]

In der Zuschauerrolle bleiben Erzähler und Leser im Hintergrund des Geschehens. Die dargestellte Realität des Drogenkriegs wird mehr von ihnen befragt, als dass Erklärungen oder Bewertungen dafür gefunden werden. Die Deutungshoheit über das Geschehen überlässt der Autor insoweit den Romanfiguren, deren Stimmen genauso viel zu bedeuten scheinen, wie das Wort des peripheren Ich-Erzählers. Das erreicht auch die Bezeichnung «narco» selbst, die erstmalig dann fällt, nachdem der Erzähler den jungen Männern einen Namen und eine Identität gegeben hat. Wir können so von einer ermittelnden, testimonialen und polyphonen Erzählsituation sprechen.

4.3.3.2 Clínica Santa María

Die nur wenige Seiten zählende kurze Chronik *Clínica Santa María* aus Mendozas Debütwerk *Cada respiro que tomas* erzählt von der ersten blutigen Schieße-

---

[242] Siehe hierzu Kapitel 2.2.1.
[243] «Sólo somos, autor y público, voyeuristas metidos en un lugar íntimo donde los personajes se han dado cita para enfrentar la situación. Así, trato de presentar no las respuestas sino las preguntas que este individuo se hace.» Pablo Espinosa: Estrenan Playa azul, obra a la que «todo mundo le sacó». In: *La Jornada* (31.08.1989), S. 19.

rei, die sich im Zuge des Drogenkriegs in einer Kleinstadt im Bundesstaat Sinaloa ereignete. Einer hyperrealistischen Momentaufnahme gleich scheint der Erzähler die Wahrnehmung und den atmosphärischen Kontext der Schießerei aus der Perspektive der gesamten Kleinstadt festhalten zu wollen. Deren Hintergründe lassen sich nur erahnen.

Wie in *Contrabando* begegnen wir einem tendenziell unbeteiligten Beobachter-Erzähler, der zwar nicht Teil der erzählten Welt ist, sich aber als Teil dieser Kultur offenbart. Ja, er scheint diese gar zu verkörpern, so, als ob er überall in der Stadt unsichtbar anwesend wäre. Diesen Eindruck gewinnt man aus folgender Textstelle, die von den Geräuschen handelt, die vor der Schießerei zu hören waren:

> Se escucha la voz del padre rogando por el alma del difunto. Se oye también la algarabía de las niñas y los gritos de algunas maestras pidiendo silencio.[244]

Mit unpersönlichen Wendungen wie «se escucha» oder «se oye», welche dem Deutschen «man» entsprechen, wird die Wahrnehmung eines Beobachters unterstrichen, der – obwohl anwesend – unpersönlich und doch allwissend davon erzählt, welche Geräusche an verschiedenen Orten zu hören sind.

Nach diesen und weiteren Beschreibungen der Kleinstadt, beschreibt der Text, wie ein Auto voll bewaffneter Männer einfährt. Dessen Insassen, die aufgrund ihres Kleidungsstils als *narcos* erkennbar werden, beschreibt der Erzähler minutiös:

> Visten parecido aunque de diversos colores. Al estilo Tiyei. Son fuertes y desconocidos. Un hombre alto de sombrero blanco, camisa negra con broches blancos, pantalón de bolsas de parche negro, botas vaqueras, recorre la calle pidiendo a los vecinos de las mecedoras y a los demás que se metan, que cierren puertas y ventanas, que no salgan ni aunque los amanecen con tumbarles la puerta.[245]

Wie zuvor in *Contrabando* beobachten wir einen nüchtern, ermittelnden Erzählstil. In parataktischen Reihungen wird, ohne über die berufliche Identität oder das Interesse der Männer zu mutmaßen, beschrieben, wie sie aussehen. Sie seien alle ähnlich, wenngleich in unterschiedlichen Farben gekleidet («Visten parecido aunque de diversos colores»). In mündlich-dialektaler Sprachverwendung, die auf die Wahrnehmung der Stadtbevölkerung anspielt, setzt der Erzähler hinzu: «Al estilo Tiyei». Im Stil Tijuanas. Wir erfahren ferner, dass sie von kräftiger Statur und unbekannt seien («Son fuertes y desconocidos»).

---

[244] Élmer Mendoza: *Cada respiro que tomas*, S. 49.
[245] Ebda.

Sodann richtet sich der Blick auf einen der Männer, der die Straße entlangläuft und die dort in Schaukelstühlen auf der Straße sitzenden Anwohner auffordert, sich in ihre Häuser zu begeben; Türen und Fenster zu schließen und nicht wieder herauszugehen, auch wenn man ihnen damit drohen sollte, die Tür aufzustoßen. In dieser Beschreibung des einen Mannes, der nun im Vordergrund steht, fällt zweierlei auf: zum einen entdeckt man deutliche Parallelen zu der Figur jenes jungen Mexikaners, den in *Contrabando* kennengelernt wurde. Man sieht vor sich einen großen Mann mit weißem Hut, schwarzem Hemd und weißen Druckknöpfen, der eine Hose mit angenähten, schwarzen Taschen und Cowboystiefel trägt. Wie in *Contrabando* vermeidet es der Text, diesen Mann – und sei es auch nur mutmaßlich – als *narco* zu identifizieren.

Überdies klingen in der Darstellung des Verhaltens dieses Mannes, wenn er die Nachbarn auffordert, in ihre Häuser zu gehen, die von ihm verwendeten Befehle in der Sprache mit an. Diese erlauben Rückschlüsse auf seine Person: «que se metan, que cierren puertas y ventanas, que no salgan ni aunque los amanecen con tumbarles la puerta.» Die dialogische Einbindung der Sprache, die auch der Charakterisierung dieses Mannes dient, offenbart sich bereits in den umgangssprachlichen Wendungen wie «meterse» (reingehen) und «tumbarles la puerta» (die Türe einschlagen). Darüber hinaus hallt eine solche sprachliche Prägung in der Satzkomposition nach, wonach die Redeweise des Mannes mittelst eines lakonischen Stils und der dreifachen, die Befehle einleitenden Anapher «que» mitbedeutet wird. In der Sprache des Erzählers schimmern so Ton und Lexik des *narco* mit. Es entsteht Dialogizität und Zweistimmigkeit der Worte im Sinne Bachtins.[246]

Eine solche Erzählweise zeigt einmal mehr das scheinbare Paradoxon eines gleichzeitig beobachtend-ermittelnden wie an der Wahrnehmung der Kleinstadt und der Akteure des Drogenkriegs orientierten Erzählstils. Er bringt die Grundhaltung einer faktual orientierten Narkoprosa zum Ausdruck. Eine solche Erzählhaltung ist weder «neutral», noch «unbeteiligt». Sie zeichnet sich dadurch aus, dass ein unbeteiligter Beobachter-Erzähler sich an der Wahrnehmung derjenigen orientiert, die von den Folgen des Drogenkriegs betroffen sind. Dazu gehören sowohl die Täter als auch die Opfer der Gewalt.

---

[246] Michail M. Bachtin: *Probleme der Poetik Dostoevskijs*, (Ausgabe 85), S. 4. Was Bachtin über die Darstellung der fremden Rede im europäischen humoristischen Roman (Dickens, Fielding, Cervantes, Grimmelshausen, Rabelais, Lesage) schreibt, gilt auch für Mendoza, ist doch die fremde Rede «nirgendwo deutlich von der Autorrede abgegrenzt: die Grenzen sind absichtlich fließend und zweideutig gehalten, oft verlaufen sie durch ein syntaktisches Ganzes, oft durch einen Satz, manchmal jedoch zertrennen sie die Hauptglieder des Satzes.» Michail M. Bachtin: *Die Ästhetik des Wortes*. Herausgegeben von Rainer Georg Grübel. Frankfurt am Main: Suhrkamp 1979, S. 198.

Kurz darauf nimmt der Text dann Bezug auf die Schießerei. Auch dabei verzichtet der Erzähler darauf, seinen geographischen Standpunkt deutlich zu machen, von dem aus er die Schüsse und das Geschehen wahrnimmt. Vielmehr beschreibt er die Auswirkungen der Schießerei und die Reaktionen der Bewohner an verschiedenen Orten der Stadt. Dazu gehört die Kirche, Schule und die schon erwähnten «Nachbarn», die einer der *narcos* bat, sich von der Straße in ihre Häuser zu begeben. Stellenweise nimmt der Erzähler nun auch die Rolle eines Chronisten oder kommentierenden Journalisten der Kleinstadt an. So etwa, wenn er über die Schießerei schreibt, dass sie die grausamste und ungerechteste sei, die die Stadt je erlebt habe: «A partir de ahí se desató la más voraz, injusta, cruenta e inexplicable balacera de que se tenga memoria en esta ciudad.» Und weiter: «La balacera era tan intensa que daba la impresión que ambos bandos se habían preparado para la guerra. Gastaban municiones como locos.»

Der Text zeigt dann wiederholt eine impressionistische Prägung, wenn er nach der Beschreibung und Kommentierung der Schießerei – poetisch – die in der Kleinstadt herrschende Stimmung aufzufangen sucht, die die Blutgewalt geschaffen habe.

> Gastaban municiones como locos.
>   El tiempo
>   el tiempo eterno sabe de caídas de hojas y flores reventando.[247]

In einem zugleich Distanz zum Geschehen und einen Moment des Innehaltens suchenden «Einrücken» des Textes, liest man die anaphorisch wiederholten Worte: «El tiempo.» Diese kleiden die an sich kaum in Worte fassbaren Momente erlebter Gewalt und des Todes ein, welche näher allein eine figurative Sprache zu beschreiben vermag. Es heißt: «el tiempo eterno sabe de caídas de hojas y flores reventando». Allein die ewige Zeit, die personifizierend das Satzsubjekt darstellt, vermag das grausame Schauspiel zu erklären. An die Stelle einer Begründung der Geschehnisse wird das Wissen um das Fallen der Blätter («hojas caídas») und der sterbenden Blumen («flores reventando») gestellt, die metaphorisch die Vergänglichkeit des menschlichen Glücks zum Ausdruck bringen.

Die eigentliche «Erklärung» für die blutige Schießerei wird sodann eher beiläufig und nur als eine Möglichkeit erwähnt, wenn es heißt: «En la clínica, un herido de bala grave pedía que lo sacaran de ahí, que era a él a quien querían matar.»[248] Erst jetzt erfährt der Leser den Grund und Ort der Schießerei, wenn es heißt, dass in der unter Beschuss genommenen Klinik ein Schwerverletzter

---

[247] Élmer Mendoza: *Cada respiro que tomas*, S. 50.
[248] Ebda.

darum bat, dass man ihn nach Draußen bringe, da er es sei, den man umbringen wolle. Der Text überlässt es somit den in den Text eingewobenen Worten des Schwerverletzten, («que era a él a quien querían matar») Hinweise auf die Ursachen der Schießerei zu geben.

Wir erfahren ferner, dass, als das Militär auffuhr, sich beide Lager nach einer halben Stunde der Schießerei entfernten: «Los del estilo Tiyei rumbo al norte. Sus enemigos hacia Tierra Blanca.»[249] Entsprechend der regionalen Perspektive auf den Drogenkrieg ist sodann auch nur für den Kenner der Drogenkultur der Region ersichtlich, dass sich die Schießerei wohl im Kontext des entfachten Krieges zwischen dem Cártel de Tijuana und dem Cártel de Sinaloa ereignete.[250] Die Bezeichnung «estilo Tiyei» deutet auf die Zugehörigkeit zum Cártel de Tijuana. Tierra Blanca wird das Viertel Culiacáns genannt, welches schon seit den 1950er Jahren von Drogenhändlern bewohnt wird und «Hauptsitz» des Cártel de Sinaloa ist.

4.3.3.3 La parte de los crímenes und Huesos en el desierto

Auch Roberto Bolaños *La parte de los crímenes* inszeniert den Drogenbaron «Pedro Rengifo», eine wichtige Figur innerhalb des komplexen Machtgeflechts Santa Teresas, als ein sich nur zögerlich enthüllendes Geheimnis. Erste Umrisse dieses Mannes werden aus der Sicht Lalo Curas, des jungen Polizeianwärters, gezeichnet. Lalo Cura arbeitete bei dem «Compadre» des örtlichen Polizeichefs Pedro Negrete eine Zeit lang als Leibwächter. So erfährt man zunächst nur, dass Pedro Rengifo äußerst wohlhabend in einem großen Haus mit Garten und und gut bewacht durch eine Reihe an Leibwächtern lebt. In der Umschreibung seines Äußeren identifiziert der Leser ihn allerdings schon früh als «Neureichen», wenn es über ihn heißt, er trage einen weißen Anzug und Schuhe mit Absätzen, die ebenfalls weiß gefärbt waren: «Pedro Rengifo vestía un traje blanco y sus zapatos con tacones también eran blancos.»[251]

Erst 85 Seiten später erfährt der Leser aus einem Gespräch zwischen Lalo Cura und Epifanio, dem Assistenten des Polizeipräsidenten Pedro Negrete, dass Pedro Rengifo ein «narcotraficante» sei. Diese Information lässt sich überdies auch eher indirekt erschließen. Denn Epifanio berichtet, er habe in einem Notizbuch der ermordeten Radioreporterin Isabel Urrea die Namen und Telefonnummern dreier «narcos» entdeckt: «Encontré los teléfonos de tres narcos. Uno de ellos era Pedo Rengifo.»[252] Wiederum erst 10 Seiten später, wenn der Text das

---

[249] Ebda., S. 51.
[250] Vgl. ebda.
[251] Roberto Bolaño: *2666*, S. 495.
[252] Ebda., S. 480.

Gespräch zwischen den beiden Polizisten wieder aufnimmt, heißt es sodann explizit: «¿Así que Pedro Rengifo es narcotraficante?, dijo Lalo Cura. Así es, dijo Epifanio.»[253] Die Parallele zu den zuvor besprochenen Werken *Contrabando* und *Clínica Santa María* liegt auf der Hand. Wie in diesen findet eine Identifizierung der Drogenhändler als «narcotraficantes» nicht kraft der Erzählerrede, sondern allenfalls seitens einer der Romanfiguren statt.

Auch die Darstellung der Leichenfunde in Ciudad Juárez (in *Huesos en el desierto*) und Santa Teresa (in *La parte de los crímenes*) folgt einem nüchtern ermittelnden und zugleich polyphon-testimonialen Erzählparadigma. Beide Texte orientieren sich an dem «Quellenmaterial» zu den Leichenfunden. Im ersten Kapitel («La dimensión desconocida») von *Huesos en el desierto* heißt es über die Leichenfunde des Jahres 1995:

> El verano de 1995 había traído allá un clima de tensiones: aparecieron los cuerpos de tres mujeres jóvenes en Lote Bravo, una zona semidesértica al sur de Ciudad Juárez, Chihuahua, en las cercanías del aeropuerto local.
>
> En las semanas siguientes, se añadieron más cuerpos.
>
> Las muertas estaban semidesnudas, boca abajo y estranguladas. Vestían ropa análoga: playera y pantalones vaqueros. Eran delgadas, de piel morena y cabellos largos.
>
> Las autoridades dijeron identificar sólo a tres, oriundas de Juárez: Elizabeth Castro García (17 años), Silvia Rivera (17) y Olga Carrillo (20). Al parecer, habían sufrido violación. La sociedad juarense estaba conmocionada, y los medios de comunicación dedicaron amplios espacios al «Estrangulador» o «Depredador» fronterizo.[254]

Wir begegnen einem Erzähler, der summarisch und in sachlichem Ton die Ergebnisse über den Tathergang und die Ermittlungen bezüglich der Frauenmorde in Ciudad Juárez des Jahres 1995 darstellt. Aufgrund des distanzierten, nüchternen Stils und der detaillierten, faktenreichen Beschreibung bestehen Ähnlichkeiten zu investigativ-journalistischen Texten.

Eine sehr ähnliche Beschreibung der Leichenfunde findet man im dritten Kapitel «Una muchacha para nunca jamás» – und im letzten, 18. Kapitel «La vida inconclusa» von *Huesos en el desierto*. In diesen Kapiteln werden eine Vielzahl sehr ähnlicher Leichenfunde aneinandergereiht, die sich nicht nur in der Darstellung der Entdeckung der Leichen, sondern auch in den weiblichen Mordopfern und den an diesen verübten Verbrechen gleichen.[255]

---

253 Ebda., S. 490.
254 Sergio González Rodríguez: *Huesos en el desierto*, S. 15.
255 In der Repetitio und der rahmenden Funktion dieser sich angleichenden Beschreibungen werden leitmotivische Funktionen erkennbar. Gleiches gilt für Bolaño, der in dem gegenüber González stärker fiktionalisierten *La parte de los crímenes* diese Struktur zum Leitmotiv erhebt.

Der Tathergang der Leichenfunde wird – anders als die Darstellung in *Contrabando* und *Clínica Santa María* – in diesen beiden Texten nicht aus Sicht eines unbeteiligten Beobachters geschildert. Entsprechend der polizeilichen/journalistischen Ermittlungspraxis wird dieser *a posteriori* anhand von Indizien rekonstruiert, wie folgendes Beispiel aus *La parte de los crímenes* zeigt.

> En el mismo mes de noviembre de 1994 se encontró en un lote baldío el cadáver medio quemado de Silvana Pérez Arjona. Tenía quince años y era delgada, morena, de un metro sesenta de altura. El pelo de color negro le caía por debajo de los hombros, aunque cuando su cadáver fue encontrado tenía la mitad del cabello chamuscado. Su cuerpo fue hallado por unas mujeres de la colonia Las Flores que habían instalado sus tendedores de ropa en el borde del baldío, y que fueron quienes dieron aviso a la Cruz Roja. [...] Durante tres horas el cadáver permaneció en el lote baldío. Según el forense había sido violada. Dos certeras cuchilladas en el corazón causaron su muerte. [...] Al día siguiente se supo que la muerta se llamaba Silvana Pérez Arjona, operaria en una maquiladora del parque industrial General Sepúlveda, no muy lejos de donde su cuerpo había sido hallado.[256]

Analog einer juristischen Tatbestandsbeschreibung werden sachlich die Angaben zu den Mordfällen zusammengetragen. Das betrifft Datum, Ort und Zustand der Leichen, wobei sich ein wiederkehrendes Muster ergibt: Häufig wurden die Leichen auf dem freien Feld (baldío) gefunden. In den meisten Fällen handelt es sich um junge Frauen, nicht selten minderjährig (hier: 15-jährig, in der obigen Textstelle: 17- und 20-jährig), die sich auch in ihren äußerlichen Merkmalen gleichen. Die jungen Frauen sind häufig schlank, zeigen einen dunklen Teint (morena) und haben längere, über die Schultern reichende schwarze Haare. «Eran delgadas, de piel morena y cabellos largos.»[257] lautet schon die erste Beschreibung der Leichenfunde in *Huesos en el desierto*.

Viele der toten Frauenkörper sind verstümmelt. Im obigen Beispiel (Bolaño) zeigt die Leiche deutliche Spuren der Verbrennung, die Rede ist von einem «cadáver medio quemado» und versengtem Haar («cabello chamuscado»). Wir erfahren weiter, wer die Leiche gefunden hat (hier: einige Frauen der Colonia Las Flores) und wem der Fall gemeldet wurde (hier: dem Roten Kreuz). Schließlich wird anhand der Befunde eines Gerichtsmediziners der Tathergang rekonstruiert, der ebenfalls ein wiederkehrendes Muster zeigt. Die Mädchen wurden zunächst vergewaltigt und dann getötet (hier mittelst zweier Messerstiche ins Herz). Ferner erfährt man, wann die Leiche identifiziert wurde und dass es sich um eine Fabrikarbeiterin einer der Billiglohnfabriken der Region (einer sogenannten «maquiladora») handelte. Auch dies gehört zu den wiederkehrenden Merkmalen.

---

256 Roberto Bolaño: *2666*, S. 533
257 Sergio González Rodríguez: *Huesos en el desierto*, S. 15.

4.3 Chronistisch orientierte Narkoprosa (Mexiko) — 173

Das Modell einer juristischen Tatbestandsaufnahme verlassen die Autoren allerdings, wenn sie den Beschreibungen der Leichenfunde prosaische Erzählelemente hinzufügen bzw. miteinander verweben. So bei der Wiedergabe gesprochener Rede, der Berücksichtigung der konkreten Situation oder der Schilderung persönlicher Umstände derjenigen, die an der Ermittlungspraxis beteiligt waren. Die je nach Ergebnislage eher lakonischen oder mehrere Seiten umfassenden Tatbestandsbeschreibungen der Frauenmorde präsentieren insofern nicht allein die Ergebnisse, die sich zu den Morden finden lassen. Sie zeigen Tendenzen zur Personalisierung der Ermittlungsberichte, indem auch die Herkunft der Quellen angegeben und die Umstände erzählt werden, die den Ermittlungsvorgang begleiteten.

Deutlich wird dies in *Huesos en el desierto* am Fall der plötzlich verschwundenen Elizabeth Castro García.[258] So wird berichtet, wie ihre in Sorge geratenen Schwestern bei der Staatsanwaltschaft – dem *Ministerio Público* – Anzeige erstatten. Nachdem zunächst in Form einer summarischen Zusammenfassung über den Gang der Schwestern zum *Ministerio Público* Auskunft gegeben wird, folgt ein szenisch erzählter Einschub, der die bei der Staatsanwaltschaft vorgebrachte Anzeige in direkter Rede wiedergibt: «Tenemos temos fundado de que algo grave le haya ocurrido a mi hermana – decía –, porque preguntamos en su trabajo si había ido a laborar, y nos manifestaron que no.»[259] Die Schwestern zeigen sich alarmiert, dass Elizabeth, da sie nicht bei der Arbeit erschienen war, etwas Schlimmes zugestoßen sein könnte. Daraufhin erkundigt sich – wieder in direkter Rede – der zuständige Beamte nach dem Aussehen («la media filiación») von Elizabeth. Deren Schwester Eunice antwortet: «Tez blanca, complexión delgada, 1,75 metros de estatura, usa cabello largo, viste regular, de 17 años aproximadamente ...» Die Schilderung gleicht einer steckbriefartigen Beschreibung des vermissten Mädchens.

Der Beamte befragt daraufhin die Schwestern nach einem möglichen Verbleib des Mädchens: «¿Dónde podría estar?» Woraufhin Eunice antwortet, dass sie dies nicht wisse: «Ignoro dónde puede ser localizada – respondió.»[260] Summarisch schließt der Erzähler den Dialog, indem er auf den weitergehenden Prozess nach der Anklageerhebung verweist: «Luego de los asientos legales del caso, quedó registrada la denuncia por el «delito de desaparición de persona».»[261] Die von den Behörden vorgenommene Bezeichnung des Deliktes lautet «desaparición de persona» («Verschwindenlassen einer Person»).

---

258 Ebda., S. 42–45.
259 Ebda., S. 43.
260 Ebda.
261 Ebda.

Während *Huesos en el desierto* in den Fallbeschreibungen über die vermissten bzw. ermordeten jungen Frauen häufig von der szenischen Erzählform Gebrauch macht, beobachtet man in *La parte de los crímenes* in der Darstellung gesprochener Rede eine Zunahme an Mittelbarkeit. Die für gewöhnlich neutrale, unbeteiligte Erzählerstimme nimmt unterschiedliche Fokalisierungen vor und bindet so – polyphon und dialogisch – die fremden,[262] gesprochenen Stimmen fast unmerklich in den Text mit ein: In der Sprache des Erzählers schimmern die gefallenen Worte und der angeschlagene Ton derjenigen durch, die an der Ermittlung beteiligt waren. Was Bachtin über die Darstellung der fremden Rede im europäischen humoristischen Roman schreibt, gilt auch für Bolaño, wird doch die fremde Rede «nirgendwo deutlich von der Autorrede abgegrenzt: die Grenzen sind absichtlich fließend und zweideutig gehalten, oft verlaufen sie durch ein syntaktisches Ganzes, oft durch einen Satz, manchmal jedoch zertrennen sie die Hauptglieder des Satzes.»[263]

Wie das folgende Textbeispiel aus *La parte de los crímenes* zeigt, findet man einen zuweilen raschen Wechsel in der Fokalisierung, der ein komplexes, polyphones Textgebilde schafft:

> En la cintura de la muerta vio un cinturón con una gran hebilla de metal. Eso fue lo que lo deslumbró, compadre, dijo. Sí, ya me he dado cuenta, dijo Reséndiz. La muerta iba vestida con hot-pants y una blusa amarilla, de imitación de seda, con una gran flor negra estampada en el pecho y otra, de color rojo, en la espalda. Cuando llegó a las dependencias del forense éste se percató, asombrado, de que debajo de los hot-pants conservaba unas bragas blancas con lacitos en los costados. Por lo demás había sido violada anal y vaginalmente, y la muerte había sido provocada por politraumatismo caneroencefálico, aunque también había recibido dos cuchilladas, una en el tórax y otra en la espalda, que la habían hecho perder sangre pero que no eran mortales de necesidad.[264]

Der vorliegende Leichenfund wird zunächst aus der Perspektive einer der Lastwagenfahrer Villas Martínez und Rigoberto Reséndiz dargestellt: «En la cintura de la muerta vio un cinturón con una gran hebilla de metal». Deren bei der Sichtung der Leiche gefallenen Worte werden in direkter Rede, unter Gebrauch von *verba dicendi* wie «dijo», in den Text mit eingebunden: «Eso fue lo que lo deslumbró, compadre, dijo. Sí, ya me he dado cuenta, dijo Reséndiz.» Daran knüpft wieder die Stimme eines neutralen Erzählers an, der detailliert beschreibt, wie die tote Frau gekleidet war. Es ist nicht ersichtlich, aus wessen Perspektive diese Darstellung erfolgt.

---

[262] Im Sinne von Michail M. Bachtin: *Probleme der Poetik Dostoevskijs* (Ausgabe 85), S. 4. Vgl. dazu auch: Sylvia Sasse: *Michail Bachtin zur Einführung*. Hamburg: Junius 2010, S. 92.
[263] Michail M. Bachtin: *Die Ästhetik des Wortes*, S. 198.
[264] Roberto Bolaño: *2666*, S. 500.

> La muerta iba vestida con hot-pants y una blusa amarilla, de imitación de seda, con una gran flor negra estampada en el pecho y otra, de color rojo, en la espalda.[265]

Daraufhin findet ein Wechsel zur Perspektive des Gerichtsmediziners statt. Dies wird durch einen temporalen Nebensatz eingeleitet («Cuando llegó a las dependencias del forense»), in dem die Tote als unpersönliches Satzsubjekt figuriert («llegó»). In der Geste der Personifizierung werden bestimmte, aus den Fallakten nicht ersichtliche Schritte, wie etwa der Transport der Leiche, zumindest angedeutet. Der Gerichtsmediziner bemerkt, er habe mit Erstaunen feststellt, dass die Tote unter den Hotpants noch einen weißen Slip mit Schleifen an den Seiten getragen habe. («éste se percató, asombrado, de que debajo de los hotpants conservaba unas bragas blancas con lacitos en los costados») Daraufhin heißt es:

> Por lo demás, había sido violada anal y vaginalmente, y la muerte había sido provocada por politraumatismo craneoencefálico, aunque también había recibido dos cuchilladas, una en el tórax y otra en la espalda, que la habían hecho perder sangre pero que no eran mortales de necesidad.

Dies ist die Beschreibung eines Leichnams, die einerseits die amtliche Sprache eines Gerichtsmediziners aufnimmt und gleichzeitig Spuren von dessen persönlicher Redeweise mit leicht zynischem Einschlag trägt. Der Text verbindet Fachvokabular («provocada por politraumatismo craneoencefálico») mit einer lapidaren von Mündlichkeit geprägten Sprachverwendung, wie die den Satz einleitende *locución adverbial* «Por lo demás», das dem Deutschen «Ansonsten» entspricht. Ferner finden sich Beifügungen wie: «pero que no eran mortales de necesidad». Bolaño gelingt es so, die gerichtsmedizinische Sprache zu personalisieren und ihr ein Gesicht zu geben, das einen Menschen offenbart, der mehr Interessen an den Nebensächlichkeiten des Falles zu haben scheint, als sich seiner eigenen Aufgabe zu widmen.[266] Zudem offenbart er einen misogynen und sexistischen Diskurs.

---

265 Ebda.
266 Ein Blick in *Huesos en el desierto* offenbart, dass die hier von Bolaño aufgenommene, personalisierte Darstellung der gerichtsmedizinischen Sprache ihr Vorbild bei Sergio González unpersönlich verfassten Fallakten zu den Mordfällen findet. So heißt es in *Huesos en el desierto* etwa in Bezug auf einen der gefundenen Leichname: «La Averiguación Previa 16142/95–1101 indica que el cuerpo estaba bocabajo, la cabeza orientada al norte, el brazo derecho flexionado bajo el abdomen y el izquierdo semiflexionado a lo largo; las piernas separadas. Se confirmaba la muerte por estrangulamiento. Tenía el cabello anudado con una «banda o liga café». El cuerpo conservaba una playera blanca con la leyenda «California. The Golden State» al frente. La prenda estaba enrollada encima de los senos, al igual que el brasier de color blanco. Bajo el cuerpo, se halló un pantalón vaquero color verde con manchas de sangre y fauna cadavérica. A la izquiera, a la altura del mus-

Doch es geht um mehr: Bolaño kreiert zur Beschreibung der Leichenfunde eine Textur, bei der der Erzähler hinter den fremden Reden, hier den unterschiedlichen Instanzen der Ermittlungspraxis, verschwindet.²⁶⁷ Das betrifft im weiteren Verlauf der Erzählung, in der die Verbrechenspraxis in Santa Teresa beschrieben wird, eine Reihe von anderen «Reflektorfiguren». Neben akzidentiell erwähnten Unbekannten, wie in obiger Textstelle die Lastwagenfahrer oder der Gerichtsmediziner, sind dies der Kriminalpolizist Juan de Dios Martínez, ferner Epifanio, der Assistent des Polizeichefs Pedro Negrete, der junge Polizeianwärter Lalo Cura sowie der Sheriff von Huntington aus Arizona, Harry Magaña.²⁶⁸ Gewissermaßen schlüpft dieser polyphone Erzähler in die Rolle der durch den Staat nur lückenhaft erfolgten Strafverfolgung, die sich dieserart geradezu selbst zu erzählen scheint.

Wie durch die Repetitio sich angleichender Fallbeschreibungen im Romantext deutlich wird, hat man es mit einer Ermittlungspraxis zu tun, die mit bürokratischer Akribie zwar eine Vielzahl an Fallakten produziert. Sie geht aber nicht über eine Registrierung der Verbrechen hinaus und leistet somit keinerlei Aufklärung.

Es gelingt dem Text so – wie zuvor in *Huesos en el desierto* –, eine gegenüber der offiziellen Version alternative Sichtweise auf die in Ciudad Juárez begangenen Frauenmorde zur Darstellung zu bringen. Anadeli Bencomo schreibt diesbezüglich, in Bezug auf *Huesos en el desierto*:

> El mayor aporte de este libro es el de reconstruir ese expediente escamoteado por las fuerzas policiales y las instituciones judiciales que han armado una versión cuestionable de los crímenes, del perfil de las víctimas y de las causas de los feminicidios.²⁶⁹

---

lo, estaba un zapato sin agujete y unas pantaletas blancas. Excepto el zapato, que llevaba el sello 3 Hermanos, niguna de las prendas tenía etiquetas o marca visible. De acuerdo con el acta del caso, el cuerpo «presentaba un avanzado estado de descomposición», lo que dificultó los exámenes periciales y forenses. Pero se observó una «herida cortante de forma triangular, situada en la región coccígea, la cual abarca la parte interna en ambas regiones glúteas, y el ano dilatado» Sergio González Rodríguez: *Huesos en el desierto*, S. 45–46.

267 Bachtin schreibt in Bezug auf die Bedeutung des Autors bzw. von Autorintention im polyphonen Roman: «Der Autor ist nicht in der Sprache des Erzählers und nicht in der normalen Hochsprache, mit der die Erzählung korreliert ist, zu finden (obwohl er der einen oder anderen Sprache näher stehen kann), sondern er gebraucht die eine oder andere Sprache, um seine Intentionen keiner von ihnen gänzlich auszuliefern.» Michail M. Bachtin: *Probleme der Poetik Dostoevskijs*, S. 204.

268 Einige dieser Protagonisten finden ihre Vorbilder in *Huesos en el desierto*, wie nicht zuletzt ähnlich klingende Namen suggerieren. So etwa im Fall des Kriminalpolizisten Antonio Navarrete aus *Huesos en el desierto*, der, wie Pedro Negrete aus *La parte de los crímenes*, die Drogenkriminalität protegiert. Vgl. Sergio González Rodríguez: *Huesos en el desierto*, S. 329–34.

269 Anadeli Bencomo: *Los relatos de la violencia en Sergio González Rodríguez: Huesos en el desierto, El vuelo y El hombre sin cabeza/Stories of violence in the works of Sergio González Rodríguez*, S. 20.

Denn die herkömmliche staatliche Ermittlungspraxis zeichnete sich im Umgang mit den Verbrechen dadurch aus, «Schuldige», sogenannte «Sündenböcke» für die Verbrechen zu finden. So etwa im Fall des des Serienmordes bezichtigten Ägypters Abdel Latif Sharif Sharif in *Huesos en el desierto* und dessen Entsprechung in *La parte de los crímenes*: der deutschstämmige Klaus Haas, Neffe des Autors Archimboldi.[270] Auch dies bringen die Werke in ihren rhizomatischen Diegesen zur Darstellung.

Von dieser offiziellen Version setzt sich die Darstellung der Leichenfunde ab, die sich als Metonymien der Macht- und Gewaltsituation in der nordmexikanischen Grenzregion interpretieren lassen. Bolaño wählt zur Beschreibung der Leichenfunde eine Textur, die indiziengeleitet und polyphon die Spuren einer nur unvollständigen Verbrechensaufklärung trägt und stellenweise von einem zutiefst misogynen Diskurs beherrscht ist. Die toten Frauenkörper figurieren gewissermaßen als Phänomene der Straflosigkeit und Willkürgewalt in der Grenzregion. Sie erscheinen als menschliches Leben, das in der Wahrnehmung ihrer Vergewaltiger und Mörder für diese «verfügbar» war. Nicht zuletzt, weil diese Verbrechen zwar in unzähligen Fallakten registriert, aber nicht geahndet werden. So werden diese Körper faktisch zu Emblemen des bloßen, nämlich faktisch rechtlosen, von anderen zerstörten Lebens.[271]

Nicht zuletzt kraft der *Repetitio* ähnlich verlaufender Tatbestände erreicht de Text darüber hinaus eine anklagend-mahnende Dimension und erinnert darin an die hartnäckige Arbeit von Menschenrechtsorganisationen, allen voran feministischer Vereinigungen, die an unterschiedlichen Stellen des Romans erwähnt werden.[272] Auch darin folgt *La parte de los crímenes* dem Vorbild von Sergio González, der der Arbeit der Frauenorganisationen gleich auf den ersten Seiten von *Huesos en el desierto* eine Führungsrolle in der Forderung nach Aufklärung der Verbrechen weist:

> En los meses siguientes, diversos grupos civiles como el Comité Ciudadano de Lucha contra la Violencia, los de Radio Banda Civil llamados «Frecuencias» o el 8 de Marzo

---

[270] Der als der schuldige Massenmörder an den Frauenmorden zu Gefängnishaft verurteilte, an den realen, als Serienmörder verurteilten Sharif Sharif angelehnte Klaus Haas, lässt sich als «Sündenbockfiguration» im Sinne Northrop Fryes Begriff des *pharmakos* begreifen. Siehe hierzu: Hermann Herlinghaus: *Narcoepics. A Global Aesthetics of Sobriety*, S. 223–31. Als Sündenbock, nämlich als «chivo expiatorio», wird dieser auch im Roman von der feminisitschen Vereinigung «Mujeres en Acción (MA)» bezeichnet. Vgl. Roberto Bolaño: *2666*, S. 640.
[271] Näheres hierzu bei Herlinghaus, der die Frauenkörper in Zusammenhang mit der Figur des *Homo Sacer* im Sinne Agambens bringt. Vgl. Hermann Herlinghaus: *Narcoepics. A Global Aesthetics of Sobriety*, S. 220–22.
[272] Das betrifft z. B. Mujeres de Sonora por la Democracia y la Paz (MSDP), vgl. Roberto Bolaño: *2666*, S. 568.

> tendrían un papel protagónico en el caso al demandar el esclarecimiento de los crímenes, o colaborar en la búsqueda de más cuerpos.²⁷³

4.3.4 *Santa Rosa* im Dialog mit *Comala* und *Santa Teresa*

Die polyphon ermittelnde und der Tendenz nach hyperrealistische Darstellung der Verbrechen vermischt sich in den ersten Kapiteln *Contrabandos* mit einer Wort- und Bilderwahl, die intertextuelle Bezüge zu Juan Rulfos *Pedro Páramo* aufzeigt. Dies betrifft vor allem die ersten Beschreibungen des Dorfes Santa Rosa. Obwohl es keine exakten Wortübernahmen gibt, weisen sie in den evozierten Bildern, der Stimmung und dem durch die Wortwahl angeschlagenen Ton signifikante Ähnlichkeit zu Rulfos Comala auf.

> Llegamos anoche. La luna estaba alumbrando y en este pueblo minero, fantasma, como de plata, parecía que no había un alma. Sus siete calles vacías. Sus nueve callejones oscuros.²⁷⁴

Das Bild, das der Leser in diesen Sätzen von Santa Rosa gewinnt, ist das eines verlassenen Dorfes, von dem ein besonderer Glanz und eine besondere Stimmung ausgeht. Santa Rosa wird als zugleich geisterhaft wie silbern beschrieben, als ein Ort, von dem es heißt, dass nicht eine Seele hier weilt. Ein in der Nacht hell schimmerndes Dorf ist auch der erste Eindruck, den der Leser *Pedro Páramos* von Comala erhält. So, wenn der Ich-Erzähler bei seiner Wanderung auf der Suche nach dem Heimatdorf seiner Eltern die Worte seiner verstorbenen Mutter zitiert:

> Hay allí, pasando el puerto de Los Colimotes, la vista muy hermosa de una llanura verde, algo amarilla por el maíz maduro. Desde ese lugar se ve Comala, blanqueando la tierra iluminándola durante la noche.²⁷⁵

Juan Preciados Eindrücke bei seiner Ankunft in Comala evozieren sodann – wie in Rascón Bandas *Contrabando* – die Szenerie eines verlassenen Dorfes, eines sogenannten *pueblo fantasma*:

> Ahora estaba aquí, en este pueblo sin ruidos. Oía caer mis pisadas sobre las piedras redondas con que estaban empedradas las calles. Mis pisadas huecas, repitiendo su sonido en el eco de las paredes teñidas por el sol del atardecer.²⁷⁶

---

273 Sergio González Rodríguez: *Huesos en el desierto*, S. 15.
274 Víctor Hugo Rascón Banda: *Contrabando*, S. 26.
275 Juan Rulfo/José C. González Boixo: *Pedro Páramo*, S. 66.
276 Ebda., S. 69.

Rulfo beschreibt in diesen Zeilen die Verlassenheit des Dorfes durch die Umschreibung der «Stille». Der Ich-Erzähler umschreibt seine Schritte synästhetisch als «hohl» und hebt damit auf das von ihnen hervorgerufene Geräusch ab, ein Echoeffekt, der «in diesem Dorf ohne Laut» ausgelöst wird. Gewissermaßen knüpft er an die Tradition der Schauerliteratur der Romantik an. Auch Rascón Banda kreiert bei der Beschreibung Santa Rosas ein Gefühl der Unheimlichkeit bzw. des «Gruseligen». So bindet er unmittelbar nach der Beschreibung des geisterhaft silbern glänzenden Dorfes typisch romantische Topoi in seinen Text ein.[277]

> Los álamos de los arroyos, vigilantes silenciosos, proyectaban las sombras de sus brazos secos.[278]

Und einige Zeilen später, nach der Beschreibung der leeren Dorfstraßen:

> Tres caballos blancos tomaban agua en el arroyo y alzaron la cabeza cuando pasamos a su lado.[279]

Die Pappeln und die drei Schimmel am Flussufer suggerieren Idylle und Bukolik und damit eine literarische Kunstwelt, die sich durch Harmonie, Frieden und Liebe auszeichnet. Doch die Idylle kontrastiert mit den Beschreibungen eines Dorfes, dessen Verlassenheit von Traurigkeit und der Abwesenheit von Leben und Glück spricht. Es heißt, dass auf dem Dorfplatz nur das Licht in dem Lokal von Marta brannte und der einzige Mensch ein auf einer Bank schlafender Betrunkener sei: «En una banca vimos un borracho durmiendo.»[280]

Rascón Banda weist nach den Beschreibungen des verlassenen, silbern glänzenden Dorfes in tragischer Vorwegnahme des Kommenden auf die nur scheinbare Ruhe des Dorfes hin. Er schließt das Eingangskapitel über Santa Rosa damit, dass das (personifizierte) Dorf nur einen tiefen Atemzug nehme, um morgen wieder aufzustehen.

> Quien viera tanta tranquilidad a esta hora, creería que este es un pueblo tranquilo. Pero sólo está tomando un respiro para levantarse mañana.[281]

---

[277] Während dabei Rulfo unter besonderer Beachtung des Auditiven die Verlassenheit und das Geisterhafte Comalas beschreibt, rückt Rascón Banda das visuell Sich-Zeigende in den Vordergrund der Beschreibung. Eine Fokussierung auf das äußerlich Sichtbare geht möglicherweise auf den schon erwähnten, sogenannten mexikanischen Hyperrealismus zurück.
[278] Víctor Hugo Rascón Banda: *Contrabando*, S. 26.
[279] Ebda.
[280] Ebda.
[281] Ebda.

Auch bei Rulfo heißt es in der ersten Wahrnehmung Juan Preciados, als dieser Comala von weitem erblickt: «Todo parecía estar como en espera de algo.»[282] Das gilt auch für die sengende Hitze, die, so Abundio, in Comala noch unerträglicher werden würde und die er in Vorwegnahme der nachfolgenden Handlung in Zusammenhang mit der Hölle bringt:

> Ya lo sentirá más fuerte cuando lleguemos a Comala. Aquello está sobre las brasas de la tierra, en la mera boca del Infierno.[283]

Auch die Rolle und Funktion der Dorfbewohner weist Ähnlichkeiten in den Romanen auf. Wie in Rulfos *Páramo* gleichen auch in Santa Rosa einige von ihnen geisterhaften Erscheinungen. Sie erzählen von der Geschichte des Dorflebens, hier des Drogenhandels und geben dem Roman nicht zuletzt dadurch eine apokalyptische Note.

Insoweit vollzieht sich eine erzählerische Wandlung in *Pedro Páramo*. Der Chronotopos des lebenden Dorfes wird durch den Chronotopos des toten Dorfes verdrängt.[284] Raum- und Zeitstruktur des Romans werden ab der Hälfte von den Erinnerungen der Toten an das frühere Leben im Dorf, allen voran vom Aufstieg und Fall des Kaziken Pedro Páramo beherrscht. Der mythische Chronotopos drängt den realistischen Chronotopos und dessen Raum-Zeit-Struktur zurück.[285]

Auch in dieser Bewegung findet man eine gewisse Ähnlichkeit bei Rascón Banda. Santa Rosa als Raum-Zeitgebilde, der Chronotopos Dorf, verschwindet zunehmend zugunsten einer Masse an Stimmen und Fiktionen über die Bewohner Santa Rosas und der Geschichte des Drogenhandels in der Region. Die erzählerische Anwesenheit des Erzählers im Dorf weicht der Schrift und den Stimmen, die er vorfindet und aufzeichnet. Dies spiegelt, wie man argumentieren könnte, das Raum-Zeit-Bewusstsein des Ich-Erzählers wider. Wie vor ihm Juan Preciado wird er von den unterschiedlichen Versionen, Geschichten und Dokumenten – den Fiktionen über den Zerfallsprozess des Dorfes – regelrecht überschwemmt. Doch sind es in *Contrabando* nicht die Toten und eine mythische

---

282 Juan Rulfo/José C. González Boixo: *Pedro Páramo*, S. 67.
283 Ebda.
284 Bachtin beschreibt das Konzept des Chronotopos wie folgt: «Den grundlegenden wechselseitigen Zusammenhang der in der Literatur künstlerisch erfaßten Zeit-und Raum-Beziehungen wollen wir als Chronotopos («Raumzeit» müßte die wörtliche Übersetzung lauten) bezeichnen.» Und weiter: «Für uns ist wichtig, daß sich in ihm der untrennbare Zusammenhang von Zeit und Raum (die Zeit als vierte Dimension des Raumes) ausdrückt. Wir verstehen den Chronotopos als eine Form-Inhalt-Kategorie der Literatur.» Michail M. Bachtin: *Chronotopos*. Herausgegeben von Michael Dewey. Frankfurt am Main: Suhrkamp 2014, S. 7.
285 Siehe dazu: Vittoria Borsò: *Mexiko jenseits der Einsamkeit – Versuch einer interkulturellen Analyse. Kritischer Rückblick auf die Diskurse des Magischen Realismus*. Vervuet 1994, S. 222.

Raum-Zeit-Struktur, die den Chronotopos Dorf (Santa Rosa) ersetzen. An dessen Stelle tritt eine hyperrealistische Transkription unterschiedlicher Zeugnisse gegenwärtiger Anwesenheit des Drogenkrieges in der Region. Ein Funktelegramm, ein auf ein Tonband aufgenommenes Gespräch, die Erzählungen der Mutter über die auf dem Friedhof begrabenen Dorfbewohner sowie die literarischen Produktionen des Schriftstellers. Darin zeigt sich die spezifisch testimoniale Prägung, die *Contrabando* mit anderen Werken faktual orientierter Narkoprosa teilt.

In der Beschreibung von Santa Teresa in *La parte de los crímenes* bleibt eine derartige chronotopische Bewegung aus. Der Text beginnt *in medias res* mit der Beschreibung des ersten Leichenfundes im Jahr 1993 und situiert den Leser unmittelbar in die Grenzregion Nordmexikos, die im weiteren Verlauf zugleich realen wie dystopischen Charakter erhält.[286] Die Seherin Florita Almada bezeichnet Santa Teresa etwa als «ciudad del demonio»[287] und gibt ihr invernale Züge.[288] Auf den apokalyptischen Charakter Santa Teresas verweist ferner der Titel des Romans, der das Jahr 2000 mit der Zahl 666 verbindet, welche der Offenbarung des Johannes entstammt.

Gewissermaßen ist Santa Teresa ein Endpunkt und Höhepunkt von Barbarei in der nordmexikanischen Grenzregion. Der *Contrabando* hat eine barbarische Willkürgewalt an die Stelle der Herrschaft des Kaziken von Comala gesetzt, suggeriert Rascón Bandas Roman aus den späten 1980er Jahren. Von dessen invernalen Auswüchsen in der nordmexikanischen Grenzstadt Ciudad Juárez erzählen *Huesos en el desierto* und *La parte de los crímenes*. An die Stelle des silbernglänzenden Dorfes, das in *Contrabando* noch zu Beginn des Romans durchschimmerte, ist ein wüstenhaft, surrealistisch anmutendes Szenario infamer Gewalt getreten. Die auf der bloßen Erde eines Industriegeländes liegenden verstümmelten Körper junger Frauen stellen zusammen mit Abfällen und einsamen Landstraßen den Boden, nämlich die physische Präsenz dieser dämonischen Stadt dar:

> Images emerge, captured like by a wandering camera, in which the desolate earth, the dumping of industrial waste next to the survival zones of poor communities (the «colonias») and the appearance of remnants of the mutilated women are fused into one and

---

[286] Vgl. Roberto Bolaño: *2666*, S. 443.
[287] Ebda., S. 546–47.
[288] Es gilt anzumerken, dass Bolaño in einem Interview auf die Frage, wie er sich die Hölle vorstelle, folgende Antwort gab: «Como Ciudad Juárez, que es nuestra maldición y nuestro espejo, el espejo desasosegado de nuestras frustraciones y de nuestra infame interpretación de la libertad y de nuestros deseos.» Ignacio Echeverría (Hg.): *Entre paréntesis. Ensayos, artículos y discursos (1998–2003)*. Barcelona 2004, S. 339.

the same still life. [...] Santa Teresa's environment is painted as wastelands that could, as well, resemble the aftermath of a planetary catastrophe.[289]

Eine Vielzahl an Erzählsträngen, die von barbarischen Verbrechen erzählen, verhelfen «Santa Teresa» zur weiteren Erscheinung. Dazu gehören die von dem *Profanador de iglesias* geschändeten Kirchen, das korrupt gezeichnete Polizeirevier, das Gefängnis, eine psychiatrische Anstalt und die Residenz des Drogenbarons Pedro Rengifos.

Diese Einrichtungen und Figuren zeichnen sich dadurch aus, dass sie weniger privater, denn öffentlicher Natur sind. Sie werden zugleich als ein Abbild wie eine Form der Subvertierung der traditionellen Ordnungsstrukturen der mexikanischen Gesellschaft inszeniert: die geschändete Religion, das übertretene Gesetz (im Fall des Drogenbarons), die übertretenen Wahrheits-, Normalitäts- und Moraldispositive (in der psychiatrischen Anstalt) und die Missachtung der Menschen- und Arbeitsrechte in den örtlichen Billiglohnfabriken (*maquiladoras*). Auf dem von Frauenleichen besäten Wüstenboden errichten sich insofern heterotopisch begreifbar werdende Institutionen, von denen eine je spezifische Form gesellschaftlicher Machtregulation bzw. Normierung ausgeht.[290] Sie geben Aufschluss über das Geheimnis der Frauenmorde.

Auf den Einfluss derartiger Machtdispositive auf die an den jungen Frauen verübten Verbrechen deutet die polyphone Inszenierung der Leichenfunde. Das um sie geformte textuelle Gewebe trägt Spuren der Gewalt und Macht in Santa Teresa und bezeugt die ausgebliebene Strafverfolgung eines abwesenden Staates. An dessen Stelle sind die heterotopisch inszenierten Institutionen getreten, die die Gesellschaft Santa Teresas regulieren und deren souveräne Funktionen an den jungen Frauenkörpern sichtbar werden.[291] Den dargestellten Fiktionen kommt insofern eine eminent politische Bedeutung zu, vermischt sich in ihnen

---

[289] Hermann Herlinghaus: *Narcoepics. A Global Aesthetics of Sobriety*, S. 216.

[290] Foucault umschreibt den Begriff der Heterotopie in einem Vortrag, den er 1967 unter dem Titel «Des espaces autres» im Rahmen eines Architektenkongresses (Cercle d'études architecturales) hielt, als «wirkliche Orte, wirksame Orte, die in die Einrichtung der Gesellschaft hineingezeichnet sind, sozusagen Gegenplatzierungen oder Widerlager, tatsächlich realisierte Utopien, in denen die wirklichen Plätze innerhalb der Kultur gleichzeitig repräsentiert, bestritten und gewendet sind, gewissermaßen Orte außerhalb aller Orte, wiewohl sie tatsächlich geortet werden können.» Michel Foucault: Andere Räume. Ins Deutsche übersetzt von Walter Seitter. In: Karlheinz Barck (Hg.): *Aisthesis: Wahrnehmung heute oder Perspektiven einer anderen Ästhetik*; *Essais*. Leipzig: Reclam 1991. Näheres zu Begriff und Konzept der Heterotopie in Kapitel 5.1.3 dieser Arbeit.

[291] Das Konzept der souveränen Funktion wird im Sinne der schon erwähnten Definition von Balke verwendet. Vgl. S. 5, Fn. 7.

doch Fiktives mit Politisch-Imaginärem und gibt partiell Aufschluss auf das *aenigma* postmoderner Souveränität im Gravitationsfeld der Drogenkonflikte.

Im Gegensatz zu Bolaños prosaischer Inszenierung des Politischen, einschließlich solcher Entitäten, die in der Grenzstadt Santa Teresa souveräne Funktionen ausüben, benennt *Huesos en del desierto* eine solche Machtallianz explizit.[292]

4.4 Darstellungsmerkmale und Funktionen des Fiktiven in Werken eines faktual orientierten Narkorealismus

Faktual orientierte Narkoprosa orientiert sich an Spuren und Stimmen, die Zeugnis gelebter Erfahrungen mit dem Drogenhandel und -krieg in Lateinamerika geben. Wir sprechen erstens von kleineren Unterhändlern des Drogengeschäftes und des damit zusammenhängenden kriegerischen Konfliktes. Auftragsmörder wie Toño in *No nacimos pa' semilla* und Ramón Chatarra in *Sangre Ajena*, Drogenschmuggler und -händler wie Chuy Salcido in *Cada respiro que tomas*, Folterer wie Jaime in *Comandante Paraíso*. Zweitens kommen dazu Menschen, die im direkten Umfeld der *narcocultura* oder von Gewalt gezeichneter Viertel, etwa der *barrios populares* Medellíns stehen. Dazu gehören Don Rafael,

---

[292] Siehe dazu etwa den «Prólogo a la tercera edición» (S. I–VI), das Prefacio (S. 11 f.) sowie einzelne Stellen in den Kapiteln. Im Prefacio heißt es: «Este libro entrecruza documentos y testimonios múltiples de un suceso que se ubica en el límite de lo delincuencial y el femicidio: entre aquellos crímenes, está detectada la existencia de un centenar de asesinatos en serie. Una orgía sacrificial de cariz misógino propiciada por las autoridades: los responsables estarían libres, a la sombra de una pirámide corrupta que tiene su base en la ineficacia policiaca y los delitos impunes en un índice de casi ciento por ciento en la República mexicana.» Sergio González Rodríguez: *Huesos en el desierto*, S. 11–12. Diesbezüglich heißt es im «Postfacio a la tercera edición»: «En estos términos, Huesos en el desierto ha descrito tanto el móvil general como el móvil particular, la razón y la sinrazón de los homicidios sistemáticos contra mujeres en Ciudad Juárez realizados por una fraternidad en el crimen, así como ha distinguido el carácter de dominio territorial del femicidio, vinculado al ejercicio de un poder económico con amplios y profundos nexos con el sistema político mexicano, tano como con la delincuencia organizada y la economía formal de alto impacto en rubros básicos, o bien, la subterránea (contrabando, prostitución, explotación de niños y menores, tráfico de indocumentados, etcétera). Asímismo, el libro ha retratado la puesta en marcha de esta industria maquiladora del exterminio de mujeres pobres, al insistir en el modus operandi de extrema violencia de aquellos asesinos que inscriben signos de odio idiosincrásico, misófino, radical, u otros que reflejan los privilegios sociales de quienes patrocinan todo. Las víctimas de esta fábrica de cadáveres en serie han sido objeto de mensajes de secrecía en condiciones específicas de miedo y amenazas de un poder clasista e impune. Sangre, sacrificio, poder grabados en cada uno de los cuerpos.» Ebda, S. XXVI.

Gründer einer Bürgerwehr in *No nacimos pa' semilla* oder Frauen wie Damiana in *Contrabando*, die – unverschuldet – Zeugen und Opfer der Gewalt werden. Ferner gehören dazu die zahlreichen, in der Wüste Sinaloas aufgefundenen Leichen junger Frauen. Ihre *testimonios*, nämlich Zeugnisse ihres Lebens, erzählen *Huesos en el desierto* und *La parte de los crímenes* gewissermaßen *a posteriori*, nämlich anhand von Ergebnissen aus der regionalen Ermittlungspraxis. Mit Werken wie Gardeazábals *Comandante Paraíso* erhalten schließlich auch die großen Drogenbarone Kolumbiens eine Stimme. Es handelt sich um ein literarisches Zeugnis, das sich sowohl an deren Sprache und öffentlichem Wirken im Kolumbien der 1980er und 1990er Jahre sowie an der Wahrnehmung derjenigen orientiert, die sich im direkten Umfeld der Capos aufhielten.

Die Werke reihen sich insofern in die zeitgenössische Tradition sogenannter Erfahrungs- und Zeugnisliteratur, einschließlich neuerer Ausprägungen der lateinamerikanischen Chronik, der sogenannten *crónica periodístico-literaria*, ein. Es zeichnen sich dominante Darstellungsparadigmen und wiederkehrende erzählerische Funktionen ab, die nahelegen, von unterschiedlichen Ausprägungen eines faktual orientierten Narkorealismus zu sprechen. Von ihm ist im Folgenden die Rede.

4.4.1 Wirklichkeitseffekte und testimoniale Erzählfunktionen

Die Werke offenbaren in ihrer Darstellung des Drogenhandels/-kriegs auf Mikro- wie auf Makroebene eine große Ähnlichkeit zum Quellenmaterial als den real getätigten Sprechakten von unmittelbar davon Betroffenen. Sie erwirken einen «Wirklichkeitseffekt»,[293] der die Glaubhaftigkeit des Dargestellten erhöht. Das betrifft auch dessen Grad an Mimesispotential als der Disposition narrativer Texte, die außersprachliche Realität abzubilden. Denn die Werke zeigen an, dass ihnen «reale Aussagen» von «realen Sprechern» vorausgehen und bilden dazu Merkmale der ursprünglichen Kommunikationssituation mit ab.

Diese «spiegelt» sich maßgeblich in einer «testimonialen Erzählsituation». Angesprochen ist eine heterodiegetische Erzählsituation, wonach der – nicht selten autobiographische – Erzähler sich außerhalb des zu erzählenden *narcomundo* situiert. Die Welt des Drogenhandels stellt einen außerhalb seiner Selbst zu beobachtenden zweiten Raum dar. In diesen Raum dringt der Erzähler nur

---

[293] Barthes bezeichnet die scheinbar unnützen Details im realistischen Roman als «Signifikat des Realismus», nämlich als Beschreibungen, die dazu dienen, die Glaubhaftigkeit des Dargestellten in der Erzählung zu erhöhen. Siehe dazu: Roland Barthes: *Der Wirklichkeitseffekt*, S. 171–72.

4.4 Darstellungsmerkmale und Funktionen des Fiktiven (Narkorealismus) — 185

partiell ein und erzählt von ihm als ein ihm fremdes Phänomen. Als eine Lebenswelt, der er mit Respekt und Empathie für den Einzelnen – nämlich dessen Weltwahrnehmung/Ästhetik – begegnet.

Es besteht eine Tendenz zur Minimierung einer übergeordneten Erzählerinstanz, welche sich über die im Text dargestellte Welt erheben würde. In Salazars *No nacimos pa' semilla* nimmt der Erzähler die Rolle eines Ethnographen an, der Überleitungen und erst im letzten Kapitel eine Analyse der in den Text eingelagerten *testimonios* vornimmt. In *Contrabando* begegnet man einem peripheren Ich-Erzähler, der in sein Heimatdorf zurückkehrt und die – offiziell verschwiegenen – Gewaltverbrechen aufzeichnet, die sich im Zuge des entbrannten Drogenkriegs ereigneten. Mehr als seine eigenen Erfahrungen dokumentiert er dabei die der Dorfbewohner, deren *testimonios* in den Text eingelagert werden.

Die Rolle der im Text duplizierten Autor-Stimme tendiert dazu, sich in ihrer «Bedeutungsgebung» zurückzuhalten. Stattdessen werden die Stimmen und Geschehnisse des Drogenkriegs in einen Dialog untereinander gebracht. Der Erzähler zeigt sich insoweit als ein «moderner Scriptor»[294] seiner Region. Als ein Transkriptor verschiedener Stimmen, die zusammengenommen eine mögliche polyphone, mehrdeutige Schrift über die Realität des Drogenhandels und -kriegs darstellen. Die eigentliche «Handlung», welche sich häufig auf mehrere Diegesen verteilt, wird so von einer Vielzahl von autodiegetischen Erzählern – multiperspektivisch – erzählt. Sie entbehrt in vielen Fällen einer einheitlichen oder sinngebenden *storyline*. In einigen Werken chronistisch orientierter Narkoprosa, allen voran *Contrabando* und *La parte de los crímenes*, nimmt sie rhizomatischen Charakter an.

In den stärker fiktionalen Werken wird eine dialogische und polyphone Erzählweise sodann in der Erzählerrede verwirklicht, so etwa im Fall der Darstellung der Leichenfunde in Bolaños *La parte de los crímenes*. Oder in dem figurativen, an der Sprache der jugendlichen Auftragsmörder der Armutsviertel angelehnten Stil von *Sangre Ajena*. Ferner in Mendozas *Clínica Santa María*. Zusammengenommen herrscht so eine je unterschiedlich ausgeformte, grundsätzlich dialogische Erzählweise vor, in der das Autorwort nicht mehr Autorität als die Figuren besitzt. Diese wirken so gewissermaßen als Betroffene oder Beteiligte der Drogenkonflikte an der Bedeutungskonstruktion des Textes mit.[295]

---

294 Roland Barthes: Der Tod des Autors. In: Barthes, Roland (Hg.): *Kritische Essays. Das Rauschen der Sprache*. Aus dem Französischen von Dieter Hornig. Frankfurt am Main: Suhrkamp 2006, S. 60.
295 Insoweit lösen die hier analysierten Werke der Narkoprosa sich zumindest partiell von dem Dilemma des klassischen Testimonios, dessen Problematik in der monologischen Form begründet liegt, welche dem Leser die Lektüre einer Autobiographie eines Subalternen suggeriert, selbst wenn diese von den Autoren nicht nur in eine lesbare, lineare Form, sondern auch

In dieser Kommunikationssituation, so ließe sich aus fiktionstheoretischer Perspektive argumentierten, spiegelt der faktual orientierte Narkorealismus gewissermaßen die vorausgehende Erfahrung der Buchautoren. Die hier analysierten Werke sind so gesehen das Ergebnis vorausgegangener Fremd-Erfahrungen mit einer neuen und fremden Realität, deren Andersartigkeit die Autoren mit Respekt zu bezeugen und zu analysieren suchen.[296]

Möglicherweise spricht daraus auch eine Form der Ohnmacht des kartesianisch geprägten Erzählsubjektes, das bemüht ist, die sich darbietende Realität zu begreifen. Das angesichts von systemischer Gewalt, Angst, komplexen Machtbeziehungen und markanten Tendenzen der Alterisierung dieser Welt davor zurückweicht, Bedeutung zu geben und gar eine zusammenhängende Geschichte darüber zu erzählen.

Die Narrative derjenigen, die von gelebten Erfahrungen in Zusammenhang mit dem Drogenhandel und -krieg berichten, erhalten insoweit vordringlichste Bedeutung im Spiel der Fiktion. Dessen sich abzeichnende «Spielregeln» scheinen sich gerade dadurch auszuzeichnen, dass sie Abstand von der für die literarische Fiktion charakteristischen anthropologischen Funktion für das Selbst nehmen (Selbstkonstitution und -überschreitung). An ihre Stelle tritt eine gleichsam «ethnographische» und «investigative» Zielrichtung der Literatur. Das literarische Imaginäre sucht eine größtmögliche Nähe zur realen Kommunikationssituation zu wahren. Es nimmt eine Erkundung und Neubewertung des gesellschaftlich stigmatisierten «Fremden», gelegentlich auch des (feindlichen) Kriminellen und der im Kontext des Drogenkriegs verübten Gewaltverbrechen in Anspruch.

Der faktual orientierte Narkorealismus sucht das maniquäische Alteritätsdispositiv aufzubrechen, sodass der Leser dieser Werke dazu angeleitet wird, im «ekstatischen» Akt der Lektüre – zumindest annähernd – in das Antlitz des Fremden zu blicken, wie es bei Emmanuel Lévinas heißt:

> Nicht-Gleichgültigkeit des Anderen, Zugang zu seiner Andersheit durch das Antlitz des Nächsten, auf dem, unter all' dem Haß, der sich darauf legen kann, in der ununterdrück-

---

sprachlich verändert wurden. Monika Walter spricht zutreffend von einem doppelstimmigen «Ich» und weist auf die Gefahr einer subtilen, weil «solidarisch formulierten Form der kulturellen Vereinnahmung» hin. Monika Walter: *Selbstrepräsentation des Anderen im Testimonio? Zur Archäologie eines Erzählmodus lateinamerikaner Moderne*, S. 32.

[296] Darin bestehen gewisse Ähnlichkeiten zur ethischen Phänomenologie eines Emmanuel Lévinas, über die Bernhard Waldenfels stichhaltig schreibt: «Die Sachen selbst sind immer schon andere und anderswo, es kommt darauf an, ihre Andersheit aufzuweisen, ohne sie einer vorgegebenen Ordnung einzuverleiben.» Bernhard Waldenfels: *Einführung in die Phänomenologie*. München: Fink 1992, S. 64.

baren Aufmerksamkeit der ersten Begegnung, eine vorgeordnete Liebe immer schon gelegen hat.[297]

Der ekstatische Akt der Lektüre, der ein gleichzeitiges Bei-sich und Bei-dem-Anderen Sein ermöglicht, kann so zu einem annähernden Erlebnis von empathischer «Fremderfahrung» werden und damit einen Dialog mit dem im allgemeinen verhassten, angsteinflößenden *narcomundo* auf der Basis von dessen Wahrnehmung der Wirklichkeit eröffnen. Indem man sich mit dem stigmatisierten Anderen im Akt der Lektüre in Beziehung setzt und ihn zu einem Teil seines Imaginären werden lasse, findet eine Begegnung statt. Diese kann zu einem annähernden Verstehen führen. Darin besteht die ethnographische und zugleich ethische Funktion dieser Literatur.

Auf die Redeweise der in den Texten zu Wort kommenden Menschen gilt es im Folgenden näher einzugehen.

4.4.2 Über die subvertierende Sprachverwendung in testimonial orientierter Narkoprosa

Die in testimonial orientierter Narkoprosa dokumentierte Redeweise der Protagonisten erlaubt es, tentativ Rückschlüsse auf die Wahrnehmungswelt von Menschen zu ziehen, die in direktem Umgang mit der Lebenswelt des Drogenhandels und -kriegs stehen.

Die vorliegenden Werkinterpretationen reihen sich insoweit auch in die Forschung über das Erzählen und die Sprachverwendung angesichts der in Lateinamerika herrschenden Situation endemischer Gewalt, Unsicherheit und Angst ein. Es zeichnen sich Tendenzen der Autonomisierung der Sprache und eine dadurch bedingte Krise der Symbole innerhalb der lateinamerikanischen Marginalität ab. Gemeint sind bestimmte – performative – Narrative, die das herrschende Symbolsystem insofern subvertieren, als sie von etwas erzählen, von dem dieses Symbolsystem nicht spricht.[298] Eine derartige «Alteration» des Symbolsystems nimmt unterschiedliche Formen an.

Chuy Salcido erzählt in einem im Gefängnis aufgezeichneten *testimonio* von seinem Leben als Drogenschmuggler in der nordmexikanischen Grenzregion.

---

[297] Emmanuel Lévinas: Von der Ethik zur Exegese. In: Michael Mayer; Markus Hentschel (Hg.): *Lévinas – Zur Möglichkeit einer prophetischen Philosophie*. Gießen: Focus 1990, S. 14.
[298] Rotker schreibt: «Estas crónicas son, en cierto sentido, también una forma de autonomización, concepto empleado aquí como una narrativa performativa que pone en tensión los códigos preexistentes al usarlos para contar lo que esos códigos no cuentan.» Susana Rotker: *Ciudades escritas por la violencia. (A modo de introducción)*, S. 11.

Seine Redeweise offenbart – ähnlich der poetischen Sprache – tendenziell ikonisierende Züge. Der Signifikant, also die sprachlichen Zeichen, weisen Merkmale einer möglichst situationsgetreuen Imitation seiner Erinnerungsbilder auf. Chuys Redeweise offenbart ein Bestreben, die Erinnerung, das Vergangene – samt der gefallenen Worte und der affektiven Situation – möglichst situationsgetreu wieder aufleben zu lassen. Ja, diese zu imitieren. Dabei wird eine moralisch-ethische Bewertung der erlebten Situation vermieden: zugunsten des gelebten Momentes, einer nicht selten szenischen Darstellung der *res gestae*. Darüber hinaus erhalten bestimmte Begriffe eine mitunter neue «Bedeutung», ein neues Signifikat. Die starre Bindung, die innerhalb des traditionellen Symbolsystems herrscht, wird aufgehoben. Anschaulich wird dies bei dem von Chuy mehrfach verwendeten Begriff des Schicksals (*destino*), der zu einem Platzhalter für Chuys Einstellung zu seinem Leben im Gefängnis wird. Das «Schicksal» dient ihm dabei weniger als Ausdruck einer Form der Vorherbestimmtheit seines Daseins. Es umschreibt mehr eine diffus wahrgenommene «Steuerungslosigkeit» des eigenen Lebens, für die er keinen Verantwortlichen findet. Weder sich selbst, noch Gott, noch einen Dritten.

Auch die in *No nacimos pa' semilla* inszenierten *testimonios* der Bewohner der *barrios populares*, vor allem der *sicarios*, sind durch eine Erzählweise gekennzeichnet, die Erfahrungen der Gewalt und des Todes jenseits einer moralisch-ethischen Bewertung schildern. Sie verzichten auch auf anderweitige Erklärungen ihres Verhaltens. Auffällig ist weiter eine höchst figurative Ausdrucksweise. Neben der Personifizierung von Gewalt und Tod bricht diese das herrschende Symbolsystem durch eine Hinwendung der Rede zum Konkretum und zum unmittelbar zugänglichen, sichtbaren Phänomen auf. An die Stelle abstrakter Begriffe wie Schuld, Reue oder auch das Töten setzt sie figurative Umschreibungen mit besonderer Betonung des Visuellen.

Álapes Roman *Sangre Ajena* verarbeitet die figurative Sprache der Jugendlichen der Armutsviertel Medellíns und Bogotás im Spiel der Fiktion. Seine Sprache unterstreicht die leibbezogene Wahrnehmung jener Erfahrungswelt, die philosophisch betrachtet an die leibliche Phänomenologie erinnert. Auch die hier zutage tretende Erzählweise deutet auf eine diffuse Fremdbestimmtheit und Steuerungslosigkeit des Menschen angesichts von Erfahrungen mit Tod und Gewalt. Deren eigentliche «Intentionalität» entekt sie im ganzheitlich zu begreifenden «Leib»: Jenseits eines *cogitatio*-zentrierten Bewusstseins schimmert das leibliche Bewusstsein als eine machtvolle Instanz für das menschliche Verhalten und Erinnern von Gewalterlebnissen durch.[299] Fremdes und Eigenes,

---

299 Das kartesianische Realitätskonzept unterscheidet Mensch und Welt «in eine psychisch-mentale Innenwelt und eine physische Außenwelt». Bernhard Waldenfels: *Das Fremde und*

physisches und psychisches Erleben verschwimmen angesichts von Gewalt und Angst. Handeln erscheint nicht länger als ein vom Individuum kontrollierbares Verhalten.[300]

Subvertierende Sprachtendenzen in gänzlich anderer Weise offenbart das Werk *Comandante Paraíso* von Gardeazábal. Die Monologe des *Comandante Paraíso*, der zum gewaltsamen Umsturz des herrschenden Systems und der regierenden Klasse drängt, offenbaren eine (politische) Inversionslogik. Die Mächtigen werden dabei zu «Sittenmonstern» (Foucault) verkehrt, die es im (vermeintlichen) Interesse des Volkes mit Gewalt zu stürzen gelte.

Nicht nur die Diskurse der Capos beherrscht eine Inversionslogik. Sie erreicht einen auch in der hier dokumentierten Sprache der Folterer, die im Dienst der Kartelle arbeiten. Das sprachliche Symbolsystem wird dabei nicht nur mitunter in sein Gegenteil verkehrt, sondern gleich einer fundamentalistischen Ideologie pervertiert. So etwa bei der Umgeltung des Wortes «Genusses». Die Symbolik, die die im Roman beschriebenen Foltermethoden beherrscht, weist auf die große Bandbreite dessen hin, was im Dienste der «Professionalität» als Legitimation der Folter umgedeutet werden kann. Jenseits einer Kosten-Nutzen-Logik wird der Begriff der Professionalität einer «transgressiven» Verwendung unterstellt, indem sie eine Art paralleles Wertesystem legitimiert, in dem die «Kunst» des Folterns darin bestehe, Genuss dabei zu empfinden.

Hinter diesen Formen der Subvertierung der Sprache steht nicht allein eine «referentielle Schwäche» des herrschenden Symbolsystems, das die Realitäten der Sprecher nicht hinreichend zu umschreiben vermag. Vielmehr stehen dahinter auch eine Form der Überlebenspraxis, der Selbstbehauptung und des Strebens nach Macht derjenigen, die Teil des Gewaltsystems sind.

Diese Menschen haben sich eine bestimmte Lebenshaltung zu eigen gemacht, bei der sie sich die performative Kraft der Sprache zunutze machen,

---

das Unbewußte – Phänomenologie und Psychoanalyse im Austausch, S. 310. Der Mensch wird als Bürger zweier Welten wahrgenommen: das Reich des Geistes, unser denkendes Bewusstsein (die *cogitatio*), steht der geistesfremden Natur, unserem Körper (der *res extensa*) gegenüber.

300 Eine solche Beobachtung findet sich schon bei Rotker, von der man lernt, dass angesichts von Gewalt, Angst und Unsicherheit die physischen und damit «leibbezogenen» Gesetzmäßigkeiten und die Ordnung der Sprache ineinander reichen und das traditionelle Symbolsystem sprengen. In der Folge würden Logik und Moral mitunter umgekehrt und offenbaren eine eigene Rationalität, die jenseits dessen liege, was man als Gut und Böse empfindet. Hier heißt es: «Ante la violencia, los órdenes físicos y los órdenes de significados se entremezclan; la lógica y la moral se dan la vuelta, adquiriendo una racionalidad propia que se quiere más allá del bien y del mal: es lo que encuentra Martha Huggins cuando, estudiando a los torturadores brasileños nota que se analizan como profesionales del Estado.» Susana Rotker: *Ciudades escritas por la violencia. (A modo de introducción)*, S. 9.

indem sie das, was sie benennen, damit hervorzurufen beabsichtigen. Indem man Folter als Genuss benennt und in seiner Vorstellungswelt und der Folterpraxis inszeniert, schafft man den Boden für ein derartiges Gefühl und ruft es mitunter auch hervor. Indem er seine Vergangenheit als eine Angelegenheit eines diffusen Schicksalskonzeptes betrachtet, ist es Chuy Salcido möglich, im Gefängnis zu überleben und Halt in der gelebten Erfahrung zu finden. Dahinter steht auch eine Entscheidung gegen eine bestimmte Moral, die von Schuldgefühl und Gewissensbissen beherrscht wird, welche, wie aus dem Incipit von *Sangre Ajena* spricht, regelrecht in den Tod führen können.

Angesichts dominanter Tendenzen der Alterisierung innerhalb des gesellschaftlichen Imaginären kommt diesen Narrativen ferner eine kontestatorische Funktion zu. Es handelt such um die sprachlichen Geschütze, gleichsam die Gegen-Ideologie und «Resilienz» derjenigen, die von dem Feinddispositiv erfasst und von der herrschenden Ordnung ausgestoßen wurden. Außerhalb dieser Ordnung stehend, schaffen sie ein alternatives Symbolsystem. In diesem Sinne handelt es sich also auch um mögliche Reaktionen auf eine vorausgegangene Stigmatisierung.

Einer Haltung zum Leben, die in unterschiedlicher Weise dem erlebten Geschehen den Vorrang vor einer moralisch-ethischen Bewertung oder psychologischen Erklärung gibt, begegnen wir in zahlreichen Werken faktual orientierter Narkoprosa. An die Stelle von intentionalem Figurenhandeln treten eher vage Konzepte wie das Phänomen der «Gewalt» oder des «Drogenhandels». Oder eher philosophische bzw. ontologische Konzepte wie «Schicksal», «Leben» und «Erfahrung».[301] So liest man im (auto-)biographischen Roman *El Zar. El gran capo* von Antonio Gallego über das Leben des Protagonisten Jorge: «se vio enredado una vez más en el tráfico de drogas sin proponérselo ni buscarlo. ¿El destino? ¿El azar? ... ¡La vida!».[302]

4.4.3 Über die aufklärerisch-politische Funktion des Erzählens in chronistisch orientierter Narkoprosa

Die vorliegenden Werke chronistisch orientierter mexikanischer Narkoprosa sind aufklärerisch-investigative und zugleich politische Schriften. *Littérature*

---

[301] Siehe hierzu auch die Studien von Herlinghaus, der in Bezug auf die von ihm analysierten Werke schreibt: «Experience is modeled from beyond, or beneath, the emotional territories of guilt and fear, as well as pity and vicarious suffering, condensed by a «realism» dedicated to compelling, sometimes abject scenarios where marginalization and transgression are ingrained in the everyday spaces of the Western hemisphere.» Hermann Herlinghaus: *Narcoepics. A Global Aesthetics of Sobriety*, S. 49.
[302] Antonio Gallego Uribe: *El Zar. El gran capo*, S. 110.

4.4 Darstellungsmerkmale und Funktionen des Fiktiven (Narkorealismus) — 191

engagée, die darauf abzielt, das in den 1980er und 1990er Jahren in Mexiko praktizierte «Schweigen» über bestimmte Gewaltverbrechen und Massaker zu brechen. Die Werke rufen zur Aufklärung der barbarischen Gewalttaten auf, die im Kontext des Drogenkriegs verübt wurden. Zugleich wird die völlig unzureichende – da ausbleibende – staatliche Ermittlungspraxis auf unterschiedlichen Ebenen der Texte dargestellt.

Das «Aufklärerische» und «Politische» dieser Fiktionen liegt auch darin begründet, dass die dargestellten Geschehnisse und Figuren Modellcharakter annehmen. So wird ermöglicht, Gesellschaft und das Politische in diesen Regionen Nordmexikos anders wahrzunehmen als es der offizielle Diskurs vorgibt.[303] Das zeigt sich in den Werken schon darin, als diese von labyrinthischen Diegesen beherrscht werden, die nur scheinbar zu einer Aufklärung der dargestellten Verbrechen führen. Infolgedessen regt sich bei der Lektüre der Texte in zunehmendem Maße der Zweifel, ob es überhaupt jemals möglich sein wird, eindeutige Täterschaften und Schuldige zu identifizieren. Die rhizomatische Komposition von Handlung trägt dazu bei, dass das vorherrschende Weltbild und entsprechende westlich geprägte Souveränitätskonzepte wie Rechtsstaatlichkeit nicht nur in Unordnung geraten, sondern auch ihre Existenzberechtigung verlieren. Das betrifft auch die Figurendarstellung. An die Stelle von intentionalem Figurenhandeln tritt eine diffuse Form kafkaesker Fremdbestimmtheit bzw. Steuerungslosigkeit des Einzelnen und der Gesellschaft.

Die daraus erwachsende Schutzlosigkeit und Ausgeliefertheit des menschlichen Daseins erinnert an den von Benjamin geprägten und von Agamben u. a. aufgegriffenen Begriff des «bloßen Lebens».[304] Verkörpert im nicht nur philosophischen Sinne erscheint das «bloße Leben» in Gestalt der toten Frauenkörper in der nordmexikanischen Wüste, die Sergio González und Roberto Bolaño in

---

303 In Anlehnung an Friedrich Balke wird das Politische im Unterschied zur Politik «als jene ‹poietische› Instanz begriffen, der es obliegt, die Gesellschaft imaginär in Szene zu setzen und ihr über zahllose Zeichen eine Quasi-Repräsentation zu verschaffen.» Friedrich Balke: *Figuren der Souveränität*, S. 509.
304 Auch der mexikanische Schriftsteller Javier Sicilia, dessen Sohn der organisierten Kriminalität zum Opfer fiel, greift in einem offenen Brief in der Zeitschrift Proceso auf Agamben zurück, um seiner Wut und seinem Widerstand gegen das System Ausdruck zu verleihen: «estamos hasta la madre, porque la corrupción de las instituciones judiciales genera la complicidad con el crimen y la impunidad para cometerlo; porque, en medio de esa corrupción que muestra el fracaso del Estado, cada ciudadano de este país ha sido reducido a lo que el filósofo Giorgio Agamben llamó, con palabra griega, zoé: la vida no protegida, la vida de un animal, de un ser que puede ser violentado, secuestrado, vejado y asesinado impunemente.» Javier Sicilia: Carta abierta a políticos y criminales. In: *Proceso* (03.04.2011); https://www.proceso.com.mx/266990/javier-sicilia-carta-abierta-a-politicos-y-criminales (22.02.2019).

den Fokus ihrer Werke stellen. Dieses zunächst schutzlose und sodann ausgelöschte Leben war in der Wahrnehmung seiner Vergewaltiger und Mörder «verfügbar», nicht zuletzt deshalb, weil der Tat nie eine wirkliche Verfolgung drohte. So werden die jungen Frauenleichen faktisch zu Emblemen des rechtlosen Lebens in dieser Grenzregion. Insoweit erhält die leitmotivische *Repetitio* sich angleichender Leichenfunde in *La parte de los crímenes* eine metonymische Funktion: die Frauenleichen sind sichtbare Zeichen für die in der Gesellschaft herrschenden Machtbeziehungen, die in ihnen in besonderer Weise manifest werden und sie zu einem «pars pro toto» postmoderner Souveränität an der nordmexikanischen Grenze werden lassen.

Die kanonisch wiederkehrende Beschreibung der Leichenfunde bei Bolaño und Sergio González konstituieren noch ein anderes: Sie stellen in der Wiedergabe einer Vielzahl an Stimmen die Gesellschaft als die diskursive und habituelle Ordnung in dieser Region dar. Sie kann man zusammengenommen als die «Schuldigen» an den Morden erkennen. Dazu gehören bei Bolaño Institutionen und lokale Eliten wie der Drogenbaron Pedro Rengifo, die *maquiladora*-Ökonomie und ein misogyner und korrupter Polizeiapparat. Das sind nur die hervorstechendsten Merkmale der geradezu postapokalyptisch anmutenden Stadt Santa Teresa und der hier waltenden «Schattenregierung». An diesen heterotopisch inszenierten Institutionen wird die moralische und habituelle Ordnung manifest.

Diesbezüglich nimmt auch die Figur des «Sündenbocks» eine entscheidende Funktion ein, der unschuldig im Dienst einer scheinbaren «Aufklärung» für bestimmte Verbrechen büßt.[305]

In Rascón Bandas Roman ist es Damiana Caraveo, die eine solche Funktion annimmt. Sie gibt Zeugnis von dem bloßen rechtlosen Leben, das sie zuerst zu einer Witwe gemacht und dann unschuldig dazu verurteilt hat, als vermeintlicher Kopf einer Bande an Drogenhändlern in Gefängnishaft zu leben. Als Sündenbock muss sie für von anderen verübte Verbrechen büßen. Nachfolgend entwickelt sie sich – wieder auf freiem Fuß – zu einer Erinnye, die nach Aufklärung der Verbrechen schreit. Darin besteht eine signifikante Parallele zu anderen Frauenfiguren, etwa dem anonymem «Frauenchor» am Flughafen von Chihuahua (in *Contrabando*) oder der Seherin Florita Almada und der feministischen Frauenrechtsorganisationen in *La parte de los crímenes*.

---

[305] Herlinghaus spricht zutreffend von anachronistischen Tendenzen der globalen Moderne, die den altgriechischen *pharmakós* durch die Hintertür wieder in die Gesellschaft zurückholen. Das betrifft etwa die Figur des Deutschen Klaus Haas in Bolaños «*La parte de los crímenes*», der als der schuldige Massenmörder an den Frauenmorden sich als «Sündenbockfiguration» im Sinne Northrop Fryes Begriff des *pharmakós* begreifen lässt. Vgl. Hermann Herlinghaus: *Narcoepics. A Global Aesthetics of Sobriety*, S. 223–31.

4.4 Darstellungsmerkmale und Funktionen des Fiktiven (Narkorealismus) — 193

Insofern kommt chronistisch orientierter Narkoprosa auch die Bedeutung von sogenannter lateinamerikanischer «Gründungsliteratur» zu, die schon Fuentes Kraffczyk als ein bedeutsames Merkmal der Narkoprosa erkannte.[306] Als solche tritt sie in Dialog zu Juan Rulfos Gründungsroman *Pedro Páramo*: Der *Contrabando* hat eine barbarische Willkürgewalt an die Stelle der Herrschaft des Kaziken von Comala gesetzt, suggeriert Rascón Bandas Roman aus den späten 1980er Jahren. Von dessen infernalen Auswüchsen in der nordmexikanischen Grenzstadt Ciudad Juárez erzählen *Huesos en el desierto* und *La parte de los crímenes*.

---

306 Vgl. Kapitel 1.3.1.4 dieser Arbeit.

5 Transgressive Narkoromane

Mit der seit dem neuen Jahrtausend rapide ansteigenden Zahl an mexikanischen Veröffentlichungen ist ein heterogenes Feld der fiktionalen Narkoromane (*narconovelas*) entstanden. Die Narkoromane erzählen von der Welt des Drogenhandels nicht – wie die faktual orientierten Werke – auf der Basis real erlebter Erfahrungen und maßgeblich aus der Sicht derjenigen, die direkt in den Drogenhandel eingebunden sind oder Opfer von Gewalttakten wurden. Vielmehr begegnet man einer insgesamt «erfundenen Welt», auch wenn in der Darstellung des Drogenkriegs zahlreiche Realbezüge bestehen. Isers Fiktionstheorie folgend, lassen sich diese Werke als das Ergebnis eines komplexen Spiels der Fiktion begreifen, das «Reales», «Imaginäres» und «Fiktives» miteinander verbindet und einen fiktiven *narcomundo sui generis* kreiert.

Abgesehen von einer großen Anzahl an Romanen der Kriminalfiktion und daran angelehnter Romanformate lässt sich keine Konzentration auf eine bestimmte literarische Gattung feststellen. Vielmehr sind zahlreiche Romane – in je unterschiedlicher Weise – Gattungshybride.[1] Bei einer Reihe an *narconovelas*, die zu den erfolgreicheren und von der Forschung meist beachteten Veröffentlichungen gehören, fallen markante Tendenzbildungen in Form und Inhalt der Romane auf. Insoweit hat man es hier mit einem Korpus von mindestens elf Narkoromanen unterschiedlicher Länder Lateinamerikas zu tun, bei denen folgendes – oft wiederkehrendes – Handlungsschema auffällt:[2] Ein dem Drogenmilieu Außenstehender kommt mit der Welt der organisierten Drogenkriminalität oder verwandter Milieus in Berührung und macht freiwillig oder gezwungenermaßen innerhalb einer Nacht, mehrerer Monate oder gar Jahre bestimmte Erfahrungen mit einem ihm fremden Lebensumfeld. Der meistens männliche Protagonist übt häufig einen dem Schriftsteller nahestehenden, intellektuellen oder künstlerischen Beruf aus und entstammt in der Regel einem im weiteren Sinne (klein-)bürgerlichen Milieu.[3] Seine Wahrnehmung beein-

---

[1] Näheres hierzu in Kapitel 3.3.2 dieser Arbeit.
[2] Dazu gehören folgende Romane kolumbianischer Autoren: Jorge Franco Ramos: *Rosario Tijeras*; Fernando Vallejo: *La virgen de los sicarios*; Laura Restrepo: *Delirio*; Juan Gabriel Vásquez: *El ruido de las cosas al caer*; folgende Romane mexikanischer Autoren: Eduardo Antonio Parra: *Nostalgia de la sombra*; Julián Herbert: *Un mundo infiel*; Mario González Suárez: *A wevo, padrino*; Sergio González Rodríguez: *El vuelo*; Orfa Alarcón: *Perra brava*; der Roman der chilenischen Autorin: Guadalupe Santa Cruz: *Plasma*; sowie der Roman des bolivianischen Autors: Tito Gutiérrez Vargas: *Mariposa Blanca*.
[3] Siehe hierzu auch: Felipe Oliver: La preocupacion por la literatura en la narcoliteratura. In: Brigitte Adriaensen/Marco Kunz (Hg.): *Narcoficciones en México y Colombia*. Madrid/Frankfurt am Main: Iberoamericana/Vervuert 2016; und Felipe Oliver Fuentes Kraffczyk: *Apuntes para*

flusst die Erzählperspektive der Romane, in denen er als Ich-Erzähler oder Reflektorfigur auftritt.[4]

Im Mittelpunkt der Romane steht das Symptom einer radikalen Fremderfahrung der (männlichen) Protagonisten mit Gewalt, Rausch und Sexualität, die den Bezugsrahmen ihres (klein-)bürgerlichen Lebens aufbricht. Das betrifft einerseits bestimmte ethisch-moralische Prämissen eines westlich geprägten Wertekonsenses. Sie verlieren in dem Moment, in dem der Protagonist in die für ihn neue Welt aufbricht oder in sie hineingeworfen wird, radikal an Bedeutung. Vormals herrschende Tabus werden gebrochen und gelten nicht mehr. Darüber hinaus beschreiben die Romane Tendenzen der Mythifizierung und Exotisierung dieser Erfahrungen und der damit in Verbindung stehenden Figuren. Wir sprechen deshalb zur Bezeichnung dieser Werke von transgressiven Narkoromanen.

Ein weiteres Phänomen tritt hinzu: nicht nur durchlebt der Protagonist mit dem Eintauchen in die neue Welt eine radikale Fremderfahrung, die sein Wertesystem zum Einsturz bringt. Vielmehr transgrediert in einer Reihe von Romanen auch sein Status als «Romansubjekt» im Sinne des sensorischen und epistemologischen Epizentrums vieler Romane. Angesprochen ist die von G. Lukácz für den modernen Roman als konstitutiv erklärte Innerlichkeit im Sinne einer individualistisch geprägten Selbst- und Sinnwahrnehmung.[5] An ihre Stelle tritt ein narratives Sensorium, nämlich eine Darstellung, die die absolute Affiziertheit

---

una poética de la narcoliteratura. Protagonistinnen treffen wir in folgenden, von Frauen verfassten Romanen an: Laura Restrepos: *Delirio* und Guadalupe Santa Cruz: *Perra Brava*. In folgenden Romanen findet man Protagonisten, die einem der *narcocultura* nahestehenden Milieu angehören und in dieser Arbeit unbeachtet bleiben: Élmer Mendoza: *El amante de Janis Joplin*; Arturo Pérez-Reverte: *La reina del Sur*; Bernardo Fernández: *Tiempo de alacranes. México, D.F.: Joaquín Mortiz 2005*; Juan Pablo Villalobos: *Fiesta en la madriguera*; Yuri Herrera: *Trabajos del reino*.

4 Im Sinne Stanzels. Näheres hierzu in: Franz K. Stanzel: *Typische Formen des Romans*. Göttingen: Vandenhoeck & Ruprecht 1993, S. 17: Hier heißt es in Bezug auf die «personale Erzählsituation», die kraft «Reflektormodus» erzählt: «Verzichtet der Erzähler auf seine Einmengungen in die Erzählung, tritt er so weit hinter die Charaktere des Romans zurück, daß seine Anwesenheit dem Leser nicht mehr bewußt wird, dann öffnet sich dem Leser die Illusion, er befände sich selbst auf dem Schauplatz des Geschehens oder er betrachte die dargestellte Welt mit den Augen einer Romanfigur, die jedoch nicht erzählt, sondern in deren Bewußtsein sich das Geschehen gleichsam spiegelt. Damit wird diese Romanfigur zur *persona*, zur Rollenmaske, die der Leser anlegt.» So bei Fernando Vallejo: *La virgen de los sicarios*; Jorge Franco Ramos: *Rosario Tijeras*; Juan Gabriel Vásquez: *El ruido de las cosas al caer*; Mario González Suárez: *A wevo, padrino* und Orfa Alarcón: *Perra brava*. Davon weicht u. a. folgender Roman ab, der eine «auktoriale Erzählsituation» im Sinne Stanzels verfolgt (vgl. ebda., S. 16): Tito Gutiérrez Vargas: *Mariposa Blanca*.

5 Näheres hierzu an späterer Stelle, in Kapitel 5.2 dieser Arbeit.

und Verwobenheit des Protagonisten durch seine Umwelt und die ihn umgebenden Personen akzentuiert. Eine Reihe von transgressiven Narkoromanen lässt deutlich das Potential erkennen, den Menschen als «Dividuation» radikal anders wahrzunehmen bzw. zu imaginieren.[6] Angesichts dieser innovativen Tendenzen transgressiver Narkoromane sprechen wir insoweit von dividualen Narkofiktionen.

Im Folgenden werden wiederkehrende Muster in der Diegese und der Darstellung, allen voran der Inszenierung des *narcomundo* als dem thematischen Bezugspunkt dieser Romane herausgearbeitet (5.1.1 und 5.1.2). Anschließend wird – einer literaturanthropologischen Interpretationsrichtung folgend – nach möglichen erzählerischen Funktionen der transgressiven Narkoromane für ihren Autor und Leser gefragt. Hierbei werden die Romane im Spiegel (bürgerlich) moderner Normalität und Normativität betrachtet, welche durch die Romanwelt der transgressiven Narkoliteratur in unterschiedlicher Hinsicht und Intensität erschüttert werden. Hier wird zunächst das von Michel Foucault eingeführte und in der Literaturwissenschaft u. a. von Rainer Warning aufgegriffene Konzept der Heterotopie eine wichtige Rolle spielen (5.1.3). Darüber hinaus gilt es, die dividual orientierten Narkoromane – vor dem Hintergrund von Georg Lukács' Theorie des Romans – auf die texteigene Bedeutung dahingehend zu befragen, wie und mit welchem Inhalt sich die «Identität» und «Innerlichkeit» der Romansubjekte offenbaren (5.2).

Wesentliche Bedeutung, nämlich eine Art «Leuchtturmfunktion» für die Analyse dieser Arbeit erhalten zwei Romane, die diesbezüglich nicht nur eine besondere Sprengkraft, sondern auch ein besonderes Reflexionspotential aufweisen: *Nostalgia de la Sombra* (2002) des mexikanischen Schriftstellers Eduar-

---

[6] Zum Begriff des Dividuums bzw. des Dividuellen siehe u. a. Michaela Ott: *Dividuationen. Theorien der Teilhabe*. Berlin: b_books 2015, S. 161–83. Ott begründet ihre Zuwendung zu Begriff und Konzept der Dividuation wie folgt: «Die Einsicht in erkenntnistheoretisch und qualitativ verschiedene, uns affizierende, steuernde, mitkonstituierende und teilweise unfreiwillig vereinnahmende, von uns aber auch gewünschte und frenetisch vorangetriebene Teilhaben, die neue Subjektivierungen hervorbringen, uns zu Vielfachverortungen, Identitätsaufteilungen und Aufmerksamkeitsstreuungen veranlassen und unsere affektiven, perzeptiven und kognitiven Vermögen verändern, bewerten wir je nachdem als Zugewinn oder Irritation. Angesichts der damit erhöhten Schwierigkeit zu entscheiden, wo die Grenze zwischen Einzelnem und Anderen, zwischen Figur und Grund, zwischen Fremd- und Eigenverursachung, zwischen Quasi-Erstem und Wiederholung verläuft, wird vor allem eines deutlich: dass die Bezeichnung Individuum – als Name für Ungeteiltes, Unveränderliches oder Unverwechselbares – weder menschlichen Subjektivierungen noch biologisch klassifizierten Einzelorganismen noch gesellschaftlichen Ensembles, Kulturen oder Einzelkunstwerken sinnvoll zugeschrieben werden kann. Stattdessen möchte die Bezeichnung Dividuation die neuen Interverhältnisse auf verschiedenen Ebenen in den Blick rücken […], ebda., S. 161–62.

do Antonio Parra und *Plasma* (2005) der chilenischen Autorin Guadalupe Santa Cruz. Diese beiden sehr anspruchsvollen transgressiven Narkoromane lassen sich im weiteren Sinne als «Bewusstseinsromane» einordnen. Sie erzählen von grenzüberschreitenden Bewusstseinsprozessen ihrer Protagonisten, beeinflusst von Rausch- und Gewaltzuständen, welche die Grenzen (bürgerlich-)moderner Normalität und Identität in radikaler Weise transgredieren. Zugleich binden die Werke zahlreiche metapoetische Wegweiser in die von ihnen erzählte Geschichte ein. Aufgrund ihrer Komplexität und ihres besonderen Analyse- und Reflexionspotentials werden diese literarischen Kompositionen einer gesonderten Interpretation unterzogen. Sie erhalten darüber hinaus «Leuchtturmfunktion» für die Analyse auch anderer transgressiver Narkoromane.

5.1 Der *narcomundo* als «anderer Raum»

5.1.1 Der *narcomundo* als ästhetischer Raum für Fremderfahrungen

Vor seiner Begegnung mit dem *narcomundo* und damit zusammenhängender Umweltbereiche führte der bürgerliche Held – zumindest vordergründig – ein intaktes Leben in einer Partnerschaft oder einer jungen Familie.[7] Von seiner Alltagswelt erfährt man in der Regel nur wenig, meist eher implizit oder in relativ kurz gehaltenen Rückblenden.[8] Das gilt auch für seine erste Begegnung als «Grenzüberschreitung» in den *narcomundo*.

Wie und warum der Protagonist mit der Welt des Drogenhandels in Berührung kommt, ist kaum zu verallgemeinern, sondern beruht auf unterschiedlichen Motiven. Dazu gehören überraschenderweise nur in den seltensten Fällen materielle Erwartungen, wie etwa der Wunschtraum vom «reich werden» in

---

[7] Der ca. 30-jährige Zeitungsangestellte Bernardo aus *Nostalgia de la Sombra* führte trotz finanzieller Engpässe ein zufriedenes Familienleben mit seiner Frau und seinen beiden kleinen Kindern in Monterrey. Der Hochschullehrer Guzmán aus *Un mundo infiel* lebte in Partnerschaft mit seiner Frau Angela in Saltillo. Lázaro aus *Mariposa blanca* studierte Medizin und lebte mit seiner Freundin Josefina zusammen. Der Literaturprofessor Aguilar aus *Delirio* lebte in glücklicher Partnerschaft mit seiner Freundin Agustina, einer jungen Frau Mitte 20 aus der kolumbianischen Oberschicht. Der Juraprofessor Antonio Yammara aus *El ruido de las cosas al caer* lebte in einer engen Beziehung mit seiner Freundin Aura, die ein erstes Kind von ihm erwartete. Der Ich-Erzähler aus *A wevo, padrino* war Taxifahrer und lebte glücklich mit seiner Frau Lucy und seiner kleinen Tochter Luciana in Guadalajara.
[8] So beispielsweise in: Eduardo Antonio Parra: *Nostalgia de la sombra*; Mario González Suárez: *A wevo, padrino*; Orfa Alarcón: *Perra brava*; Guadalupe Santa Cruz: *Plasma*; Juan Gabriel Vásquez: *El ruido de las cosas al caer.*

*Mariposa blanca.*⁹ In vielen Romanen sind es vor allem Gewalterfahrungen, die dazu führen, dass die Protagonisten über Umwege in die Welt des Drogenhandels bzw. der organisierten Kriminalität eindringen.¹⁰ In einer Reihe anderer Romane spielen persönliche Gründe, meist eine Form der sich je unterschiedlich auswirkenden Anziehungskraft einer Figur aus dem Drogenmilieu, eine wichtige Rolle. In *La virgen de los sicarios* und *Rosario Tijeras* verlieben sich die aus der bürgerlichen Oberschicht stammenden Helden in den jeweiligen Auftragsmörder.¹¹ In wiederum anderen Fällen sind es berufliche Motive, die den Zugang zum *narcomundo* verschaffen. Das gilt etwa – wenn auch nur vordergründig – im Fall des chilenischen Romans *Plasma*, bei dem der Kriminalpolizist Bruno damit betraut wird, die vermeintliche Drogenhändlerin Rita Rubilar zu beschatten und des Drogenhandels zu überführen.

Gemeinsam ist den Romanen, dass sich die Erfahrungswelt im *narcomundo* und ihr verwandter Milieus für den Helden stets als Begegnungen mit etwas Fremdem, nämlich als unterschiedliche «Fremderfahrungen», begreifen lassen.¹² Von wenigen Ausnahmen abgesehen, spielt der Drogenhandel bzw. die organisierte Kriminalität dabei selbst nicht die ausschlaggebende Rolle. In der

---

9 Der verwaiste 23-jährige Medizinstudent Lázaro aus *Mariposa Blanca* wird von seiner Freundin aufgrund einer angeblichen Schwangerschaft dazu gedrängt, sein Studium in Cochabamba zu unterbrechen, um mit ihr in Chinahuata, dem Zentrum der Drogenwirtschaft im bolivianischen *Chapare*, reich zu werden.

10 Bernardo aus *Nostalgia de la Sombra* erlebt einen nächtlichen Überfall auf den Straßen der nordmexikanischen Metropole Monterrey, bei dem er blindlings seine drei Angreifer umbringt und daraufhin nicht nach Hause zurückkehrt, sondern – u. a. aus Angst gefasst zu werden – «untertaucht». Der 26-jährige Juraprofessor Antonio Yammara aus *El ruido de las cosas al caer* wird auf den Straßen Bogotás Opfer eines auf den einst im Drogenhandel beschäftigten Piloten Ricardo Laverde verübten Attentats, welches für Letzteren tödlich endete und Yammara schwer verletzte. Die nachfolgende Suche nach den Hintergründen des Mordes an Ricardo Laverde und somit den Umständen des Attentats, dem auch er zum Opfer fiel, bringt ihn an die Ursprünge des Drogenhandels in Kolumbien, zu dessen Pionieren Ricardo Laverde gehörte. Der aus «Wanatos» (Guadalajara) stammende Taxifahrer und junge Familienvater aus *A wevo, padrino* wurde Augenzeuge einer von Drogenhändlern angeführten Schießerei in einer Bar in Mazazúchets (Mazatlán). Es wird ihm verwehrt, sich nach der Schießerei wieder in sein altes Leben zurückzubegeben. Stattdessen wird er gezwungen, für das von Jaime Cuéllar angeführte Drogenkartell zu arbeiten.

11 Ähnliches gilt für den Roman *Un mundo infiel* von Julián Herbert. Der Hochschullehrer Guzmán erinnert sich am Morgen seines 30. Geburtstags, ale er neben seiner Frau Ángela mit einem leichten Anflug von Panik aufwacht, an seinen kurz vor seiner Hochzeit gefassten Vorsatz, an seinem 30. Geburtstag mit der 30. Frau seines Lebens zu schlafen. Diese Möglichkeit ergibt sich in einer Bar, wo er nicht nur die Barkeeperin Yanet kennenlernt, sondern auch auf den in den Drogenhandel verstrickten Mayor trifft, der ihn dazu ermuntert, zum ersten Mal in seinem Leben Kokain zu nehmen.

12 Im Sinne der schon erwähnten Definition von Waldenfels. Vgl. S. 47.

Regel fehlt sogar ein direkter Bezug der Diegese zum illegalen Drogengeschäft, wie es bei der Produktion von Kokain in *Mariposa Blanca* oder dem Anbau von Mohn in *A wevo, padrino* der Fall ist. Vielmehr besteht in der Mehrzahl der Romane eine eher indirekte Verbindung zum Drogengeschäft, etwa wenn das Lebensumfeld der Romanfiguren dargestellt wird oder die Helden Opfer von Gewalt im Kontext des Drogenkriegs werden.[13] Mit anderen Worten: Die Fremderfahrungen, die die Protagonisten machen, sind nicht allein und vor allem solche mit dem illegalen Drogengeschäft als einer radikal anderen und verbotenen Wirtschaftsform. Das Umfeld des Drogenhandels bildet gewissermaßen eher das Hintergrundgeschehen für Geschichten, die von Liebesbeziehungen zu Auftragsmörderfiguren handeln,[14] die von den zuweilen tabuisierten Folgen von Gewalterfahrungen und dem Umgang damit erzählen[15] oder transgressive Gewalt- und Rauscherfahrungen der Protagonisten in den Vordergrund ihrer Diegese stellen.[16]

Die Fremderfahrungen gehen darüber hinaus in fast allen Fällen mit einem Verhalten des Helden einher, das eine «Abweichung von der Norm»[17] impliziert: neben der Beschreibung tabubehafteter Erlebnisse, die häufig in Zusammenhang mit Sexualität sowie Gewalt-, Drogen- und Rauscherfahrungen stehen, werden von den bürgerlichen Protagonisten rechtliche und moralische Codices gebrochen, nämlich gesetzliche Verbote nicht eingehalten und Maximen des gesellschaftlich geteilten Wertekonsenses überschritten.

Bestes Beispiel ist der Roman *Nostalgia de la Sombra* des nordmexikanischen Autors Eduardo Antonio Parra. Der Roman erzählt von dem jungen Familienvater und Zeitungsangestellten Bernardo de la Garza, der sich im Zuge eines nächtlichen Überfalls auf den Straßen Monterreys in einen blutrünstigen Mörder verwandelt, der in der Romangegenwart unter dem Namen Ramiro Auftragsmorde verübt. Ramiro ist ein ungewöhnlicher Auftragsmörder, für den der ekstatisch erlebte Akt des Mordens nicht Mittel zu irgendeinem Zweck darstellt oder er hierzu in anderer Weise forciert wird. Einen Menschen zu töten, ist für ihn lebenserfüllende und sinngebende Kraft, nämlich der Beweis dafür, dass es sich gelohnt hat, auf die Welt zu kommen. So heißt es im *Incipit* des Ro-

---

13 In auffällig vielen Fällen handelt es sich dabei um Auftragsmörder. Das betrifft folgende Romane: Eduardo Antonio Parra: *Nostalgia de la sombra*; Fernando Vallejo: *La virgen de los sicarios*; Jorge Franco Ramos: *Rosario Tijeras* und Orfa Alarcón: *Perra brava*.
14 So in Fernando Vallejo: *La virgen de los sicarios*, Jorge Franco: *Rosario Tijeras* und Guadalupe Santa Cruz: *Perra Brava*.
15 So in Laura Restrepo: *Delirio* und Juan Gabriel Vásquez: *El ruido de las cosas al caer*.
16 So in Eduardo Antonio Parra: *Nostalgia de la Sombra*, Guadalupe Santa Cruz: *Plasma* und Julián Herbert: *Un mundo infiel*.
17 Jurij M. Lotman: *Die Struktur literarischer Texte*. München: Fink 1972, S. 333.

mans.[18] Der aus der Perspektive des Auftragsmörders geschriebene Roman erzählt von lustvoll und ekstatisch empfundenen Morderlebnissen, die sich in der Romangegenwart mit einem erotischen Mordbegehren gegenüber seinem aktuellen Mordobjekt verbinden: der Finanzmanagerin Maricruz Escobedo aus Monterrey. Aus der *Vita* dieses Auftragsmörders gehen weitere Tabubrüche hervor. Die bürgerliche Herkunft verlassend verbringt Ramiro nach seinem ersten Mord auf den Straßen Monterreys unter dem Decknamen «Chato» seine Zeit mit den auf Müllhalden lebenden *pepenadores*. Er lässt sich auf eine Liebesbeziehung mit einer dort hausenden Obdachlosen ein und begeht lustvoll und ekstatisch weitere Morde.[19]

Ein ähnliches Handlungsschema finden wir in dem christlich geprägten Roman *Mariposa blanca* des bolivianischen Schriftstellers Tito Gutiérrez. Es handelt sich um die Geschichte des zunächst musterhaften, in Keuschheit lebenden Medizinstudenten Lázaro, der den Pfad der Tugend erst verlässt, nachdem er in einer Kneipe mit dem bezeichnenden Namen *El Embrujo* («Verhexung») auf Josefina trifft. Er verliebt sich in sie, woraufhin die beiden kurze Zeit später in den cochabambinischen Dschungel aufbrechen. Dort blüht das Drogengeschäft.[20] In Chinahuata findet Lazaro in einem Laboratorium zur Produktion

---

[18] «Nada como matar a un hombre. La frase resuena en las paredes de su cráneo y Ramiro reconoce bajo la piel un ligero aumento en la temperatura sanguínea. Es la única manera de saber que valió la pena venir a este mundo.» Eduardo Antonio Parra: *Nostalgia de la sombra*, S. 9.

[19] Ähnliche mit den Fremderfahrungen einhergehende «Abweichungen von der Norm» findet man in: *La virgen de los sicarios*, *Rosario Tijeras*, *Un mundo infiel*, *Perra Brava* und *A wevo, padrino*: Der «Grammatiker» Fernando aus *La virgen de los sicarios* lässt sich auf eine homosexuelle Liebesbeziehung mit zwei jungen Auftragsmördern aus den Armutsvierteln Medellíns ein. *Rosario Tijeras* erzählt von der Liebesbeziehung des aus der Oberschicht stammenden Emilio und dessen Freund, dem Ich-Erzähler Antonio, zu einer Auftragsmörderin aus den *comunas* Medellíns. Julián Herberts Debütroman *Un mundo infiel* erzählt anhand dreier simultan verlaufender Erzählstränge, wie die von Traumata, Ängsten und abwegigen Begierden beherrschten Protagonisten jegliche Tabus in Bezug auf Gewalt, Drogen und Sexualität brechen. Orfa Alarcóns Debütroman *Perra Brava* erzählt von einer auf Macht- und Gewaltspielen beruhenden Liebesbeziehung, die eine gewöhnliche Studentin aus Monterrey (Fernanda Salas) mit Julio, dem Anführer einer Bande junger Auftragsmörder in Monterrey unterhält. Der Taxifahrer (Ich-Erzähler) aus *A wevo, padrino* wird, nachdem er Augenzeuge an einem in einer Bar verübten Mord wurde, dazu gezwungen, in einem Drogenkartell in Sinaloa zu arbeiten. Im Verlauf des Romans kommt es – trotz seiner anfänglichen Bemühungen, sich und seiner Frau treu zu bleiben und in seine alte Welt zurückzukehren –, zu einer Reihe an ethisch-moralischen und gesetzeswidrigen «Entgleisungen». Er macht die Erfahrung eines mehrere Tage andauernden Drogenrausches, verfällt hoffnungslos Gabi, der attraktiven Köchin und Hausverwalterin des Kartells, und überfährt versehentlich seine Frau und sein Kind. Daraufhin steigt er in die Totenwelt ab und begibt sich nur der Rache an seinem Vorgesetzten Jaime Cuéllar wegen in die Welt der Lebenden, um Cuéllar umzubringen.

[20] Vgl. Tito Gutiérrez Vargas: *Mariposa Blanca*, S. 18–22.

von Kokapaste Arbeit und passt sich als Kokastampfer der Lebensweise seiner Arbeitskollegen an. Die freie Zeit verbringen die Männer – trotz guter Vorsätze, den Verdienst für die Rückreise in die Heimat zu sparen – in Bars und Bordellen. Lázaro, der zuvor erfolgreich der Versuchung des Drogen- und Alkoholkonsums widerstanden hatte, lässt sich nun auf sexuelle Abenteuer ein und gerät immer mehr auf die schiefe Bahn.[21] Nach weiteren wechselreichen Begegnungen kehrt Lázaro schließlich geläutert in seine Heimatstadt zurück.

Von ganz anderen Formen der Fremderfahrung erzählen Narkoromane, in denen die Helden radikal neue, gesellschaftlich tabuisierte Bewusstseinszustände durchleben. Nicht selten handelt es sich hierbei um Erfahrungen mit exzessiver Gewalt, Drogenkonsum und Rausch, wie im Fall des bereits erwähnten Romans *Nostalgia de la Sombra*. In anderen Romanen, etwa in *El ruido de las cosas al caer* oder in *Delirio*, gehen die Gewaltexzesse auf psychische bzw. somatische Störungen zurück. Diese traten als Folge von Ereignissen im Kontext des kolumbianischen Drogenterrors der 1980er und 1990er Jahre ein. Das trifft auf die Romanheldin Agustina zu, die in dem Roman *Delirio* von Restrepos ein *delirium tremens* erleidet. Ihre psychischen Störungen führen dazu, dass die Protagonistin den Realitätsbezug verliert. Es kommt also zu einem «Bruch» in der Wahrnehmung von Selbst und Umwelt sowie nachfolgend mit ihrem sozialen Bezugssystem. Die bürgerliche Heldin gerät, wie schon der Titel des Romans *Delirio* suggeriert, «aus der Furche». Der Begriff *delirio* bezeichnet, wie sein lateinisches Etymon, die Abweichung von der Norm, das «Ausscheren», wörtlich: «aus der Furche geraten».[22] Aus einer solchen «Furche» im Sinne angelernter Verhaltensmuster und mentaler Bewusstseinsbahnen entkommt Agustina, als sie Mitte zwanzig in eine «Parallelwelt» entgleitet.[23] Sie erkrankt an einer Psy-

---
21 Vgl. ebda., S. 149–50.
22 *Delirio* ist, wie das deutsche Delirium, zuallererst ein medizinischer Begriff, der den Zustand geistiger Verwirrtheit, begleitet von Halluzinationen und absurden, inkohärenten Gedankengängen bezeichnet. Ein sogenanntes *delirium tremens* kann durch Alkohol- oder sonstigen Drogenkonsum auftreten. In der Alltagssprache meint das spanische *delirio* auch Unsinn, Ungereimtheit, Quatsch, vgl. Real Academia Española: Delirio. In: *Diccionario de la Lengua Española*; http://dle.rae.es/?id=C81HFkW (22.02.2019).
23 Konkreten Anlass gab ein Treffen mit ihrer Jugendliebe Midas McAlister, der im Dienst des Medellínkartells Pablo Escobars arbeitet und das Bindeglied zwischen den vermögenden Familien Bogotás und dem Drogenhandel darstellt, indem er deren Geld im Drogengeschäft anlegt und um ein Vielfaches vermehrt. Midas McAlister hatte sie in ein von ihm geführtes Fitnessstudio geführt, damit sie dort einen Mord bestreitet, der an einer Prostituierten verübt wurde. Denn Agustina hatte öffentlich hellseherische Fähigkeiten bekundet. Doch statt den Mord zu bestreiten, verfällt Agustina in einen Zustand der hellsichtigen Entrücktheit und klagt, wie besessen von der Wahrheit, den Mord an der Prostituierten an. Die Entrücktheit leitet sodann das titelgebende «Delirium» ein, vgl. Laura Restrepo: *Delirio*, S. 71–74, S. 80 und S. 259–60.

chose. Im Mittelpunkt des Romans stehen die Suche Aguilars nach den Gründen der Krankheit sowie der Versuch einer Rekonstruktion von Agustinas verloren geglaubter Erinnerung. Aguilar ist Agustinas Lebenspartner und der fiktive Autor des Buches.

Von fremden Bewusstseinserfahrungen ganz anderer Art erzählt das Werk *Plasma* der chilenischen Autorin Guadalupe Santa Cruz. Hauptfigur des Romans ist der Kriminalpolizist Bruno aus Siago (Santiago de Chile). Bruno ist mit der Beschattung der des Drogenhandels verdächtigten Rita Rubilar beauftragt. Er verliebt sich in sie, während er sich ihr auf unterschiedlichste Weise annähert. Dadurch stößt er in radikal fremde Dimensionen seines eigenen Bewusstseins vor. Rita ist seine Muse, eine Art *Nadja* des 21. Jahrhunderts.[24] Mit ihr durchlebt Bruno ekstatische Rauscherfahrungen, oft in einer Kombination von Musik und Drogen. Er taucht in unbekannte Tiefen des Unbewussten ein und erlebt schließlich eine Form der Erleuchtung. Die Fremderfahrungen kulminieren in einer radikalen Neuverortung von Identitätsprozessen.[25]

Die Welt des *narcomundo* lebt von der Begegnung der zumeist männlichen Protagonisten mit der für sie neuen Erfahrungswelt. Die Welt des Drogenhandels wird in den Romanen als ein spezifischer «Erlebnisraum» inszeniert. Oft geht damit eine Inszenierung solcher Erfahrungen, gepaart mit einer semantischen Codierung von Raum und Figuren einher, die die Erlebnisse des Protagonisten als außergewöhnlich und den *narcomundo* als einen «anderen Raum» erscheinen lassen. Die im Drogengeschäft Arbeitenden werden als «Fremde» der Mehrheitsgesellschaft dargestellt, der die Helden vor ihrem Eintritt in den *narcomundo* angehörten. Der früheren Welt, dem in der Regel urban geprägten «Innenraum», wird der «Außenraum» des *narcomundo* (das «Fremde») gegenübergestellt.

Beispielhaft ist die «Irrfahrt», von der der Protagonist und Ich-Erzähler in dem Roman *A wevo, padrino* von González Suárez berichtet. Sie führt in die Drogenhochburg Mazachúsetz (Mazatláns in Sinaloa) und ist als Reise in eine grausame Parallelwelt inszeniert. Das Werk beginnt mit einem imaginären Dialog. Der Ich-Erzähler berichtet seinem Patenonkel, einem katholischen Geistlichen, davon, wie er im Drogengeschäft Sinaloas sprichwörtlich durch die Hölle gegangen ist.

> MUCHO ANTES de llegar aquí vivía yo sintiendo que alguien iba contando nuestros actos sin que pudiéramos evitarlo ni contradecir sus palabras. Ahora no viene el caso esperar perdón y ni siquiera olvido. Te digo que no sabría responderte. Tú entiendes de esto

---

24 Im Sinne des gleichnamigen Buches von André Breton.
25 So etwa in Laura Restrepo: *Delirio*; Julián Herbert: *Un mundo infiel*; Orfa Alarcón: *Perra brava*; Tito Gutiérrez Vargas: *Mariposa Blanca*; Guadalupe Santa Cruz: *Plasma*.

más que yo, padrino, o eso creo. ¿Alguna oportunidad teníamos de meter realmente las manos?

¿Sí? Cuando te sientes indefenso al mismo tiempo crees que hay algo que te sostiene – un Dios, dirías tú –, que en el fondo de tu desamparo hay alguien que te está mirando, y que a final de cuentas y aunque no lo entiendas no estás solo. Como si escondido entre los pliegues de nuestros días viviera un testigo, o un wardián. ¿Te doy la razón? La vida tiene un riel, ¿pero qué pasa si te descarrilas y no te detienes? A mí ¿qué me sostiene? Soy un aparecido de carne y weso. Estoy por completo afuera – ya valí verga. Uno de los momentos más chingones de cuando tenía destino fue la época en que nos fuimos a vivir juntos ...[26]

Der Ich-Erzähler bringt mit diesen ersten Zeilen zum Ausdruck, dass er nun eine radikal andere Wahrnehmung seiner Selbst und der Wirklichkeit habe. Mit dem Eintritt ins Drogengeschäft habe er sein «Schicksal» verloren. Die Zeit vor dem Eintritt in das Drogengeschäft bezeichnet der Autor als die «Zeit, in der er ein Schicksal» hatte («cuando tenía destino»). Angesprochen ist damit ein christlich geprägter Glaube an eine Form des Beschützt- und Geborgenseins. Die Rede ist von dem Verlust eines unsichtbaren Wächters, der zwar versteckt, dennoch fühlbar anwesend sei. («Como si escondido entre los pliegues de nuestros días viviera un testigo, o un wardián.»). Der Protagonist verbindet damit ein Gefühl des Geleitetwerdens, auch im Sinne einer eher diffusen Form der Vorherbestimmtheit unseres Lebens. Er spricht von Gleisen, innerhalb derer unser Leben verlaufe («La vida tiene un riel»). Insoweit stelle der Einstieg ins Drogengeschäft eine Form der Entgleisung von einem als sicher empfundenen Lebensgefühl dar, welche mit einer diffusen Fremdbestimmtheit einhergeht: «¿Alguna oportunidad teníamos de meter realmente las manos?» («Hatten wir je eine Möglichkeit, einzugreifen?»).[27] Mehr noch: einmal aus dem Gleis geraten, wird der Entgleiste «nackt». Er bestehe nur noch als «Erscheinung aus Fleisch und Knochen» («Soy un aparecido de carne y weso.»).[28] Damit einher geht zusätzlich ein Verlust des Selbstwertgefühls, wenn es lapidar, in emphatisch-vulgärer Sprachverwendung heißt: «ya valí verga» (Ich bin nicht mehr wert als ein Stück

---

[26] Mario González Suárez: *A wevo, padrino*, S. 11.
[27] Eine derartige Fremdbestimmtheit des eigenen Geschicks und Verhaltens benennt Chuy Salcido wiederum mit dem Begriff des Schicksals, was die tendenzielle Mehrdeutigkeit, ja Unbestimmtheit dieses Konzeptes innerhalb des Diskurses und gesellschaftlich Imaginären belegt und mitunter zu paradoxen «Schicksalsvorstellungen» führt. Vgl. Kapitel 4.2.1 dieser Arbeit.
[28] An dieser Stelle bestehen Anknüpfpunkte zu Begriff und Konzept des bloßen Lebens. Der Begriff des bloßen Lebens wurde von Walter Benjamin in seiner «Kritik der Gewalt» sowie in seinem Aufsatz zum Surrealismus geprägt und stellt ein komplexes – machtpolitisches – Konzept dar. Agamben greift das Konzept in Agamben, G. 2002. *Die souveräne Macht und das nackte Leben*, Frankfurt am Main, Suhrkamp. auf.

Scheiße). Ein derartiges Gefühl der Gottverlassenheit und Wertlosigkeit der eigenen Existenz findet zusätzlichen Ausdruck in orthographischen Abweichungen, die einen Bezug zum regionalen *narcojargon* herstellen (hier: «weso» statt «hueso»).

Der *narcomundo* Mazatláns stellt sich als eine Parallelwelt dar.[29] Eine derartige Alterisierung wird durch die Einbindung von Mythologemen verstärkt, etwa wenn der Ich-Erzähler berichtet, wie er versehentlich bei einer seiner Fahrten für das Drogen-Kartell seine eigene Frau und sein Kind überfährt und sich in der nachfolgenden Episode in der Unterwelt, dem Hades, befindet.[30]

Alterisierende Inszenierungen des *naromundo* wie diese lassen sich auch als «mythisch» oder «mythifizierend» begreifen. Davon gehen eine Reihe mexikanischer Studien aus, die einzelne Romane aus dem Blickwinkel der mit der *narcocultura* und dem globalen *war on drugs* typischerweise verbundenen «Alltagsmythen»[31] und damit einhergehenden Stereotypen diskutieren. Das hat zur Folge, dass die Studien einzelnen Narkoromanen nicht nur ein kritisches Potential absprechen, sondern ihnen sogar vorhalten, ein verfälschendes Bild von der Realität des Drogenhandels zu zeichnen.[32] In Anlehnung an Roland Barthes' semiologisches Mythoskonzept lassen sich insoweit die mythifizierenden Inszenierungen des *narcomundo* als Überlagerungen eines zweiten semantischen Systems begreifen.[33]

---

[29] Das bedeutet allerdings nicht, dass das Leben innerhalb der Kartellstrukturen Sinaloas als eine außerhalb staatlicher Strukturen operierende Entität dargestellt wird. Vielmehr erfährt man von Verstrickungen zwischen Staat und organisierter Kriminalität, einschließlich US-amerikanischer Einflüsse, die zu einer Reihe von Konflikten führen.

[30] Vgl. Mario González Suárez: *A wevo, padrino*, S. 99–121. Damit stellt sich der Roman auch in die Tradition lateinamerikanischer Epen wie *La Vorágine* (1924) des kolumbianischen Autors José Eustasio Rivera.

[31] Das Mythische lässt sich – einer ideologiekritischen Stoßrichtung folgend – auch als versteckt wirkende, für den gewöhnlichen Bürger unkenntlich gewordene, gesellschaftlich geteilte Vorstellungen einer bestimmten Zeit und Gesellschaft begreifen. Roland Barthes spricht von *mythologies* (ein französischer Begriff, der im Deutschen mit Alltagsmythen übersetzt wurde). Gemeint ist eine Art anonyme Ideologie – etwa des französischen Bürgertums der 1980er Jahre –, die durch Sprache, Bilder und Symbole verbreitet wird.

[32] Näheres hierzu in Kapitel 1.3.3 dieser Arbeit.

[33] Barthes' semiologisch-ideologiekritischer Ansatz versteht den (Alltags-)mythos als ein spezifisches Kommunikations- und Mitteilungssystem, welches sich als ein «sekundäres semiologisches System» (Roland Barthes: *Mythen des Alltags*. Berlin: Suhrkamp 2012, S. 256) beschreiben lässt. Ein solches zeichnet sich durch eine Form der gesellschaftlichen Vereinnahmung des Zeichens auS. Beim Prozess der Mythisierung schreibe sich in das zunächst von Barthes als «ideologiefrei» angenommene Zeichen (etwa «die Rosen als Zeichen der Leidenschaft», ebda.) eine ideologische – zweite – Bedeutung ein (etwa «Sozialismus ist Leidenschaft und Liebe», ebda.). Diese Arbeit versteht unter mythifizierenden Diskursen nicht allein die von

Das betrifft zunächst Darstellungen des *narcomundo* und der erlebten Fremderfahrungen, die Elemente mythischen Denkens in die Erzählung einflechten. Dazu gehören neben griechischen Mythologemen biblische Motive und andere christliche Vorstellungen, wie man sie in *La virgen de los sicarios* behandelt sieht.[34] Eine Fülle christlicher und mythischer Elemente weist darüber hinaus die Trilogie Tito Gutiérrez über die Drogenwirtschaft und den Drogenkrieg im tropischen *Chapare* der 1990er Jahre auf.[35]

Der erste Roman *Mariposa blanca* erzählt davon, wie der 23-jährige Medizinstudent Lázaro vom «Bösen» verführt wird, um zum Romanende als geläu-

---

Barthes in seinen Mythen des Alltags beschriebenen Darstellungen, in denen der Mythos – im Sinne einer anonymen Ideologie – versteckt am Werke ist. Vielmehr gehören dazu insbesondere auch solche Darstellungen, die zur offensichtlichen Verklärung im Sinne einer Alterisierung, Überhöhung, Exotisierung, Dämonisierung etc. neigen. Insoweit lassen sich Formen der Mythifizierung auch als Allegorisierungen begreifen, nimmt doch in diesen Darstellungen die «Primärbedeutung» (reale Orte und Figuren) zugleich eine zweite auf diese projizierte Bedeutung an und lässt sich dadurch auch als ein «Zeichen zweiter Ordnung». Menke weist zu Recht auf die strukturelle Ähnlichkeit zwischen dem allegorischen Zeichen und dem Barthes'schen semiologischen Mythoskonzept hin. Beide seien «Zeichen zweiter Ordnung»: «Die Dinge in ihrer Faktizität werden zum Zeichen zweiter Ordnung, traditionell als Element im Buch der Natur, gesichert durch göttliche Autorschaft, oder aber – weitreichender – ohne transzendente Absicherung als «Mythen des Alltags» (Barthes).» Ulla Haselstein/Friedrich Teja Bach u. a.: *Allegorie: DFG-Symposion 2014*. Berlin: De Gruyter 2016, S. XI.

34 Die Forschung hat intertextuelle Bezüge und strukturellen Ähnlichkeiten zu Dantes *Inferno*, wiewohl den apokalyptischen Charakter des Textes herausgearbeitet. Vgl. Héctor D. Fernández l'Hoeste: *La Virgen de los Sicarios o las visiones dantescas de Fernando Vallejo*. In: *Hispania: A Journal Devoted to the Teaching of Spanish and Portuguese* 83 (2000), S. 760–762. Vgl. auch Pablo Restrepo-Gautier: *Lo sublime y el caos urbano: visiones apocalipticas de Medellin en La Virgen de los Sicarios de Fernando Vallejo*. In: *Chasqui* 33 (2004). Herlinghaus arbeitet die theologisch synkretistische Matrix heraus, die die Symbolik des Romans bestimmt. Den von Vallejo beschriebenen Orten und Figuren komme mythologische Bedeutung und eine rituelle Funktion für den Ich-Erzähler zu, vgl. Hermann Herlinghaus: *Violence Without Guilt. Ethical Narratives from the Global South*, S. 136. und vgl. Hermann Herlinghaus: *La construcción del nexo de violencia y culpa en la novela La virgen de los sicarios*. Aus dem Englischen von Ana Rita Romero. In: *Nómadas* 25 (2006), S. 197.

35 Neben dem schon erwähnten Werk *Mariposa Blanca* betrifft dies die folgenden beiden Romane: Tito Gutiérrez Vargas: *El demonio y las flores*; Tito Gutiérrez Vargas: *Magdalena en el paraíso*. La Paz: Alfaguara 2001. Der *Chapare* ist eine Region im Departement Cochabamba, die seit den 1980er Jahren zu Boliviens größten Kokaanbau- und -verarbeitungsgebieten zählt und die in den 1990er Jahren zu einem der Hauptangriffsziele der US-amerikanischen Bekämpfung des Drogenhandels wurde. Näheres hierzu bei: Kai Ambos: *Die Drogenkontrolle und ihre Probleme in Kolumbien, Perú und Bolivien: eine kriminologische Untersuchung aus Sicht der Anbauländer unter besonderer Berücksichtigung der Drogengesetzgebung*. Freiburg im Breisgau: Max-Planck-Inst. für Ausländisches und Internat. Strafrecht 1993, S. 105–6 und S. 111.

terter Jüngling wieder aufzutauchen.[36] Das «Böse» tritt zunächst in Gestalt seiner angeblich schwangeren Lebenspartnerin Josefina auf, die ihn beschwört, sich nach Chinahuata zu begeben, das wie ein bolivianisches Sündenbabylon dargestellt wird.[37] Die Stadt mit der Kokawirtschaft und ihren Bars und Bordellen stellt so die zweite «Verführung» dar, der eine ganze Region verfallen ist. Erst die Kokawirtschaft, so der Roman, habe das «Böse» in den Dschungel des Chapare gebracht, wo bis Ende der 1980er Jahre noch «paradiesische Zustände» geherrscht hätten.[38]

Neben die Mythifizierung tritt in den Romanen häufig auch eine Form der Exotisierung bestimmter Figuren aus dem Drogenmilieu und verwandter Umweltbereiche.[39] Ein besonders hervorstechendes Beispiel hierfür ist Jorge Francos Roman *Rosario Tijeras*.[40] Die Titelheldin Rosario Tijeras («die Scherenfrau») stammt aus den Armenvierteln Medellíns, wo sie sich als Auftragsmörderin ihren Lebensunterhalt verdient hat.[41] In der Romangegenwart liegt sie mit einer Schusswunde sterbend im Krankenhaus.[42] Der (bürgerliche) Ich-Erzähler Antonio, der über Jahre hinweg unglücklich in Rosario verliebt war, hat sie ins Krankenhaus begleitet. Dort lässt er Rosarios Leben und seine Beziehung zu ihr Revue passieren.

Der Roman inszeniert die «Scherenfrau» als eine radikal Andere. Sie tritt als eine Figur in Erscheindung, an der Liebe und Tod zusammengeführt und ihre Gegensätzlichkeit momentweise aufgehoben werden. Dies kommt bereits im Eingangspassus des Romans zum Ausdruck:

---

36 Vgl. Tito Gutiérrez Vargas: *Mariposa Blanca*, S. 16–18.
37 Vgl. dazu ebda., S. 18–22.
38 So heißt es etwa: «La hoja comenzó a subir de precio, y el dinero a llegar a esta zona, que hasta entonces había sido maravillosa y paradisíaca, excepto por la extrema pobreza en la que vivía el colono.» Ebda., S. 31.
39 Siehe hierzu den Aufsatz von Herrera-Olaizola, der sich auf folgende Romane bezieht: Fernando Vallejo: *La virgen de los sicarios*; Jorge Franco Ramos: *Rosario Tijeras*; Laura Restrepo: *Delirio*; Mario Mendoza Zambrano: *Satanás*. *Satanás* ist der einzige Roman, der nicht zur Narkoprosa im engeren Sinne gezählt werden kann. Alejandro Herrero-Olaizola: «*Se vende Colombia, un país de delirio*»: *El mercado literario global y la narrativa colombiana reciente*.
40 Vgl. Alejandro Herrero-Olaizola: («*Se vende Colombia, un país de delirio*»: *El mercado literario global y la narrativa colombiana reciente*, S. 43.
41 Die deutsche Übersetzung lautet: Jorge Franco: *Die Scherenfrau*. Zürich: Unionsverlag 2004.
42 Der Roman *Rosario Tijeras* erzählt von der – nicht erwiderten – Liebesbeziehung zwischen einer aus den *comunas* Medellíns stammenden Auftragsmörderin (Rosario Tijeras) und dem aus der Oberschicht stammenden Emilio sowie seines besten Freundes, dem Ich-Erzähler des Romans, der über Jahre hinweg heimlich in sie verliebt war. Rosario Tijeras wurde als Kind mehrfach vergewaltigt und rächt sich für die ihr zugefügte Gewalt, indem sie, mit Scheren bewaffnet, einem der Täter die Hoden abtrennt. Später nimmt sie Dienste als Auftragsmörderin an.

> Como a Rosario le pegaron un tiro a quemarropa mientras le daban un beso, confundió el dolor del amor con el de la muerte. Pero salió de dudas cuando despegó los labios y vio la pistola.[43]

Es entsteht gleich in den ersten Sätzen des Romans das Bild einer Frau, die Liebe und Tod in ihren Wirkungen nicht zu unterscheiden wusste, als sie beim Küssen angeschossen wurde («confundió el dolor del amor con el de la muerte»). Die innerhalb eines herkömmlichen, westlich geprägten Wirklichkeitsverständnisses klassische Dichotomie wiederholt der Text dann auf unterschiedliche Weise. Dazu gehören die in zeitlicher Hinsicht simultan ablaufenden Prozesse des «Angeschossen-» und «Geküsstwerdens» im ersten – mit «como» eingeleiteten Nebensatz. Im darauffolgenden Satz wird die Antithese wiederholt, wenn es heißt, dass ihre Zweifel über «Liebes- und Todesschmerz» schwanden, als sie ihre Lippen löste und sie eine Pistole erblickte. Die Lippen, die sie löste und die Pistole, die sie sah, übernehmen dabei nicht allein eine referentielle Funktion. Sie unterstreichen als Begriffspaar – metonymisch – die Antithese Liebe – Tod. Gleichzeitig treten sie als erotische Zeichen in Erscheinung, indem mit «labios» und «pistola» gängige Metaphern für weibliche und männliche Geschlechtsorgane benutzt werden. Der gesamte Roman stellt sich in diese Antithese, was nicht zuletzt in dem Hintergrundszenario zu Beginn der Geschichte deutlich wird: der jahrelang unglücklich verliebte Antonio begleitet Rosario ins Krankenhaus, wo er voll Schmerz und Melancholie das Leben der auf dem Sterbebett liegenden Auftragsmörderin Revue passieren lässt.

Eine Fremdmachung der Auftragsmörderin offenbart sich ebenso in einzelnen Dialogen und Kommentaren des Ich-Erzählers. So etwa, wenn er gegenüber seinem Freund Emilio bemerkt: «Esa mujer es un balazo»[44] («Diese Frau ist ein Schuss»). Die im Spanischen geläufige Redewendung stellt eine weitere Variante der Antithese Liebe – Tod dar. Ihr Gegensatz wird in dieser Wendung insofern aufgehoben, als der «Schuss» kein Gewalterlebnis bezeichnet, sondern Rosarios Attraktivität. Zugleich klingt an, dass Rosario in der Wahrnehmung des sie Begehrenden «Ekstase» in der Form eines metonymisch zu begreifenden «Schusses» auslöst.

Formen der Exotisierung enthält noch deutlicher die nachfolgende Textstelle, in der über das Blut von Rosario philosophiert wird:

> Imagino cuál de todas será la sangre de Rosario, tendría que ser distinta a la de los demás una sangre que corría a mil por hora, una sangre tan caliente y tan llena de veneno. Rosario estaba hecha de otra cosa, Dios no tuvo nada que ver con su creación.[45]

---

43 Jorge Franco Ramos: *Rosario Tijeras*, S. 11.
44 Ebda., S. 25.
45 Ebda., S. 18.

Der Ich-Erzähler fragt sich, von welcher Beschaffenheit wohl das Blut Rosarios sei. Er vermutet, es müsse wohl anders als das gewöhnlicher Menschen zusammengesetzt sein. Rosarios Blut würde rasend schnell zirkulieren, es sei heiß und voller Gift («tendría que ser distinta a la de los demás una sangre que corría a mil por hora, una sangre tan caliente y tan llena de veneno»). Wieder werden prototypisch exotische wie erotische Topoi («heißes und giftiges Blut») aufgegriffen, die die Auftragsmörderin in eine semantische Nähe zu gefährlichen Tieren, allen voran der Schlange bringen. Sie kulminieren in der Feststellung, Rosario müsse aus etwas Anderem geschaffen sein: «Rosario estaba hecha de otra cosa.» Antonio geht so weit zu vermuten, Gott sei bei ihrer Schöpfung wohl nicht zugegen gewesen («Dios no tuvo nada que ver con su creación»). Er spricht ihr, wenngleich nur metaphorisch, aus christlicher Perspektive das Menschsein ab. Die Verfremdung erreicht damit ihren Höhepunkt. Der Text stilisiert Rosario als ein dem abendländischen Menschenbild diametral entgegengesetztes Wesen: Sie erscheint als eine erotische Wilde mit vielen Geheimnissen.

Letztendlich lassen sich diese Figurationen auch als markante Rückbindungen der Fiktion an das ihr vorgängige gesellschaftliche Imaginäre identifizieren. Der Leser erkennt in den mythifizierenden Darstellungen weniger die Figur eines unbekannten oder feindlichen Fremden. Gegenstand der Betrachtung ist vielmehr das Fremde selbst, das Böse, mitunter auch das kollektive Unbewusste, einschließlich solcher Ängste und Primäraffizierungen, die im Kontext des Drogenterrors virulent werden. Derlei Phänomene greift die Literatur auf und imaginiert an ihnen Erfahrungen und Figuren, die in zuweilen radikaler Weise mit bestimmten Prämissen unserer Wahrnehmung brechen. Insoweit führen sie sowohl den Autor als auch den Leser an radikale «Fremderfahrungen» heran.

5.1.2 Über die heterotopische Funktion transgressiver Narkoromane

Die Alterisierung des *narcomundo* in der Fremderfahrung des bürgerlichen Helden, der in einen als «anders» codierten Raum eintritt und dort mitunter sonderbare Abenteuer durchlebt, weist grundsätzliche Ähnlichkeiten zu Lotmans Sujet-Modell auf.[46] Vor dem Hintergrund einer solchen Interpretation entdecken

---

[46] Warning beschreibt Jurij Lotmans Sujetmodell anschaulich wie folgt: «Danach ist jeder Text zunächst zu betrachten als ein Kulturmodell im Kleinen. Zwei Teilräume stehen in Opposition zueinander: ein Innen- und ein Außenraum. Der Innenraum bezeichnet das ‹Wir› einer gegebenen kulturellen Formation, der Außenraum das ‹Sie› der anderen, dem Innenraum nicht Integrierten. Die Grenze zwischen diesen beiden Teilräumen gilt als im Prinzip unüberwindlich. Wer sie gleichwohl überwindet, sei es als Eindringling von außen, sei es als Abenteurer, der im Außenraum sein Glück suchen will, ist der Held. Die Grenzüberschreitung selbst ist das zentrale narrative Ereignis, es ist «eine bedeutsame Abweichung von der Norm», ein

wir in der dualistischen Gegenüberstellung von Normalwelt und *narcomundo* eine anthropologische Grundkonstante, die nicht nur den Erzähltext beherrscht,[47] sondern menschliche Wahrnehmung überhaupt bestimmt.[48] In den Worten Jurij Lotmans:

> Am Beginn jeder Kultur steht die Einteilung der Welt in einen inneren (‹eigenen›) und einen äußeren Raum (den der ‹anderen›). Wie diese binäre Einteilung interpretiert wird, hängt vom jeweiligen Typus von Kultur ab, die Einteilung an sich aber ist universal.[49]

In der Tat scheint die Alterisierung des *narcomundo* auf eine dualistische Struktur des gesellschaftlichen Imaginären hinzudeuten, die mit Formen der Alterisierung in anderen Texten koinzidiert. Damit übernimmt der «narco», als Signifikant und Person verstanden, innerhalb des gemeinschaftlichen Diskurses und gesellschaftlich Imaginären die Bedeutung und die Funktion eines kategorial Anderen in der lateinamerikanischen Mehrheitsgesellschaft ein. Im Spiel der Fiktion – so lässt sich weiter *a posteriori* feststellen – werden offenbar bestimmte, von Angst- und Alteritätsdispositiven überlagerte Wahrnehmungen, die mit dem Phänomen des Drogenhandels zusammenhängen, aufgegriffen. Sie verbinden sich in einer semantischen Codierung des *narcomundo*, der als ein «anderer Raum» und die im Drogengeschäft Arbeitenden als «Fremde» der Mehrheitsgesellschaft inszeniert werden. Das führt – einer literaturanthropologischen Perspektive folgend – zu der Frage, welche spezifische Bedeutung und Funktion dieser «andere Raum» in den hier vorliegenden Werken einnimmt. Diesbezüglich erscheint zunächst auffällig, dass die in der Narkofiktion dargestellten

---

«revolutionäres Element, das sich der geltenden Klassifikation widersetzt», Jurij M. Lotman: *Die Struktur literarischer Texte*, S. 333–34.», Rainer Warning: *Heterotopien als Räume ästhetischer Erfahrung*, S. 152. Vgl. auch: Matías Martínez/Michael Scheffel: *Einführung in die Erzähltheorie*, S. 140–44.

47 Lotman beobachtet in der Analyse von Chroniken unterschiedlicher Länder frappierende Ähnlichkeiten in der «komplementären Auffüllung der ‹Eigen›/‹Fremd›-Achse» (Andreas Mahler: Topologie. In: Andreas Mahler/Jörg Dünne (Hg.): *Handbuch Literatur & Raum*. Berlin [u. a.]: de Gruyter 2015, S. 22.), nämlich in der Beschreibung «der Welt jenseits der Grenze», Jurij M. Lotman: *Die Innenwelt des Denkens: eine semiotische Theorie der Kultur*. Berlin: Suhrkamp 2010, S. 175: Die reicht von dem Gegensatzpaar eigen vs. fremd bis hin zum moralisch und gesetzlich Legitimen, das das jeweils als «fremd» dargestellte Grenzvolk unterläuft: Dergestalt wird der Raum «des Eigenen zum Raum des ‹Zivilisierten›, ‹Menschlichen›, ‹Reinen›, ‹Gläubigen›, ‹Ehrenhaften›, ‹Züchtigen›» stilisiert und grenzt sich ab vom «Raum des Fremden als Raum des ‹Wilden›, ‹Barbarischen›, ‹Tierischen›, ‹Unreinen›, ‹Gottlosen›, ‹Liederlichen› und ‹Unzüchtigen›» Andreas Mahler: *Topologie*, S. 22.
48 Näheres zur anthropologischen Konstante «binärer Raumkonzepte» bei Andreas Mahler: *Topologie*, S. 19–20.
49 Jurij M. Lotman: *Die Innenwelt des Denkens: eine semiotische Theorie der Kultur*, S. 174.

Fremderfahrungen in den wenigsten Fällen mit der illegalen Drogenkriminalität zusammenhängen. Vielmehr handelt es sich um Grenzüberschreitungen, die auf dem Gebiet der Gewalt, der Sexualität und in dem Bereich von Bewusstseinsalterationen vollzogen werden. Sie führen damit das bürgerliche Selbst an die Grenzen der eigenen Wahrnehmung und des Erlebens solcher Phänomene.

Darüber hinaus ist in Betracht zu ziehen, dass im transgressiven Narkoroman die alterisierenden Darstellungen des *narcomundo* meist mit anderen Verfremdungseffekten bzw. semantischen und diegetischen Anomalien einhergehen, die die Illusion von Wirklichkeit bewusst brechen.[50] Dazu gehören allegorische Darstellungen und entsprechende Figuren-, Orts- und Objektbezeichnungen.[51] Auch eher unwahrscheinliche oder gar unlogische Handlungselemente haben eine verfremdende Wirkung, derer sich der transgressive Roman bedient: beispielsweise der «Zufall», dass sich der Ich-Erzähler Fernando aus *La virgen de los sicarios* in den Mörder von Alexis und anschließend in dessen Mörder Wilmar verliebt. Oder, dass Doc. Mose und Guzmán aus *Un mundo infiel* den gleichen Traum haben sollen. In *Plasma* findet man eine Reihe von fantastisch bzw. surreal anmutenden Elementen. Etwa, als der Kriminalpolizist Bruno feststellt, er habe sich selbst physisch der von ihm beschatteten Drogenhändlerin Rita mehr und mehr angeglichen. So begönnen ihre Haare auf seinem Schopf zu wachsen.[52] Entsprechendes gilt für die von Zynismus gezeichneten Darstellungen Medellíns in *La virgen de los sicarios*.[53]

---

[50] Verfremdungseffekte etwa im Sinne Bertold Brechts, der schreibt: «Einen Vorgang oder einen Charakter verfremden heißt zunächst einfach, dem Vorgang oder dem Charakter das Selbstverständliche, Einleuchtende zu nehmen und über ihn Staunen und Neugier zu erzeugen.» Bertolt Brecht: *Gesammelte Werke. Schriften zum Theater 1*. Frankfurt am Main: Suhrkamp 1976, S. 301.

[51] Insofern bezieht sich die Arbeit auf die kanonisch gewordene Definition Quintilians, die sich in seiner *Institutio Oratoria* (VIII, 6, 44–58) findet. Quintilian wird in der Übersetzung von H. Rahn zitiert: «Die Allegorie, die man im Lateinischen als *inversio* [Umkehrung] bezeichnet, stellt einen Wortlaut dar, der entweder einen anderen oder gar zuweilen den entgegengesetzten Sinn hat. Die erstere Art erfolgt meist in durchgeführten Metaphern, so etwa «Schiff, dich treibt die Flut wieder ins Meer zurück! Weh, was tust du nur jetzt! Tapfer dem Hafen zu» und die ganze Stelle bei Horaz, an der er Schiff für das Gemeinwesen, Fluten und Stürme für Bürgerkriege, Hafen und Frieden und Eintracht sagt.» Gerhard Kurz: *Metapher, Allegorie, Symbol*. Göttingen: Vandenhoeck & Ruprecht 2004, S. 37. Quintilian bezeichnet die Allegorie als *metaphora continua* («durchgeführte Metapher») und unterstreicht damit den narrativen Aspekt dieser Trope. Denn im Gegensatz zur (einfachen) Metapher ist die Allegorie erst im narrativen Zusammenhang zu erschließen. Näheres hierzu bei: Ebda., S. 36. Vgl. hierzu auch Anselm Haverkamp: Allegorie. In: Karlheinz Barck (Hg.): *Ästhetische Grundbegriffe. Absenz – Darstellung*. Stuttgart/Weimar: Metzler, Abschnitt II, S. 55–59.

[52] Vgl. Guadalupe Santa Cruz: *Plasma*, S. 111.

[53] Siehe hierzu die Arbeiten von Adriaensen: Brigitte Adriaensen: Las modalidades del cinismo en *La virgen de los sicarios* de Fernando Vallejo. In: *Guaraguao* 15 (2011), S. 15.

Verfremdungseffekte wie diese indizieren, dass die im Roman dargestellte Welt oder Teilaspekte derselben in der Regel etwas «Anderes» als das konkret Bezeichnete bedeuten. In vielen Fällen entstanden allegorische Interpretationen.[54] Die genannten diegetischen und stilistischen Auffälligkeiten, die in einer Reihe von Romanen operieren und auf der Ebene der Darstellung als verbindendes Element dieser Texte figurieren, legen nahe, den fiktiven *narcomundo* jenseits eines realistischen Darstellungsparadigmas als einen ästhetischen Erfahrungsraum mit einer spezifischen erzählerischen Funktion anzusehen. Dabei kommt den «Fremderfahrungen» der Protagonisten eine wesentliche Bedeutung zu. Es betrifft Erfahrungen, die meist von der gesellschaftlichen Ordnung tabuisiert oder zumindest in Bezug auf den konkreten Erfahrungsbereich (Gewalt, Sexualität, Bewusstseinsalterationen) als «außerordentlich» wahrgenommen werden.

Nicht selten üben die Protagonisten überdies einen dem intellektuellen Milieu nahestehenden Beruf aus und lassen sich somit annäherungsweise auch als fiktive «Doppelungen» ihrer Autoren begreifen.[55] Zumindest aber regen sie dazu an, in der Interpretation dem «bürgerlichen Selbst» als dem Protagonisten und der Reflektorfigur der Romane einen zentralen Stellenwert einzuräumen und die Fiktionen im Spiegel (bürgerlich-) moderner Normalität zu betrachten. Deshalb liegt es nahe, das von Foucault begründete Konzept des Heterotopischen hier aufzugreifen. Das hat zur Folge, dass die fiktionalen Räume des *narcomundo* als fiktionale «Abweichungsheterotopien» (hétérotopies de déviation) anzusehen sind. Der *narcomundo* selbst erscheint als ein – für das bürgerliche Selbst – «anderer Raum». In diesem werden bestimmte Aspekte «repräsentiert, bestritten und gewendet»[56] und zugleich von der gesellschaftlichen Ordnung als abweichend wahrgenommen.[57]

Dieses auf Foucault zurückgehende Konzept, das dieser unter Rückgriff auf Canguilhems Betrachtung über die Normativität des Normalen entwickelte,[58] regt dazu an, das Fiktive und das Imaginäre der Romane im Spiegel (bürgerlich-) moderner Normalität zu betrachten. Foucaults Heterotopiekonzept zeichnet sich dadurch aus, dass es das Abweichende in eine Relation, nämlich in

---

54 Das betrifft vorzugsweise die beiden Auftragsmörderromane Fernando Vallejo: *La virgen de los sicarios* und Jorge Franco: *Rosario Tijeras*, ferner den Roman Laura Restrepo: *Delirio*. Näheres hierzu in Kapitel 1.3.1.4.
55 So etwa in Fernando Vallejo: *La virgen de los sicarios*; Eduardo Antonio Parra: *Nostalgia de la Sombra*; Guadalupe Santa Cruz: *Plasma*; Laura Restrepo: *Delirio*.
56 Michel Foucault: *Andere Räume*, S. 46.
57 «In sie steckt man die Individuen, deren Verhalten abweichend ist im Verhältnis zur Norm.» Michel Foucault: *Andere Räume*, S. 40.
58 Rainer Warning: *Heterotopien als Räume ästhetischer Erfahrung*, S. 139.

Funktion und als kontrastives Spiegelbild zum gesellschaftlich «Normalen» setzt und somit jede Abweichung und jede Erfahrung der Fremdheit zurückbindet an die gesellschaftliche Ordnung, die diese erst zu Abweichungen gemacht hat. Es findet also in einer heterotopischen Analyse eine vergleichende Darstellung oder Rezeption von Romanen mit realen Orten der Gesellschaft statt. Es kommt zu einer Reflexion über die gesellschaftliche Ordnung, die zugleich Ursprung und inverses Spiegelbild des Abweichenden ist.[59] Innerhalb des breit angelegten Heterotopiekonzeptes nimmt Foucault weitere Differenzierungen vor und unterscheidet zwei große Typen: die sogenannten Krisen- und die Abweichungsheterotopien.[60] Gemeint sind Orte, an welchen menschliche Krisen und Abweichungen stattfinden und von der Norm ausgelagert werden.

Während nun im Fall realer Räume solche Individuen, die ein von der gesellschaftlichen Norm abweichendes Verhalten an den Tag legen, in sogenannte Abweichungsheterotopien ausgelagert werden, lässt sich in Bezug auf die fiktionalen Narko-Heterotopien feststellen, dass die Relation zwischen der Gesellschaft und dem Individuum auf der Ebene der Fiktion stattfindet. Es handelt sich um fiktionale Literatur, in der mittelst einer Identifikationsfigur (hier des

---

59 Als Beispiele der von der Gesellschaft zu einer bestimmten Zeit geschaffenen «anderen» Orte (*heteroi topoi*) führt Foucault insoweit die unterschiedlichsten Räume auf, darunter Gefängnisse, psychiatrische Kliniken, Hospize, Friedhöfe, Gärten, Museen, Kinos, Theater, Feriendörfer, Motels oder Bibliotheken. Ihre Gestaltung und Funktion für die sich dort aufhaltenden Menschen gehorchen bestimmten, von der Gesellschaft zuerkannten Regeln. Heterotopische Orte müssen nicht unbedingt, wie das Gefängnis, staatliche «Institutionen» oder monofunktional genutzte Gebäude sein. Vielmehr kann jeder Ort, in dem sich Menschen aufhalten und ihn mit einer bestimmten Funktion betrauen, zu einem «anderen Raum» werden, nämlich ein Raum, in dem eine eigene Handlungs- und Zeitlogik herrscht, die sich den Funktionen unterordnet, welche die Gesellschaft diesen Orten gegeben hat. Entsprechend lässt sich auch eine «Heterotopie ohne geographische Fixierung» denken, wie etwa auf einer Hochzeitsreise ein Hotel oder ein Zug, die – so Foucault – bis Mitte des 20. Jahrhunderts eine ganz bestimmte Funktion, nämlich die «Entjungferung» der frisch vermählten Mädchen hatten. Näheres hierzu bei Michel Foucault: *Andere Räume*, S. 40–41. Foucault führte diesen Begriff 1967 auf einem vor Architekten gehaltenen Vortrag für einen bestimmten Typus «anderer Räume» (*heteroi topoi*) ein.

60 Krisenutopien finden sich vermehrt in sogenannten «Urgesellschaften» und werden wie folgt definiert: «Es gibt privilegierte oder geheiligte oder verbotene Orte, die Individuen vorbehalten sind, welche sich im Verhältnis zur Gesellschaft und inmitten ihrer menschlichen Umwelt in einem Krisenzustand befinden: die Heranwachsenden, die menstruierenden Frauen, die Frauen im Wochenbett, die Alten usw.» Heutzutage, so Foucault, weichen die Krisenheterotopien zunehmend den sogenannten Abweichungsheterotopien, welche wie folgt definiert werden: «In sie steckt man die Individuen, deren Verhalten abweichend ist im Verhältnis zur Norm. Das sind die Erholungsheime, die psychiatrischen Kliniken, das sind wohlgemerkt auch die Gefängnisse, und man müßte auch die Altersheime dazu zählen.» Ebda.

bürgerlichen Helden) «Abweichungen» aus- und erlebt oder Fremderfahrungen stellvertretend durchlebt werden. Der *narcomundo* übernimmt damit die Funktion eines fiktionalen Raumes für Handlungsmuster und Figurationen,[61] welche die bürgerliche Ordnung tabuisiert, als moralisch verwerflich wahrnimmt, verbietet oder welche von einem Angst- und Alteritätsdispositiv überlagert werden.[62] Diesen Fremderfahrungen wird in der Narkofiktion ein legitimer, imaginärer Platz eingeräumt. Die affektive Normalität, die das «Andere» in sicherer Distanz zu sich hält, wird durchbrochen.

Gleichzeitig findet so mit den Mitteln der Fiktion eine Begegnung mit dem «Anderen» und «Irritierenden» statt. Das betrifft selbstverständlich auch solche Fremderfahrungen, die in direktem Bezug zum Drogenhandel und den gegen ihn geführten Krieg stehen. So etwa in den stärker einem realistischen Paradigma verpflichteten Romanen *Delirio* und *El ruido de las cosas al caer*, die davon erzählen, wie ihre bürgerlichen Helden im Kontext des Drogenterrors radikal neue bzw. «fremde» Bewusstseinserfahrungen machen.

Daran anknüpfend lassen sich die alterisierenden oder mythisierenden Darstellungen des *narcomundo* auch als Projektionen begreifen. Es findet eine Form des Hinwerfens (lat. *proicere*) von (fremder/anderer) Bedeutung in die Welt des *narcomundo* statt. Das erlaubt zugleich psychoanalytisch geprägte Deutungen der – literarischen – Welt des Drogenhandels:[63] Ohne die unbestrittene «Doppelgängernatur» des Menschen als ein zwischen verschiedenen Rollen gleitendes und reisendes Selbst in Zweifel zu ziehen, lässt sich – im Anschluss an Freud – der fiktive *narcomundo* insoweit als Hort einer – fiktionalen – «Abwehrfunktion» begreifen.[64] Freud, der diesen Begriff in die psychoanalytische Theo-

---

[61] Denn «tatsächlich hat jede Heterotopie ein ganz bestimmtes Funktionieren innerhalb der Gesellschaft [...]», Ebda., S. 41.
[62] Dazu gehört ferner eine Auseinandersetzung mit religiösen bzw. moralischen Gefühlen wie «Schuld». So findet etwa zur Bewältigung derselben in *La virgen de los sicarios* ein komplexer Prozess der Aneignung des «Anderen», nämlich der beiden jugendlichen Auftragsmörder durch den Ich-Erzähler Fernando statt, die diesem in Form einer Transsubstantation zur Reinigung seiner Sünden und damit Befreiung von «Schuld» gereichen. Näheres hierzu bei: Hermann Herlinghaus: *Violence Without Guilt. Ethical Narratives from the Global South*, S. 138–41. Und vgl. Hermann Herlinghaus: *La construcción del nexo de violencia y culpa en la novela «La virgen de los sicarios»*, S. 187–88 und S. 197. Siehe hierzu auch das Kapitel 5.2.1 dieser Arbeit.
[63] Gemäß der gängigen psychologischen Definition versteht man unter Projektion zunächst «das Phänomen, dass Eigenseelisches in anderen Menschen wahrgenommen wird, als handele es sich um Anteile von diesen.» Michael Ermann: Projektion. In: Stefan Jordan (Hg.): *Lexikon Psychologie. Hundert Grundbegriffe*. Stuttgart: Reclam 2005, S. 235.
[64] Darauf deutet nicht zuletzt, auf der Ebene der Diegese, dass in vielen Fällen die zumeist männlichen, aus einem intakten sozialen Umfeld stammenden Helden eine Form des Begehrens mit der Welt und den Figuren des Drogenmilieus verbindet. Das betrifft etwa das ekstatisch erlebte Morderleben des Protagonisten aus *Nostalgia de la Sombra* oder das erotische

rie einführte, definiert die Projektion als «defensive Ich-Funktion [...], durch die sich das Individuum von unangenehmen Selbst-Aspekten, z. B. Gefühlen (Emotionen) oder Wünschen, entlastet und sie in Personen der psychischen Außenwelt lokalisiert. Diese werden unter dem Einfluss von Projektion verzerrt wahrgenommen und verkannt.»[65]

Eine Art «Leuchtturmfunktion» erhält diesbezüglich der heterotop konzipierte Roman *Nostalgia de la Sombra*, der sogleich behandelt wird. Das Werk weist Wege der Interpretation auch für andere bürgerliche Narkoromane, die mit ihm eine ähnliche Handlungsstruktur sowie Tendenzen zur Mythifizierung des *narcomundo* teilen. Zugleich setzt der Text zahlreiche erzählerische Mittel ein, die zu einer Distanzierung der in der Fiktion dargestellten Wirklichkeit anregen und Aufschluss über das Werden und die Funktion seiner – heterotopischen – Fiktion geben. Doch das literarische Potential und auch die anthropologische Funktion dieses Romans und vieler anderer Werke transgressiver Narkoprosa gehen weit darüber hinaus.

5.2 Dividuale Fiktionen

Die radikale Fremderfahrung der meist männlichen Protagonisten mit Gewalt, Rausch und Sexualität, die im Mittelpunkt der transgressiven Narkoromane steht, führt in einer Reihe von Romanen dazu, dass angesichts dieser Erfahrungsbefunde auch der Status des Romansubjekts als Individuum radikal anders imaginiert wird. Paradigmatisch und in großen Zügen kennzeichnet die Tradition des modernen Romans nach Georg Lukács das Abenteuer oder das Drama individueller Subjektwerdung eines häufig männlichen Protagonisten. Grundpfeiler der erzählerischen Dimension bilden der Bereich oft psychologisch fundierter Selbstwahrnehmung und -reflexion des modernen Menschen einerseits, und seine Geworfenheit in ein immer komplexer werdendes gesellschaftliches Ganzes andererseits.[66] Epistemologisches Zentrum ist die Bewusstseins- und Erfahrungswelt des Individuums.

Begehren, das Fernando gegenüber den jungen *sicarios* Alexis und Wilmar, Emilio und Antonio gegenüber Rosario Tijeras oder Fernanda Salas (aus *Perra Brava*) gegenüber Julio, dem Chef eines Auftragsmörderkartells, hegt.

65 Michael Ermann: *Projektion*, S. 235.

66 So heißt es etwa bei Lukács: «Der Roman ist die Form der gereiften Männlichkeit: Sein Dichter hat den strahlenden Jugendglauben aller Poesie, «daß Schicksal und Gemüt Namen eines Begriffes seien», verloren; und je schmerzlicher und tiefer die Notwendigkeit in ihm wurzelt, dieses wesentlichste Glaubensbekenntnis jeder Dichtung dem Leben als Forderung entgegenzuhalten, desto schmerzlicher und tiefer muß er begreifen lernen, daß es nur eine

Die sich innerhalb des 20. Jahrhunderts in vielerlei Richtung veränderte Romantradition hat dieses Modell zwar auf verschiedene Weise in Frage gestellt. Gleichwohl halten die meisten Romane an dessen Grundstruktur weiterhin fest. Das gilt auch für die transgressiven Narkoromane. Sie schließen grundsätzlich an die Tradition des modernen bürgerlichen Romans an. Zum Teil brechen sie aber damit oder nehmen Abweichungen vor. Augenfällig wird dies in Narkoromanen wie *La virgen de los sicarios* (1994), *El ruido de las cosas al caer* (2011), *Nostalgia de la Sombra* (2002) und *Plasma* (2005). Sie stellen Fremderfahrungen in das Zentrum ihrer Fiktion, die sich auf der Ebene des Bewusstseins der Protagonisten in den unterschiedlichsten Erscheinungsformen ereignen. Die Bewusstseinserfahrungen werden als eine Art Grenzüberschreitung dargestellt, die eine Erfahrung der Transgression von narrativer «Identität» einschließt. Das für gewöhnlich individualistisch aufgefasste Konzept von Selbst- und Weltwahrnehmung des Protagonisten wird hierbei transgrediert. Wir treffen hier auf ganz unterschiedliche Erzählweisen, die gemein haben, kraft ihrer Semantisierung, Metaphorik und Handlungslogik den Menschen weniger als Individuum im Sinne eines «selbstbestimmten», intentional handelnden Wesens darzustellen, als dessen Verwobenheit und Affiziertheit mit seiner Umwelt zu akzentuieren. Eine herausragende Rolle kommt hierbei bestimmten Erfahrungen mit Gewalt und Rausch zu, die in nicht selten personifizierten Figurationen oder allegorischer Darstellungen Eingang in die Erzählung finden. Es handelt sich um Figuren und Figurationen der Dividuation, die das literarisch und epistemologisch Besondere dieses Teils der Narkoprosa darstellen. Mit den Mitteln der Fiktion imaginieren diese Romane die Bewusstseins- und Erfahrungswelt ihrer

---

Forderung, keine wirkende Wirklichkeit ist. Und diese Einsicht, seine Ironie, wendet sich sowohl gegen seine Helden, die in poetisch notwendiger Jugendlichkeit an der Verwirklichung dieses Glaubens zugrunde gehen, wie gegen die eigene Weisheit, die die Vergeblichkeit dieses Kampfes und den endgültigen Sieg der Wirklichkeit einzusehen gezwungen wurde.» Georg Lukács: *Die Theorie des Romans*. Bielefeld: Aisthesis Verlag 2009, S. 66 und: «Der Roman ist die Form des Abenteuers des Eigenwertes der Innerlichkeit; sein Inhalt ist die Geschichte der Seele, die da auszieht, um sich kennenzulernen, die die Abenteuer aufsucht, um an ihnen geprüft zu werden, um an ihnen sich bewährend ihre eigene Wesenheit zu finden.» Ebda, S. 69. Vgl. auch ebda., S. 30: «[...] denn die Form des Romans ist, wie keine andere, ein Ausdruck der transzendentalen Obdachlosigkeit.» Daran anschließend schreibt Walter Benjamin über den Roman: «Die Geburtskammer des Romans ist das Individuum in seiner Einsamkeit, das sich über seine wichtigsten Anliegen nicht mehr exemplarisch auszusprechen vermag, selbst unberaten ist, und keinen Rat geben kann. Einen Roman schreiben, heißt, in der Darstellung des menschlichen Lebens das Inkommensurable auf die Spitze treiben.» Walter Benjamin: Der Erzähler. In: Walter Benajmin (Hg.): *Über Literatur*. Frankfurt am Main: Suhrkamp 1970, S. 37–38.

Protagonisten als Dividuation. Sie präsentieren dem Autor und Leser so eine Auffassung von Innerlichkeit, die einem Denken der Affizierung nahekommt.

> Ein Denken der Affizierung sucht das vermeintlich Individuelle in das Feld natürlich-kulturellen Geschehens zurück zu betten, um es auf seine unbewusste Dividualität zu entgrenzen und in seiner Verbundenheit mit dem Gesamten zu akzentuieren. Es erlaubt das Gesellschaftliche als dem Einzelnen vorgängig zu betrachten, weshalb er durch die Vielheit der anderen immer schon affiziert, als gesprochener, gesehener, habitualisierter und affektfähiger erscheint.[67]

Die zentrale Stellung der Identitätsproblematik in der literarischen Fiktion lässt sich fiktionstheoretisch begründen. Der Anthropologe Arnold Gehlen begreift den Vorgang der Projektion, welche in der Fiktion stattfindet, als eine Form der «Entlastung» des grundsätzlich defizienten Menschen. Denn der Mensch sei unfähig, Zugang zu seinem Bewusstsein zu erlangen.[68] Er verweist auf die Unmöglichkeit, sich ein genaues Abbild dessen zu verschaffen, was die eigene «Identität» ausmacht. Identität ist daher nach Plessner als ein Rollenspiel, nämlich als ein Gleiten zwischen und Konstituieren von unterschiedlichen Rollen aufzufassen, die auf historisch-pragmatische Situationsbedürfnisse reagieren und diese bewältigen. Dabei figuriert die literarische Fiktion – nicht anders als der Traum – als ein eminent wichtiger «Spielraum» des Menschen.[69] Bei den dividual orientierten Werken der Narkoprosa sind es fundamentale Erfahrungen mit Gewalt, Angst, Rausch und Sexualität, für deren «Bewältigung» ihre Autoren ein von einem individualistischen Modell abweichendes Identitätskonzept in der literarischen Fiktion imaginieren.

---

[67] Michaela Ott: *Affizierung zu einer ästhetisch-epistemischen Figur*, S. 24. In ähnlicher Weise argumentieren neuere Ansätze aus dem Feld der Soziologie, die mit Begriffen wie Resonanz und Weltbeziehung Stellung und Begriff des Subjekts in der Welt neu zu begreifen suchen und dabei auch – wie Ott – auf netzwerktheoretische Ansätze und neuropsychologische Befunde zurückgreifen. Vgl. etwa: Hartmut Rosa: *Resonanz. Eine Soziologie der Weltbeziehung*. Berlin: Suhrkamp 2017. Hier v. a. das Kapitel: Was ist die Welt? Wer ist ein Subjekt?, S. 61–70.

[68] In einer Überlegung zur Analogie und wechselseitigen Bedingtheit des Identitäts- und Fiktionsbegriffes erkennt Iser das «Wesen» beider bestimmt durch einen «leeren Grund, dessen Besetzung sich über die pragmatischen Erfordernisse historischer Situationen reguliert.» Wolfgang Iser: *Ist der Identitätsbegriff ein Paradigma für die Funktion der Fiktion?*, S. 727.

[69] Für eine identitäre Funktion der im Text dargestellten Welt spricht überdies auf Ebene der Diegese, dass in vielen der Romane die Fremderfahrungen, die der Held im *narcomundo* macht, mit einer Geschichte über Identitätsprozesse verbunden wird. So etwa Laura Restrepo: *Delirio*; Juan Gabriel Vásquez: *El ruido de las cosas al caer*; Julián Herbert: *Un mundo infiel*; Orfa Alarcón: *Perra brava*; Tito Gutiérrez Vargas: *Mariposa Blanca*; Guadalupe Santa Cruz: *Plasma*.

Wesentliche Grundlinien dieses Konzepts dividual orientierter Narkofiktion werden im Folgenden zunächst anhand des Beispiels zweier Romane kolumbianischer Autoren illustriert, die in je unterschiedlicher Weise als paradigmatisch in ihrem Umgang mit Gewalt- und Rauscherfahrungen angeführt werden können: *La virgen de los sicarios* (1994) von Fernando Vallejo und *El ruido de las cosas al caer* (2011) von Juan Gabriel Vásquez. Daran schließt sich die Analyse und Interpretation zweier der herausragendsten literarischen Kompositionen dividual orientierter Narkoromane an: *Nostalgia de la Sombra* (2002) und *Plasma* (2005).

5.2.1 *La virgen de los sicarios*: die Fiktion eines Gewaltrausches

La virgen de los sicarios des kolumbianischen Autors Fernando Vallejo ist veröffentlichungsgeschichtlich betrachtet der erste Roman der fiktionalen Narkoprosa. Er repräsentiert in zugleich markanter wie polemisierender Weise die dividualen Entwicklungstendenzen dieses Genre. Vallejo veröffentlichte 1994 seinen Roman vor dem Hintergrund der im Zuge des *guerra del narcotráfico* ausufernden Gewalt in Medellín, allem voran dem Bandenkrieg in den sogenannten *comunas*. Die Geschehnisse im Roman lassen sich gewissermaßen nur im Spiel der Fiktion realer und virtueller Gewalterfahrungen begreifen, die häufig in einem Gewaltrausch enden. So entsteht eine Narration, die in zunächst irritierender Weise das affizierende Potential von Gewalt unterstreicht und hierbei die geradezu schicksalshafte Verwobenheit des Einzelnen mit seiner Umwelt akzentuiert.

La virgen de los sicarios erzählt die Geschichte, wie Fernando, ein kolumbianischer Universitätsprofessor, in den 1980er Jahren nach 30-jähriger Abwesenheit in seine Heimatstadt Medellín zurückkehrt. Er geht dort eine Liebesbeziehung zu einem jugendlichen Auftragsmörder, Alexis, ein. Der Roman berichtet von Morden, die Alexis auf offener Straße begeht und von dem Alltag, den das Paar, mit vielen Spaziergängen in der Stadt, miteinander teilt. Als Alexis ermordet wird, begibt sich Fernando auf die Suche nach dessen Mörder. Er geht eine neue Liebesbeziehung mit einem weiteren Auftragsmörder, Wilmar, ein, der sich später als der Mörder von Alexis herausstellt. Als auch Wilmar ermordet wird, verlässt Fernando die einst geliebte und nun vom Drogenkrieg grausam gezeichnete Heimatstadt.

Der Ich-Erzähler Fernando lässt bei diesen Stadtspaziergängen den Leser an seinen Erinnerungen über die Stadt, sein Land und sein eigenes Ich teilhaben. Wir begegnen dem Blick eines Heimkehrers, der zwischen Anziehung und Abstoßung der eigenen und zugleich fremd gewordenen Heimat schwankt. Vallejo verbindet die Geschichte mit einer zynischen Kritik an der kolumbianischen

Gesellschaft, insbesondere der hier herrschenden Gewalt und Armut.[70] Der Drogenhandel habe die Stadt in infernale, apokalyptische Zustände gestürzt.[71] Die im Roman vorgenommene Inszenierung der Stadt, ihrer Bewohner und deren Räume bietet eine zutiefst irritierende Reflexion über den Ursprung und die Schuld an der sich darbietenden Katastrophe. Beispielhaft zeichnet der Ich-Erzähler eine erschreckende Verbindung zwischen den Phänomenen von Gewalt und Armut hin zu Mutterschaft und Weiblichkeit.[72]

Die Sprengkraft des Romans besteht allerdings nicht allein in der Radikalität der menschenverachtenden, armutsfeindlichen und misogynen Thesen. Der Roman verknüpft die apokalyptische Gewaltvision der Stadt vielmehr mit Erfahrungen seines Ich-Erzählers, die Gewalt und Rausch in eine innige Beziehung zueinander treten lassen. Der Roman öffnet sich an diesen Stellen mythischem Denken und mystischen Erfahrungen.

Das betrifft vor allem eine Reihe von im Roman dargestellten Morden, die Alexis oder andere – anonym bleibende – Auftragsmörder auf offener Straße begehen. In personifizierender Geste werden diese der «Señora Muerte» zugeschrieben. Die Mordopfer sind gewöhnliche Bürger und Passanten, die aus Zufall, oder weil sie dem Ich-Erzähler ein Dorn im Auge waren, umgebracht werden. Dazu gehört selbst eine schwangere Frau.[73] Im Gegensatz zu einer «nüchternen» Darstellung von Gewalt, wie man sie in der faktual orientierten Narkoprosa antrifft, offenbart sich hier ein Erzähler, der von der sich ihm darbietenden tödlichen Gewalt fasziniert zu sein scheint.

Den Auftakt der kaltblütigen Mordserie bildet die Ermordung eines Punkers. Es handelt sich um einen Nachbar Fernandos, der ihm mit seiner laut

---

70 Es zeichnet sich eine Kontroverse in Bezug auf die ethische Dimension der Darstellungen von Gewalt, Stadt und Marginalität im Roman ab. Einen guten Überblick über die Debatte gibt: Brigitte Adriaensen: *Las modalidades del cinismo en «La virgen de los sicarios» de Fernando Vallejo*, S. 46–49.
71 Fernández l'Hoeste geht so weit, das von Vallejo gezeichnete Medellín und die von ihm erzählte Geschichte als eine Neufassung des ersten Teils der Göttlichen Komödie zu interpretieren. Fernando suche bei seinen Gängen durch das Inferno, wie der Ich-Erzähler des *Inferno*, Kirchen und Orte der Vergangenheit auf, die ihm zu einer Art Kreuzweg würden und eine Analogie zu den Zirkeln der Hölle darstellten. Auch trifft Fernando wie der Ich-Erzähler der Divina Comedia auf Figuren des ZeitgeschehenS. Statt dabei von dem Dichter Vergil begleitet zu werden, schreite Fernando an der Hand der jugendlichen Auftragsmörder durch seine Heimatstadt. Vgl. Héctor D. Fernández l'Hoeste: *«La virgen de los sicarios» o las visiones dantescas de Fernando Vallejo*, S. 760 ff. Siehe auch: Pablo Restrepo-Gautier: *Lo sublime y el caos urbano: visiones apocalipticas de Medellín en «La virgen de los sicarios» de Fernando Vallejo*.
72 Näheres hierzu bei: Hermann Herlinghaus: *La construcción del nexo de violencia y culpa en la novela «La virgen de los sicarios»*, S. 190 f.
73 Vgl. Fernando Vallejo: *La Virgen de los Sicarios*. Bogotá: Alfaguara 2008, S. 73.

aufgedrehten Musik immer wieder den Schlaf geraubt hatte. Eines Morgens meinte Fernando eher beiläufig, man sollte ihn dafür umbringen. Das lässt sich Alexis nicht zweimal sagen. Die Gelegenheit ergibt sich, als die beiden dem Punker zufällig auf der Straße begegnen. Ohne zu zögern, geht Alexis auf das Opfer zu, begibt sich in Position, zieht seinen Revolver und erschießt ihn mit einer einzigen Kugel:

> [...] le chantó un tiro en la frente, en el puro centro, donde el miércoles de ceniza te ponen la santa cruz. ¡Tas! Un solo tiro, seco, ineluctable, rotundo, que mandó a la gonorrea esa con su ruido a la profundidad de los infiernos. ¡Cuántas veces no he pasado la escena por mi cabeza en ralenti! Veo sus ojos verdes viéndolo. Verdes turbios. Embriagados en lo irrepetible del instante. ¡Tas! Un solo tiro, sin comentarios.

Die Passage beschreibt Eindrücke dieses Mordes, wie sie sich in die Erinnerung des Ich-Erzählers nachhaltig eingeschrieben haben. Fernando bestaunt die Präzision und Zielgenauigkeit des Schusses, der sein Opfer exakt in der Mitte der Stirn getroffen hat. Der Betrachtung eines Kunstwerkes gleich, findet der Autor Attribute für die «künstlerische Vollkommenheit» des Schusses und die Entschlossenheit des Schützens (seco, ineluctable, rotundo, un solo tiro, sin comentarios). Besondere Faszination üben Alexis' grüne Augen aus, in denen Fernando Anzeichen von Ekstase erkennt. Die Szene wird lautmalerisch von der zweimaligen Exklamation «Tas» eingerahmt, die das Schussgeräusch nachahmt und einmal mehr Fernandos Begeisterung zum Ausdruck bringt.

Der Text bindet eine Reihe religiöser Referenzen in die Darstellung der Mordszene ein. So heißt es, die Kugel habe den Punker genau dort getroffen, wo am Aschermittwoch den Gläubigen ein Kreuz auf die Stirn gezeichnet werde. Der Schuss habe ihn direkt in die Untiefen der Hölle geschickt. Alexis und Fernando erscheinen so als die Protagonisten einer in Medellín angebrochenen dunklen Herrschaft des Todes. Alexis nimmt darin die Rolle eines Todesengels («Angel Exterminador») ein. Er sei nach Medellín abgestiegen, um der – wie es heißt – perversen Rasse ein Ende zu bereiten.[74] Fernando spielt in dieser Gewaltvision eine Art Antichrist, indem er die Rolle eines Gesandten Satans und des Todes übernimmt.[75] Eine solche Rolle hat sich Fernando allerdings keineswegs selbst gegeben. Er ist in sie gewissermaßen hineingeschlüpft, ohne sie direkt angestrebt zu haben. Das hat seinen Grund in der ihm eigenen Beziehungsstruktur zu den jungen Auftragsmördern. Diese ist darstellerisch durch eine Reihe von Metaphern gekennzeichnet, die eine innige Verwobenheit und

---

74 So heißt es: «[...] el Ángel Exterminador que había descendido sobre Medellín a acabar con su raza perversa». Ebda., S. 64.
75 Vgl. hierzu etwa ebda., S. 86.

Affiziertheit Fernandos mit seiner Umwelt und den ihn umgebenden *sicarios* unterstreichen.

Das betrifft zunächst die Beziehung von Fernando zu Alexis und Wilmar. Die beiden Auftragsmörder stellen nicht zuletzt aufgrund ihrer Austauschbarkeit keine realistischen Romanfiguren dar. Vielmehr entsprechen sie in ihrer Inszenierung archetypischen Vorstellungen eines *sicario*, wie sie innerhalb der kolumbianischen Gesellschaft der 1980er und 1990er Jahre vorherrschend waren.[76] Alexis und Wilmar sind eiskalte Killer, flüchtige, elegante und anonyme Gestalten, die ein ephemeres und konsumorientiertes Leben führen.

La virgen de los sicarios erzählt die Geschichte der Verschmelzung des Ich-Erzählers mit dieser archetypischen Figuration eines jugendlichen Todes und der kaltblütigen Gewalt. Es entsteht eine Figuration des Gewalt-Rausches als einer Imagination des Erzählers, die sich auf der Ebene der *histoire* in der auch sexuellen Verbindung zwischen dem Ich-Erzähler und den *sicarios* konkretisiert. Das Verhältnis ist von einem in Ansätzen mythisch-mystischen Charakter geprägt. Darauf deutet etwa die Semantisierung des erstmaligen Begegnungsraumes von Fernando und Alexis. Die beiden treffen sich in einem Bordell, das von Fernandos altem Jugendfreund José Antonio betrieben wird. Er geleitet sie in das sogenannte «Schmetterlingszimmer» («cuarto de las mariposas»). Doch die Beschreibung dieser Herberge gleicht in der Wahrnehmung seines Erzählers weniger einem Bordell als einem Tempel. Es herrschen strenge Reinheitsgebote und es wird weder geraucht noch getrunken. Das «Innerste» bildet das Schmetterlingszimmer, wo die erste sexuelle Begegnung zwischen Fernando und Alexis stattfindet. Auf die mystisch-mythische Dimension dieses Ortes und der hier eingegangenen «Verbindung» verweisen schon das antike Inventar des Raumes. Ihn zieren alte Möbel und antike Uhren, die zu unterschiedlichen Zeiten angehalten werden.[77] Mit diesem «Trick» soll die moderne Zeit «aufgeho-

---

[76] Camilo Borrero umreißt sie im Prolog zu Alonso Salazars *No nacimos pa' semilla*: Man sprach «von dem auf dem Motorrad» und stellte sich ein elegantes, anonymes Wesen vor, das Millionenverträge annahm und nach vollzogener Arbeit diskret von der Bildfläche verschwand: eine Art «kreolischer Rambo», eine kalte und unsensible Todesmaschine. In dem von dem Sozialwissenschaftler Camilo Borrero verfassten Prolog zu *No nacimos pa' semilla* heißt es: «Las características personales para ejercer la profesión de sicario que nos vendía en décadas pasadas la televisión eran bien definidas. Se trataba de seres elegantes, anónimos, con mil rostros y contratros millonarios, quienes cumplían el encargo con inmensa sofisticación y desaparecían discretamente de la escena. En buena medida, todos habíamos asumido esta imágen como verdadera cuando la muerte comenzó a ser negocio lucrativo en Colombia. Nos hablaban de «el de la moto» y nos representábamos inmediatamente una especie de rambos criollos, máquinas frías e insensibles de la muerte.» Alonso Salazar J.: *No nacimos pa' semilla*, S. 11.

[77] Vgl. Fernando Vallejo: *La Virgen de los Sicarios*, S. 11.

ben» und zeitweilig zum Stillstand gebracht werden. Dafür spricht auch der Name des Raumes, ist doch der Schmetterling ein schon in der Antike bekanntes Symbol für die Seele und deren Wandlungsfähigkeit. Hier ereignet sich die Transformation von Fernandos Seele. Sie verschmilzt mit der seines jugendlichen Liebhabers.[78] Die eigentliche Prägung erhält diese Beziehung – und das ist die tiefergehende Deutung dieser Figur der Dividuation – durch die rauschhafte Dimension der Gewalt, wie sie in einem stereotypen *sicario* der damaligen Zeit Ausdruck findet.

Sie bewirkt eine Art Gestaltwandel, gemäß derer Fernando eine radikal neue Sicht auf sich und seine Umwelt entwickelt. Fernando entwirft hierbei eine Vision, die ihm die Rolle des «letzten Intellektuellen», eine Art Messias Kolumbiens auferlegt. Der *Vir clarissimus*, ein römischer Ehrentitel, der auf seinem Grabstein stehen solle, sagt in prophetischer Geste das Ende seines Landes und des Planeten voraus.[79]

Allerdings fasst Fernando auch neuen Lebensmut. Bevor er Alexis begegnete, befand sich Fernando in einem kritischen Zustand. Immer wieder sprach er von dem nahe bevorstehenden Tod und entwickelte Selbstmordfantasien,[80] die erst durch Alexis' Anwesenheit verdrängt werden konnten. Daher sah Fernando in ihm seinen «Schutzengel» und erkannte in ihm ein Wesen, das Reinheit und Schönheit symbolisiere.[81] Aus ihm spreche die absolute Wahrheit, verkörpert in dessen «Todesmaschine».[82]

Die Wirkung der Seelenverbindung zwischen den beiden reicht weit darüber hinaus. Alexis inspiriert Fernando zu religiösen Erfahrungen, die einmal mehr das zutiefst paradoxe, ideelle Fundament des Romans unterstreichen. Der betont ungläubige Fernando wendet sich in kindlicher Geste – nicht anders als sein jugendlicher Liebhaber Alexis – an die Jungfrau, welche die Kirche seiner Kindheit schmückte. Fernando betet inbrünstig, sein Leben möge mit dem gleichen naiven Glück aufhören, mit dem es einst begonnen habe («que mi vida acabe como empezó, con la felicidad que no lo sabe»[83]). Auf das Gebet folgt ein

---

78 Näheres hierzu bei Hermann Herlinghaus: *Violence Without Guilt. Ethical Narratives from the Global South*, S. 135–65 und Hermann Herlinghaus: *La construcción del nexo de violencia y culpa en la novela «La virgen de los sicarios»* , S. 184–204.
79 Vgl. Hermann Herlinghaus: *Violence Without Guilt. Ethical Narratives from the Global South*, S. 142–43.
80 Fernando Vallejo: *La virgen de los sicarios*. Bogotá: Alfaguara 2008, S. 15.
81 Vgl. ebda., S. 13. In Bezug auf den Revolver von Alexis, der diesem runterfiel, als er sich auszog, sagt Fernando: «Si lo recojo me lo llevo al corazón y disparo. Y no voy a apagar la chispa de esperanza que me has encendido tú.» Ebda., S. 17.
82 Ebda., S. 21.
83 Ebda., S. 15.

Passus, der bilderreich und nicht ohne religiösen Pathos beschreibt, wie sich Fernandos Seele, einem vom Feuer erleuchteten Heißluftballon gleich, immer höher in das Unendliche Gottes, weg von dieser Erde, bewegt.[84] Für Fernando stellt sich insoweit die Verbindung mit Alexis als ein Vehikel dar, den Weg zum verloren geglaubten Göttlichen zu beschreiten und die Transzendenz als eigene Erfahrung zu erleben. Auch diesbezüglich übernimmt Alexis die Rolle eines Schutzengels, der sich mit seinem Tod für Fernando opfert und ihm damit zum persönlichen Heil wird.[85]

Die im Rausch geborene Figur der Dividuation, die in der Beziehung Fernandos zu den Auftragsmördern entsteht, nimmt insoweit unterschiedliche Ausprägungen an. *La virgen de los sicarios* verbindet rauschhafte Sinneserfahrungen mit körperlich gespürter Transzendenz und mystischer Tiefe. Zugleich öffnet sich der Text zu einer Interpretation hin, die Fernando als von seiner Umwelt vielfach Affizierten, ja als eine Art «Echo» gesellschaftlich bestehender Gewaltverhältnisse darstellt. Das wird durch Aussagen des Erzählers im Text bestärkt, wonach er selbst nur eine Art Echo der ausufernden Armut und Gewalt darstelle, die er bei seiner Rückkehr in Medellín vorgefunden habe.[86] Die Gewalt habe ihn erfunden, konstatiert Fernando («es ella la que me está inventando a mí»[87]). Abermals geht es um eine Form der Affizierung durch die ekstatische Wirkung der Gewalt, die Fernando zu der Bemerkung veranlasst, er sei das Gedächtnis, ja die Seele seiner Heimatstadt Medellín und Kolumbiens: «Yo soy la memoria de Colombia y su conciencia [...].»[88] Allerdings handele es sich um eine dunkle, kriminelle Seele, die das von Satanen beherrschte Medellín, als der Hauptstadt des Hasses, im Griff habe.[89] Eine schicksalsähnliche Macht ergreife ihn und die gesamte Region. Sie komme ihm vor wie ein bereits geschriebenes Buch, das Fernando, einem tragischen Helden gleich, Seite für Seite aufblättere.[90]

Dem gesellschaftlich Imaginären als Magma und Vehikel derartiger Prozesse kommt hier, nicht anders als in den anderen noch zu analysierenden Werken

---

84 Vgl. ebda., S. 18.
85 Vgl. Hermann Herlinghaus: *Violence Without Guilt. Ethical Narratives from the Global South*, S. 140–41. und vgl. Hermann Herlinghaus: *La construcción del nexo de violencia y culpa en la novela «La virgen de los sicarios»*, S. 188.
86 Vgl. Fernando Vallejo: *La virgen de los sicarios*, S. 35. Hier heißt es: «Las he visto, señado, meditado desde las terrazas de mi apartamento, dejando que su alma asesina y lujuriosa se apodere de mí.»
87 Ebda., S. 89.
88 Ebda., S. 24.
89 «La noche de alma negra, delincuente, tomaba posesión de Medellín, mi Medellín, capital del odio, corazón de los vastos reinos de Satanás.» Ebda., S. 95.
90 Vgl. ebda., S. 19.

dividual orientierter Narkorprosa, eine zentrale Bedeutung zu. Es figuriert als wichtige Einflussgröße, von der nicht zuletzt die archetypisch anmutenden Figuren der Auftragsmörder und Drogenhändler zeugen. Sie finden als Protagonisten oder Nebenfiguren Eingang in die Romane und dienen als Projektionsflächen für Figurationen radikaler Alterität. Als solche ermöglichen sie Fremderfahrung, die den Status dessen neu imaginieren, was die Innerlichkeit des Romanprotagonisten ausmacht.

5.2.2 *El ruido de las cosas al caer*: eine leiblich-phänomenologisch orientierte Annäherung an Gewalterfahrungen

Der 17 Jahre später (2011) veröffentlichte Roman *El ruido de las cosas al caer* des kolumbianischen Autors Juan Gabriel Vásquez nimmt eine fiktionale Rückschau auf die blutigen 1990er Jahre des kolumbianischen Drogenkriegs vor. Der einem realistischen Erzählparadigma verpflichtete Roman schildert eindrücklich die Gewalterfahrungen und den Umgang mit der Angst, die sich existenziell bei den Betroffen auswirken. Wenngleich in anderer Weise als *La virgen de los sicarios* stellt auch dieser Roman den «Status» des Romansubjekts als «Individuum» in Frage. In *El ruido de las cosas al caer* ist es der eigene Körper des Romanhelden, der diesem zu einer Fremderfahrung wird. An die Stelle eines von der *cogitatio* gesteuerten Subjektes tritt dabei eine Wahrnehmung, die sich zunächst in einem Gefühl des Kontrollverlustes offenbart und sodann das leibliche Bewusstsein als Einflussgröße vorstellbar werden lässt. Insoweit lässt sich darin auch eine Brücke zu Werken faktual orienter Narkoprosa (etwa *Sangre Ajena*) schlagen.

El ruido de las cosas al caer erzählt, wie der 26-jährige Juraprofessor Antonio Yammara Mitte der 1990er Jahre auf den Straßen Bogotás Opfer eines Attentats wurde. Die Schüsse, die von einem vorbeifahrenden Motorrad ausgingen, galten nicht ihm, sondern Yammaras Begleiter, dem ehemaligen Piloten Ricardo Laverde. Laverde war einst im Drogenhandel tätig. Für ihn sollte der Angriff tödlich enden. Yammara dagegen wurde von einer der Kugeln nur schwer verletzt.[91] Er verlor das Bewusstsein, wurde ins Krankenhaus gebracht, wo er dank einer Bluttransfusion gerade noch dem Tod entkommen konnte.[92] Die Verletzung als solche verheilte relativ schnell, doch hinterließ das Gewalterlebnis weitreichende Schäden, die sich in einer Angststörung manifestieren sollten und neben einem übermäßigen Kontrollverhalten eine sexuale Dysfunktion zur

---

[91] Vgl. Juan Gabriel Vásquez: *El ruido de las cosas al caer*, S. 49.
[92] Vgl. ebda., S. 53.

Folge hatten,[93] von deren konkreten Symptomen, Ursachen und Folgewirkungen der Roman erzählt.

Das zweite Kapitel des Romans berichtet von den Erfahrungen, die Yammara in den ersten zwei Jahren nach seinem Unfall im Jahr 1996 erlebte. Der Ich-Erzähler beschreibt darin zunächst, wie Yammara im Krankenhaus, als er aus dem Koma erwachte, seinen durch den Unfall verunstalteten Körper entdeckt. Dieser erscheint ihm im wahrsten Sinne des Wortes als ein «Fremdkörper». Er weiß von dessen Erlebnissen zwar, erinnert sich an diese allerdings nur sehr bruchstückhaft oder gar nicht. Bezeichnenderweise beginnt das Kapitel mit dem Halbsatz «Sé, aunque no recuerde» (Ich weiß, obwohl ich mich nicht daran erinnere).

> Sé, aunque no recuerde, que la bala me atravesó el vientre sin tocar órganos pero quemando nervios y tendones y alojándose al final en el hueso de mi cadera, a un palmo de la columna vertebral.[94]

Der Satz hangelt sich regelrecht an den unterschiedlichen Körperteilen entlang und folgt dem Verlauf der Kugel, die ihn endgültig traf, bevor sie einzelne Körperregionen streifte. Der Text nimmt dabei offensichtlich Bezug auf solche Beschreibungen, die man ihm zum Erkennen seiner Verletzungen im Krankenhaus an die Hand gegeben hatte. Insoweit vermag Yammara zwar den Weg, den die Kugel nahm, geistig zu erfassen, doch es fehlt ihm die eigene Erinnerung. In der variierenden *Repetitio* des Anfangssatzes «Sé, aunque no recuerdo» umschreibt der Text in der Folge über mehrere Absätze hinweg die Leerstellen seiner Erinnerung, welche nur durch das mysteriöse Eigenleben seines Körpers gefüllt werden können. Dazu gehört auch, dass er vor seinem geistigen Auge zwar eine gewisse Abfolge von Halluzinationen sieht. Deren Inhalt ist ihm jedoch vollkommen unbewusst: «no recuerdo las alucinaciones, pero sí que las tuve».[95]

Der Ich-Erzähler berichtet sodann von den weitergehenden Folgen des Schusses, die sich als unterschiedliche Ausprägungen traumatischer Angst- und Stresszustände beschreiben lassen. Auslöser der Panikattacken können oft nur Kleinigkeiten sein, etwa bestimmte Dinge, die beim Fallen Lärm produzie-

---

[93] Vgl. ebda., S. 51–68. Neben den psychischen Folgen der Gewalterfahrungen für das Leben des Protagonisten beschreibt der Roman dessen Suche nach den Hintergründen des Mordes an Ricardo Laverde und somit den Umständen des Attentats, dem auch er zum Opfer fiel. Seine Suche bringt ihn an die Ursprünge des Drogenhandels in Kolumbien, zu dessen Pionieren Ricardo Laverde gehörte.
[94] Ebda., S. 53.
[95] Ebda.

ren, wie ein großes Buch, das auf eine bestimmte Oberfläche trifft.[96] Sie treten häufig in Form eines plötzlichen Tränenausbruches auf.[97] Dazu gehören ferner affektiv-emotionale Veränderungen, dargestellt etwa anhand der Transformation seines Hasses auf seinen eigenen Körper, der sich in einen Hass auf den Piloten Laverde und nachfolgend seine Umwelt ausbreitet.[98]

Die Fremderfahrungen des Protagonisten beschreiben so den Werdegang hin zu einer totalen Affizierung seines Bewusstseins durch die Angst und Gewalt, die auch die Wahrnehmung seiner Umwelt einschließt. Dazu passen die im Text gewählten Fachtermini. So bezeichnet Yammaras Therapeut seinen Zustand zunächst als «estrés postraumático»[99] und später als «agorafobia».[100] Auch der Ich-Erzähler eignet sich diese Begriffe an und korrigiert sie zuweilen nicht ohne einen Anflug an Ironie, wenn er statt von «agorafobia» von «claustrophobia violenta»[101] spricht.

In der von der Angst beherrschten Vorstellungswelt des Protagonisten, nämlich Yammaras Fantasie, verwischen die Grenzen zwischen Innerem und Äußerem. Das zeigt der nachfolgende Passus, der einen intertextuellen Bezug zu Cortázars Kurzgeschichte *Casa tomada* herstellt, um weitere Metaphern für die Auswirkungen der sich ausbreitenden Angst zu finden.

> Así perdí una parte de la ciudad; o, por mejor decirlo, una parte de mi ciudad me fue robada. Imaginé una ciudad en la que las calles, las aceras, se van cerrando poco a poco para nostros, como las habitaciones de la casa en el cuento de Cortázar, hasta acabar por expulsarnos.[102]

Wie in *Casa tomada* führt die von der Angst affizierte Wahrnehmung dazu, dass bestimmte Straßen und Wege unzugänglich werden und der Bewegungsradius für den Betroffenen immer kleiner wird. Zugleich zeigt diese Wahrnehmung, dass nicht nur die Grenzen von Äußerem und Innerem in der Vorstellungswelt des Protagonisten ineinander übergehen. Das zuvor selbstbestimmte Subjekt-Bewusstsein weicht einem Gefühl der Fremdbestimmtheit des eigenen Verhaltens und Vorstellens. Es deutet auf eine Intentionalität des Leibes, die für Yammara zuweilen «fantastische» Züge annimmt.

---

96 Vgl. ebda., S. 59.
97 Vgl. S. 59.
98 «[...] el odio a Laverde cedió el lugar al odio de mi propio cuerpo y lo que el cuerpo sentía. Y ese odio que me tenía por objetivo se transformó en odio hacia los demás». Ebda., S. 55.
99 Ebda., S. 58.
100 Ebda., S. 66.
101 Ebda.
102 Ebda.

Angst erscheint so als «Handlungsmacht», verändert sie doch das Leben und den Charakter von Yammara radikal. Davon liest man in der nachfolgenden Textstelle, in der der Ich-Erzähler beschreibt, dass das Leben in der Zeit vor seinem Unfall einem anderen zu gehören schien.

> La vida, en esas épocas que ahora me parecen pertenecer a otro, estaba llena de posibilidades. También las posibilidades, constaté después, pertenecían a otro: se fueron extinguiendo imperceptiblemente, como la marea que se retira, hasta dejarme con lo que soy ahora.[103]

Als Folge des Unfalls seien ihm Möglichkeiten genommen worden, nämlich ein Handeln, das frei und selbstbestimmt sei. Die Fülle an Möglichkeiten sei in kaum wahrnehmbarer Weise wie die Flut zurückgegangen. Bezeichnenderweise wählt der Text eine unpersönliche, passive Verbalperiphrase «se fueron extinguiendo», um ohne einen Agens/Auslöser zum Ausdruck zu bringen, dass die Möglichkeiten ohne weiteres Zutun schwanden. Darüber hinaus öffnet sich der Text bei der Beschreibung eines solchen Prozesses zu einem Vergleich mit den Gezeiten, einem ebenfalls fremd-, nämlich vom Mond aus gesteuerten Naturphänomen. Später erfährt man dann von den Auswirkungen der Angstneurose auf seine Beziehung zu seiner Frau Aura, die nicht zuletzt auch aufgrund seiner damit einsetzenden sexuellen Dysfunktion in die Brüche geht.[104]

Angesichts einer systemisch gewordenen Situation von Gewalt und Angst werden herkömmliche Konzepte von Identität und «Selbst» in Frage gestellt, die von einem *cogitatio* gesteuerten Ich-Bewusstseins ausgehen.

5.3 *Nostalgia de la Sombra*: Die Fiktion eines kollektiven Schattenbewusstseins im heutigen Mexiko

Der für seine Kurzgeschichten bekannt gewordene mexikanische Schriftsteller Eduardo Antonio Parra schreibt mit *Nostalgia de la Sombra* einen ungewöhnlichen Roman über einen Auftragsmörder.[105] Parra stellt in diesem Werk das fiktive Bewusstsein eines Auftragsmörders dar. Er imaginiert dessen Bewusstsein als eine «dividuale Fiktion», nämlich als Manifestation gesellschaftlich geteilter Gewalterfahrungen. Es geht um bestimmte Aspekte des gesellschaftlichen Ima-

---

103 Ebda., S. 17.
104 Vgl. v. a. ebda., S. 89–125.
105 Dazu gehören etwa folgende Kurzgeschichtenbände: Eduardo Parra: *Los límites de la noche*. México, D.F.: Era 1996; Eduardo Antonio Parra: *Tierra de nadie*. México, D.F.: Era 1999; Eduardo Antonio Parra: *Nadie los vio salir*. México, D.F.: Era 2001.

5.3 *Nostalgia de la Sombra*: Die Fiktion eines kollektiven Schattenbewusstseins — 227

ginären und Unbewussten im Mexiko des 21. Jahrhunderts. Der Roman unterstreicht insoweit in besonderer Weise die Relevanz und epistemologische Reichweite dieser Ausprägung der transgressiven Narkoromane.

Nostalgia de la Sombra erzählt die Geschichte von Ramiro Mendoza Elizondo. Ramiro wurde von seinem Arbeitgeber Damian Reyes Retana, Manager eines Killerkommandos, beauftragt, Maricruz Escobedo, eine 42-jährige Managerin aus Monterrey, umzubringen.[106] Für den Romanhelden stellt dieser Fall etwas Außergewöhnliches dar: Es ist das erste Mal, dass Ramiro eine Frau umbringen soll. Eben dazu muss der zwischenzeitlich in Mexiko-Stadt ansässige Auftragsmörder nach zehn Jahren in seine Heimatstadt Monterrey zurückkehren. Genaueres über die Hintergründe des Mordes erfährt man nicht. Ramiro nimmt an, Maricruz sei über Geldwäsche und ähnliche Geschäfte in den Drogenhandel verstrickt und stehe in persönlicher Verbindung zu seinem Arbeitgeber Damián.[107]

Nostalgia de la Sombra ist kein Kriminalroman im klassischen Sinne. Der Roman setzt sich nicht zum Ziel, ein Verbrechen aufzuklären. Er handelt auch nicht von der Verfolgung eines Kriminellen. Es gibt keinen Kriminalkommissar, keinen Detektiv oder einen Gegenspieler, der dem Mörder auf der Spur ist. In der Romangegenwart wird Maricruz zunächst beschattet und dann ermordet, wie man in den ungeraden Kapiteln des Romans erfährt. Weit davon entfernt, auch nur Züge eines testimonialen Formats anzunehmen, beschreibt der Text – in den geraden Kapitelnummern – den Werdegang dieses Auftragsmörders. Davon soll zunächst die Rede sein:

Der Protagonist ist ein junger Familienvater und entstammt einem kleinbürgerlichen Milieu Monterreys. Er verdient seinen Lebensunterhalt – damals noch unter dem Namen Bernardo de la Garza – als Zeitungsangestellter. Seine *Vita* als (Auftrags-)Mörder beginnt, als er eines nachts auf den Straßen der nordmexikanischen Industriestadt von drei Jugendlichen überfallen wird, die ihn fast bis zur Bewusstlosigkeit schlagen. In einem plötzlichen Anflug nie dagewesener Aggression und archaisch anmutender Wildheit bringt Bernardo sie daraufhin blindlings um. Nach dem Mord kehrt Bernardo nicht nach Hause zurück. Er taucht unter und begibt sich auf eine Reise ins Ungewisse. Unter dem Namen *Chato* lebt er eine Zeit lang auf einer Müllhalde in Monterrey und begeht dort weitere Morde.[108] Er begibt sich dann auf die Landstraße und läuft Richtung Norden, wo ihn ein Trailer aufgabelt und bis kurz vor die nordmexikanische Grenzstadt Nuevo Laredo mitnimmt.[109] Dort versucht er auf dem *Puente Interna-*

---

[106] Vgl. Eduardo Antonio Parra: *Nostalgia de la sombra*, S. 12 und S. 281.
[107] Vgl. ebda., S. 69 und S. 282.
[108] Vgl. u. a. ebda., S. 182–89.
[109] Vgl. ebda., S. 177–81 und S. 198–99.

cional Geld zu verdienen, um mit einer Gruppe von *mojados* über den *Río Bravo* in die USA zu gelangen.[110] Doch anstatt die von dem *patero* (Schlepper) Gabriel geforderte Summe von 200 Dollar zu bezahlen, bringt er ihn um.[111] Er flüchtet und überquert schwimmend den Grenzfluss.[112] Auf der anderen Seite der Grenze wird er von der amerikanischen *Border Control* («la migra») gefasst und landet schließlich unter dem Namen Genaro Márquez im Gefängnis *Penal de la Loma* in Nuevo Laredo.[113] Hier beweist er sich erfolgreich im Zweikampf gegen den größten und stärksten Schläger (Cóster), ein Kampf der ihn fast das Leben gekostet hätte. Sein Überleben verdankt er Damián,[114] der viele seiner Angestellten in Gefängnissen rekrutiert und ihm zu einem Krankenhausaufenthalt in Mexiko-Stadt verhilft.[115] Anschließend beschäftigt Damián den Protagonisten über einen Zeitraum von 10 Jahren als Auftragsmörder. In der Romangegenwart erhält dieser unter dem Namen Ramiro den Auftrag, Maricruz Escobedo umzubringen.[116]

5.3.1 Ein Bewusstseinsroman über einen ungewöhnlichen Auftragsmörder

Nostalgia de la Sombra ist auch kein Bildungsroman im klassischen Sinne, der, einem realistischen Paradigma folgend, die wahrscheinliche Entwicklung eines Kriminellen nachzeichnet.[117] Gegen eine solche Einordnung sprechen bereits die mitunter höchst unwahrscheinlichen bzw. unlogischen Handlungselemente. Allen voran die Verwandlung des Familienvaters und Zeitungsangestellten in einen Mörder. Zudem die in der Romangegenwart beschriebene lüsterne Beschattung und ekstatisch-orgiastische Ermordung seines ersten weiblichen

---

[110] Vgl. ebda., S. 232–38.
[111] Vgl. ebda., S. 245–46.
[112] Ebda., S. 253–54.
[113] Vgl. ebda., S. 16, S. 228–38 und S. 255.
[114] Vgl. ebda., S. 257–61.
[115] Vgl. ebda., S. 269.
[116] Vgl. ebda., S. 16.
[117] Eine solche Einordnung des Romans nimmt Pobutsky vor, die schreibt: «Ramiro's life can be divided into three fundamental stages, where first, he discovers his aggressive potential, in order to embark on a career of killing and lastly, to return to his native Monterrey to assassinate his first female victim. Between his initial and final encounter with crime, Ramiro seems to complete a full circle of self-discovery and this essay will focus on the breaking points in the protagonist's criminal bildungsroman.» Aldona Bialowas Pobutsky: The Thrill of the Kill: Pushing the Boundaries of Experience in the Prose of Eduardo Antonio Parra. In: *Ciberletras* 17 (2007); http://www.lehman.cuny.edu/ciberletras/v17/pobutsky.htm (20.02.2019).

5.3 *Nostalgia de la Sombra*: Die Fiktion eines kollektiven Schattenbewusstseins

Mordopfers.[118] In der *Vita* Ramiros finden wir überdies nicht die typischen Elemente eines Kriminellen im nördlichen Mexiko: Wir begegnen keinem *narcotraficante*, der sich innerhalb eines bestimmten Milieus sozialisiert hat und als Auftragsmörder für ein Kartell arbeitet. Ramiro ist auch kein kaltblütiger Killer, der sich das Morden aus materieller Notwendigkeit zum Brotverdienst gemacht hat. Auch erfüllt er nicht das typische Profil eines Serienmörders, wie man ihn aus dem Kino und TV-Produktionen kennt. Hinter den von Ramiro gewählten Mordopfern ist kein Muster zu erkennen, das etwa dem von David Finchers *Seven* («Die sieben Todsünden») entspräche.[119]

Das Morden ist Ramiro nicht Mittel zu irgendeinem Zweck, sondern lebenserfüllende und sinngebende Kraft. Der Beweis dafür, dass es sich gelohnt hat, auf die Welt zu kommen.

> Nada como matar a un hombre. La frase resuena en las paredes de su cráneo y Ramiro reconoce bajo la piel un ligero aumento en la temperatura sanguínea. Es la única manera de saber que valió la pena venir a este mundo.[120]

Das eindrückliche *Incipit* gibt dem Leser erste Hinweise darauf, wie der Roman und das Profil dieses Auftragsmörders zu begreifen sind. Der Akt des Tötens eines anderen Menschen wird in diesem ersten Satz als eine Art «Maximum» beschrieben («nada como matar a un hombre»), nämlich als eine zugleich obsessive wie Energie spendende Beschäftigung. Dies geht auch aus dem zweiten Satz hervor, der beschreibt, wie der erste Satz («nada como matar a un hombre») in seinem Kopf widerhallt und in Form einer Erregung körperlich von ihm Besitz ergreift. Ramiro spürt unter der Haut einen leichten Anstieg der Temperatur seines Blutes. Der Text geht weiter, indem er – in erlebter Rede – einen

---

[118] Vgl. hierzu u. a. Nora Guzmán: ‹¡Nada como matar un hombre!› La semántica de la violencia en Nostalgia de la sombra de Eduardo Antonio Parra. In: *Revista de Literatura Mexicana Contemporánea* 11 (2005), Dossier, XIII. Hier heißt es: «[...] una ciudad que ha perdido la razón, en donde la lógica está ausente de muchas de las escenas que dibuja la novela.» Ferner: «No hay una explicación lógica que analice cómo Bernardo llegó a los límites convirtiéndose en Ramiro. Cómo el padre y esposo cumplidor de sus obligaciones se transformó en criminal. Cómo el esposo amoroso vive ahora sin relaciones afectivas.» Vgl. auch: Miguel G. Lozano: Sin límites ficcionales: Nostalgía de la sombra de Eduardo Antonio Parra. In: *Revista de la literatura mexicana contemporánea* 23 (2003), S. 69 und S.71.

[119] Zu letzterem «Profil» besteht nichtsdestotrotz, gleichwohl im Motiv, wie in der Ästhetik, die Anklänge an das Genre des Neo-Noir zeigt, noch die größte Ähnlichkeit. Vgl. hierzu Miguel G. Lozano: *Sin límites ficcionales: Nostalgía de la sombra de Eduardo Antonio Parra*, S. 71. Vgl. auch Eduardo Antonio Parra: *Nostalgia de la sombra*, S. 101–02, wo auf den Film Bezug genommen wird.

[120] Eduardo Antonio Parra: *Nostalgia de la sombra*, S. 9.

weiteren Gedanken des Protagonisten wiedergibt. Der Text erhebt darin das Morden zur alleinigen Begründung des irdischen Daseins Ramiros: «Es la única manera de saber que valió la pena venir a este mundo.» (Es ist die einzige Möglichkeit zu wissen, dass es sich gelohnt hat, auf diese Welt zu kommen).

Mit diesen ersten Zeilen wird der Leser aber nicht nur mit dem Hauptgeschehen des Romans, dem Morden eines Menschen und dessen Motiv dafür, konfrontiert. Zugleich führt diese Eingangspassage in den «Hauptschauplatz» und die Erzählsituation des Werkes ein. Der Leser begibt sich in *medias res*, in erlebter Rede, in die Gedankenwelt des Protagonisten. Erst im zweiten Satz erfährt man, dass es sich um die Gedanken Ramiros handelt, dessen Figurenprofil im weiteren Verlauf des Textes sukzessive rekonstruiert wird. Der vorliegende personale Erzähler zeichnet sich ferner dadurch aus,[121] dass er nicht nur die Gedanken der Hauptfigur reflektiert, sondern darüber hinaus über ein genaues affektiv-sensorielles Wissen der Figur verfügt. So beschreibt er etwa einen geringen «Anstieg seiner Bluttemperatur».

Nostalgia de la Sombra ist ein am ganzheitlichen, einschließlich leiblich-affektiven Erleben orientierter Bewusstseinsroman über einen ungewöhnlichen Auftragsmörder. Der Erzähler folgt dem Auftragsmörder auf Schritt und Tritt und verschwindet gleichsam hinter dessen Perzeption.

Der Erzähler wechselt dabei – einer filmischen Schnitttechnik ähnelnd – mitunter schnell und dynamisch die Erzählperspektive. Mal verfolgt er, durch einleitende Periphrasen wie «alza los ojos»[122] (er hebt die Augen), die Perspektive des Protagonisten. Mal richtet sich der Blick – in Null-Fokalisation – auf Dinge, die dem Protagonisten unbemerkt bleiben, um sodann – manchmal im selben Satz – wieder zur (internen) Fokalisierung überzugehen.[123] Diese multiperspektivische, grundsätzlich personale Erzählsituation erlaubt dem Leser eine größtmögliche Identifikation mit dem Romanhelden. Die Lektüre von *Nos-*

---

[121] Im Sinne von Franz K. Stanzel: *Typische Formen des Romans*, S. 17: Hier heißt es in Bezug auf die «personale Erzählsituation», die kraft «Reflektormodus» erzählt: «Verzichtet der Erzähler auf seine Einmengungen in die Erzählung, tritt er so weit hinter die Charaktere des Romans zurück, daß seine Anwesenheit dem Leser nicht mehr bewußt wird, dann öffnet sich dem Leser die Illusion, er befände sich selbst auf dem Schauplatz des Geschehens oder er betrachte die dargestellte Welt mit den Augen einer Romanfigur, die jedoch nicht erzählt, sondern in deren Bewußtsein sich das Geschehen gleichsam spiegelt. Damit wird diese Romanfigur zur *persona*, zur Rollenmaske, die der Leser anlegt.»

[122] Eduardo Antonio Parra: *Nostalgia de la sombra*, S. 9.

[123] So etwa, wenn es gleich auf der ersten Seite des Romans heißt: «No ve los rostros de quienes se apresuran a guarecerse en los portales a causa de los ronquidos del cielo y las ráfagas de aire acuoso: avanza con la mirada baja entre los vapores de las fondas, concentrado en el pensamiento que se repite y diversifica dentro de su mente a modo de letanía.» Ebda.

talgia de la Sombra gerät dadurch zu einem wie von Iser für die literarische Fiktion beschriebenen «ekstatischen Leseereignis», das ein gleichzeitiges «Bei-Sich-Sein» und bei «Bei-dem-Anderen-Sein» ermöglicht. Hier dem Auftragsmörder Ramiro.

Im Folgenden wird das Profil und die Funktion des Auftragsmörders näher untersucht. Dazu gilt es zunächst Bernardos Gewaltausbruch unter die Lupe zu nehmen.

5.3.2 Bernardos Verwandlung in einen Mörder

Bernardos blutrünstiger Gewaltausbruch ist das grundlegende Ereignis des Romans, durch das der ehemalige Zeitungsangestellte und Familienvater sein Leben von einem Moment auf den anderen radikal verändert. Er überschreitet damit eine Grenze, wie sie radikaler nicht sein könnte.[124]

---

[124] Dieser Grenzübertritt wird von der Forschung unterschiedlich interpretiert. Die Mehrheit der Beiträge begreift ihn als – literarische – Antwort auf einen spezifischen soziokulturellen Kontext: die nordmexikanische Industriestadt Monterrey an der Schwelle des 21. Jahrhunderts als das maßgebliche Lebensumfeld des Romanhelden. Miguel Lozano weist in eher allgemeiner Weise darauf hin, dass an ihm eine Form der Gesellschaftskritik manifest werde, zeige Ramiros Geschichte doch auf, was der Mensch im aktuellen Mexiko – auch – ist bzw. im Stande ist zu werden. Vgl. Miguel G. Lozano: *Sin límites ficcionales: Nostalgía de la sombra de Eduardo Antonio Parra*, S. 71. Ignacio Sánchez-Prado fokussiert sich in einem Aufsatz über *Amores Perros* gerade in Absetzung zu diesem sehr erfolgreichen Film von Iñarritu auf Funktion und Bedeutung der Gewalt und erachtet *Nostalgia de la Sombra* als Beispiel einer Narration, die Gewalt nicht als ein zu bekämpfendes, äußeres Feindbild darstelle, sondern als Element der Persönlichkeit jedes Einzelnen. Vgl. I. M. Sanchez-Prado: Amores Perros: Exotic Violence And Neoliberal Fear. In: *Journal of Latin American Cultural Studies* 15 (2006), S. 46. Einer solchen Position nähert sich auch Frauke Gewecke in ihren posthum veröffentlichten Aufsatz zu diesem Roman an, die Bernardos dreifachen Mord als eine Form der Reaktion auf eine Form der strukturellen Gewalt (im Sinne Galtungs) sowie als Befreiung von seiner Urangst interpretiert, der Bernardo zuvor in Gestalt des alten Mann mit dem Texanerhut begegnet sei. Vgl. Frauke Gewecke/Andrea Pagni: *De islas, puentes y fronteras: estudios sobre las literaturas del Caribe, de la frontera norte de México y de los latinos de EE.UU.* 2013, S. 348. Nora Guzmán legt ihren Fokus auf Prozesse des Identitätsverlustes: *Nostalgia de la Sombra* bringe eine Form des Ich-Zerfalls im Kontext eines krisengeschüttelten, neoliberal regierten kapitalistischen Systems – und fehlender Vorbildfiguren – zum Ausdruck. Sie erkennt Ramiro überdies als Projektion, nämlich als archetypischen «Schatten» im Sinne der Archetypentheorie C. G. Jungs: «El protagonista de *Nostalgia de la sombra* es una proyección de ese lado desconocido que se expresa en situaciones de furor, de furia, de crueldad.» Nora Guzmán: *¡¿Nada como matar un hombre!› La semántica de la violencia en Nostalgia de la sombra de Eduardo Antonio Parra*, Dossier, XIII. (es fehlen Seitenzahlen) Von den tendenziell kontextorientierten Interpretationen weicht Bialowas Pobutskys Interpretation ab, die die Verwandlung in Zusammenhang mit der – im Akt

Ersten Aufschluss für eine Deutung von Bernardos Verwandlung in einen Mörder geben diesbezügliche Aussagen Ramiros in der Romangegenwart:

> El demonio. Cada uno de nosotros lo carga escondido en las entrañas. Queremos que salga porque cuando se agita retorciéndose nos sentimos hinchados, a punto de reventar. Para eso ayuda el trago, ¿no, morena? Pero aquella noche sólo fueron cuatro cervezas. Ni una más. Por eso no quiero regresar. No hay nada mío ahí. Ése no era yo, sino el otro. El que ya no reconozco.[125]

Ramiro bringt hier seine Verwandlung in Zusammenhang mit dem Teufel/ Dämon, von dem er sagt, dass ihn ein jeder in seinen Eingeweiden versteckt halte.[126] Die von Ramiro verwendeten Begriffe der «Eingeweide» (entrañas) und des «Versteckten» (escondido) legen eine Affinität zu psychoanalytisch geprägten Deutungen nahe, die Bernardos Ausbruch in einen Zusammenhang mit dem – triebgesteuerten – Unbewussten bringen. Ähnliches gilt für die Personifizierung des «Teufels», über den es im Text weiter heißt, dass, wenn er sich bewege, drehe und winde («se agita retorciéndose»), wir uns wie aufgeblasen – kurz vor dem Platzen – fühlten («nos sentimos hinchados, a punto de reventar»). Deshalb liege es in unserer Absicht, dass er sich zeige. Dabei helfe – für gewöhnlich – der Alkohol.

---

des Tötens erlebten – Ekstase bei George Bataille bringt, dessen Thesen sie in dem Roman bestätigt sieht. Ramiro sei die Verkörperung «echter Subjektivität» («true subjectivity»). Er zeige das wahre Ich, indem er den «latent death instinct», nämlich den «Killer», den jeder Mensch, der in Gesellschaft lebe, in sich trage, zum Ausdruck bringe. Hierbei bezieht sie sich vor allem auf: George Bataille: *Visions of Excess. Selected Writings, 1927–1939*, Ed. Allan Stoekl, transl. Carl R. Lovitt and Donald M. Leslie, Jr. Minneapolis: University of Minnesota 1985, vgl. Aldona Bialowas Pobutsky: *The Thrill of the Kill: Pushing the Boundaries of Experience in the Prose of Eduardo Antonio Parra*. Herlinghaus interpretiert die Verwandlung als Ausbruch des «Realen» und vor dem Hintergrund der Darstellungsgewohnheiten der Tragödientradition: «This means that the novel has taken the place of the impossible film. Parra speaks to his readers as a proponent of a post-tragic epoch, conveying a narrative plateau that is, on the one hand, nightmarish und boundless regarding the presence of violence and, on the other, concerned with estrangement – neither catharsis nor introspective domestication.» Hermann Herlinghaus: *Narcoepics. A Global Aesthetics of Sobriety*, S. 87. Insoweit figuriere der Roman als Beispiel einer Ästhetik der Nüchternheit, die sich mit einer Schreibweise verbinde, die Ähnlichkeit zur Phänomenologie der Leiblichkeit und Anklänge zu Gregory Batesons *Ecology of the mind* aufweise.

125 Eduardo Antonio Parra: *Nostalgia de la sombra*, S. 27.

126 Damit weist der Text einer Deutung Vorschub, die die Verwandlung als Manifestation des Bösen im Sinne eines jedem Menschen inhärenten Elements begreift. Die verallgemeinernde Geste, die aus diesem Satz spricht, legt Interpretationen nahe, die die Verwandlung in Zusammenhang mit Bataille bringen. Vgl. Aldona Bialowas Pobutsky: *The Thrill of the Kill: Pushing the Boundaries of Experience in the Prose of Eduardo Antonio Parra*.

Doch, so räsoniert Ramiro weiter, an diesem Abend müsse eine über den Alkohol hinausgehende, fremde Macht auf ihn eingewirkt haben. Das zeige sich etwa darin, dass Bernardo für seine Verhältnisse ungewöhnlich wenig, nämlich nur vier Gläser Bier zu sich genommen habe. Nun wolle er nicht mehr zurück in sein altes Leben («Por eso no quiero regresar»). Es sei dort nichts mehr von ihm («No hay nada mío ahí»). Und weiter: Das war nicht Ich, sondern der Andere («Ése no era yo, sino el otro.»).[127] Bernardo ist zu Ramiro und damit «ein Anderer» geworden. Das legt auch der letzte Satz der Textstelle nahe, wo es heißt, dass das sprechende Ich (Ramiro der Gegenwart) dieses Ich der Vergangenheit (Bernardo) nicht mehr erkenne: «El que ya no reconozco». Der Gedächtnisverlust geht soweit, dass sich Ramiro kaum seines früheren Namens erinnert, auch nicht daran, ob er zwei oder schon drei Kinder hatte, als er sie zum letzten Mal sah.[128] Ramiro bringt hier seine Verwandlung in einen Mörder insofern erstens in einen Zusammenhang mit dem Unbewussten, das als eine verborgene Handlungsmacht in Erscheinung tritt, die in jener Nacht übermächtig geworden zu sein scheint und ihn zweitens in einen «Anderen», eine Art Doppelgänger transformiert habe.

5.3.2.1 Bernardos erste Fremderfahrung

Von Bernardos konkreter Verwandlung in einen Mörder erzählt das zweite Kapitel des Romans. Bernardo begibt sich nach einem Kinobesuch von zwei Italowestern (*Dios perdona, yo no*; *Yo los mato, tú los cuentas*) in eine Kneipe nahe dem Busterminal von Monterrey. Nach einem kräftigen Biergenuss kommt es zu einer eigenartigen Begegnung. Bernardo trifft auf einen alten Mann mit einem Texanerhut auf dem Kopf, der zwei *corridos* der Gruppe *Cadetes de Linares* in der Juke-Box der Kneipe anspielt. Er zieht ihn, ohne dass er ein Wort mit ihm

---

127 Es klingen die berühmt gewordenen Worte des französischen Dichterphilosophen Arthur Rimbauds an: «Car Je est un autre.» Arthur Rimbaud schreibt diesen berühmt gewordenen Satz am 15.05.1871 an Paul Demeny in einem der beiden später als «Lettres du voyant» bezeichneten Briefe Rimbauds aus dem Mai 1871. Hier heißt es: «Car Je est un autre. Si le cuivre – s'éveille clairon, il n'y a rien de sa faute. Cela m'est évident: j'assiste à l'éclosion de ma pensée: je la regarde, je l'écoute», Arthur Rimbaud/Jean-Jacques Lefrère: *Correspondance*. [Paris]: Fayard 2007, S. 68.
128 Im ersten Kapitel heißt es in Bezug auf seine Erinnerungen an sein vorheriges Leben: «Qué será de Victoria. ¿Y de los niños? Trata, sin conseguirlo, de recordar los nombres de sus hijos. Tampoco recuerda si son nomás dos, o, si al final nació un tercero.» Eduardo Antonio Parra: *Nostalgia de la sombra*, S. 23. Und weiter: «Victoria me estaba esperando. Pero no a mí. Al de antes. Tan distinto a éste que ni recuerdo su nombre. ¿Bernardo? Da igual. Era otro.» Ebda, S. 28.

wechselt, augenscheinlich in seinen Bann.[129] Bernardo kann seinen Blick, der sich mit dem des Alten für Momente kreuzt, nicht von ihm wenden. Der alte Mann ist hochgewachsen, korpulent und von Kopf bis Fuß in der Aufmachung eines *norteño* gekleidet: er trägt Cowboystiefel, Jeans, einen bestickten Ledergürtel, ein kariertes Hemd, den Texanerhut sowie über seinen Lippen einen dichten, furchterregenden Schnauzbart. Darin gleicht er dem Bild eines stereotypen *narcotraficante* des nördlichen Mexiko. Weiter heißt es, sein von grauen Haaren durchsetzter Bart verdunkele die eine Hälfte seines rotgefärbten Gesichts, aus dem schwarz funkelnde, aufmerksame Augen hervorträten.[130] Sie erregen Bernardos besondere Aufmerksamkeit:

> Pero cuando lo contempló de frente, sus ojos parecían en combustión. Eran lumbre negra, concentrada, semejante a la del sol en esos días de canícula. Su aspecto, el de un animal en busca de sangre. Un demonio.[131]

Die zur Beschreibung der Augen gewählten Metaphern verbinden den Blick des alten Mannes mit dem Feuer, mit glühender Kohle («lumbre negra»), die Ähnlichkeiten zur sengenden Sonne der Hitze jener Tage habe («semejante a la del sol en esos días de canícula»). Metaphern für entbrannte Leidenschaft und Energie treffen sich mit dem Vergleich zu einem blutrünstigen Tier («Su aspecto, el de un animal en busca de sangre»), bevor sich beide in der Metapher des Dämons («Un demonio») als Sinnbild für das schlechthin «Böse» vereinigen.

Bernardo beschließt, die Kneipe zu verlassen. Das bemerkt der alte Mann, der ihm – seinen Zeigefinger auf ihn gerichtet – zuruft, er habe ihn gesehen! Er habe wohl Angst: «¡Ya te ví! ¿Eh? ¡Tienes miedo! ¡Ya te ví!».[132] Bernardo geht – scheinbar ungerührt – nicht auf die Provokation ein, sondern kehrt ihm den Rücken zu und verlässt die Kneipe. Doch noch auf dem Weg zur Busstation lassen ihn der Blick, die Gestalt und die Worte des Mannes nicht los. Dessen Blick, sein ausgestreckter Zeigefinger und der provozierende Kommentar – «Ich hab' dich gesehen!, Hey? Hast du Angst, oder was? Ich hab' dich gese-

---

129 Es handelt sich, wie die in den Text eingebundenen Zitate nahelegen, um die Corridos: *El asesino* und *Pistoleros famosos*.
130 «se trataba de un anciano grande y corpulento, metido en un atuendo norteño de pies a cabeza: botas vaqueras, pantalón de mezclilla, cinto pitiado y camisa de cuadros. Lucía un bigote tupido, fiero; y la sombra de su barba entrecana oscurecía la mitad de un rostro cuyo tono de piel era muy rojo. De un negro sin matices, las pupilas oscilaban dentro de sus cuencas y sin embargo no perdía detalle de Bernardo mientras coreaba.» Eduardo Antonio Parra: *Nostalgia de la sombra*, S. 38.
131 Ebda., S. 40.
132 Ebda.

5.3 Nostalgia de la Sombra: Die Fiktion eines kollektiven Schattenbewusstseins — 235

hen!»[133] – verwandeln sich nachträglich im Bewusstsein Bernardos in ein traumähnliches, ihn bedrohendes Zerrbild:

> Su imaginación comenzó a exagerar el retrato del tipo impreso en su memoria y lo vio mucho más viejo, enorme y musculoso, los bigotes plateados cayéndole en forma de torrente sobre los labios que vociferaban maldiciones en tanto avanzaba hacia él profiriendo amenazas. De sus ojos escurría lava; en la diestra portaba un puñal curvo, cuyo filo lucía riadas de sangre. Entre palabra y palabra escupía pedazos negros de dientes y no dejaba de repetir: Ya te vi: tienes miedo.[134]

Bernardo vermengt in seiner Vorstellung das Antlitz des stereotypen *pistolero/Cowboy/narcotraficante*, der einem zuvor von ihm gesehenen Westernfilm entstiegen sein könnte, mit nun noch stärker auf ihn einwirkenden archetypischen Figurationen des Bösen und des Todes. In seiner Verblendung sieht er, wie dem alten Mann, der in seiner rechten Hand einen Säbel mit blutverschmierter Schneide hält, Lava aus den Augen fließt. Gleichzeitig ruft er ihm mit aus dem Mund fallenden, schwarzen Zähnen, nach: «Ich hab dich gesehen. Du hast Angst.»

Bernardo erlebt damit die Begegnung mit dem *narcotraficante* als eine radikale Fremderfahrung.[135] Die Begegnung mit dem alten Mann unterbricht seinen Aufenthalt in der Kneipe in irritierender Weise. Das Bild des Alten affiziert sein Bewusstsein und löst eine Form existentieller Angst in ihm aus. Sie offenbart sich darin, dass sich nachfolgend in seinem Bewusstsein der alte Mann in eine Art Wahnvorstellung verwandelt: Er figuriert als archetypische Gestalt der Angst und des Todes, die ihn mit verborgenen Persönlichkeitsanteilen konfrontiert. Diese werden manifest und bedrohen ihn. So lösen die sich innerhalb seines Bewusstseins verselbstständigten Worte des Alten («Tienes miedo, eh») ein Zwiegespräch in Bernardo aus, der sich nun fragt, wovor er denn Angst haben solle.[136] Ihm wird bewusst: Der alte Mann, der auf ihn gerichtete Zeigefinger und die hämisch daher gesagten Worte waren nur die Wiederholung ein- und derselben Szene, die von immer anderen Protagonisten im Laufe seines Lebens gespielt worden war: Seine Eltern, seine Lehrer, der Schiedsrichter im Fußball, sein Trainer und seine Mannschaft, seine Vorgesetzten in der Arbeit und schließlich seine Ehefrau Victoria. Immer erfolgte die gleiche Reaktion von ihm: er drehte sich um und entzog sich der Situation: «La tibieza, la indiferencia, el conformismo definían su existencia desde muchos años atrás. O el miedo.»[137]

---

133 «¡Ya te ví! ¿Eh? ¡Tienes miedo! ¡Ya te ví!», ebda., S. 40.
134 Ebda., S. 47.
135 Im Sinne der schon erwähnten Definition von Waldenfels. Vgl. S. 47, Fn. 58.
136 Vgl. Eduardo Antonio Parra: *Nostalgia de la sombra*, S. 47.
137 Ebda., S. 48.

(«Die Lauheit, die Gleichgültigkeit, der Konformismus definierten seine Existenz seit vielen Jahren. Oder die Angst.»).

Der Text führt dem Leser so vor Augen, wie in Bernardos Bewusstsein – der von dem Anblick und den Worten eines furchteinflößenden Mannes affiziert wird – eine innere Entwicklung in Gang gesetzt wird, gesteuert durch eine radikale Fremderfahrung. Sie führt zu einem Moment der Selbsterkenntnis, die in der Bewusstwerdung seiner Angst und seiner Feigheit, diese zu überwinden, besteht. Dies «verdankt» Bernardo einem prototypischen *narcotraficante*, der im gesellschaftlichen Imaginären mit Angst, Gewalt und dem «Bösen» assoziiert wird. Denn dessen Worte werden zu einer inneren Stimme, die Bernardo mit seiner angestauten Angst und Feigheit konfrontiert. Schon die Beschreibung der Fremderfahrung, die als eine Form der Affizierung erkennbar wird, akzentuiert die dividuale Dimension der im Roman beschriebenen Bewusstseinsprozesse. Besondere Bedeutung erhält hierbei die Inszenierung des «Blickes» des alten Mannes, der wie schon in *Sangre Ajena* zur Beschreibung von leibbezogenen, ganzheitlichen Prozessen der Affizierung verwendet wird.

5.3.2.2 Der Gewaltausbruch als Manifestation des «leiblichen Unbewussten»

Im Folgenden wenden wir uns der Inszenierung des Überfalls mit einer besonderen Fokussierung auf die Semantisierung von Bernardos mörderischem Gewaltausbruch zu. Wie bei den restlichen im Roman dargestellten Mordszenen scheint hierbei das «leibliche Bewusstsein» als die maßgebliche Handlungsinstanz durch. Es geht um eine Form der Intentionalität, die nur als Zusammenführung von Physiologischem und Psychologischem begreifbar wird.[138] Eben diese Bewusstseinssphäre sucht der Roman in der Beschreibung der Gewaltszenen zu evozieren. Der Gewaltausbruch wird so als ein Handeln begreifbar, das weniger einer willentlichen Steuerungsinstanz gehorcht, denn auf bestimmte innere und äußere Impulse reagiert.

Der Überfall wird aus der Er-Perspektive Bernardos, meist in interner Fokalisierung erzählt. Die Darstellung steht insofern ganz im Zeichen der Innerlich-

---

[138] Vgl. hierzu wiederum Merleau-Ponty, der eine solche Fom der Selbst-und Weltwahrnehmung wie folgt beschreibt: «Es gibt also eine von allen Reizen relativ unabhängige Konsistenz unserer «Welt», die eine Reduktion des Zur-Welt-seins auf eine Summe von Reflexen ausschließt; es gibt eine gewisse von allem willentlichen Denken relativ unabhängige Kraft des Pulsschlages der Existenz, die ebenso eine Reduktion des Zur-Welt-seins auf einen Akt des Bewußtseins ausschließt. Die ihm eigene präobjektive Sicht unterscheidet das Zur-Welt-sein von jedem Prozeß dritter Person, von jederlei Modus der res extensa, wie auch von jederlei cogitatio, jeder Erkenntnis in einer Person: so vermöchte es zwischen «Psychischem» und «Physiologischem» eine Brücke zu schlagen.» Maurice Merleau-Ponty: *Phänomenologie der Wahrnehmung*, S. 104.

5.3 *Nostalgia de la Sombra*: Die Fiktion eines kollektiven Schattenbewusstseins — 237

keit: Die Konturen der Außenwelt – wie die Gestalt der drei Angreifer – verblassen hinter den Gedanken und affektiven Regungen des Helden. So beschreibt der Text nachdem Bernardo von den drei Jugendlichen das erste Mal angesprochen wurde nicht ihr Aussehen oder Verhalten.

> La opresión en el pecho le impedía gritar. Incapaz de decidir, se quedó ahí, paralizado, mirando las tres sombras con ojos repletos de miedo.[139]

Der Fokus liegt eindeutig auf seinen Empfindungen, wie sich u. a. daran ablesen lässt, dass nicht die Schatten näher beschrieben werden, die er sieht, sondern seine Augen, mit denen er sieht und über die es heißt, dass sie angsterfüllt waren (wörtlich: «prallgefüllt» von Angst: «con ojos repletos de miedo»). Dazu kommt die Beschreibung physiologischer Vorgänge, wie einem gewissen auf der Brust sitzenden Druck, der ihn daran hinderte, zu schreien sowie eine Form der Lähmung, die jegliche Bewegung unmöglich machte («la opresión en el pecho le impedía gritar»). Die drei Angreifer werden durchgängig als «tres sombras» (drei Schatten) und an anderer Stelle als «plastas negras» (schwarze Nervensägen) bezeichnet. So figurieren sie weniger als konkrete Menschen, denn als dunkle, angsteinflößende und nervtötende Gestalten. Erst im Anschluss daran ist von «Jugendlichen» die Rede:

> En eso las tres sombras se abrieron, rodeándolo, y cada una de las plastas negras se definió, adquirió forma y hasta un poco de volumen. Se trataba de muchachos, muy jóvenes. Uno de ellos cargaba en la mano un objeto largo. Un tubo o un bate.[140]

Darin spiegelt sich einerseits die Dunkelheit der Nacht, die die drei Angreifer zu grauen Gestalten werden lässt, deren Konturen nur schwerlich definierbar sind. Andererseits bewirkt eine solche Darstellung eine semantische Öffnung hin zu einer zweiten Sinnebene, die die Gestalten mit Bildern und Affekten der Angst, des Traums und des Unbewussten verbindet.

In Bernardos Innerlichkeit mischen sich – immer wieder und geradezu willkürlich – die Stimmen der Angreifer und die Worte des alten Mannes, die sich nun gleichsam zu überschlagen scheinen und an Intensität gewinnen.

> ¡Mira tu miedo! ¡Siéntelo! ¡Disfruta de él, cobarde! ¿Ves cómo es real? ¡Te estás cagando! ¡Sigue con tus temblores en lugar de hacer algo! ¡Al fin y al cabo nomás serán unos cuantos golpes! ¡Pasará rápido y después a vivir igual que siempre![141]

---

[139] Eduardo Antonio Parra: *Nostalgia de la sombra*, S. 51.
[140] Ebda.
[141] Ebda.

Es türmt sich geradezu ein Ansturm sarkastischer Schmähung: mit beißendem Spott wird Bernardo von diesen Stimmen unter Rückgriff auf umgangssprachliche provokative Wendungen (¡Pasará rápido y después a vivir igual que siempre!) und mitunter emphatisch-vulgäre Kraftausdrücke als ängstlich und feige bloßgestellt (¡Mira tu miedo! ¡Siéntelo! ¡Disfruta de él, cobarde! ¿Ves cómo es real? ¡Te estás cagando! …). Zeitgleich zu dieser tautologischen Häufung verschiedener Formen der Schmähung, die gemein haben, ihn auf seine Angst und Feigheit anzusprechen, rücken die drei Angreifer näher und fordern Geld. Bernardo, der sein Monatsgehalt in der Geldbörse hat, unternimmt nichts, sondern schottet sich immer weiter von der Außenwelt ab: «Sus oídos, y ahora sus pupilas, se cerraban al exterior en un intento por aislarlo del mundo.»[142] Die Jugendlichen greifen ihn nun auch körperlich an, versetzen ihm mehrere Schläge, darunter einen Schlag auf den Kopf und Bernardo liegt blutend auf dem Boden. Erst jetzt beginnt eine Form der inneren Verwandlung, die wie folgt beschrieben wird:

> Sintió la sangre en ebullición, la ira que le hinchaba el pecho, el nacimiento de una voracidad que no conocía o que había olvidado. Cada uno de sus músculos vibraba, y ese estertor continuo, tan parecido a un ataque, comenzó a generarle en la garganta un bramido animal.[143]

Der Text wählt zahlreiche Formen der Amplifikation, um zum Ausdruck zu bringen, wie sich eine manifeste Aggression in Bernardo ausbreitet. Physiologische Begriffsinhalte vermischen sich dabei mit – zuweilen tautologischen – metaphorischen Umschreibungen.

Eine Betrachtung der semantischen Merkmale dieses Absatzes zeigt, dass der Beginn des Gewaltausbruchs von zwei dominanten Isotopien beherrscht ist,[144] die diesen in die Nähe von Geburt und Ausbruch (u. a. «ebullición», «hinchar», «nacimiento») und des Animalischen und Pathologischen stellen. Man liest von einem kontinuierlichen Röcheln («estertor continuo»), von Anfall («ataque») und einem tierischen Röhren («bramido animal»), das sich im Hals bemerkbar mache. Bezeichnenderweise wird zur Beschreibung seiner Blutströme der Begriff «ebullición» verwendet, der zugleich das Sieden einer Flüssigkeit bezeichnet, wie auch eine eher abstrakt zu begreifende Form des «Aufruhrs»: *physis* und *psyche* finden in diesem Begriff zusammen, indem er zugleich den affektiven Zustand des Protagonisten sowie eine auch psychologisch zu begreifende Transformation beschreibt.

---

142 Vgl. ebda., S. 51–52.
143 Ebda., S. 52.
144 Im Sinne von Algirdas Greimas: *Sémantique structurale. Recherche de méthode.*

5.3 *Nostalgia de la Sombra*: Die Fiktion eines kollektiven Schattenbewusstseins

Die darauffolgende Transformation Bernardos in einen Mörder beschreibt der Text wie folgt:

> No supo cómo, ni qué lo empujó a reaccionar: de pronto se transformó en una presa que se revolvía dentro de la red. Sin esperar las órdenes del cerebro, sus puños y sus piernas se impulsaron contra los agresores. De un zarpazo apartó la navaja de su cuello y se llevó un tajo en el hombro. Ahora sí la herida le erizó el vello de la nuca, pero también fue el acicate para que la emprendiera a golpes con el que había olfateado su dinero hasta quitárselo de encima.[145]

Die Textstelle beginnt mit einer Absage an ein willentliches – durch die *cogitatio* gesteuertes – Verhalten, wenn es heißt, dass er nicht wusste, wie und was ihn zu seiner Reaktion antrieb (wörtlich: anstieß – «empujó»). Das gilt auch für den zweiten Satz, der beschreibt, dass sich seine Gliedmaßen – ohne die Befehle des Gehirns abzuwarten – gegen die Angreifer «bewegten» («Sin esperar las órdenes del cerebro, sus puños y sus piernas se impulsaron contra los agresores.»). Es scheint kein Zufall zu sein, dass der Text das eher unbestimmte Verb «impulsar» wählt – und nicht etwa «defender» (sich wehren) –, um damit eine Form des unbestimmt bleibenden Bewegungsimpulses der Gliedmaßen zu bezeichnen.

Eine derartige – leiblich – zu begreifende Intentionalität des «Ichs» ähnelt den Gewaltdarstellungen anderer Narkoromane, etwa *Sangre Ajena* und *El ruido de las cosas al caer*. Wir erinnern uns an Merleau-Ponty, in dessen *Phänomenologie der Wahrnehmung* es heißt:

> Sofern ich Hände, Füße, einen Leib, eine Welt habe, trage ich stets mich umgebende Intentionen in mir, denen keinerlei Entscheidungscharakter eignet und die meine Umgebung mit Charakteren versehen, die ich nicht wähle.[146]

Sodann fällt der Protagonist in einen ekstatischen Zustand, eine Art Blutrausch wie bei Achilles. Er scheint dabei – so die nachfolgenden Angaben seiner Gedanken in erlebter Rede («Ni lo sentí»[147]) – ohne jede Empfindung zu sein. Bernardo schlägt wahllos zu und beißt wild um sich: bis tief ins Fleisch seiner Angreifer hinein («mordía la carne hasta arrancarla y después escupía la sangre»[148]) und endet erst, als diese sämtlich auf dem Boden liegen und sich nicht mehr bewegen. Der Gewaltausbruch endet damit, dass Bernardo sich über den

---

145 Eduardo Antonio Parra: *Nostalgia de la sombra*, S. 53.
146 Vgl. Maurice Merleau-Ponty: *Phänomenologie der Wahrnehmung*, S. 499–500. Vgl. auch Hermann Herlinghaus: *Narcoepics. A Global Aesthetics of Sobriety*, S. 85–86.
147 Eduardo Antonio Parra: *Nostalgia de la sombra*, S. 53.
148 Ebda.

einzigen noch lebenden der drei Angreifer beugt und diesem das auf dem Boden liegende Messer, mit dem man ihn bedroht hatte, ins Herz stößt:

> Le colocó una mano en el pecho y percibió ahí los estertores del dolor. Buscó el corazón. Los latidos eran veloces y Bernardo percibió que también los suyos aceleraban. Por los muslos le corrían vibraciones que fueron a florecer de golpe en su bajo vientre haciendo que en sus labios se abriera una sonrisa. Adelantó su rostro hacia el del muchacho para no perder detalle de su única pupila en tanto hundía despacio la navaja entre dos costillas, ahí donde había sentido el golpeteo.[149]

Er legt ihm eine Hand auf die Brust und nimmt an dieser Stelle – wie es synästhetisch heißt – das «Röcheln» des Schmerzes des Anderen wahr («percibió ahí los estertores del dolor»). Sodann sucht er das Herz des vor ihm liegenden Jugendlichen, dessen Puls sich mit seinem eigenen verbindet. Dieser Moment wird als höchst befriedigend, ja orgastisch beschrieben, wenn es heißt, dass in seinem Lendenbereich ein «Beben» (vibraciones) zu spüren war, das sich zu einem «Erblühen» verwandelte und auf seinen Lippen ein Lächeln verursachte («Por los muslos le corrían vibraciones que fueron a florecer de golpe en su bajo vientre haciendo que en sus labios se abriera una sonrisa»). Sodann nimmt Bernardo den letzten Todesstoß vor, bei dem er jede Bewegung in der Pupille seines Opfers beobachtet, während er diesem das Taschenmesser langsam in die Rippen rammt. Das Kapitel schließt mit der Bemerkung, die Angst habe sich daraufhin für immer verflüchtigt: «El miedo se había esfumado para siempre.»[150]

Die orgiastisch durchlebte Mordszene wird erst dann voll verständlich, wenn man sie in der Zusammenführung von Physiologischem und Psychologischem begreift. Die metaphorische Sprache und die hochgradig wilde und orgiastische Mordtat bewirken, dass der «Ausbruch» nicht allein und zuvörderst konkret, sondern gleichzeitig sinnbildlich, nämlich figurativ zu begreifen ist. Etwa als Akt einer Befreiung seines Unbewussten. Darauf deutet die Semantik, die zwischen unterschiedlichen Sinnhorizonten wie Geburt, Ausbruch, dem Unbewussten, Animalischem und Ekstatik oszilliert.

---

149 Vgl. ebda., S. 54.
150 Ebda., S. 55. Eine derartige leiblich animalesk und zugleich ekstatische Semantik beherrscht nachfolgend auch alle fünf anderen im Roman geschilderten Morde, bei denen der Satz des alten Mannes («¡Ya te ví! ¿Eh? ¡Tienes miedo! ¡Ya te ví! (Ebda., S. 40.) leitmotivische Funktion erhält. Der Satz und die damit verbundene Szene werden an unterschiedlichen Stellen des Romans, insbesondere im Schlusskapitel, aufgegriffen. Vgl. ebda., S. 47–51, S. 89–91, S. 119, S. 245, S. 255, S. 286, S. 292, S. 297, S. 299.

5.3.2.3 Über die Geburt einer Doppelgängerfiktion

Bernardo de la Garza hat sich in jener Nacht des Überfalls in einen «Anderen» verwandelt, der – der Metaphorik des Textes folgend – Produkt seines leiblichen Bewusstseins ist. Der Romanheld erhält nicht nur einen neuen Namen, sondern wechselt in eine radikal andere Rolle. Es beginnt ein neuer Lebensabschnitt. Von diesem neuen Leben handelt der Roman, der in den geraden Kapitelnummern die Geschichte von El Chato, Genaro Márquez sowie – in den ungeraden Kapiteln – von Ramiros Gegenwart erzählt.

Wie ist nun dieser Lebensumbruch, wie er fast nicht radikaler sein könnte, – ontologisch betrachtet – zu begreifen? Handelt es sich um eine «reale» Entwicklung Bernardos im Sinne eines wahrhaftigen «Gestaltwandels»? Um dies herauszuarbeiten, gilt es zunächst, die Funktion zu berücksichtigen, die die Verwandlung im Gesamtkontext des Romans einnimmt.

Auffällig ist, dass Bernardos alltägliche Belastung und sein Vorleben in keinem «realistischen» Verhältnis zu der «Grenzüberschreitung» stehen, gemäß derer er von einem Moment auf den anderen zu einem blutrünstigen Mörder wird. Aufschluss über sein früheres Leben gibt ein explizierender Erzähler in «Null-Fokalisation» (Genette), der im zweiten Kapitel des Romans (in der Kneipenszene) durch kurze Einschübe eher beiläufig die damalige Situation und das Alltagsleben des Protagonisten umreißt. Ramiro soll – zumindest vordergründig – ein intaktes und glückliches Familienleben geführt haben, wie der Text immer wieder betont. Die Darstellung der familiären Idylle wird von einer Semantik beherrscht, aus der Wärme, Frieden und Geborgenheit sprechen:

> Hervía en ganas de ver a Victoria, a los niños, de acurrucarse junto a la piel tibia de su mujer y dormir profundo y con sueños agradables hasta que lo levantara el alboroto de sus hijos preparando el desayuno.[151]

Nach dem Kinobesuch habe der in der Kneipe sitzende Bernardo regelrecht darauf gebrannt, Victoria und seine Kinder zu sehen. Sich an die lauwarme Haut seiner Frau zu schmiegen und tief zu schlafen, bis ihn der Lärm seiner Kinder aufwecke.

Die Idylle kontrastiert mit dem tristen, eintönigen Arbeitsalltag, den Bernardo meist vor dem Computerbildschirm verbringt.[152] Mehr noch allerdings sind

---

151 Ebda., S. 33.
152 So heißt es etwa, dass bei der dritten Bierflasche die 11 Stunden, die er vor dem Computerbildschirm verbracht hatte, um die Meldungen und Reportagen von Analphabeten zu korrigieren, nun in den Hintergrund gedrängt werden. Ebda., S. 31. «[...] habían perdido importancia las once horas pasadas frente a la computadora, inmerso en la corrección de notas y reportajes escritos por analfabetos.«

es Bernardos finanzielle Nöte und wirtschaftliche Existenzsorgen, die ihn belasten und das familiäre Glück zu bedrohen scheinen. Die junge Familie lebt in einer Sozialwohnung und erwartet Zuwachs. Bernardos Verdienst ist nicht ausreichend für ein sorgenfreies Leben.[153]

Die Inszenierung der Mordszene sprengt insoweit radikal den normativen Bezugsrahmen des Zeitungsangestellten und der kleinbürgerlichen Ordnung, der er entstammt. *Nostalgia de la Sombra* weist damit Merkmale eines «sujethaften» Textes auf. Mit Bernardos Verwandlung in einen Mörder findet eine «Grenzüberschreitung» im Sinne einer grundsätzlich als unüberwindbar geltenden Grenze statt, die zugleich «die Grenze eines semantischen Feldes»[154] transgrediert.

Allerdings haben wir es im Fall von Bernardos Verwandlung in einen Mörder nicht mit einer «ereignishaften Grenzüberschreitung» zu tun, die an Lotmans berühmt gewordene Definition des Ereignisses anknüpft.[155] Es handelt sich eher um einen «verschlüsselten Grenzübergang», wie es darzustellen gilt. Das Morderlebnis entfaltet sich in einem Textraum von «außerordentlicher semantischer Dichte»[156], dessen Erzählstruktur Ähnlichkeiten zu «Rückkoppelungsschleifen» zeigt: eine «variierende Neueingabe von schon Gesagtem bzw. Bekanntem»[157]. Die im zweiten Kapitel beschriebene Kneipenszene stellt schon für sich genommenen eine Analepse, nämlich eine Erinnerung des Protagonisten dar, der aus der Kneipe kommt und zur Busstation läuft, wo er überfallen

---

153 Vgl. ebda., S. 32, wo es heißt: «[...] el desasosiego de si Victoria iba a parir uno o varios chamacos más y la raya quincenal en su bolsillo que no ajustaba para vivir.» Vgl. auch S. 33–35.
154 Jurij M. Lotman: *Die Struktur literarischer Texte*, S. 332.
155 Denn so erst wird die ereignishafte Grenzüberschreitung wirksam, ist diese doch abhängig «von der im Text gültigen Struktur des Raumes» ebda., S. 338, nämlich des semantischen Feldes, das den Raum in zwei semantisch getrennte Teilräume unterteilt. Auch dies scheint in dem hier vorliegenden Roman der Fall zu sein: Nicht allein die im Roman dargestellten Morderlebnisse werden allesamt von einer stark leibbezogenen, animalesk ekstatische Semantik beherrscht, die in radikaler Weise mit dem in der bürgerlichen Ordnung vorherrschenden Gewaltdispositiv, einschließlich des Mordtabus und den Beschreibungen der familiären Idylle bricht. Auch der «Außenraum», in den sich unser Held nach diesem ersten Mord begibt, lässt sich als Raum des «Wilden», «Barbarischen» und «Unzüchtigen» und insoweit als Gegenmodell zu der harmonischen Familienidylle und zu dessen «grauem Arbeitsalltag» begreifen, der er entstammt. Der Roman öffnet sich insoweit – wie viele andere von Lotman untersuchte Texte – in der Darstellung des «Außenraums» (hier der Wahrnehmungswelt des Auftragsmörders Ramiro, also all die von ihm aufgesuchten Orte nach seiner Verwandlung in einen Mörder) einer Semantik, die einem spiegelbildlichen Verhältnis «von ‹unserer› und ‹anderer› Welt» entspricht. Jurij M. Lotman: *Die Innenwelt des Denkens: eine semiotische Theorie der Kultur*, S. 175.
156 Rainer Warning: *Heterotopien als Räume ästhetischer Erfahrung*, S. 28.
157 Ebda.

5.3 *Nostalgia de la Sombra*: Die Fiktion eines kollektiven Schattenbewusstseins — 243

wird. Der Vorgang beherrscht das erinnernde Bewusstsein des Protagonisten, sodass ihm eine explikative Funktion für den Gewaltausbruch zukommt.

Auch die in interner Fokalisierung beschriebene Kneipenszene selbst ist von einer Vielzahl von in den Text eingeschobenen Analepsen und Rekursionen geprägt. So macht sich Bernardo, während er vier Flaschen Bier konsumiert, Gedanken über seinen Alltag, die beiden Italo-Western, die er zuvor gesehen hatte sowie seinen Kindheitstraum. Er wollte immer ein erfolgreicher Drehbuchautor werden. Es schwebt ihm noch immer ein Western mit einer sozialkritischen wie psychologisch interessanten Geschichte vor. Darin solle ein betagter Unternehmer, ein mexikanischer Kazike und Repräsentant der alten Macht auf einen aufstrebenden Drogenboss treffen. Der Konflikt zwischen den beiden wäre als Folge eines vom Sohn des Unternehmers erfolgten Angriffs auf die Tochter des Drogenbosses darzustellen. Mit der Rache des *Capos* – und damit solle der Film beginnen – würde ein leidenschaftlicher Auftragsmörder betraut. Einer von jenen, deren Wut einmal entbrannt, nicht mehr zu bremsen sei.[158]

Bernardos Gedanken über den zuvor gesehenen Italo-Western *Dios perdona, yo no* offenbaren Parallelen zu seinem Drehbuchprojekt. Auch dieser Film handelt von der Rache eines Mannes, der als Kind Zeuge an dem Mord seiner Eltern wurde. Die kaltblütige und absolute Rache des Mannes repräsentiere die Ekstase («La venganza fría y absoluta del hombre que de niño fue testigo del asesinato de sus padres, *Dios perdona, yo no*, representaba el éxtasis»[159]). Eine einzige Mission im Leben zu erfüllen, die alles andere vernachlässige, garantiere erst, dass es keine «Verschwendung» gewesen sei, auf die Welt zu kommen («El hecho de tener una sola misión en la vida, y cumplirla desdeñando lo demás, significaba que venir al mundo no había sido un desperdicio.»[160]).

Bernardos Interpretation des Western weist signifikante Parallelen zu dem *Incipit* des Romans auf («Nada como matar a un hombre. [...] Es la única manera de saber que valió la pena venir a este mundo.»[161]). Der Romanbeginn lässt sich so als eine Form rekursiver «Wiederholung» von Bernardos Filmdeutung begreifen. Das Rachemotiv (des Westerns und seines Filmprojekts) konkretisiert sich in der Gegenwartsdiegese in der Beschattung und des anschließenden Mordes an Maricruz Escobedo. Die in der Romangegenwart erzählte Geschichte ist insofern eine weitere Doppelung dieser Gedanken Bernardos in der Kneipe.

Gleiches gilt für den gedanklichen Entwurf seines Drehbuchs, der signifikante Parallelen zur Gegenwartsdiegese und der Erzählstruktur des Romans

---

158 Vgl. Eduardo Antonio Parra: *Nostalgia de la sombra*, S. 35.
159 Ebda., S. 32.
160 Ebda.
161 Ebda., S. 9.

aufweist und damit Bedeutung und Funktion einer *Mise en abyme* annimmt.[162] Wie in dem imaginierten Drehbuch wird in der Romangegenwart ein blutrünstiger Auftragsmörder damit betraut, einen Mord zu vollbringen, dessen Auftragsmotiv vage bleibt. In beiden Fällen hängt dieser mutmaßlich mit dem Drogenhandel zusammen und geht auf persönliche Beweggründe seines Arbeitgebers zurück. Gleiches gilt für die Darstellungsmerkmale des Filmes: auch hier solle die Vorgeschichte des Protagonisten in Rückblenden erzählt werden. Das skizzierte Drehbuch entwickelt sich zu einem Bild im Bild, das in Form und Inhalt den Roman vorwegnimmt. Es nimmt die Funktion eines metafiktionalen Zeichens an, das den Entstehungsprozess des Textes und dessen fiktionale Natur offenbart.

Die Vorstellung von wutentbrannten, nicht zu bremsenden Auftragsmördern figuriert also als gedanklich-affektiver Hintergrund einer Szene, die im Vordergrund den alten Mann mit Texanerhut auftreten lässt. Insoweit lässt sich die in der Vorstellung Bernardos erfolgte Mythifizierung des Alten als eine weitere Form der Rekursion jener Gedanken begreifen. Flankiert wird der Auftritt des alten Mannes darüber hinaus von im Hintergrund laufenden *narcocorridos* der *Cadetes de Linares*,[163] deren Strophen partiell in den Text mit hineingewoben sind und deren Titel eine weitere Variation des Rachemotivs darstellen: «*El asesino*» (Der Mörder) und «*Pistoleros famosos*» (Berühmte Banditen).[164]

Der gesamte Text – selbst das Glühen der Augen des alten Mannes – ist erfüllt und durchsetzt von der gleichen Idee. Einem Echo gleich hallt die Figuration eines rachelüstigen Mörders mit steigender Intensität im Text wider und

---

162 André Gide, dessen Definition Geschichte machen sollte, beschreibt die *Mise en abyme*, der er herausragende Bedeutung für das Verständnis eines literarischen Werkes zuweist, in einem Tagebucheintrag aus dem September 1893 im Vergleich mit dem Verfahren, «ein Wappen in seinem Feld wiederum abzubilden (*mettre en abyme*).» André Gide: *Tagebuch: 1889–1939*. Stuttgart: Dt. Verl.-Anst. 1948, Vgl. auch: André Gide: *Journal. 1887–1925*. Paris: Gallimard 1996, S. 171–72. «J'aime assez qu'en une œuvre d'art, on retrouve ainsi transposé, à l'échelle des personnages, le sujet même de cette œuvre. Rien ne l'éclaire mieux et n'établit plus sûrement toutes les proportions de l'ensemble. [...] Ainsi, dans le tableau des Méniñes de Velasquez (mais un peu différamment). [...] c'est la comparaison avec ce procédé du blason qui consiste, dans le premier, à en mettre un second «en abyme». Cette rétroaction du sujet sur lui-même m'a toujours tenté. C'est le roman psychologique typique. Un homme en colère raconte une histoire; violà le sujet d'un livre. Un homme racontant une histoire ne suffit pas; il faut que ce soit un homme en colère, et qu'il y ait un constant rapport entre la colère de cet homme et l'histoire racontée.»

163 Es handelt sich um Zeilen aus «El asesino» (Eduardo Antonio Parra: *Nostalgia de la sombra*, S. 37) und «Pistoleros famosos» (ebda, S. 39–41).

164 Das *Corrido* ist eine Form der Hommage an eine Reihe ermordeter Banditen aus dem nördlichen Mexiko.

5.3 *Nostalgia de la Sombra*: Die Fiktion eines kollektiven Schattenbewusstseins

verdichtet sich auch in Gedanken, die meist in erlebter Rede wiedergegeben werden: «Un viejo temible, extraño, inquietante.»[165] («Ein furchterregender, seltsamer und beunruhigender Alter»). Einer «Variation mit Thema» gleich wird das Rachemotiv in unterschiedlichen Spielarten und Tonfolgen – intermedial – wiederholt. Es spielt damit in unterschiedlicher Weise auf den ersten Satz des Romans an («Nada como matar a un hombre»), der sich in der Beschattung und des anschließenden Mordes an Maricruz Escobedo konkretisiert. So wird die Gegenwartsdiegese als eine – rekursive – Doppelung des Rachemotivs erkennbar.[166]

Wir haben es also mit einer verschlüsselten, von ana- und kataphorischen Beziehbarkeiten geprägten Darstellung des Gewaltausbruches zu tun. Eine solche Struktur verdankt sich einer bestimmten Form der «Spiegelung». Im vorliegenden Fall ist es Bernardos Bewusstsein – zumindest ein Teil davon –, nämlich solche Bewusstseinsinhalte, die im weitesten Sinne mit dem Rachemotiv in Verbindung stehen. Diese spiegelt *Nostalgia de la Sombra*. Es drängt sich also die Annahme auf, dass El Chato, Genaro und Ramiro weniger realistische Entwicklungsschritte Bernardos, sondern imaginäre Doppelgängerfunktionen seines bürgerlichen «Selbst» sind.

Diese These gewinnt überdies unter Berücksichtigung bestimmter – metafiktionaler – Textpassagen aus dem Schlusskapitel an weiterer Überzeugungskraft. So heißt es etwa in einem der imaginären Dialoge Bernardos, die er mit seinem Opfer Maricruz führt, dass, hätte er seine Geschichte aufgeschrieben, ihm gefallen hätte, dass sie darin vorkomme.[167] An anderer Stelle kommt ihm im Zuge seiner Beschattung der Gedanke, dass Maricruz möglicherweise einige der von ihm beobachteten Szenen nur «spiele», ja sie – und dann auch er – vielleicht nur ein Teil eines Drehbuches sei.[168] Welche Rolle spiele er darin

---

[165] Eduardo Antonio Parra: *Nostalgia de la sombra*, S. 39.
[166] Es ist nicht auszuschließen, dass sich hinter diesen Formen der Selbstanzeige des Romans auch ein autobiographisches Element des Autors Eduaro Antonio Parras verbirgt, zumal dieser einige Parallelen zur Hauptfigur des Romans aufweist. Neben den klanglichen Gemeinsamkeiten zwischen den beiden Vornamen Bernardo und Eduardo teilen beide den früheren Beruf des Zeitungsangestellten und den Herkunftsort Monterrey, den beide verlassen haben, um in Mexiko-Stadt zu leben. Darüber hinaus sind Eduardo wie Bernardo Kettenraucher. Beide eint die Passion für eine schriftstellerische Tätigkeit. Ein deutlicher Hinweis auf die autobiographische Färbung des Romans ist darüber hinaus das Epigraph, welches die Worte «Para Claudia Guillén, luz entre las sombras» trägt und damit an den Titel des Romans erinnert. Vgl. ebda., S. 7.
[167] Vgl. ebda., S. 284.
[168] «Lo de ayer también fue actuado, ¿verdad? Te diste cuenta de que los hombres del cártel te andaban vigilando y sacaste ese personaje de una cinta de rumberas. [...] Quien te escribió el guión, sabe lo que hace.» Ebda.

wohl, fragt er sich und benennt damit – in einer weiteren selbstreferentiellen Geste – das grundlegende Rätsel des ganzen Romans.[169] Der Text geht noch weiter und bezeichnet sich abermals als Film, gar als ein Film, der – ob seiner zuweilen unstimmigen Handlungsführung – im letzten Kapitel zunehmend zu einer Farce zu geraten scheint.[170]

Man erfährt also, dass die hier vorliegende Geschichte über den Auftragsmörder Ramiro nur eine Fiktion seines Schöpfers – Bernardo de la Garza – ist, in der sich ein angestautes, unterdrücktes Rachebegehren spiegelt. *Nostalgia de la Sombra* offenbart sich insoweit als eine Form der – inversen – Bewusstseinsspiegelung. Der Roman figuriert als ein Erfahrungsraum, der mit dem Rachemotiv in Verbindung stehende Aspekte des Unbewussten Bernardos an die Oberfläche bringt.

Vor diesem Hintergrund erhält auch der Titel *Nostalgia de la Sombra* seine Bedeutung. *Nostalgia* bezeichnet eine in die Vergangenheit gerichtete Sehnsucht, welche der Titel in Form einer genitivisch verwendeten *preposición de posesión* mit dem Schatten («Sombra») und damit mit Ramiro, in eine Beziehung setzt. Ein Schatten fällt auf Ramiro, als er von Damian den Mordauftrag erhält, Maricruz Escobedo umzubringen. Er muss dafür in seine Vergangenheit, nach Monterrey zurückkehren. Er erinnert sich vage an sein vormaliges Ich, an Bernardo und dessen Vergangenheit als Zeitungsangestellter und Familienvater in Monterrey. Er empfindet eine gewisse Nostalgie, wenn er an diese Zeit denkt, die er möglicherweise mit dem Tod und damit der Befreiung von seinem Doppelgängerdasein und dem übermächtigen Rachebegehren wieder aufsuchen wird.[171]

5.3.3 Der Auftragsmörder als dividuale Figuration systemischer Gewalt in Mexiko

Bisher haben wir den Mensch Ramiro als zweigestaltiges Individuum beleuchtet. Es gibt eine weitere Seite dieser literarischen Figur, die die in diesem Roman beschriebene «Innerlichkeit» als als gesellschaftlich geprägte und geteilte of-

---

[169] «¿Y yo? ¿Qué papel juego? [...] La duda de si forma parte de una trama urdida por alguien externo comienza a molestarlo.» Ebda.
[170] «Esta película cada vez degenera más en farsa. Demasiadas sorpresas. Demasiados giros.» Ebda.
[171] Darin besteht eine signifikante Parallele zu *The strange case of Dr. Jekyll and Mr. Hyde* von Robert Louis Stevenson. Auch Dr. Jekyll geht ganz in Mr. Hyde auf, welcher, wie Ramiro, Morde begeht und sich am Ende an einer Überdosis des von ihm für die Verwandlung benötigten Trunkes (einer Droge) umbringt.

5.3 *Nostalgia de la Sombra*: Die Fiktion eines kollektiven Schattenbewusstseins — 247

fenbart. *Nostalgia de la Sombra* bettet an verschiedenen Stellen die Erfahrungswelt des Protagonisten in den gesellschaftlichen Kontext ein und weist so einer Interpretation den Weg, die darin eine Art Spiegelbild des gesellschaftlich Imaginären und kollektiven Unbewussten erkennt. Darin besteht – auch epistemologisch betrachtet – die innovative Dimension dieses Romans, der sich als die Fiktion eines Bewusstseins offenbart, das dessen dividuale Konstituiertheit akzentuiert. Es geht hier vor allem um das von Bernardo empfundene Mordbegehren, das sich nach der Begegnung mit dem alten Mann Bahn bricht und zum beherrschenden Leitmotiv der literarischen Komposition avanciert.

Auf die gesellschaftliche Reichweite deutet folgende – metapoetische – Textstelle, die beschreibt, wie Ramiro nachts vor dem *Templo Santo Domingo* auf der *Plaza Santo Domingo* steht. Er beobachtet fasziniert die Schattenformationen, welche die Kirche auf den Platz wirft.

> Las esculturas que flanquean el portal parecen alargarse, sus sombras se alborotan en los rincones, tiemblan excitadas como lenguas de fuego negro. Ramiro las observa fascinado durante unos minutos. Son incapaces de hacerme daño. Me reconocen. Soy una de ellas. Da media vuelta y extiende la vista a la plaza desierta, aguza los oídos, aspira el olor de la ciudad. Aquí realizaban sacrificios humanos a los dioses. Después quemaron herejes. Ahora destripan incautos. De todos ellos sólo quedan las sombras. Y quieren venganza.[172]

Ramiro beginnt nachzudenken. Es kommt zu einem Moment der Selbsterkenntnis: Ramiro erkennt sich in den Schatten, welche die Kirche wirft, wieder und fühlt sich von diesen erkannt («Me reconocen. Soy una de ellas.»). Sie geben ihm ein Gefühl heimatlicher Geborgenheit und Sicherheit. («Son incapaces de hacerme daño»).

Schlüsselbedeutung erhalten auch die nachfolgenden Sätze, die – in erlebter Rede – die Gedanken des Protagonisten wiedergeben. An diesem Ort seien früher zahllose Menschen geopfert und ungläubige Häretiker verbrannt worden. Heute würden hier unvorsichtige Zeitgenossen überfallen und ausgeraubt. Er kommt zu dem Schluss, dass von den Toten nur die Schatten bleiben, die Rache einfordern («De todos ellos sólo quedan las sombras. Y quieren venganza»). Wieder begegnet man einer Variation der leitmotivischen Rachethematik, welche mit der Schattensemantik und der mexikanischen Geschichte der Gewalt zusammengeführt wird. Ramiro bezeichnet sich – und damit auch das Rachemotiv – als einen dieser Schatten, die eine lange Geschichte der Gewalt hervorgebracht habe. Von ihr wisse der im Herzen Mexiko-Stadts auf den Trümmern Tenochtitlans gebaute *Templo de Santo Domingo* zu erzählen.

---

[172] Eduardo Antonio Parra: *Nostalgia de la sombra*, S. 27–28.

Die Selbstbezeichnung als «Schatten», die mit der Rachethematik verbunden wird, legt im ersten Moment eine Interpretation nahe, die Ramiro als Archetyp im Sinne C. G. Jungs versteht.[173]

Doch *Nostalgia de la Sombra* weicht davon ab, indem sich Ramiro in der vorliegenden Passage als Rache-Reaktion, nämlich als der Rächer und der «Schatten» einer spezifisch mexikanischen Geschichte der Gewalt bezeichnet. Insoweit öffnet sich der Roman an Stellen wie diesen hin zu der Fiktion eines «Unbewussten», die dessen kollektive Dimension akzentuiert. Ramiro offenbart sich weniger als «individuell», denn als «dividuell».[174]

5.3.4 Über die heterotopische Funktion der Marginalität und Kriminalität in der Darstellung des Romans

Man blickt bei der Lektüre des Romans also in die Vorstellungswelt des leiblichen Bewusstseins dieser abgespaltenen Doppelgängerfiktion von Bernardo. Diese kann nicht losgelöst von der gesellschaftlichen Ordnung betrachtet werden, die ihn zu dem gemacht hat, was er darstellt. Insofern werden an dieser fiktiven Figur bestimmte Aspekte des gesellschaftlich Imaginären manifest. Das betrifft in erster Linie Aspekte, die mit dem verselbständigten Rachebegehren zusammenhängen. In ihnen spiegelt sich insoweit die – gesellschaftlich bedingte – systemische Angst- und Gewaltsituation, die das leitmotivische Rachemordmotiv erst hervorgebracht hat. Diesbezüglich gilt es insbesondere auf die ökonomischen Verhältnisse hinzuweisen, die in der Metropole des mexikanischen Finanzkapitalismus – Monterrey – herrschen. Denn sie erlauben es dem Zeitungsangestellten nicht, ein sorgenfreies Familienleben zu führen.

Das betrifft darüber hinaus andere normative Dispositive, die in der Auftragsmörderfiguration und dessen Wahrnehmung seiner Umwelt gespiegelt werden. Es handelt sich um Anteile des Imaginären, die der Verdrängung anheimfallen und insoweit auch als «Schatten» der bürgerlichen Gesellschaft begriffen werden können. Diese werden durch die Person Ramiros als dem «Schatten» des bürgerlichen Bernardo repräsentiert. Das betrifft in besonderer Weise die von Ramiro auf seiner Reise in die USA aufgesuchten Orte, die für unseren Helden eine existentielle Funktion annehmen. Das zeigte sich schon bei den

---

[173] Hier steht: «El protagonista de *Nostalgia de la sombra* es una proyección de ese lado desconocido que se expresa en situaciones de furor, de furia, de crueldad.» Nora Guzmán: *¡¡Nada como matar un hombre!› La semántica de la violencia en Nostalgia de la sombra de Eduardo Antonio Parra*, Dossier, XIII.
[174] Im Sinne der schon erwähnten Definition von Ott. Vgl. S. 46, Fn. 57.

5.3 *Nostalgia de la Sombra*: Die Fiktion eines kollektiven Schattenbewusstseins — 249

«Schatten», die von der Kathedrale auf der *Plaza Santo Domingo* geworfen wurden und mit denen er sich identifizierte.

Doch es geht um mehr. Der Roman beschreibt eine besondere Anziehungskraft bestimmter Orte der Marginalität auf den Helden, in die er sich auf seiner Reise durch Mexiko begibt. So z. B. die große Müllhalde nahe Monterreys. An diese denkt er mit einem Anflug von Nostalgie zurück, als er sich auf dem Weg gen Norden in der trockenen Wüste wiederfindet:

> Aquí nada se pudre, ni se empoza, es verdad. [...] Allá todo apesta hasta los pensamientos. Una repentina nostalgia por el basurero lo hizo comprender que él jamás podría habituarse a un sitio tan limpio. Necesitaba los claroscuros, los hedores, la humedad que se filtra en los rincones, los colores abigarrados.[175]

Ramiro braucht Orte wie die Müllhalde, um sich wohlzufühlen, wie das Verb «necesitar» zum Ausdruck bringt. Er «bedürfe» des Helldunkels, des Gestanks und der Feuchtigkeit. Die in den Bereich des Schattenhaften und des Drecks hineingreifenden Bedürfnisse des Protagonisten finden nicht zufällig in der «Ecke» ihre «räumliche Verwirklichung». Denn Ecken bringen in Gestank, ein helldunkles Licht und auch Feuchtigkeit in besonderer Weise zum Vorschein. Ecken sind Orte, in die man, da sie gemeinhin übersehen werden, das kehrt, dessen man sich ungeachtet entledigen möchte. Sie werfen mitunter, je nach den Lichtverhältnissen, einen Schatten auf denjenigen, der sich dort aufhält. Man kann sich unbemerkt in sie zurückziehen, um versteckt dunklen Machenschaften nachzugehen. Ecken bieten auch Liebenden Schutz, die ungesehen Zärtlichkeiten austauschen wollen. Gleichzeitig dienen Ecken der Ausgrenzung, was sich schon daran ablesen lässt, dass ungezogene Kinder damit bestraft werden, sich «in die Ecke zu stellen». Zusammengenommen symbolisiert die Ecke den Ort, wo sich die Bedürfnisse des Protagonisten verräumlichen und zugleich konkretisieren lassen.

Denn ihren randständigen und ausgrenzenden Charakter verbindet die Ecke mit den anderen von dem Protagonisten aufgesuchten Orten, die er nach dem Mord an den drei Jugendlichen aufsucht. Bernardo begibt sich zunächst an das Ufer des *Rio Santa Catarina*, das im Roman als die größte Müllhalde der Stadt bezeichnet wird («mayor echadero público de la ciudad»). Dort lauert er im Schatten der Nacht einem Schwulen auf, überwältigt ihn mit einem Schlag in die Magengrube und einem Stein auf den Kopf und zieht sich, um fortan nicht erkannt zu werden, dessen Kleider an.[176] Daraufhin begibt sich Bernardo

---

[175] Ebda., S. 193.
[176] Ebda., S. 91–95.

auf die Mülhalde, wo er – nun unter dem Namen «El Chato» – eine Zeit lang unter obdachlosen *pepenadores* lebt. Weitere der von ihm aufgesuchten Orte sind: ein Gefängnis, in dem es zu brutalen Schlägereien mit den Insassen kommt, ein Friedhof, auf dem er eine Woche mit drei Leichen in einem Grab verbringt sowie die nordmexikanische Grenze, der *Río Bravo*, den er illegal passiert.

Die Gemeinsamkeit der von ihm aufgesuchten Orte besteht u. a. darin, dass dort Menschen leben, die an den Rand der Gesellschaft gedrängt sind bzw. nicht (mehr) zur Mehrheitsgesellschaft gehören: Räume der Marginalität, in die sich Menschen begeben, die aus unterschiedlichen Gründen von der gesellschaftlichen Norm abweichen, etwa indem sie kriminell wurden, sich rechtlos in einem Land aufhalten oder ihren Lebensunterhalt nicht auf gewöhnliche Weise bestreiten können. Auch der Friedhof als endgültiger Ort des «Austritts aus der Gesellschaft» gehört dazu.

Wie diese «anderen Orte» lässt sich die Ecke als Heterotopie begreifen.[177] Innerhalb des insgesamt sehr breit definierten Heterotopiekonzepts nimmt Foucault weitere Differenzierungen vor und unterscheidet zwei große Typen: sogenannte Krisen- und Abweichungsheterotopien.[178] Gemeint sind Orte, an welchen menschliche Krisen und Abweichungen von der Norm stattfinden bzw. dorthin ausgelagert werden.[179] Eine ähnliche Funktion scheinen viele der im Roman beschriebenen Räume für unseren Protagonisten (und *in extensio* das sich in ihm manifestierende gesellschaftliche Imaginäre) zu erfüllen. Der bürgerliche Held des vorliegenden Romans begibt sich vordergründig deshalb dahin, um vor der Polizei, die ihm auf den Fersen ist, zu flüchten. So auch *El Chato*, der auf der Mülhalde untertaucht, allerdings dort verbleibt, ja ganz in diese andere Lebenswelt der *pepenadores* eintaucht.

Diese These gewinnt unter Berücksichtigung der Inszenierung dieser Lebensräume an weiterer Überzeugungskraft. Auch hier gilt, dass die Räume, die der Roman beschreibt, mehr als ihre außersprachlichen Repräsentanten, die Wahrnehmungswelt unseres Protagonisten spiegeln. Wie schon Palaversich in ihrer Raumanalyse zu Parras Kurzgeschichten herausgearbeitet hat, werden diese Orte der Marginalität oft in scheinbar paradoxer Weise dargestellt, indem sie – dem dieser Lebenswelt fremden Betrachter – etwa zugleich höllenhaft wie

---

[177] Näheres zu Begriff und Konzept der Heterotopie in Kapitel 5.5.1 dieser Arbeit.
[178] Vgl. hierzu S. 212, Fn. 59 und 60.
[179] Susanne Hochreiter beschreibt ihre Funktion treffend wie folgt: «Das Abweichende (das durchaus, meist temporär, erlaubt sein kann) und das Nichterlaubte erhalten auf diese Weise einen legitimen Ort.» Susanne Hochreiter: *Franz Kafka: Raum und Geschlecht*, S. 117.

paradiesisch erscheinen.¹⁸⁰ Den Lebensraum der *pepenadores* beschreibt der Text – dem Blick *El Chatos* folgend – so:

> Volvió a erguirse sobre sus piernas y fue cuando vio los cuerpos: diseminados en tierra, algunos estaban inertes, otros parecían retorcerse y gemían y murmuraban plegarias incomprensibles en medio de sufrimientos atroces. La oscuridad, la niebla en los ojos, los hilachos que embozaban los cuerpos, no le permitieron divisar sus rostros, pero el olor descompuesto y el sonido de sus respiraciones lo hicieron comprender que aquél era un lugar de expiación, de castigo: un sitio reservado a los demonios y las almas que han decidido abandonar el mundo de los hombres.¹⁸¹

Was er beim ersten Erwachen auf den Müllhalden vor den Toren Monterreys sieht, ähnelt apokalyptischen Höllenvorstellungen.¹⁸² Der Text beschreibt eine Masse an auf der Erde verteilter, sich wälzender Körper, die vor Schmerz stöhnen, unverständliche Gebete murmeln und von einem Gestank nach Verwestem umhüllt werden. Der Gestank und das Geräusch ihrer Atemzüge lasse vermuten, dass dies ein Ort der Sühne und Strafe sei. Ein Raum der Dämonen und solcher Seelen, die beschlossen hätten, die Welt der Menschen zu verlassen. Und genau hier lässt sich der Protagonist eine längere Zeit nieder, fühlt sich heimisch und geht eine Liebesbeziehung zu einer Frau ein.¹⁸³ Zwei der dort lebenden Obdachlosen ermordet er.

Derselbe Ort wird indessen der Erinnerung des Protagonisten folgend zugleich als paradiesisch beschrieben, als er dort eine leidenschaftliche Liebesnacht verbrachte.

---

180 Stichhaltig spricht sie von einer heterotopischen Inszenierung der Marginalität, die sie u. a. damit begründet, dass ihre Darstellung den Blick des bürgerlichen Individuums (etwa in Gestalt eines Fotographen in der Kurzgeschichte *Los Amorosos*) integriert. Dort heißt es in Bezug auf «Los Amorosos»: «en el medio de lo abyecto, el olor a la mierda vieja, la suciedad y las heridas infectadas, descubre un paraíso de amor y la plena libertad del deseo que los ciudadanos «normales», preocupados por la norma social y la rutina diaria de ganar dinero, trabajar, mantener la familia, sólo pueden envidiar.» Diana Palaversich: Espacios y contraespacios en la narrativa de Eduardo Antonio Parra. In: *Texto Crítico. Nueva época* 11, junio-diciembre (2002), S. 59. Daran gilt es, in dieser Arbeit anzuschließen.
181 Eduardo Antonio Parra: *Nostalgia de la sombra*, S. 125. Ferner: «El ardo, renovado por la fricción, terminó de alejar de él la somnolenciavon y ocupó unos segundos en comprender dónde se hallaba. En el infierno. En cuál otra parte podría estar.» Ebda, S. 126.
182 Dominguez Michael spricht diesbezüglich stichhaltig auch von einem «paisaje subterráneo» (einer unterirdischen Landschaft), die ihre Vorläufer in José Revueltas finde. Christopher Domínguez Michael: *Diccionario crítico de la literatura mexicana, 1955–2011*, S. 463. Hier heißt es: «En esos humanos reducidos a una redundante animalidad, Parra expresa el estremecimiento tan propio de su narrativa, esa capacidad orgánica para registrar el sufrimiento, sin ofrecernos los habituales consuelos de la sensibilería o de la sociología.»
183 So heißt es: «supo que se trataba de sus iguales» Eduardo Antonio Parra: *Nostalgia de la sombra*, S. 127.

> Recordaba entre brumas una ternura brutal, caricias ásperas sobre la piel escoriada, lumbre cruda vertida en la carne viva entre risas cálidas y miradas de alivio. Una mujer, seguro.[184]

Eine solche Wahrnehmung beschreibt der Text dadurch, dass zur Beschreibung des nächtlichen Erlebnisses wiederum scheinparadoxe Formulierungen im Stil eines *realismo sucio* fallen. Semantische Isotopien wie «Fleischeslust» und das «Nackte» («carne viva», «piel escoriada») werden mit einer Semantik des Rauen («brutal», «ásperas», «cruda») bei gleichzeitiger Wärme («lumbre», «risas cálidas») und Zärtlichkeit («ternura», «caricias») in einem Sinnzusammenhang miteinander verbunden. Im Besonderen gilt dies für die Oxymora «caricias ásperas» (raue Zärtlichkeiten) und «ternura brutal» (brutale Zärtlichkeit). Zusammengenommen romantisiert der Text damit diese «anderen Orte», indem er aus der Müllhalde auch ein Liebesparadies macht.

Eine über diese Semantik hinausgehende Interpretation erkennt darin eine heterotopische Funktion der Raumdarstellung. Scheint es doch, dass Ramiro an diesen als «anderen Orte» inszenierten Räumen Erfahrungen auslebt, die ihm in der bürgerlichen Welt verwehrt blieben: deshalb erscheinen ihm diese Orte als zugleich paradiesisch wie höllenhaft, nämlich als Ort der Sühne und Strafe sowie der paradiesischen Bedürfnisbefriedigung zugleich. Er lebt hier all das aus, was er begehrt und das ihm gleichzeitig als sündhaft erscheint.

Die Inszenierung koinzidiert überdies mit der allgemeinen gesellschaftlichen Wahrnehmung ihrer realen Bezugsreferenten, wie hier etwa der *pepenadores*. So lässt sich ihr Lebensraum auch als Parallelgesellschaft begreifen, die von Diskurs und gesellschaftlich Imaginären von Angst- und Alteritätsdispositiven überlagert wird und aus der Müllhalde einen «anderen Ort» macht. Eben diese Orte mexikanischer Marginalität sind es, die den schattenhaften Doppelgänger geradezu magisch anziehen.

Gewissermaßen nahm in jener Nacht auf den Straßen Monterreys also ein Doppelgänger Bernardos Gestalt an, durch den Wesenszüge «repräsentiert, bestritten und gewendet»[185] werden, welche die bürgerliche Ordnung als außergewöhnlich oder tabubehaftet wahrnimmt. Insofern spiegeln diese gleichzeitig Aspekte des gesellschaftlich Unbewussten der mexikanischen Gesellschaft. Das betrifft in erster Linie Aspekte, die mit dem verselbständigten Rachebegehren zusammenhängen und in denen sich die gesellschaftlich und ökonomisch bedingte Angst- und Gewaltsituation spiegelt, die im Monterrey an der Schwelle des 21. Jahrhunderts herrscht.

---

184 Ebda.
185 Michel Foucault: *Andere Räume*, S. 46.

Andererseits erfahren wir, welche Funktion bestimmte Orte und Figurationen der Marginalität in der hier vorliegenden Narkofiktion einnehmen. Dazu gehört etwa die Figur des Auftragsmörders sowie die des archetypischen *narcotraficante*. Wie die paradoxen Inszenierungen der Marginalität und die Mythifizierung des alten Mannes mit Texanerhut nahelegen, ziehen diese als höllenhaft-paradiesisch und dämonisch inszenierten Figurationen unseren bürgerlichen Helden in besonderer Weise an. Denn sie dienen ihm der «Entlastung», nämlich der Bewältigung bzw. projektiven Abwehr bestimmter in der bürgerlichen Gesellschaft tabuisierter Aspekte. Darin besteht die heterotopische Funktion der im Roman dargestellten Welt der mexikanischen Marginalität.

Einer solchen Deutung folgend, lassen sich Rückschlüsse auf die imaginäre und affektive Instituiertheit der mexikanischen Gesellschaft ziehen. Diese hat – wie jede Gesellschaft – ihre eigenen «Abweichungsheterotopien» geschaffen, um die gesellschaftliche Ordnung zu stabilisieren und bestimmte Bevölkerungsteile projektiv zu entlasten. Dazu gehören Orte der Marginalität, wie die Müllhalde vor den Toren Monterreys sowie fiktive Figurationen und Figuren des *narcomundo*. Angesprochen sind damit auch «Projektionsflächen der Affektmajorität»,[186] die negative Affekte (Schuld, Angst u. ä.) für die Anderen tragen.[187]

Nostalgia de la Sombra inszeniert eine «Bewusstseinsfiktion», die die rauschhaft-ekstatisch erlebten Morderfahrungen an die mexikanische Ordnung rückbinden, als deren inverses Spiegelbild der Auftragsmörder dargestellt wird. Mit ihm werden Aspekte eines gesellschaftlichen Imaginären bzw. Unbewussten an die Oberfläche gebracht, die von der bürgerlichen Ordnung als tabuisiert gelten. Parra imaginiert insofern eine «Innerlichkeit», die mit herkömmlichen Vorstellungen von «Individualität» bricht. Es ist darüber hinaus der Körper im Sinne eines leiblichen Bewusstseins, das als Ursprung und Agens der Gewalt hervortritt und das Individuum als Umwelteinflüssen affiziertes Dividuum offenbart.

5.4 *Plasma*: Eine literarische Heterotopie über Rauscherfahrungen im heutigen Chile

Die chilenische Autorin Guadalupe Santa Cruz veröffentlicht 2005 mit *Plasma* den bislang wohl ungewöhnlichsten transgressiven Narkoroman. Er stellt auf

---

186 Michaela Ott: *Affizierung zu einer ästhetisch-epistemischen Figur*, S. 22.
187 «Affective marginalities can be considered those that «carry the negative affects for the others.»» (Herlinghaus zitiert Teresa Brennan), Hermann Herlinghaus: *Violence Without Guilt. Ethical Narratives from the Global South*, S. 14.

dem Feld dividual orientierter Narkoprosa insoweit ein Novum dar, als hier die von Lukácz für den modernen Roman als konstitutiv erklärte «Innerlichkeit» des Romansubjekts mit einem fiktiven Bewusstseinszustand konfrontiert wird, der zur totalen Zerstörung von dessen Subjekthaftigkeit sowie zur gleichzeitigen Erleuchtung führt. Es geht um die Fiktion eines – drogeninduzierten – Muße-Rauschzustandes. Diesen stellt *Plasma* in den Kontext einer Narration, die diese Rauschzustände im Spiegel (bürgerlich-)moderner Normalität und Normativität reflektiert.

Der Roman erzählt von dem Kriminalpolizisten Bruno aus Siago, einer (fiktiven) Ortsbezeichnung in Anlehnung an die Hauptstadt Santiago de Chile, der damit beauftragt wurde, gegen die unter dem Verdacht des Drogenhandels stehende Rita Rubilar zu ermitteln. Rita lebt in Fajes, einer ebenfalls fiktiven Kleinstadt im gebirgigen Norden Chiles. Dort beginnt Bruno seine Ermittlungstätigkeit. Sein Aufenthalt in Fajes bestimmt vordergründig das Handlungsgeschehen. Insoweit knüpft der Roman an die Tradition des Kriminalromans an. Die Figuren, der poetische Stil, die im Text dargestellten Räume, ja selbst die Gegenstände, die im Roman beschrieben werden, brechen jedoch deutlich mit der Tradition der *novela negra* sowie dem Paradigma realistischer Mimesis. Der durchgängig in der Ich-Perspektive geschriebene Roman lässt sich vielmehr als ein allegorisch konzipierter, enigmatischer Bewusstseinsroman begreifen, der von Rauschzuständen in Chile an der Schwelle des 21. Jahrhunderts berichtet.

Sonderbar sind bereits die Bruno von seinem Vorgesetzten Braulio überreichte Akte und der damit einhergehende Arbeitsauftrag. Ritas «Akte» ist nicht mehr als ein Bündel an Papieren, auf denen in kryptisch-poetischer Sprache Texte geschrieben sind. Sie stammen aus den verschiedensten Orten in ihrer Heimatregion. Es handelt sich um poetische Texte, die auf die Rückseite eines Kassenzettels, eine Serviette oder vergilbtes Verpackungspapier, auf die Ränder einer Zeitung oder sonstigem Papierabfall gekritzelt wurden.[188] Der nicht minder «poetische» Auftrag Braulios lautet, Drogen zwischen den Buchstaben der Poesiefragmente zu suchen, sie zu ergründen und auseinander zu nehmen: «Busca entre las letras los estupefacientes, Bruno» [...] desentráñalos.»[189] Die richtige Fährte würde er in den von Rita verfassten Texten finden, heißt es in der Akte.[190]

Bruno begibt sich also mit dem Bündel Poesie nach Fajes, beschattet dort Rita eine Zeit lang und lässt sich dann für «unzählige Monate»[191] in eine Fabrik

---

188 Vgl. Guadalupe Santa Cruz: *Plasma*, S. 9.
189 Ebda.
190 «[...] las pistas se ofrecen más bien en los escritos que ella abandona en diversos sitios de Fajes, reza el expediente», ebda. S. 11.
191 Vgl. ebda., S. 43.

einschleusen, in der Rita arbeitet. Den mysteriös anmutenden Aussagen der Fabrikarbeiter zufolge werden dort Embryonen und Plasma produziert und als Schmuggelgut verschickt.[192] Nach einigen Monaten verlässt Rita zusammen mit ihrem Geliebten Efraín ihren Heimatort und begibt sich in die Gebirgs- und Küstenregion Chiles. Auch dorthin folgt Bruno Rita auf Schritt und Tritt. Doch nach Tagen der Wanderung im Gebirge wird Bruno immer schwächer, er steht kurz vor dem Verdursten,[193] fällt ins Delirium und halluziniert. Bruno wird von Rita und Efraín gefunden, die ihn als den ehemaligen Fabrikkollegen wiedererkennen.[194] Sie pflegen Bruno und reisen fortan zu dritt weiter.[195] Es kommt zu einer persönlichen Annäherung zwischen Bruno und Rita, als die beiden beim Karneval in Quispe eine Nacht miteinander verbringen.[196] In der Folge verfällt Bruno körperlich und geistig zunehmend und stirbt schließlich.[197]

Brunos Leiche wird von Rita, die nun die Erzählstimme übernimmt, nach Fajes zurückgebracht.[198] Dort wird Rita festgenommen. In einem Laboratorium werden die Kapseln oder Hülsen (spanisch: cápsulas), die sie in ihrem Geldbeutel aufbewahrt hatte, als Barbiturate, Rauschgift und Psychotrope identifiziert.[199] Zur Untersuchungshaft kommt sie in ein Frauengefängnis. Verschiedene Gerichtstermine finden statt und Rita wird schließlich der unterlassenen Hilfeleistung an Bruno angeklagt und aufgrund der Verdeckung ihrer Motive, die zu diesem Zustand beigetragen haben, schuldig gesprochen.[200] Als Strafe verhängt das Gericht gegen sie «la relegación»: Rita wird dazu verurteilt, die Hauptstadt nicht verlassen zu dürfen (Residenzpflicht).[201]

Der klar nachvollziehbare Inhalt der Romangeschichte steht in auffälligem Gegensatz zu seiner zweideutigen, enigmatischen Sprachverwendung. Gleich zu seinem Beginn liegt der Schwerpunkt der Darstellung in einer eigentümlichen, wechselbezüglichen Verbindung von Schrift und Droge. Bruno solle zwischen den Buchstaben des Aktenmaterials «Drogen» aufspüren. Der Text verwendet hier den Begriff «desentrañar», der das «Ausnehmen von Innereien»

---

192 Vgl. ebda.
193 Vgl. ebda., S. 67–68.
194 Vgl. ebda., S. 68–70.
195 Vgl. ebda., S. 78 und S. 94–95.
196 Vgl. ebda., S. 86–87.
197 Vgl. ebda., S. 102.
198 Vgl. ebda.
199 Vgl. ebda., S. 121–123.
200 So heißt es: «Tengo por sentencia ser autora del crimen de Bruno Alfonso Cuneo Ton al no prestar auxilio a su evidente invalidez y encubrir los motivos, a los cuales yo había colaborado, de dicha postración.» Ebda., S. 154.
201 «El juicio ha determinado la pena de relegación.» Ebda., S. 155.

bezeichnet. Der Bruno erteilte Arbeitsauftrag scheint damit auf das Aufspüren von Innereien zu zielen. Das lässt bereits die Innerlichkeit, auch das Unbewusste anklingen, dem man bei der Lektüre immer wieder begegnet und dessen Verschriftlichung die Begriffswahl «letras» unterstreicht. Zwischen den Buchstaben gelte es also, die Drogen im Sinne von Rauschmomenten aufzudecken – so lässt sich insoweit der Arbeitsauftrag interpretieren.

Der enigmatisch formulierte Arbeitsauftrag, Brunos Beschattung von Rita, die unbekannten Gebirge des chilenischen Hochlands, die Figuren, denen er begegnet – all dies birgt eine allegorische Mehrdeutigkeit, die den Leser in Spannung hält und die in einem Zusammenhang mit der Droge bzw. des Rausches zu stehen scheint. Der Text oszilliert an Stellen wie diesen zwischen zwei Bedeutungseben (kriminalistische Arbeit und Rauscherfahrungen). Es wird ein virtueller Reflexionsraum aufgespannt, der sich durch ein Auseinandertreten von Darstellung und Bedeutung auszeichnet und als Allegorie begreifbar wird. Denn der Leser wird auf eine Reflexionsebene gehoben, auf der er unterschiedliche Sinnebenen zusammenführen muss, die sich einem eindeutigen Sinn entziehen.[202] So trägt bereits der Arbeitsauftrag an Bruno eine enigmatische Zweitbedeutung für den Leser. Nicht Bruno, sondern er, der Leser, solle die vor ihm liegende Schrift, die man auch als ein Bündel poetischer Texte begreifen kann, ergründen und darin ihren zum Teil «berauschenden Wert» und ihre «Innereien», die sie chiffriert, freilegen.

Mit diesem Arbeitsprogramm wird zugleich der Rahmen für die nachfolgend vorgenommene Textanalyse abgesteckt, gilt es doch herauszufinden, was das literarische «Imaginäre» und die Innerlichkeit des Romansubjekts angesichts von Rauscherfahrungen bedeuten kann.

5.4.1 Rita: Brunos Muse des Rausches

Der Untersuchungsauftrag Brunos, die «Rauschmomente» in Ritas Poesie und die Bedeutung der Droge bzw. des Drogenhandels in ihrem Leben aufzuspüren, betrifft indirekt auch die für Ritas Existenz entscheidende, immer wieder aufge-

---

[202] So das Allegorieverständnis nach W. Benjamin und P. de Man: «Die Allegorie bedeutet – ‹nach› W. Benjamin und P. de Man – nicht bloß (immer) etwas anderes statt dessen, was sie ‹bildlich vorstellte› oder ‹mimetisch› darstellte, sondern sie bedeutet, *indem* sie das von ihr darstellend Präsentierte dementiert *und* an diesem Vorgestelltes und Bedeutung auseinandertreten lässt.» Bettine Menke: Allegorie: ‹Ostentation der Faktur› und ‹Theorie›. Einleitung. In: Ulla Haselstein/Friedrich Teja Bach. u. a. (Hg.): *Allegorie: DFG-Symposion 2014*. Berlin: De Gruyter 2016, S. 122. Vgl. auch Bettine Menke: *Das Trauerspiel-Buch: der Souverän – das Trauerspiel – Konstellationen – Ruinen*. Bielefeld: Transcript-Verl. 2010, S. 187.

worfene Frage «¿En qué mundo vive Rita?».[203] In welcher Welt Rita lebt, erhält für den Roman eine gleichsam leitmotivische Funktion. Gleichzeitig wird mit der Fragestellung einmal mehr unterstrichen, dass – nicht anders als in den meisten transgressiven Narkoromanen – die Welt der angeblichen Drogenhändlerin eine «andere Welt» ist, die sich von der der Mehrheitsgesellschaft deutlich unterscheidet. Diese Perspektive deutet sich bereits in den ersten Beobachtungen Brunos an, als er die Beschattung von Rita in Fajes aufnimmt:

> No ha sido difícil dar con Rita Rubilar, está en todas partes. [...] La he visto, aquí y allá, indecisa, sin aparente dirección en sus movimientos, merodeando y mimetizando con el paisaje. No será fácil sorprenderla, actúa con desparpajo su llaneza, confunde. Sus itinerarios varían, sin preferencia, sin rumbo.[204]

Rita wird in Form von tautologisch anmutenden Negationen beschrieben, die bereits in der Geste der Verneinung eine «Alterisierung» ihrer Person bewirken und aus dem *narcomundo* und seinen Figuren ein kategorial Anderes schaffen. Rita wird in Abgrenzung zu Attributen beschrieben, die eine Determiniertheit und Zielgerichtetheit beinhalten («indecisa, sin aparente dirección sin preferencia, sin rumbo»). Die Darstellung wird um Adverbien und Verben ergänzt, die Rita als flüchtige Gestalt erscheinen lassen («aquí y allá, merodear, confundir, variar»).

Bruno erkennt darin eine «tarnende» Funktion seines Gegenübers, obwohl Rita, und damit thematisiert der Text eines der vielen Paradoxe ihrer Person, genau dies nicht zu beabsichtigen scheint. Rita sei vielmehr in Fajes omnipräsent. Ihre Bewegungen, ihr ganzes Sein, sei ungezwungen und natürlich («actúa con desparpajo su llaneza»). Sie scheine keine Widerstände zu kennen («No hay terreno que le haga obstáculo»[205]). Weder ihre hochhackigen Schuhe noch die geographische Trennung von Ober- und Unterfajes durch die Bahnschienen schienen ihr in ihren Gängen durch die Stadt in irgendeiner Weise hinderlich zu sein.[206]

Auch von vielen Mitbürgern in Fajes wird Rita als sonderbar und fremdartig wahrgenommen.[207] Selbst ihr Vater behauptet, sie lebe in einer anderen Welt,[208] wie aus folgendem Dialog zwischen Bruno und Ritas Vater hervorgeht:

---

203 Vgl. Guadalupe Santa Cruz: *Plasma*, S. 48–50, S. 136 und S. 140.
204 Ebda., S. 17–18.
205 Vgl. ebda., S. 18.
206 Vgl. ebda., S. 17.
207 Vgl. ebda., S. 143.
208 Vgl. ebda., S. 49.

> – Te dije, no se sabe de ese mundo en que vive la Rita. ¿En qué mundo vive? Te lo pregunto, que no es el tuyo y el mío, tocayos mundos, que podemos conversar: una pregunta, una respuesta, como ahora. Pregúntale a Rita, no sabe contestar, no sirve.
>
> – ¿No quiere contestar?
>
> – Te digo que no sabe, no quiso aprender a contestar con respuesta. Habla de nuevo, no responde.[209]

Ritas Welt sei von radikal anderer Beschaffenheit als unsere «Welten», die den gleichen Namen trügen («tocayos mundos») und in einen Dialog untereinander treten könnten. Rita hingegen durchbreche Kommunikationsgewohnheiten, indem sie nicht antworte, sondern «aufs Neue rede» («habla de nuevo»). Gemeint ist wohl, dass sie, anstatt zu antworten, ein anderes Thema anschneidet oder einfach weiterredet. Sie gehe offenbar nicht auf die Aussagen der anderen ein, sondern schöpfe ihre Gedanken aus sich selbst oder von anderswoher.

An anderer Stelle heißt es: «Hago sin cesar, por desposarme de amor con las cosas del mundo.»[210] Wie sich an dieser Aussage ablesen lässt, fühlt sich Rita nicht nur eng mit ihrer Umwelt verbunden, sondern «vermählt» sich sogar («desposar») – und dies unaufhörlich («sin cesar») – mit den «Dingen in der Welt». Bereits an dieser Stelle kann man Ritas radikale Verwobenheit mit ihrer Umwelt beobachten, die sie als eine Figuration der Dividuation begreifbar werden lässt.

In der Untersuchungshaft wird Rita ein fürs andere Mal die Frage gestellt, unter welchen Umständen sie ihre Texte verfasst habe. Sie antwortet:

> Son cúmulos. Cuando mi cabeza piensa acuarela, cúmulos que precisa dejar cada noche, o cada día, una mancha de tinta, una mancha de palabra, una marca. Sí, la mancha de las palabras. Es solo un instante de aquella humedad. Lo que queda.[211]

Hier greift Rita auf eine Reihe von ungewöhnlichen Metaphern zurück, die diesen Moment künstlerischen Schaffens in einen Zusammenhang mit der Malerei (acuarela), dem Schreiben (tinta, palabra) und eher unbestimmt bleibenden Haufen und feuchten Flecken (cúmulos, acuarela, mancha, marca, humedad) bringen. Ihre Texte seien Aquarell-, Wort- und Tintenkleckse, die sie als Momente der Feuchtigkeit bezeichnet, welche ihr Kopf Tag und Nacht zurücklasse. An anderer Stelle antwortet Rita auf die Frage, ob ihr die Texte «diktiert» worden seien: «El cuerpo me dictaba sueños, a veces en voz alta.»[212] Der personi-

---

[209] Ebda., S. 47.
[210] Ebda., S. 136.
[211] Ebda.
[212] Ebda.

fizierte Körper habe ihr die Träume diktiert, «manchmal laut.» Die Aussage deutet auf eine weitere Verbindung von Rausch, Schrift und Unbewusstsein/ Imaginärem hin, wie man sie aus dem von den Surrealisten um André Breton, Louis Aragon, Robert Desnos und anderen praktizierten Verfahren der *écriture automatique* kennt. Es geht um eine Methode, welche die Künstler an sich selbst im Halbschlafzustand sowie unter Einfluss von Drogen erprobten, um so Zugang zu einem Bewusstseinszustand zu erhalten, den sie als das Surreale bezeichneten.[213] Die *cogitatio* als das denkende Bewusstsein sollte so gezielt umgangen werden.

Die von Rita beschriebenen Momente schöpferischer Kreativität erinnern darüber hinaus an Selbstzeugnisse von Dichtern und Literaten, die bestimmten Rauscherfahrungen einen fundamentalen, nämlich poetologischen Stellenwert in ihrem Schaffen einräumten. Gottfried Benn schreibt dazu in «Probleme der Lyrik»:

> Das lyrische Ich ist ein durchbrochenes Ich, ein Gitter-Ich, fluchterfahren, trauergeweiht. Immer wartet es auf seine Stunde, in der es sich für Augenblicke erwärmt, wartet auf seine südlichen Komplexe mit ihrem Wallungswert, nämlich Rauschwert, in dem die Zusammenhangsdurchstoßung, das heißt die Wirklichkeitszertrümmerung vollzogen werden kann, die Freiheit schafft für das Gedicht – durch Worte.[214]

Auch Benn spricht vom lyrischen Ich in dritter Person, das er als ein «durchbrochenes», als ein «Gitter-Ich» umschreibt. Auch insoweit bestehen Parallelen zu der sich ständig in Bewegung befindlichen Rita, deren «Aquarell denken» bzw. «Momente der Feuchtigkeit» an Benns Augenblicke mit «Wallungswert», nämlich «Rauschwert» erinnern. Benn beschreibt diese Rauschmomente als eine Form der Wirklichkeitszertrümmerung. Er spricht damit eine Zerstörung gegebener Vorstellungen und Gewissheiten, auch von «Logik» im Allgemeinen, an, die in einer «Zusammenhangsdurchstoßung» kulminieren. Erst dann entstehe Freiheit für das Gedicht und die Entfaltung des lyrischen Ichs.

Solche Beschreibungen eines kreativen «Schaffensrausches» stimmen auffällig mit Brunos skizzenhaften Beobachtungen überein. Seine Annahmen der Ritas Wesen inhärenten Unbestimmtheit und ihrer disparaten Erscheinung entziehen sich wie das «Gitter-Ich» der Logik einer konkreten Lokalisation. An deren Stelle tritt eine ständige Bewegung, die in ihrer Wirkung auf Bruno eine

---

[213] Aragon umschreibt dies als «l'horizon commun des religions, des magies, de la poesie, du rêve, de la folie, des ivresses et de la chétive vie», Louis Aragon: *Une vague de rêves*. Paris: Seghers 2006, S. 18.
[214] Gottfried Benn: Probleme der Lyrik. In: Gottfried Benn: *Sämtliche Werke, Band VI, Prosa 4*. Herausgegeben von Gerhard Schuster u. a.: Stuttgart: Klett-Cotta 2003, S. 25.

«Zusammenhangsdurchstoßung» stattfinden lässt: «Algo en ella hace bajar la guardia, desvía la atención, anula las pistas.»[215] Unter Zuhilfenahme von Wendungen aus der Sprache des Polizei- und Militärwesens (bajar la guardia, pistas) notiert Bruno, etwas in Ritas Wesen führe dazu, dass sie die «Deckung» fallen lasse, die Aufmerksamkeit abgelenkt werde und die Fährten sich auflösten. Im Gegensatz zu dem von Bruno als Kriminalpolizist erwarteten Verhalten provoziere Ritas Beschattung in ihm zumindest eine Form der geistigen Ablenkung.

Der Text zwingt an Stellen wie diesen zu einer allegorischen Deutung, die noch dringlicher bei der nachfolgenden Beschreibung von Ritas Wohnstätte wird. Rita lebt in der Wohnsiedlung der Fabrikarbeiter in Fajes. Doch ihr Zuhause wird nicht als ein Ort mit realer Entsprechung in der außersprachlichen Welt, sondern als ein Ort gekennzeichnet, der surreal bzw. fantastisch anmutet. Es handelt sich um ein verschachteltes, weißes Amphitheater, das auch als weiße Kurve («el blanco Curvo») bezeichnet wird. Im gleichen Passus ist von einem Hohlspiegel («espejo cóncavo») die Rede, beschrieben als ein Spiegel, der sich nach innen öffnet, weil er nach innen gewölbte Spiegeloberflächen trägt:

> Es un espejo cóncavo que acoge y retiene la luz del desierto, las nubes y la anchura del espacio, y que devuelve al desierto su vastedad, como caja de resonancia de un silencio más fuerte que aquel murmullo de pasos y voces, de llantos de guaguas, de puertas cerrándose, de cojín sacudido contra una columna de cemento (blanco), de perros, perros negros y marrón, ladrándole al color blanco.[216]

Das ist das Zuhause von Rita. Der Hohlspiegel bildet den Hintergrund, vor dessen Bühne Bruno die sich schnell und flüchtig bewegende Rita beobachtet. Das weiße Amphitheater ist ein imaginärer Raum, der sich – positiv – durch eine Reihe von Attributen definiert, die auf unterschiedliche Weise «Weite» und «Freiheit», nämlich «la anchura del espacio» (die Weite des Natur-Raumes) ausdrücken. So erfährt man, dass der Spiegel nicht nur das Licht der Wüste und die Wolken widerspiegelt, sondern sogar der Wüste ihre Weite zurückgibt. Darüber hinaus wird der Hohlspiegel als ein Ort der Stille beschrieben, von der es heißt, dass sie stärker und mächtiger als eine Reihe von Geräuschen sei: das Geräusch von Schritten, das Geschrei der Babys, der Lärm sich schließender Türen sowie von Hunden, welche die weiße Farbe anschreien. Bezeichnenderweise findet der Text mit dem Bild der die Stille anschreienden Hunde wieder zurück zur weißen Farbe von *el blanco Curvo*, die somit zu einem synästhetischen Resonanzraum wird, der das Gebell der Hunde schluckt.

---

215 Guadalupe Santa Cruz: *Plasma*, S. 18.
216 Ebda., S. 20.

Offenbar gerät der Hohlspiegel zu einem Bild mit eigenen Gesetzmäßigkeiten. Es handelt sich nicht um einen gewöhnlichen Spiegel, der seitenverkehrt den unmittelbar vor ihm liegenden Gegenstand abbildet. Vielmehr scheint er einem räumlich dargestellten Bewusstseinszustand zu entsprechen, der sich durch eine bestimmte Form der Wahrnehmung, einschließlich eines besonderen Vermögens auszeichnet. Er spiegelt die Weite des Raumes, vermag diese gar zurückzugeben und leistet Widerstand gegen lärmende Geräusche des Alltags. Der *blanco Curvo* ist insoweit – seiner Semantik und Funktion nach – ein Raum der Muße.[217] Wie diese ist der konkave Spiegel ein Freiraum sowie ein Raum der Kontemplation (lat. «otium»), nämlich eine Weite und Stille, die sich vom gewöhnlichen Treiben des Alltags (lat. «negotium») absetzt. Die Zeit tritt dabei in den Hintergrund, indem sie ganz «Raum» zu werden scheint.[218] Brunos Beschattung von Ritas Wohnstätte lässt sich also als die Beschreibung eines Mußezustands begreifen. Dies geht noch deutlicher aus folgender Textstelle hervor:

> No puedo concentrarme en ella. La blanca palidez del Curvo me lleva a elevar la vista y observar el cielo que lo replica en las nubes casi inmóviles.[219]

Bruno beklagt, er könne sich nicht auf die Beschattung von Rita konzentrieren. Die Kontemplation des blanken Weiß des *Curvo*, nämlich die Betrachtung des Hohlspiegels, bewirke eine Form der Ablenkung, die seinen Blick nach oben führe und den Himmel beobachten lasse. Dort spiegele sich *el Curvo* ein weiteres Mal in den Wolken. Die Passage beschreibt eine Form der Rekursion des Hohlspiegels. Sie spannt in den Wolken einen imaginären Raum auf, der sich als infinite Reihung begreifen lässt, spiegelt sich doch der Hohlspiegel in Brunos Blick und ein weiteres Mal in den Wolken, welche sich wiederum in dem Spiegel abzeichnen. Darüber hinaus lässt sich der Hohlspiegel selbst als eine Rekursion, nämlich eine Wiederholung vorgängiger oder nachfolgender, im

---

217 Siehe hierzu etwa Günter Figal/Hans W. Hubert u. a. (Hg.): *Die Raumzeitlichkeit der Muße*. Mohr Siebeck 2016.
218 Näheres hierzu bei Klinkert, der Muße wie folgt definiert: «Muße ist somit zu begreifen als eine besondere Form des Erlebens, als eine von der Normalität des Alltags unterscheidbare, von ihr abgehobene Zeitlichkeit, in der sich Möglichkeiten eröffnen, die sonst nicht gegeben sind. Muße hat demnach etwas mit Freiheit zu tun.» Thomas Klinkert: *Muße und Erzählen: ein poetologischer Zusammenhang. Vom «Roman de la Rose» bis zu Jorge Semprún*. Ebda, S. 1. Dies lässt sich auch etymologisch begründen: «Muße leitet sich von mhd. muoze her und bedeutet ursprünglich ‹Spielraum, Freiraum›.» Ebda, S. 2.
219 Guadalupe Santa Cruz: *Plasma*, S. 20: «Ich kann mich nicht auf sie konzentrieren. Die weiße Blässe der Kurve führt dazu, dass ich meinen Blick hebe und den Himmel beobachte, der sie in den nahezu bewegungslosen Wolken wiederholt.» (Übersetzung der Autorin).

Text beschriebener Momente der Muße begreifen. Sie finden mal kürzer, mal länger vor dem inneren Auge ihres Betrachters Bruno statt, während derer er Rita beschattet oder ihre Aufschriebe liest. Gleiches gilt auch für die in den Text eingelagerten Poesiefragmente, von denen später noch die Rede sein wird. Insgesamt haben wir es mit der Entfaltung eines Textraumes zu tun, der von zahlreichen Varianten der Wiederholung geprägt ist. Der Text errichtet vor dem Leser ein Wortgebäude, das sich entsprechend der erwähnten Definition A. Gides von einer *Mise en abyme* durch «ein auffallend dichtes Geflecht ana- und kataphorischer Beziehbarkeiten» auszeichnet.[220] Wir blicken auf einen «Textraum von außerordentlicher semantischer Dichte»,[221] der nicht lineare, sondern solche Wiederholungsstrukturen abbildet, „welche Ähnlichkeiten zu Rückkoppelungsschleifen» aufweisen: eine «variierende Neueingabe von schon Gesagtem bzw. Bekanntem».[222] Eine solche Struktur beinhalte, so Warning in seiner Beschreibung literarischer Heterotopien, eine bestimmte Form der «Spiegelung», die sich in der Darstellung manifestiere.[223] Warning bemerkt weiter und es scheint, als ob er die Darstellungsprinzipien von *Plasma*, allem voran die Beschreibung von Ritas Wohnort, geradezu kommentiere:

> Alles scheint auf den finalen Einbruch einer Transzendenz hinzudeuten, in und mit dem sich die über Wiederholungen aufgebaute semantische Spannung löst. Aber was sich als Lösung ankündigt, bleibt gleichwohl der Immanenz verhaftet, mit Borges gesprochen, also eine sich ankündigende Offenbarung, die dann doch nicht statthat.[224]

Als eine sich aufschiebende, letztlich aber nicht stattfindende Offenbarung lässt sich Brunos Beschreibung von *el blanco Curvo* begreifen. Warning spricht auch hier von einer «differentiellen Epiphanie», die sich in derartigen Doppelungsstrukturen manifestiere. In *Plasma* geschieht dies in der Darstellung eines virtuellen Innenraums, dem Raum der Muße, den Bruno bei der Beschattung von Rita durchschreitet. Insoweit stellt *Plasma* eine literarische Heterotopie über derartige Bewusstseinszustände dar.

---

220 So Warning in Bezug auf Roman Jakobsons Definition der *poetic function*: «The poetic function projects the principle of equivalence from the axis of selection into the axis of combination.» Rainer Warning: *Heterotopien als Räume ästhetischer Erfahrung*, S. 28.
221 Ebda.
222 Ebda.
223 Der Spiegel ist eine bedeutsame Reflexionsfigur für das Verständnis von Heterotopien und lässt sich selbst als Heterotopie begreifen: «Der Spiegel funktioniert als Heterotopie in dem Sinn, daß er den Platz, den ich einnehme, während ich mich im Glas erblicke, ganz wirklich macht und mit dem ganzen Umraum verbindet, und daß er ihn zugleich ganz unwirklich macht, da er nur über den virtuellen Punkt dort wahrzunehmen ist.» Michel Foucault: *Andere Räume*, S. 39.
224 Rainer Warning: *Heterotopien als Räume ästhetischer Erfahrung*, S. 29.

Eine solche Deutung hat zur Folge, in Rita weniger eine Person mit realer Entsprechung in der außersprachlichen Welt als vielmehr eine Muse zu erkennen. Durch Ritas Beschattung wird Bruno – ähnlich wie andere von Figal erwähnten «Möglichkeitsbedingungen der Muße»[225] – in einen rauschähnlichen Zustand versetzt. Die dadurch ausgelöste Distraktion ermöglicht Bruno, in einen imaginären Freiraum einzutreten, der, wie der konkave Spiegel, zunächst eine Art autotelischer Spiegelung bewirkt.[226] Es entsteht eine nach Innen gewandte Spiegelung, in Form einer Rückbesinnung auf das «Ich», welche das Gefühl innerer Weite und das Erfahren von Stille erlauben, die die Raumzeitlichkeit des Alltags aufheben. Einer Nymphe gleich erscheint Rita als Figuration der verkörperten Bewegung im Sinne eines «semantischen glissando»,[227] das Eindeutigkeiten zerstört und ihren Betrachter in den Himmel schauen lässt.

In ihrer Wirkung auf den Ich-Erzähler besteht eine gewisse Parallele zu der Hauptfigur von André Bretons gleichnamigen Roman *Nadja (1928)*, einem der Schlüsseltexte des französischen Surrealismus. Wie Rita kritzelt Nadja poetische Texte auf Servietten und Kassenzettel. Scheinbar planlos wandelt sie in Paris vor der Kulisse der ersten Eisenträger- und Fabrikkonstruktionen umher und entdeckt die Stadt auf diese Weise für sich. Für Breton ist Nadja eine magische, der Welt des Wunderbaren entstiegene Kreatur, der auch hellseherische Fähigkeiten zugeschrieben werden. Die Spaziergänge in den Proletariervierteln von Paris spiegeln Bretons revolutionäre Erfahrungen wider und inspirieren ihn in seinen Erforschungen des Surrealen, als dessen Symbol er Nadja erkennt.[228] Auch im Ausgang der beiden Werke bestehen Ähnlichkeiten: Rita wird aufgrund ihrer Verurteilung der Zutritt zu ihrer Heimatregion Fajes verwehrt. Sie darf die Hauptstadt nicht mehr verlassen (Residenzpflicht). Nadja wird jeglicher Zugang zur bürgerlichen Gesellschaft genommen, nachdem sie in eine psychiatrische Anstalt eingewiesen wird.

Weitere Erkenntnisse über die Wahrnehmung von Rita aus der Sicht von Bruno gewinnt man aus folgenden Passagen, die von Brunos «Beschattung» in

---

225 Wie etwa japanische Gärten. Vgl. Thomas Klinkert: *Muße und Erzählen: ein poetologischer Zusammenhang. Vom «Roman de la Rose» bis zu Jorge Semprún*, S. 2.
226 Dies ist ein weiteres Merkmal der Muße: «Muße ist ein autotelischer Zustand, sie trägt ihr Ziel in sich selbst, das heißt man ist in der Muße, um in der Muße zu sein, nicht um andere Ziele damit zu erreichen.» Ebda.
227 «Die Nymphe ist der zitternde, oszillierende, funkelnde geistige Stoff, aus dem die Götterbilder, die ‹eidola›, gemacht sind.» [...] «Jedes Mal, wenn die Nymphe sich abzeichnet, vibriert dieser göttliche Stoff, der sich in Epiphanien formt und im Geist ansiedelt, eine Macht, die dem Wort vorausgeht und es trägt.» Roberto Calasso: *Die Literatur und die Götter*. München: Hanser 2003, S. 35.
228 Vgl. dazu Walter Benjamin: *Der Sürrealismus*, S. 299–300.

einem Café berichten, als er Rita vom Nebentisch aus beobachtet. Bevor Bruno kurz die Toilette aufsucht, lässt Rita die Rechnung kommen, der (zur Unterschrift) ein Stift beigefügt ist. Als Bruno von der Toilette zurückkehrt, ist Rita verschwunden. An ihrem Platz entdeckt er in seltsamer Schrift bekritzelte Servietten, die folgenden Gedankengang in ihm auslösen:

> No lo escribí.
>
> Quiero decir, ella escribe esto.
>
> Digo, no escribí en mis apuntes que ella escribe. No viene al caso. Solo enreda las cosas. De hecho, a mí me enredó.[229]

Der Text gibt Anlass zur Verwirrung. Es geht um die Autorenschaft der auf die Servietten gekritzelten Worte, die Bruno auf ungewöhnliche Weise in Frage stellt. Er (Bruno), so heißt es, habe diesen Text nicht verfasst («No lo escribí»). Doch die Aussage scheint aufgrund der emphatischen Verneinung einer solchen Selbstverständlichkeit eher das Gegenteil zum Ausdruck bringen zu wollen. Zumindest wird der Zweifel geweckt, ob nicht Rita, sondern Bruno diese Texte geschrieben habe. Gleiches gilt für die nachfolgenden Aussagen, die einem hilflosen Versuch ähneln, die aufgekommenen Zweifel zu verdrängen: «Quiero decir, ella escribe esto. Digo, no escribí en mis apuntes que ella escribe.» In der *Repetitio* des Verbs «escribir», das abwechselnd in 1. und 3. Person auftritt (escribí, escribe, escribí, escribe), geraten die Feststellungen so zu ikonischen Zeichen über die scheinbar unauflösbare Identität des Autors der Serviettenpoesie.

Erneut zeigt sich Bruno verwirrt, was sich hier, gleichsam auf der textuellen Ebene, in dem Wechsel zwischen den unterschiedlichen grammatikalischen Subjekten niederschlägt (1. und 3. Person). Sie deuten auf eine dividual orientierte Zerstreuung der erzählerischen Identität, die sich auch als differentielle, sich aufschiebende Epiphanie auffassen lässt. Denn der Text verwehrt sich einer eindeutigen Offenbarung der Autorschaft diese Zeilen. Stattdessen begegnen wir einem sprachlichen Verwirrspiel, das eine einheitliche Erzählinstanz in Frage stellt.

Zugleich wird die Relevanz der Fragestellung in Zweifel gezogen, indem eine nähere Sondierung der Frage abgelehnt wird: «No viene al caso» (Das tut nichts zur Sache) und «Solo enreda las cosas.» Nachforschungen um die Urheberschaft der Serviettenpoesie würden die Dinge nur komplizierter machen.

Doch die Angelegenheit lässt sich so schnell nicht beilegen. Brunos Versuche, vehement den Zweifel um die Identität des Autors zu verdrängen, haben

---

[229] Guadalupe Santa Cruz: *Plasma*, S. 25.

5.4 *Plasma*: Eine literarische Heterotopie über Rauscherfahrungen — 265

eine eher emphatische Wirkung auf den Leser. Er beginnt sich zu fragen, ob Rita möglicherweise gar nicht am Nebentisch saß, als sie von Bruno beobachtet wurde. Womöglich hat Bruno selbst, als er angeblich auf der Toilette war, die Zeilen auf die Servietten geschrieben. Die «Selbstzweifel» von Bruno erhalten so vor dem Hintergrund einer autodiegetischen Erzählsituation zusätzlich eine metafiktionale Bedeutung. Denn der der Leser wird Zeuge einer möglichen geistigen Verwirrtheit des Ich-Erzählers und damit derjenigen Erzählinstanz, die ihm die dargestellte Welt näherbringt. Der Text begibt sich selbst auf eine Metaebene, auf der er über seinen Wirklichkeitsstatus reflektiert. Es wird zunächst an dem Status des Schreibsubjektes, dem Autor der in den Text eingeflochtenen Poesiefragmente, und sodann an dem Wirklichkeitsstatus des Erzählers gerüttelt. So stellt sich nachfolgend dem Leser die Frage, ob der Ich-Erzähler womöglich Brüche in der Wahrnehmung seiner Realität hat und unter Umständen «unzuverlässig» erzählt. Es drängt sich unweigerlich die weitere Frage auf, ob Rita möglicherweise nur Brunos Vorstellungskraft entsprungen ist.

Zu ganz ähnlichen Reflexionen gelangt man aufgrund folgender Passage, die darüber berichtet, wie Rita das Fabrikgebäude betritt und auch dabei von Bruno beobachtet wird. Rita begibt sich zunächst in einen gläsernen Aufzug («ascensor transparente»[230]). Nach dem Schließen der Tür entnimmt sie ihrer Handtasche eine kleine Pappkartonschachtel, öffnet sie und zieht daraus eine Kapsel aus Aluminium in Form einer ovalen Pille, die sie verschluckt:

> Rompe la cápsula, presionando con ambos índices para liberar la forma rosa y ovalada del comprimido. Entorna los labios como si fuese a comulgar. Quiebra bruscamente el cuello hacia atrás, como negándose, pero luego el obstáculo recorre su garganta, se abre camino por la piel casi traslúcida, baja y desaparece. Ha tragado. Estoy seguro que ha tragado.[231]

Außerordentlich detailreich beschreibt Bruno, wie Rita die rosafarbene Pille zu sich nimmt. Von seinem Standort in der Nähe des Fabrikgebäudes erscheint eine so genaue Schilderung fast unmöglich. Denn er blickt von hier sowohl auf die Tankstelle, an der Rita zuvor vorbeilief und hat gleichzeitig die gesamte Fabrik im Blick. Selbst das beste Fernrohr ist nicht auszureichend, um das zu beschreiben, was Bruno vor sich sieht. So stellt er dar, wie sich die Pille, nachdem sie den Hals hinuntergleitet («recorre su garganta»), ihren Weg durch die durchscheinende («transluzide») Haut bahnt und danach tiefer sinkt. Der Leser wird Zeuge eines an sich unsichtbaren Prozesses, dem Schlucken einer Pille.

---

[230] Ebda., S. 22.
[231] Ebda.

Die Passage scheint indessen weniger diesen Vorgang als dessen nachfolgende Auswirkungen im Körper von Rita im Auge zu haben. Wie die synästhetische Metapher «transluzide Haut» andeutet, soll ein entstehender Rausch beschrieben werden, bei dem sich Gefühltes und Gesehenes vermischen.[232] Auch hier drängt sich der Eindruck auf, dass es nicht Rita ist, die die Pillen zu sich genommen hat, sondern Bruno, der seinen Rauscherfahrungen mittelst ihrer Figur Ausdruck verleiht.

Rita erscheint in solchen Passagen weniger als eine eigenständige Romanfigur, denn als eine Teilidentität von Bruno. Ihr Name (lat. Margarita: die Perle) entspricht nicht zufällig der Bezeichnung der von ihr eingenommenen Drogen, die sie «Perlen» nennt. Auch darin gleicht sie der Nymphe *pharmakeia*. Das lässt darauf schließen, dass Rita (als ein Teil von Bruno) ihre (seine) Texte unter dem Einfluss von Rauschmitteln geschrieben hat.[233] Die von Rita (Bruno) eingenommenen Drogen,[234] die sie in ihrem Geldbeutel aufbewahrt hat und die später im Laboratorium als Rauschmittel, Barbiturate (Betäubungsmittel) und Psychotrope identifiziert werden, haben zumindest für sie einen ganz besonderen Stellenwert.[235]

5.4.2 Plasmapoesie

Die Ambivalenz zwischen manifester und latenter Bedeutung, das semantische *glissando* also, das insbesondere die Beschreibung der «Beschattung» von Rita durchzieht, kommt noch stärker in den in die Prosaerzählung eingeflochtenen Poesiefragmenten zum Ausdruck. Es handelt sich um ausgesprochen enigmatische Texte, die einen Bewusstseinsstatus zu beschreiben suchen, der sich der Eindeutigkeit entzieht. Das betrifft auch das lyrische Ich selbst. Auffällig in thematischer Hinsicht ist dabei, dass Ritas Poesie durchgängig von Naturerfahrungen, insbesondere von solchen mit dem Sonnenlicht geprägt ist, wie etwa die folgende Passage zeigt:

---

[232] Es findet erneut ein wie von Todorov in seiner Definition fantastischer Literatur beschriebener Moment des «Zögerns» bzw. der «Unschlüssigkeit» (hésitation) über den Wirklichkeitsstatus der im Roman erzählten Welt statt. «Das Fantastische ist die Unschlüssigkeit, die ein Mensch empfindet, der nur die natürlichen Gesetze kennt und sich einem Ereignis gegenübersieht, das den Anschein des Übernatürlichen hat.» Tzvetan Todorov: *Einführung in die phantastische Literatur*. München: Hanser 1975, S. 26.
[233] Wie übrigens auch Gottfried Benn und andere Autoren der europäischen Rauschliteratur. Vgl. Alexander Kupfer: *Die künstlichen Paradiese: Rausch und Realität seit der Romantik*.
[234] Vgl. Guadalupe Santa Cruz: *Plasma*, S. 22.
[235] Vgl. ebda., S. 121–123.

5.4 *Plasma*: Eine literarische Heterotopie über Rauscherfahrungen — 267

> Evitar las madrugadas, huirlas porque traen separación, tajo de día. Llegar a la luz colmada de jornal en marcha, cuando ya el mundo está dispuesto, los rajos ya hechos, pronunciados los lugares. Esquivar el momento en que aún bascula, aún vascila el instante del corte. El trópico que divide el frenesí de la noche del frenesí del día. Ausentarme del momento en que cruje mi corazón nocturno y en que se destempla mi corazón de luz. No asistir a la cita. No hallarse.[236]

Das Poesiefragment lässt sich als eine Form der autosuggestiven Selbstansprache des lyrischen Ichs begreifen, dem es darum geht, gegen die aufkommende Morgendämmerung anzukämpfen. Die Eindringlichkeit und der selbstbefehlende Charakter des Textes wird mittels anaphorischer Infinitivkonstruktionen erzeugt, die sich in semantischer Hinsicht darin gleichen, dass sie etwas vermeiden, präziser: vor etwas fliehen wollen («evitar»; «huirlas»; «llegar»; «esquivar»; «ausentarme»; «no asistir»; «no hallarse»). Im Charakter des «Flüchtigen» schlagen die Selbstbefehle eine Brücke zu dem Licht der Morgendämmerung, einer Erscheinung, der es – aufgrund ihres flüchtigen, unbestimmten Charakters – auszuweichen gelte. Man müsse in dem Moment fliehen, in dem der Schnitt zwischen Tag und Nacht noch nicht vollzogen sei («Evitar las madrugadas, huirlas porque traen separación, tajo de día»). Es sei besser, man gerate in das schon fertige, «gemachte» Tageslicht, wenn die Orte bereits in einem eindeutigen Licht erscheinen; also schon «ausgesprochen» und damit identifizierbar seien («Llegar a la luz colmada de jornal en marcha, cuando ya el mundo está dispuesto, los rajos ya hechos, pronunciados los lugares»). Offenbar begreift der Text die Morgendämmerung als einen Zustand des Sonnenlichts, der sich nicht allein durch seine Unbestimmtheit hinsichtlich der herrschenden Lichtverhältnisse auszeichnet. Ihm ist vielmehr weitergehend eine metaphorische Bedeutung immanent. In diesem Licht seien die Dinge nicht eindeutig. Sie seien (noch) nicht ausgesprochen und damit nicht identifizierbar.

Dies wird noch deutlicher, wenn nachfolgend der Text explizit den Bogen zum Bewusstsein und den Emotionen des lyrischen Ich spannt. Die dämmernden Lichtverhältnisse erscheinen jetzt in aller Deutlichkeit als Metaphern der Innerlichkeit. Es bereite Probleme, so Rita, die Leidenschaft der Nacht von jener des Tages zu trennen («El trópico que divide el frenesí de la noche del frenesí del día»). Daher sei es besser, dem Moment auszuweichen, in dem das «nächtliche Herz knistere und das Herz des Lichts misslich werde» («Ausentarme del momento en que cruje mi corazón nocturno y en que se destempla mi corazón de luz»). Noch besser wäre es, dem Treffen gänzlich fernzubleiben («No asistir a la cita»).

---

[236] Ebda., S. 29.

Dem lyrischen Ich dienen offenbar die der Natur entnommenen Lichtverhältnisse als Spiegel bzw. figurative Ausdrucksmöglichkeit seines Bewusstseins. Sie reflektieren eine Form der Orientierung, geben Verhaltensmöglichkeiten vor. Dabei werden die dunkle Leidenschaft der Nacht und ein nächtliches Herz («el frenesí de la noche; mi corazón nocturno») der Leidenschaft des Tages und einem Herz des Lichts («frenesí del día»; «corazón de luz») antithetisch gegenübergestellt. Das nächtliche Herz («corazón nocturno») erinnert einen an Conrads *Heart of the darkness* und lässt sich nicht zuletzt auch insoweit als gängige Metapher des Unbewussten interpretieren. Demgegenüber figurieren das Herz des Lichts bzw. das «Licht» als solches nicht erst seit der Klassik als ein häufig verwendetes Symbol für Geist, Göttliches und Erkenntnis. Der hier «zu vermeidende» Zustand meint weder das eine noch das andere. Er nähert sich darin solchen Bewusstseinszuständen an, denen eine eigene Logik anhaftet, ja in denen lichte Eindeutigkeiten und dunkle Unbewusstheiten aufgehoben zu sein scheinen. Dazu gehören etwa Halbschlafzustände oder Rauscherlebnisse, die schon den Surrealisten als Quelle der Erkenntnis, nämlich Zugang zum Surrealen erschienen. Derartige Rauschzustände werden mit der Dämmerung gleichgesetzt. Die Natur figuriert als unmittelbarer Teil des lyrischen Selbst, das als «ökologische Dividuation» erfahrbar wird.

Insoweit könnte man eine Parallele zu einem Teil der «Drogenliteratur» der Romantik, etwa Baudelaires *Paradis artificiels* ziehen, dessen Beschreibung von Veränderungen des «Persönlichkeitsbewusstseins» im «Haschischrausch» signifikante Ähnlichkeiten aufweist:

> Il arrive quelquefois que la personnalité disparait et que l'objectivité, qui est le propre des poètes panthéistes, se développe en vous si anormalement, que la contemplation des objets extérieurs vous fait oublier votre propre existence, et que vous vous confondez bientôt avec eux. Votre œil se fixe sur un arbre harmonieux courbé par le vent; dans quelques secondes, ce qui ne serait dans le cerveau d'un poète qu'une comparaison fort naturelle deviendra dans le vôtre une réalité. Vous prêtez d'abord à l'arbre vos passions, votre désir ou votre mélancolie; ses gémissements et ses oscillations deviennent les vôtres, et bientôt vous êtes l'arbre.[237]

Auch Baudelaire beschreibt einen Bewusstseinszustand, der die Grenzen zwischen Äußerem und Innerem verwischen lässt und eine Zusammenführung von Selbst und Umwelt vornimmt, die Ähnlichkeiten zu den Werken pantheistischer Dichter zeigt. Vor diesem Hintergrund wird nachvollziehbar, warum Rita auf die Frage nach der Beschaffenheit «ihrer Welt» antwortet, dass sie sich unaufhörlich mit den Dingen der Welt verbinde.

---

237 Charles Baudelaire: *Oeuvres complètes*. Herausgegeben von: Claude Pichois. Paris: Gallimard 1975, S. 419–420.

Die in Brunos «Akte» eingelagerten Poesiefragmente lassen sich insgesamt als literarische Äußerungen begreifen, die einem Rauschzustand entspringen oder diesen umschreiben. Es handelt sich in der Regel um verschriftlichte «Muße-Rauschzustände», die Momente der Gegenwart von Rita in eine textuelle Gestalt überführen, zugleich aber darauf gerichtet sind, einen solchen Zustand abzuwehren. Das lyrische Ich scheint sich gewissermaßen davon abhalten zu wollen, Rauscherfahrungen zu durchleben. Dies trifft sich mit der oben angesprochenen Bedeutung, die Rita ihren Texten beimisst, etwa wenn sie in der Untersuchungshaft ihre Poesie als Ausdruck eines Moments der «Feuchtigkeit», des «Aquarelldenkens», beschreibt. Rita sucht ihren Aufzeichnungen einen Namen zu geben, der ihrem «Geschmack» entspricht: «Tal vez de vuelta a las quebradas encuentre un nombre para lo que escribo, este sabor»[238] heißt es ganz am Ende von *Plasma*. In diesem Schlusssatz schließt sich der Kreis zu dem Titel des Romans. *Plasma* bildet den «Geschmack» ihrer Poesie, einer Poesie des Rausches und der Dividuation.

Damit stößt man zu dem Kern der Fragestellung des Romans vor: in welcher Welt lebt Rita? In der Physik wird unter Plasma bzw. dem Plasmagebilde (altgriech.: *plasma* = Gebilde) ein bestimmter Aggregatzustand verstanden, der neben die drei klassischen Aggregate (fest, flüssig, gasförmig) als vierter Zustand tritt. Es handelt sich um das Ergebnis eines physikalischen, von Energiezufuhr geprägten Vorgangs, der vor allem bei hohen Temperaturen entsteht und eine hohe Konzentration von Ionen oder anderen Ladungsträgern aufweist.[239] Die Sonne befindet sich im Plasmazustand. Gleiches gilt für mehr als 99 % der gesamten sichtbaren Materie des Universums. Auf der Erde finden sich in der Ionsphäre und in Blitzen natürliche Plasmen. Dies erklärt die häufige Thematisierung von Sonnenlicht und anderen lichtgesteuerten Naturphänomenen in Ritas «Plasmalyrik». In Anlehnung an den physikalischen Plasmazustand lässt sich insoweit von einem psychischen Aggregatzustand zu sprechen, der plasmaähnliche Charakteristika aufweist. Er kennzeichnet einen für Ritas Welt spezifischen Bewusstseinszustand, der rauschhaft wirkt und von psychischen Plasmen durchtränkt ist. Einem Hohlspiegel gleich schafft er trotz bzw. dank der nach innen gewendeten Spiegeloberflächen eine Verbindung mit der Umwelt, welche die Trennung zwischen Innen und Außen, zwischen Selbst und Umwelt auflöst und eine «Innerlichkeit» als Zustand der Dividuation imaginiert. Die hier beschriebenen «Muße-Rauschzustände» stellen insofern eine poetische Narra-

---

238 Guadalupe Santa Cruz: *Plasma*, S. 156.
239 Vgl. Ulrich Kilian: Plasma. In: Ulrich Kilian (Hg.): *Lexikon der Physik. Mi bis Sb*. Heidelberg/Berlin: Spektrum Akad. Verl. 2000, S. 283 und vgl. Peter Reuter: Plasma. In: *Springer-Lexikon Medizin*. Berlin/Heidelberg: Springer 2004, S. 1705.

tion dar, die es ermöglicht, das eigene Bewusstsein als ein Dividuelles oder auch als ökologisches Imaginäres zu imaginieren.

5.4.3 Brunos Reise

Bruno lässt sich, nachdem er Rita eine Weile auf ihren Wegen durch Fajes beobachtet hat, in die Fabrik einschleusen, in der Rita arbeitet. Er begibt sich direkt zu ihrer Arbeitsstätte, um sich so seiner *pharmakeia* weiter anzunähern. Die «Nymphe des *pharmakon*» ist dort in einer Abteilung beschäftigt, die Kisten für den Export von Schmetterlingslarven herstellt. Erneut tritt man so in einen mehrdeutigen Zusammenhang der «nackten» Beschreibung einer Tätigkeit – der Verpackung von Kisten für Schmetterlingslarven – und ihrer Bedeutung in der Erfahrungswelt Brunos. Konkret lässt sich diese Beschäftigung Ritas im Kontext eines allegorisch konzipierten Textes über Erfahrungen von Muße und Rausch als «Assistenz bei der Bewusstseinsentwicklung» bzw. «Seelenwandlung» entschlüsseln. Der Schmetterling ist schon seit der Antike ein Symbol für die Seele, das auf der Doppelbedeutung von griechisch *psyché* (Seele und Schmetterling) gründet. Da Rita Verpackungen für Schmetterlingslarven herstellt, liegt es nahe, sie als eine Arbeiterin in einer «Seelenfabrik» anzusehen und Brunos Aufenthalt als eine (bestimmte) Phase im Rauschzustand zu begreifen. Insoweit sind Brunos Beobachtungen an Ort und Stelle auch als solche aus einem bestimmten Muße-Rauschzustand heraus zu deuten.

Näheres geht aus der Beschreibung der in der Fabrik produzierten und zu verpackenden Substanzen hervor, über deren korrekte Bezeichnung im Roman allerdings uneinige Vorstellungen herrschen: So antwortet einer der Fabrikarbeiter auf Brunos Frage, ob es sich bei der aus der Schachtel austretenden karmesinroten, klebrigen Flüssigkeit um «Gelee» handele, nein, es sei Plasma.[240] Was genau darunter zu verstehen ist, bleibt indessen ebenso unbestimmt. Es liegt zunächst nahe, anzunehmen, der Arbeiter beziehe sich auf Blutplasma, welches allerdings in reiner Form nicht karmesinrot und zähflüssig ist, sondern eine ähnliche Konsistenz wie Wasser aufweist. Es nimmt gewöhnlich eine hellere, milchweiße Farbe an.

Die sodann von Bruno als «Schmetterlingslarven» bezeichneten Lebewesen werden von Rita und den Fabrikarbeitern als «Embryonen» eingeordnet.[241] Eine solche begriffliche Auseinandersetzung findet später auch vor dem Kassationshof in Siago statt, der über die Anklage gegen Rita zu Gericht sitzt. Im Verlauf

---

240 Vgl. Guadalupe Santa Cruz: *Plasma*, S. 39–40.
241 Vgl. ebda., S. 43.

der mündlichen Verhandlung fällt Rita, ohne um die Erlaubnis zu bitten, aufstehen zu dürfen, einem der Richter wie folgt ins Wort:

> – No son larvas, Caballero, que embalamos en la Fabrica – le digo al Juez –. Son embriones. [...]
> – No es jalea real, Caballero. Es plasma.²⁴²

Doch damit nicht genug der Verwirrung. Innerhalb der Fabrik ist man sich nämlich ebenso uneinig, was mit den «Schmetterlingslarven» letztlich hergestellt und vertrieben werde. Im Kontext einer ominösen Kommunikationspolitik kursieren Gerüchte, die hier produzierten Waren seien Teil eines Schmuggelhandels. Man könnte deshalb annehmen, bei dem Plasma und den Embryonen handele es sich um eine neuartige chemische Droge, deren Bezeichnungen bestimmte Codenamen beinhalten.²⁴³

Der Roman lässt den Leser im Unklaren. Er treibt ein bewusstes Verwirrspiel. Zu einer Entschlüsselung gelangen wir daher nur, wenn eine erweiterte Deutung dieser Begriffe vor dem Hintergrund von Rauscherfahrungen und Mußezuständen vorgenommen wird. Das hat zur Folge, Brunos Reise in die Welt von Rita als einen Weg der Bewusstseinsentwicklung/-erweiterung zu begreifen, innerhalb derer die fabrikmäßige Herstellung von Plasma und Embryonen (oder Schmetterlingslarven) als Erfahrung von Ursprung bzw. Ursprünglichkeit erscheint. Gegenstand der Produktion ist das im Rausch erlebbare «Ur» («Urzustand»), das mit der Semantik von «Plasma» (als Blutplasma und viertem physikalischem Aggregatzustand) und «Embryonen» (als Metapher der Schöpfung und Entstehung neuen Lebens) auf eine neue (Be-)Deutungsebene gehoben wird. So erklärt sich auch, warum Bruno während dieser Phase in der Fabrik auf Ritas Vater als einem weiteren «Repräsentanten» des Ursprungs trifft. Eine solche Interpretation erhält zusätzliche Bestätigung durch den Ort, in dem die Herstellung der Droge und ihr Vertrieb stattfinden: die «Fabrik» als «illegale» Brutstätte dieser Substanzen, wovon im Übrigen auch die Arbeiter und die «Gesellschaft» ausgehen. Die «Fabrik» bezeichnet damit eine räumlich dargestellte Phase des Rausches, gewissermaßen als Hort der «Schöpfung» (Embryonen) und des «Rausches» (Plasma). Für eine solche Deutung spricht ferner die semantische Besetzung des Plasmas als einer karmesinroten, klebrigen Flüssigkeit, die Anklänge an eine der Gebärmutter ähnelnde Urmasse aufweist. Eine ähnliche Semantisierung des Rausches findet man bei Gottfried Benn in seinem

---

242 Ebda., S. 144–45.
243 Vgl. dazu ebda., S. 32–43: «– No son larvas de mariposa, caballero. Son embriones. – No es comercio, caballero. Es contrabando.» Ebda., S. 43. Und vgl. Hermann Herlinghaus: Narcoepics. A Global Aesthetics of Sobriety, S. 145.

Gedicht *Kokain*, in dem Benn sowohl ein «Ur» heraufbeschwört, als auch eine Verbindung zum «Gebären» herstellt.[244]

Die im Roman geführte Diskussion, ob in der Fabrik Schmetterlingslarven oder Embryonen hergestellt werden, ist weitergehend auch von ontologischem Interesse. Rita und die Fabrikarbeiter sehen darin das Potential von etwas radikal Neuem («Embryonen») und deuten die Fabrik als einen Ort, der – wie die Gebärmutter – neues Leben hervorbringt. Bruno und die chilenische Justiz erkennen im Verpackungsinhalt Larven und messen damit dem Gegenstand ihrer Betrachtung eine eher metaphorische Bedeutung bei. Sie knüpft an die Bedeutung des Schmetterlings als einem Symbol der Seele an und betont damit stärker die «seelische», also geistige Dimension der in der Fabrik erlebten Erfahrung im «Ur»-Zustand.

Wir verlassen das Fabrikgelände und begeben uns in einen anderen Teil der Welt von Rita und damit in eine weitere Phase des Rausches. Sie unternimmt mit ihrem Freund, dem Trommler Efraín, eine Reise in das gebirgige Inland des *Norte Grande*, die *cordillera*. Bruno folgt den beiden dicht auf den Fersen. In einem Dorf machen sie Halt und nehmen an einem mehrere Tage andauernden Dorffest teil, bei dem Tanzrituale veranstaltet und wohl auch Rauschmittel konsumiert werden.[245] Im anschließenden Verlauf der Reise kommt es zu einer ersten körperlichen Annäherung zwischen Bruno und Rita. Der Anlass war existentiell. Bruno wäre in der dürren Umgebung fast verdurstet, hätten ihn Rita und ihr Freund nicht gefunden. Die beiden flößen Bruno eine Art «Trank» ein und bewahren ihn so vor seinem «ersten symbolischen Tod».[246] Bruno fällt ins Delirium. Er entwickelt gedankliche Obsessionen und sieht in Gestalt von Mumien seinen eigenen Tod vor sich. Auch textlich ist die Verbindung zu Drogen offensichtlich, wenn Bruno seine Lebensretter Rita und Efraín wie folgt zitiert:

---

244 Die ersten beiden Strophen des Gedichts «Kokain» lauten:
«Ein lautes Glatt, ein kleines Etwas, Eben –
und nun entsteigt für Hauche eines Wehens
das Ur, geballt, Nicht- seine beben
Hirnschauer mürbisten Vorübergehns.
Zersprengtes Ich – o aufgetrunkene Schwäre –
verwehte Fieber – süß zerbrostene Wehr:
verströme, o verströme du – gebäre
blutbäuchig das Entformte her.»
Alexander Kupfer: *Die künstlichen Paradiese: Rausch und Realität seit der Romantik*, S. 274.
245 Vgl. Guadalupe Santa Cruz: *Plasma*, S. 59–64.
246 Vgl. ebda., S. 68–70.

> Habían dicho cebil. Habían dicho coca. Debía anotarlo. Los apuntes parecían tan lejanos, las hojas de papel en blanco, la tinta. Solo las palabras, palabras intensas, definitivas, revoloteaban en el aire crudo. Se frotaban, las palabras, y hacían surgir sueños antiguos.[247]

Er müsse die Worte «cebil» und «coca» aufschreiben, schießt es Bruno durch den Kopf. Die Begriffe, intensive definitive Worte, so heißt es dann, flattern in der bloßen Luft herum («Solo las palabras, palabras intensas, definitivas, revoloteaban en el aire crudo»). Sie rieben sich aneinander und riefen alte Träume hervor («Se frotaban, las palabras, y hacían surgir sueños antiguos»). Die Wörter scheinen sich in seinem Bewusstsein zu verselbstständigen. Insoweit sind Ähnlichkeiten zu den Beobachtungen der Surrealisten frappant, die das Surreale auch als «Worte», nämlich als Bilder- und Wörterflut begreifen.[248] Mittels Rauscherfahrungen werde, so ihre Annahme, das «Scharnier» zum Bereich des Unbewussten bzw. Surrealen gelockert und der Geist verliere die Beherrschung über die Richtung der Gedanken.[249] Aragon spricht von der «Befreiung» des Geistes.[250] So werde der Mensch Zeuge einer nie dagewesenen inneren Bilderproduktion. Bilder aus der Welt des Realen überlebten, nähmen neue Gestalt an und würden so zur Realität.[251] Brunos Unbewusstes bzw. das Surreale steigen in dieser Phase des Rausches also auf besonders deutliche Art und Weise an die Oberfläche seines Bewusstseins, das sich – wie im Traum – in Form wild vermischter Bilder und Wörter manifestiert.

Bruno, Rita und Efrain reisen fortan zu dritt weiter und kommen sich auch innerlich näher.[252] Beim Karneval in Quispe verbringen Bruno und Rita eine Nacht miteinander.[253] Es entwickelt sich eine vertrauensvolle Beziehung, die Rita veranlasst, Bruno ihre Aufzeichnungen zu geben,[254] die er eingehend stu-

---

247 Ebda., S. 72.
248 Die Surrealisten nehmen, so Aragon, als logische Konsequenz ihrer Traum- und Rauschexperimente die Existenz einer «mentalen Materie» (matière mentale) an, die sich vom (rationalen) «Denken» unterscheidet, von der vielmehr das Denken selbst nur eine Unterform darstelle und welche in letzter Konsequenz das Vokabular, die Worte, seien. Denn ohne Worte, so Aragon, sei keine Form des Denkens möglich. Vgl. Louis Aragon: *Une vague de rêves*.
249 So heißt es bei Aragon: «Tout se passait comme si l'esprit parvenu à cette charnière de l'inconscient avait perdu le pouvoir de reconnaître où il versait.» Ebda., S. 15.
250 Das Surreale manifestiert sich als «Sprache» und Bilderflut. Vgl. ebda., S. 17.
251 So heißt es bei Aragon: «[...] virent se lever les prodiges, les grandes hallucinations qui accompagnent l'ivresse des religions et des stupéfiants physiques.» Ebda., S. 15.
252 Vgl. Guadalupe Santa Cruz: *Plasma*, S. 78 und S. 94–95.
253 Vgl. ebda., S. 86–87.
254 Vgl. ebda., S. 87.

diert.[255] So verschmilzt er mehr und mehr mit der Nymphe des *pharmakon* und verbringt eine immer intensivere Zeit im Rauschzustand. Allerdings bleibt Bruno nicht dem «Inneren» verhaftet, sondern geht – wie seine «Bilderproduktion» anschaulich zeigt – eine inhärente Verbindung zu der ihn umgebenden Umwelt ein. Angekommen in der Hafenstadt Quispe öffnet sich nachts vor seinen Augen die Bucht und er bemerkt: «El mar duerme bajo la ciudad. La baña. La mece.»[256] Die Stadt bade sich im Meer. Sie werde hin und her gewogen. Wie in Aragons Traumwoge wird die Macht des Unbewussten und des Imaginären mit Meereskraft verglichen,[257] um den enormen Einfluss auf den Menschen und auf die menschliche Zivilisation zu umschreiben.[258]

Ähnlich bildhaft gestaltet sich die Beschreibung, wie Bruno nachts am Feuer sitzt und den Tag an sich vorbeiziehen lässt. Die Gruppe hatte ihre Reise zu Orten der dunklen Vergangenheit Chiles fortgesetzt. Verlassene Friedhöfe am Strand zeugen von vergangenen Kriegen und Massakern. Auch Ritas dunkle Vergangenheit liege hier begraben, vermutet Bruno, der darauf anspielt, Rita und ihre Mutter seien hier in den Wirren des Krieges vergewaltigt worden.[259] Von sich selbst sagt Bruno, er befinde sich in einem Karussell der Angst, welches die Dinge, die ihn schmerzten, miteinander verkette.[260] Seinen Gemütszustand beschreibt er in einer Art «topographischer Vision»:

> Rieles vueltos chatarra a las puertas del alto horno, mezclados con grifos, llaves y tapas de agua, containers en desuso, fardos metálicos de piezas de automóviles accidentados, rodamientos, manivelas, alas de avión, ganchos de andarivel, en un ensordecedor ruido de roces metálicos, de cascabeles, de dientes de fierro sonoro, de matraca, todo destinado a ser reducido, a fundirse y suprimir mi trayecto, a verterse, incandescente, en otra forma que mis vehículos de viaje. Girando en una taza mientras la gigantesca cuchara disolvía los motores, la última huella, el final de la propulsión a la cual yo iba a asistir bebiendo un café oscuro, de frente al viscoso líquido mixturado.[261]

---

255 «Hube de interrogar a Rita. No desde la Oficina, ni desde Bruno Alfonso Cueno Ton, sino desde el hombre besado por ella de aquella forma», ebda., S. 89.
256 Ebda., S. 88.
257 Die Begriffe des Surrealen und des Unbewussten werden bei Aragon zum Teil synonym verwendet.
258 Louis Aragon bemerkt, die surrealistischen Experimente hätten bei einigen Anhängern der Bewegung zur Folge gehabt, dass einige, wie in ein großes Meer geworfen, drohten, sich darin zu verlieren.; lauerte doch, so Aragon, auf hoher See die Gefahr des Wahnsinns (wörtlich: Haie der Verrücktheit: «Ils s'y sont jetés comme à une mer, et comme une mer trompeuse voici que le surréalisme menace de les emporter vers un large où croisent les requins de la folie.») Louis Aragon: *Une vague de rêves*, S. 14.
259 Vgl. Guadalupe Santa Cruz: *Plasma*, S. 49 und S. 89–91.
260 Vgl. ebda., S. 91.
261 Ebda., S. 91–92.

Berge von Müll häufen sich in seinem Inneren auf: es türmen sich die zu Schrott gewordenen Bahnschienen, Wasserhähne, Flaschendeckel, Mülltonnen, Autoteile, Kugellager, Kurbeln, Flugzeugflügel etc., welche unter ohrenbetäubendem Lärm verarbeitet werden und dadurch Brunos Weg – nämlich seine «Transportmittel» – zerstören wollen («todo destinado a ser reducido, a fundirse y suprimir mi trayecto, a verterse, incandescente, en otra forma que mis vehículos de viaje»). Der Müllberg entwickelt sich zu einer dickflüssigen klebrigen Substanz («viscoso líquido mixturado»), die von einem riesigen Löffel in einer noch größeren Tasse verrührt wird («Girando en una taza») und die Motoren auflöst («la gigantesca cuchara disolvía los motores»). Dabei stehen die «Motoren» für Brunos Lebensenergie, die allmählich dahinschwindet. Im Halbschlaf hört er Stimmen, deren Herkunft er nicht sicher zuordnen kann. Möglicherweise gehören die Stimmen zu Efraín oder es waren seine eigenen Stimmen. Er wisse nur, dass sie ihn «bewohnten» und von Dingen sprachen, mit denen er nichts anfangen könne.[262] Die ihn affizierenden Stimmen erinnerten lautstark an die Sklaverei. Insoweit spricht der Text einen weiteren Aspekt an, der beschreibt, wie sich das Romansubjekt als Individuum auflöst. Die Periode der Sklaverei ist Teil der kollektiv verdrängten Vergangenheit des Landes.[263] Mit den Stimmen vergegenwärtigt sich die Vergangenheit, die nicht die seine ist, in Bruno und besetzt ihn. Seine Innerlichkeit wird zusehends durch Figurationen eines kollektiven Unbewussten oder Imaginären ersetzt.

Brunos «Traumreise» endet im schwarzen Sand. Sein Gesundheitszustand verschlechtert sich zunehmends. Auch psychisch wird er immer schwächer.[264] In der Beschreibung seiner Selbstwahrnehmung findet eine fortschreitende Verschmelzung mit seiner Umwelt statt, in die Rita einbezogen wird. Bruno zerfällt. Seine Bestandteile lösen sich auf und verteilen sich im Raum und in den ihn umgebenden Körpern. Kurz vor seinem Tod übernimmt plötzlich Rita die Erzählstimme.: «Trágate tu soledad, Bruno»[265] («Schlucke deine Einsamkeit, Bruno»), bemerkt die Stimme.

Das erzählerische «Ich» wird zu einem «Du» und nimmt damit die Form eines Selbstgesprächs an. Der Tod tritt dann ein, bleibt aber unbemerkt. Nur indirekt lässt sich erschließen, dass Bruno gestorben, gleichsam in Rita, seiner *pharmakeia*, aufgegangen ist.[266] Auf einen derartigen «Gestaltwandel» deutete bereits zuvor die Erzählstimme (noch als «Bruno»), die berichtet, seine Haar-

---

262 «Sabía, ya, que me habitaban.» Ebda., S. 92.
263 Vgl. ebda.
264 Vgl. ebda., S. 102.
265 Ebda., S. 107.
266 Vgl. ebda., S. 112.

tracht sei voller geworden und gleiche Ritas Haaren.²⁶⁷ Die Erkenntnis über die Veränderung seines Schopfes verknüpft Bruno mit dem Wunsch, die Wirtin Dominga aus Fajes solle ihm einen Turban weben. Er wolle ein Turbanträger sein.²⁶⁸ Das Bild deutet auf eine Form der spirituellen, indischen Gelehrsamkeit. Man kann daraus schließen, Brunos Herzenswunsch sei es gewesen, eine Art indischer «Guru» zu werden. Rita erkannte dies. Sie vernahm sein Klagen, wie er sich noch als «Bruno» selbst als arm an Haaren, Gewebe und Wurzel bezeichnete und sie ihn dazu aufforderte, eine neue Identität anzunehmen.²⁶⁹

> – La raíz se anda trayendo en el bolsillo. Se arroja en el camino cuando se deshace por seca, cuando se pudre por húmeda, se cambia la raíz, Bruno. ¿Qué raíz quieres andar trayendo? ¿Existe una raíz?²⁷⁰

Bruno müsse neue Wurzeln schlagen, scheint sie ihm sagen zu wollen. Dabei sei die Wurzel als Symbol der Identität nicht an einen bestimmten Ort gebunden und damit nicht unveränderbar. Vielmehr trage man die Identität wie eine Wurzel in seiner Tasche und werfe sie weg, wenn sie vertrockne, also alt und nutzlos geworden sei («Se arroja en el camino cuando se deshace por seca»). Wenn sie verfaule und einem Sorgen und Probleme bereite, sei es an der Zeit, die Wurzel auszutauschen («cuando se pudre por húmeda, se cambia la raíz, Bruno»). Der Text entwirft so ein Identitätskonzept, das sich von einem essentialistischen Identitätsbegriff abwendet. Parallelen zu Plessners Konzept des «Doppelgängertums»²⁷¹ werden deutlich. Identität ist danach nicht gebunden

---

267 Vgl. ebda., S. 111.
268 Vgl. ebda., S. 112.
269 Bruno spricht in wirren Bildern und Sätzen davon, er sei Zeit seines Lebens arm an «Mähne», «Fasern» und «Wurzeln» gewesen und bringt damit eine Form von psychischer Schwäche zum Ausdruck, die auf einen Mangel an Ich-Bewusstsein, Selbstsicherheit und Verwurzelung hindeuten. Vgl. ebda.
270 Ebda.
271 Plessner schreibt hierzu: «Unser rationales Selbstverständnis gewinnt seine Formalisierbarkeit aber aus der Idee des Menschen als eines zwar auf soziale Rolle überhaupt verwiesenen, aber nicht durch eine bestimmte Rolle definierten Wesens. Der Rollenspieler oder Träger der sozialen Figur fällt zwar nicht mit ihr zusammen, kann jedoch nicht für sich abgelöst gedacht werden, ohne seine Menschlichkeit zu verlieren. Was Rolle ihm grundsätzlich und jederzeit gewährt, nämlich eine Privatexistenz zu haben, eine Intimsphäre für sich, hebt nicht nur nicht sein Selbst auf, sondern schafft es ihm. Nur an dem anderen seiner selbst hat er – sich. Mit dieser Struktur von Doppelgängertum, in welchem Rollenträger und Rollenfigur verbunden sind, glauben wir eine Konstante getroffen zu haben, welche für jeden Typus menschlicher Vergesellschaftung offen ist und eine seiner wesentlichen Voraussetzungen bildet. [...] Dem Doppelgängertum des Menschen als solchem, als einer jedwede Selbstauffassung ermöglichenden Struktur, darf die eine Hälfte der anderen keineswegs in dem Sinne gegenübergestellt werden, als sei sie «von Natur» die bessere. Er, der Doppelgänger, hat nur die Möglich-

an einen «Wesenskerns», eine Art *homo noumenon*. In Ritas Vorstellung als der Muse des *pharmakon* hat Identität keinen Körper und damit keine Bindung an einen Standort. Nach ihrem Identitätskonzept ist die Möglichkeit eines auch physiologischen Gestaltwandels (im Rausch) nicht ausgeschlossen.

Die Beantwortung von Ritas Frage nach Brunos Wunschidentität («¿Qué raíz quieres andar trayendo?») bleibt aus. Stattdessen heißt es – nun aus Ritas Perspektive –, Bruno halte starrsinnig seinen Blick auf einen bestimmten Punkt gerichtet.[272] Offenbar sind in ihm deutliche Veränderungen eingetreten. Rita empfindet ihn als weiblich aussehend. Auch habe er sich äußerlich den Reisenden dieser Gebirgslandschaft angepasst.[273] Rita, so fährt der Roman fort, habe Bruno alles über Menschen erzählt, die sich einer Verwandlung unterzogen hätten. Beispielhaft nennt sie den Mann aus der Mancha (Don Quijote), den Mann aus Mais, den Werwolf und den Mann aus Kupfer. Doch Brunos Blick, so Rita abschließend, verweile weiter unbeirrt auf einem bestimmten Punkt.[274] Lässt sich daraus schließen, dass Bruno seine eigene Verwandlung nicht bemerkt, vielleicht auch nicht gewollt hat? Jedenfalls nimmt Bruno nicht nur eine neue Gestalt an, sondern wechselt auch sein Geschlecht. Er zeigt eine veränderte Wahrnehmung, die sich in einer veränderten Raumsemantik offenbart.[275] Das neue Erzählsubjekt (Rita) wird nicht länger von einer wilden Bilderflut übermannt, sondern beschreibt nahezu prophetisch Visionen von Städten in der Wüste, denen es an Wasser fehlt.[276] Vorherrschend ist der Zustand einer totalen Helligkeit («luminosidad total») im Sinne einer «gewaltvollen Machtergreifung der Landschaft durch das Sonnenlicht» («apoderamiento del paisaje por la luz solar»).[277] Es liegt nahe, dies als Indiz dafür zu werten, dass sich Bruno fortan im Plasmazustand, als einem radikal anderen Bewusstseinszustand befindet. Nimmt man die Zeichen indischer Spiritualität (Brunos Wunsch, ein Turban-

---

keit, sie dazu zu machen.» Helmuth Plessner: *Gesammelte Schriften. Schriften zur Soziologie und Sozialphilosophie*, S. 235. Vgl. dazu auch: Wolfgang Iser: *Ist der Identitätsbegriff ein Paradigma für die Funktion der Fiktion?*, S. 727.
272 Vgl. Guadalupe Santa Cruz: *Plasma*, S. 112.
273 «Su cabello de tiesuras de oriente estaba largo y suelto y negro, como mujer y como nosotros que andamos por las quebradas.» Ebda.
274 Vgl. ebda.
275 Darin zeigt sich ein Merkmal für Sujet- bzw. Ereignishaftigkeit im Sinne Lotmans, wird der Grenzübertritt in einen Plasmazustand doch auch und insbesondere in einer veränderten «Lichtsemantik» manifest. Die Rede ist von «totalem Licht», welches mit visionärer Prophetie den Horizont erfüllt und sich darin von dem dunkel und opak abgebildeten Meer des Unbewussten absetzt, in dem Bruno seine alte Gestalt hinter sich gelassen hat.
276 «Pero falta el agua.» Santa Cruz, G. 2005. *Plasma*, Santiago de Chile, LOM, S. 113.
277 Ebda., S. 116.

träger zu werden) hinzu, deutet die totale Helligkeit, die Bruno umgibt, daraufhin, dass Bruno den Zustand der Erleuchtung erreicht hat. Aus ihm strahlt das Nirwana.

In einer solchen unwirklichen Umgebung machen sich Rita und Efrain – bepackt mit Brunos Leiche – auf den Weg zurück nach Fajes. Dort angekommen, wird Rita festgenommen. Es erwartet sie eine Delegation von zum Teil bekannten Personen, deren Vornamen allesamt, wie Bruno, mit «B» beginnen. Dazu gehören Bruno's Vorgesetzter Braulio, der in der Fabrik angestellte Polizist Baldomero und Ritas Vater Benedicto. Es drängt sich der Eindruck auf, dass auch diese Figuren Stimmen und Instanzen, nämlich Ich-Funktionen (Doppelgänger) repräsentieren, die sich unsere/r Held/in nun bei deren «Festnahme», also der Rückkehr des Ich-Erzählers in seine alte Welt, vorstellen.[278] Das betrifft in besonderer Weise Braulio, der als Brunos «Superior» und stellenweise auch als dessen «Gott» bezeichnet wird.[279] Es kommt zu einem «Dialog» zwischen Rita und Braulio, in dessen Verlauf Braulio in doppeldeutiger Ambivalenz als Fiktion des erzählerischen Selbst erkennbar wird:

> – ¿Bruno? – Braulio, el Superior de Bruno, suspende la respuesta, está calculando. Braulio mide la extensión de mi pregunta, puedo sentir cómo me calibra a mí a través de una pregunta, cómo sopesa el impacto de lo que habrá de responderme. Braulio, el Superior, mueve los bultos con rapidez y demora las palabras, las palabras son lentas para precipitar mejor los bultos. El bulto de Bruno. Yo, el bulto que lo abulta a esta hora.[280]

Anstatt Ritas an Braulio gerichtete Frage hinsichtlich des Verbleibens von Bruno («¿Bruno?») direkt zu beantworten, tritt ein Moment des Zögerns ein, welches Rita mit einer Interpretation über die Bedeutung der Stille ihres Dialogpartners zu füllen sucht. Sie nimmt an, dass Braulio die «bultos» («Statuen»/Silhouetten/Gestalten) schnell bewege und die Worte zurückhalte, um die Gestalten besser in den Abgrund werfen zu können («Braulio, el Superior, mueve los bultos con rapidez y demora las palabras, las palabras son lentas para precipitar mejor los bultos»). Erneut wird ein virtueller Textraum aufgespannt, der mit Begriffen gefüllt wird, die sich zwischen unterschiedlichen Gestalten (Doppelgängern) bewegen. Wir lesen, was Rita sich vorstellt und was Braulio über Bruno in diesem Moment denkt. Es treten unterschiedliche Ich-Funktionen in einen Dialog und münden schließlich in einer Reflexion, die einer Epiphanie gleichkommt: «El bulto de Bruno. Yo, el bulto que lo abulta a esta hora.» («Die Gestalt/Statue von Bruno. Ich, die Gestalt, die in diesem Moment seine Gestalt annimmt.») Das

---

278 Vgl. ebda., S. 117.
279 Vgl. ebda., S. 126–27.
280 Ebda., S. 147.

erzählerische Selbst bewegt sich auf eine übergeordnete Reflexionsebene und erkennt, dass er/sie in diesem Moment nur eine mögliche Gestalt ist, nämlich Rita, die das Ich in diesem Moment ausfüllt.[281] Abermals spielt der Text mit der Identität der Figur Brunos. Auch hier trifft man wieder auf einen wie von Todorov beschriebenen Moment des «Zögerns» (hésitation) bzw. der «Unschlüssigkeit» über den Wirklichkeitsstatus der im Roman erzählten Welt.

Eine mögliche Interpretation der Doppelgängerfigur «Braulio» könnte dahingehend lauten, dass er als der Vorgesetzte von Bruno die Bedeutung einer Ich-Instanz einnimmt, die man gemeinhin als Stimme der Vernunft, der *cogitatio*, bezeichnet. Braulio übernähme damit eine Art Über-Ich-Funktion, die das erzählerische Selbst insbesondere bei der Einnahme von Drogen und in der Erfahrung von Momenten der Muße und des Rausches an die Gesetzeswidrigkeit seines Verhaltens erinnert. Braulio würde so als übergeordnete Instanz fungieren, die dem erzählerischen Selbst Aufschluss über dessen Identität gibt und zugleich zu mehr Erkenntnis über das Doppelgängertum des jeweils Betroffenen beiträgt. Für eine solche Deutung spricht ferner, dass Bruno auf seinem Weg ins Gebirge ab einem gewissen Zeitpunkt die Kommunikation mit Braulio beendet hat. Das geschah in dem Moment, als er sein funktionslos gewordenes Handy wegwarf.[282] Damit hatte sich Bruno von seiner ratenden *cogitatio*, dem Vorgesetzen «Braulio», verabschiedet. Es begann zeitgleich der Prozess der Verwandlung in die Person von Rita und seine Überführung in einen Plasmazustand, der eine totale Aufhebung dessen vornahm, was zuvor als seine «Identität» erkannt wurde.

5.4.4 Ritas Prozess

Das fünfte und letzte Kapitel des Romans handelt von Ritas Strafprozess in Siago. In der Untersuchungshaft wird sie unaufhörlich zur Abgabe einer schriftlichen Erklärung gedrängt, wonach sie illegale Rauschmittel nicht nur besitze, sondern sie in verschiedenen Formen auch zu sich genommen und an Dritte

---

281 Insoweit bestehen Ähnlichkeiten und Anknüpfungspunkte zu Lacans Konzept des Imaginärem und dessen Interpretation von Rimbauds berühmten Satz «Je est un autre». Lacan greift diesen Satz in einer Reflexion über Natur und Bedeutung bestimmter Selbstbilder, die das Ich generiere, auf. Vgl. Jacques Lacan: *Écrits*, S. 118. Hier heißt es: «Je suis un homme», ce qui dans sa pleine valeur ne peut vouloir dire que ceci: «Je suis semblable à celui qu'en le reconnaissant comme homme, je fonde à me reconnaitre pour tel». Ces diverses formules ne se comprennent en fin de compte qu'en référence à la vérité du «Je est un autre», moins fulgurante à l'intuition du poète qu'évidente au regard du psychoanalyse.» ebda, S. 118.
282 Vgl. Guadalupe Santa Cruz: *Plasma*, S. 79.

verabreicht haben soll.²⁸³ Doch Rita weigert sich, zu unterschreiben. Infolgedessen versucht man, ihren Drogenkonsum auf der Grundlage der von ihr geschriebenen Texte nachzuweisen. Graphologen, Phrenologen, Psychiater und Gerichtsmediziner werden herangezogen, um Schrift- und Blutproben von ihr zu untersuchen.²⁸⁴

Der Fall kommt schließlich vor den Kassationshof, zu dessen Gerichtsverhandlung auch Zeugen aus Fajes geladen werden. Auf der Grundlage der Zeugenaussagen, Brunos Aufzeichnungen sowie zahlreicher Fotos, unter anderem von Gebirgsschluchten und bestimmter Samen, wird folgender Tatbestand festgestellt: Rita habe Bruno verführt und aus Fajes weggelockt, um dessen Kontakt zu seiner Dienststelle zu unterbinden. In einem Moment der Schwäche habe sie ihn gezwungen, Drogen zu sich zu nehmen, was bei Bruno eine starke Abhängigkeit hervorgerufen habe. Daraufhin habe Bruno den Verstand verloren.²⁸⁵ Als zusätzliche Beweise dienten bestimmte von Bruno in dessen Berichten verwendete Ausdrücke, wie etwa die Formulierung, er habe sich auf seiner Reise in den «Hund seiner Besitzerin» verwandelt.²⁸⁶

Nach der Verurteilung geht Rita über ihre Verteidigung in die Berufung,²⁸⁷ sodass der Fall vor dem Appelationsgericht erneut verhandelt wird. Dort wird der Tatbestand der Verführung zum Drogenkonsum fallen gelassen. Rita wird der unterlassenen Hilfeleistung hinsichtlich der offenbaren Hilflosigkeit und körperlichen Gebrechlichkeit Brunos sowie der Verdeckung ihrer Motive, die zu diesem Zustand beigetragen haben, schuldig gesprochen.²⁸⁸ Der Strafausspruch

---

283 So heißt es: «Se empeñan en que deje constancia por escrito de mi tenencia ilícita de drogas, que admita haber gozado de ellas bajo distintas formas y haberlas suministrado a terceros. No me han interrogado pero me conminan a intervalos regulares, día por medio y luego a diario, finalmente dos veces al día, a estampar mi forma sobre esta declaración que se va abultando de términos a medida que me niego a hacerlo en los plazos estipulados.» Ebda., S. 134.
284 Vgl. ebda., S. 137.
285 Vgl. ebda, S. 148: «Yo había alejado a Bruno de Dominga enamorádolo, restándolo sosiego e iniciándolo de este modo en la adicción. Yo lo había atraido fuera de Fajes, a sabiendas que no podía procurarse mapa de las zonas venideras, que le traería extravío el no tener señal en su teléfono móvil y que, una vez en las quebradas, largaría todo contacto con la casa matriz, la Oficina. Que aprovechando un instante de indefensión le había forzado a ingerir estupefacientes que provocan dependencia y lo había arrastrado a un consumo creciente e indisiminado para dañar su lucidez.»
286 Vgl. ebda., S. 148 und vgl. S. 60.
287 In dem Roman bleibt der genaue Inhalt des erstinstanzlichen Urteilsspruchs offen. Man erfährt nicht, zu welcher Strafe Rita hier verurteilt wurde.
288 So heißt es: «Tengo por sentencia ser autora del crimen de Bruno Alfonso Cuneo Ton al no prestar auxilio a su evidente invalidez y encubrir los motivos, a los cuales yo había colaborado, de dicha postración.» Ebda., S. 154.

lautet auf «la relegación»: Rita wird dazu verurteilt, die Hauptstadt nicht verlassen zu dürfen (Residenzpflicht).[289]

Die Darstellung des Prozessgeschehens offenbart sich weniger als eine Auseinandersetzung über die Rechtmäßigkeit des Verhaltens von Rita oder deren Mitschuld am Tod Brunos. Die Schilderung erweckt vielmehr den Eindruck einer gewaltsamen Konfrontation, ja eines Krieges zwischen zwei Sprachsystemen. Wiederholt ist die Rede davon, dass Rita die Worte, die man an sie richte, nicht verstehe. Das von Rita benutzte Vokabular gehöre einer anderen Sprache an.[290] Ritas «Perlen» (ihre «Kapseln») werden im «Laboratorium» als Barbiturate, Rauschmittel und psychotrope Substanzen («barbitúricos, estupefacientes, psicotrópicos»[291]) bezeichnet. Die forensische Untersuchung von Ritas «Perlen» – und damit ihres «Selbst», wie schon der Name «Rita» (lat. die Perle) suggeriert – bringt der Text in eine semantische Nähe zu Akten der Gewalt. Die Rede ist von Folter und Mord («las está torturando para hacerlas morir»[292]), wie besonders eindrücklich aus folgendem Abschnitt hervorgeht:

> Las palabras cuelgan boca abajo. Son violadas las palabras, se lleva a cabo su ultraje. Las palabras son ahogadas por inmersión, asfixiadas en una bolsa plástica las palabras, aturdidas, sin aliento.[293]

In einer personifizierenden Geste der Wörter («las palabras») liest man, die Worte würden mit dem Kopf nach unten hängen und vergewaltigt, geschändet und in einer Plastiktüte erstickt werden. Für Rita als der «Nymphe» des *pharmakon* und als Autorin der Plasmapoesie muss die forensische Untersuchung der von ihr eingenommenen Substanzen sowie ihrer «Rauschpoesie» als ein Akt barbarischer Gewalt erscheinen. Das Innere von Ritas Welt und dessen Emanationen in Gestalt von Ritas Schriften lassen sich nicht gemäß der herrschenden (logozentrischen) Ordnung mit wissenschaftlicher Präzision auf «Rauscherfahrungen» hin untersuchen, geschweige denn begrifflich präzisieren. Ritas Welt, Brunos Muße-Rauschzustände lassen sich nur annähernd in Worte fassen.

Der Roman wählt deshalb eine allegorische Form zur Darstellung der Rauscherfahrungen, die diese vordergründig verklärt und erst figurativ-abstrakt

---

[289] Es heißt: «El juicio ha determinado la pena de relegación.» Ebda., S. 155.
[290] Es heißt: «[...] no las entiendo, no se refieren a mí, son palabras pronunciadas por otra lengua [...].» Ebda., S. 122.
[291] Ebda.
[292] So heißt es: «[...] son palabras pronunciadas por otra lengua necesitada que se descarga en mi nombre sobre las palabras, que se venga a palizas de las palabras, las está torturando para hacerlas morir [...].» Ebda.
[293] Ebda.

begreifbar macht. Es ist ein eminent wichtiges Merkmal des im Rausch erfahrbaren «Selbst», dass die Grenzen der Eindeutigkeit, die der Logozentrismus festzuziehen sucht, nicht nur verschwimmen, sondern geradewegs aufhören zu existieren. Erst wenn der Geist eine solche Freiheit im Rausch erlangt – etwa, als Bruno die Kommunikation zu «Braulio» (der *cogitatio*) abbricht –, können Plasmazustände als Phasen der «Erleuchtung» erfahrbar werden, welche zugleich die Kernbestandteile dessen auflösen, was vormals als Subjekt oder Individuum erkannt wurde.

Nicht zuletzt deshalb, so ist zu vermuten, gibt Santa Cruz ihrem Roman den Titel «Plasma» und wählt so eine Metapher, die die im Roman beschriebenen Muße-Rauschzustände zugleich biologisch wie physikalisch erfasst. Der Titel hebt die physiologische Dimension dieses Vorgangs der Ich-Auflösung hervor, indem mit Plasma auf das Blutplasma als die zellfreie Flüssigkeit im Blut abgehoben wird. Gleichzeitig handelt es sich um einen transgressiven Bewusstseinszustand, der in der physikalischen Dimension dieses Begriffs anklingt. Bezeichnet Plasma doch auch den vierten Aggregatzustand, in den jede Materie unter hinreichender Energiezufuhr treten kann.

In der «innigen Verbundenheit» von Schrift und Droge, die der Roman aufweist, bestehen schließlich Ansatzpunkte für eine vertiefende Diskussion um die Bedeutung von Schrift und ihrer Beziehung zum Rausch, wie sie Derrida mit seiner Dissémination angestoßen hat. Derrida untersucht hier u. a. die vielfältigen Bedeutungsdimensionen des altgriechischen *pharmakon* als Versuch, dem Wert der Schrift in der abendländischen Denktradition nachzugehen. Er interpretiert Platon (allen voran *Phaidros*) und arbeitet heraus, dass die Schrift auch als eine Form der Droge, nämlich des *pharmakon* auf den Menschen einwirken könne. Wie ein Heilmittel oder ein (tödliches) Gift wirke sie als eine von Außen kommende Substanz im unsichtbaren Inneren. Der Schrift werden wie der Droge magisch-mystische Qualitäten attribuiert. Ähnliches haben wir bei *Plasma* notiert, vor allem der Bedeutung der Plasma-Poesie in ihrer rauschhaftaffizierenden Wirkung auf Bruno. Auch die anderen Beschreibungen und Figurationen des Romans entfalten eine geradezu magische Zweitbedeutung im Text. So etwa die mysteriöse Verfolgung Ritas durch Bruno oder die Metapher des Hohlspiegels als Raum der Muße. Diese führen den Leser in der Auseinandersetzung mit dem Text an – wenngleich durch die Schrift vermittelte – Muße-Rauscherfahrungen heran, die erlauben, die Innerlichkeit des Romansubjekts als radikale Dividuation zu imaginieren.[294]

---

294 Darin bestehen gewisse Anknüpfungspunkte zu Derridas Interpretation von Platons *Phaidros*, der herausarbeitet, dass das Wort *pharmakon* eine geradezu magische Wirkung im Text entfalte. Es sei «in einer Kette von Bedeutungen» (Jacques Derrida: *Dissémination*, S. 106) in

Vor dem Hintergrund einer Interpretation, die Rita als eine «Nymphe» des Plasmas erkennt, erscheint die Verfolgung und Verurteilung durch das chilenische Justizsystem geradezu grotesk. Das betrifft genau genommen die gesamte Darstellung des Romans, der diesen Konflikt von Beginn an, angefangen mit dem enigmatisch formulierten Arbeitsauftrag («Busca entre las letras los estupefacientes, Bruno» [...] desentráñalos.»[295]) quasi in und durch seine allegorische Form erfahrbar macht. Oszilliert der Text doch permanent zwischen den beiden die Allegorie konstituierenden Bedeutungsebenen. Die primäre Bedeutungsebene der «Beschattung» der vermeintlichen Drogenhändlerin durch den Kriminalpolizisten sucht das Kriminelle und Gesetzeswidrige in ihrem Verhalten. Die zweite, tiefere Sinnebene erkennt in den Figuren und Räumen eine allegorisch zu begreifende Auseinandersetzung mit Rauscherfahrungen. Sie stellen die fundamentale «Fremderfahrung» dar, die Bruno in der Begegnung mit «Rita» durchlebt. Davon ausgehend erfährt die ontologische Bedeutung dessen, was gemeinhin als «Identität», «Subjekt» und «Individualität» erkannt wird, einen gänzlich neuen Inhalt.

Die allegorische Gegenüberstellung dieser beiden Sinnebenen erlaubt in besonderer Weise eine Reflexion über die Kriminalisierung von Rauscherfahrungen und der Vormachtstellung logenzentrischer, individualistischer Selbst- und Weltwahrnehmungskonzepte zu Beginn dieses Jahrhunderts. Gewissermaßen bewirkt die allegorische Konzeption, allem voran die Darstellung des Strafprozesses im letzten Kapitel, dass Ritas Welt der Muße und des Rausches und die alles beherrschende Logik radikaler Dividuation als ein ästhetischer Erfahrungsraum dargestellt wird, der bei gleichzeitiger Verschriftlichung dieser Erfahrungen auch als ein Raum «der Ausgrenzung und der Provokation der ausgrenzenden Macht zugleich»[296] zutage tritt. Rauscherfahrungen werden also aus den unterschiedlichsten Perspektiven «repräsentiert, bestritten und gewendet»[297] und konvertieren den vorliegenden Roman in eine literarische Heterotopie.[298] Mit anderen Worten: Rauscherfahrungen, Plasma und Erfahrungen radikaler Dividuation erscheinen nicht allein als Räume der Muße, Poesie und Erleuchtung, sondern auch als illegale Abweichungen von der (chilenischen)

---

den Text eingewoben und stünde auf «virtuelle, dynamische, laterale Weise» (ebda., S. 146) in Verbindung zu den anderen Wörtern.
295 Guadalupe Santa Cruz: *Plasma*, S. 9.
296 Rainer Warning: *Heterotopien als Räume ästhetischer Erfahrung*, S. 14.
297 Michel Foucault: *Andere Räume*, S. 39.
298 Warning schreibt diesbezüglich: «Eine kulturelle Formation wird aus der Außenperspektive des jeweiligen «espace autre» gleichzeitig repräsentiert, bestritten und gewendet – auf diese Trias also läuft das Ganze hinaus: die Trias von «représentation», «contestation» und «inversion». Rainer Warning: *Heterotopien als Räume ästhetischer Erfahrung*, S. 139.

Ordnung. Durch die kriminalistische Rahmung des Romans wird gewissermaßen immer auch die gesellschaftliche Wahrnehmung und Bewertung dieser Erfahrungen in die Darstellung mit eingebunden. So wird etwa die «Fabrik», in der Rita arbeitet, zugleich als ein Ort der Erfahrungen des «Ur» sowie als ein Raum des Illegalen inszeniert, zumal die dort hergestellten ominösen Substanzen via Schmuggel vertrieben werden. Insofern lässt sich *Plasma* als ein postsurrealistischer Roman begreifen, als eine literarische Heterotopie über Muße-Rauscherfahrungen in der westlichen Hemisphäre des 21. Jahrhunderts.

Für eine solche Interpretation spricht schließlich, dass nicht nur Rita vor Gericht steht. Der Roman berichtet von ihren Mithäftlingen, die, wie Rita, aus entfernten Regionen des Landes stammen und mit ihr eine radikal andere Sicht auf sich und die Welt teilen. Die Mitgefangene Elisa sagt von sich, sie sei ein Tier des Lichts, welches man ihr genommen habe.[299] Die «Unbewegliche» hält sich für eine Sache, ein Gebäude einer entfernten Kleinstadt mit dem Namen Sew und repräsentiert den Wahnsinn.[300] Cirila, die aus den trockenen Gebirgsketten kommt, sorgt sich um das Problem des Wassers.[301] Der Gerichtsprozess figuriert damit als Auseinandersetzung der herrschenden Ordnung mit alternativen Wahrnehmungsgewohnheiten, Lebensformen und anderen Elementen der Ausgrenzung/Randphänomenen. Dazu gehören sowohl Wasser wie Wahnsinn, als auch Rausch- bzw. Plasmazustände. Gleichzeitig werden die (chilenische) Gesellschaft und die herrschende Ordnungsdispositive aus einer radikal anderen Perspektive betrachtet und das für kritikwürdig befunden, was für gewöhnlich als Subjekt gehandelt wird.[302]

---

[299] Guadalupe Santa Cruz: *Plasma*, S. 128.
[300] Ebda., S. 130.
[301] Ebda.
[302] Darin bestehen gewisse Analogien zur *Arcadia* Sannazaros, dessen heterotopische Eigenschaften Klinkert wie folgt beschreibt: «Während einerseits der Mythos der arkadischen Dichter- und Hirtenwelt in die historisch konkrete Situation des Autors Eingang findet und ihm ermöglicht, zum Nachfolger von Pan, Theokrit und Vergil zu werden, ist andererseits festzustellen, dass die Probleme der Gegenwart, denen der Erzähler sich durch seine Flucht nach Arkadien zu entziehen versucht, ihn in diese Welt verfolgen. [...] Die arkadische Welt [...] öffnet ihre Grenzen zur historischen Welt, sie wird zum Spiegel und zum Reflexionsmedium, mittels dessen der Dichter Sannazaro seine aktuelle, von Krieg, Leid und Untergang bedrohte Welt aus einer Situation der Muße heraus betrachten kann.» Thomas Klinkert: *Muße und Erzählen: ein poetologischer Zusammenhang. Vom «Roman de la Rose» bis zu Jorge Semprún.*

6 Fazit: Eine literarische Strömung über das Fremde in der globalen Moderne Lateinamerikas

Die vorliegende Ausarbeitung nimmt eine Erforschung der spanischsprachigen Prosaliteratur über den Drogenhandel und -krieg in Lateinamerika vor, die einen Korpus von 166 Werken auf nationale Schwerpunktsetzungen, veröffentlichungsgeschichtliche Aspekte und gattungstypologische Tendenzen hin untersucht sowie repräsentative Werke einer narratologisch orientierten Analyse und fiktionstheoretisch geleiteten Interpretation unterzieht. Die Unterscheidung zwischen fiktionalen und faktualen Erzählformen sowie stilistische und generische Aspekte fallen hierbei ebenso ins Gewicht wie literaturanthropologisch begründete Funktionen des Erzählens.

Besondere Beachtung gilt der jeweiligen Inszenierung und Funktion der in den Werken dargestellten fiktiven Welt des Drogenhandels (*narcomundo*). Insoweit lassen sich, zusammen mit anderen Merkmalen, zwei Substörmungen der Narkoprosa unterscheiden: die Werke eines faktual orientierten Narkorealismus und die transgressiven, dividual orientierten Narkoromane. Maßgebend für die spezifische Art und Weise der literarischen Abbildung des *narcomundo* ist der je unterschiedliche poetologische Umgang mit gesellschaftlich vorherrschenden Dispositiven, welche die Wahrnehmung der Welt des Drogenhandels in Lateinamerika bestimmen. Diese Wahrnehmungsparadigmen beeinflussen grundlegend auch die Komposition des literarischen Werkes als Kreuzungspunkt individueller und gesellschaftlicher Wirklichkeitsanteile mit bedeutsamen anthropologischen Funktionen für Mensch und Gesellschaft.

Der *war on drugs* hat manichäische Bewertungsstrukturen innerhalb des offiziellen Drogendiskurses geschaffen, die auf das Bewusstsein innerhalb der lateinamerikanischen Mehrheitsgesellschaften einwirken und aus der Droge, dem Drogenhandel sowie den darum entstandenen Subkulturen etwas «Feindliches» und kategorial «Anderes» machen. Angsteinflößend wirken auch brachiale, öffentlich wirksame Formen der Gewaltanwendung seitens der Kartelle und andere Formen der Narkopropaganda, die aus dem Drogenkrieg einen «Angstherd» des gesellschaftlichen Imaginären geschaffen haben. Dazu tragen die mediale Berichterstattung, die soziokulturelle Verarbeitung und weitere, gesellschaftlich geprägte Wahrnehmungsstrukturen von damit in Verbindung stehenden Phänomenen maßgeblich bei.

Solche Angst- und Alteritätsdispositive beeinflussen die Konstitution genau jener Phänomene, die mit der Droge, ihrem Anbau, Konsum und Handel als dem Inbegriff des *narcomundo* zusammenhängen. Sie nehmen ferner entscheidenden Einfluss auf die literarische Verarbeitung der damit verbundenen Inhalte. Dieser Ausgangspunkt lässt sich fiktionstheoretisch damit begründen, dass das literarische Werk als Zusammenspiel von «Realem», «Imaginärem» und «Fiktivem» und insoweit als ein «Dividuelles» begriffen wird. Das einzelne Werk ist rückgebunden an seinen affektiven, imaginären und diskursiven Kontext. Aus literaturanthropologischer Perspektive ist die literarische Fiktion – ähnlich wie Begriff und Konzept von Identität – als Reaktion, nämlich als Bewältigung von historisch-pragmatischen Situationsbedürfnissen zu begreifen. Diese lassen sich nicht unabhängig, sondern erst unter Bezugnahme des affektiven, imaginären und diskursiven Kontextes einer Gesellschaft begründen, die das Leben und die Identität jedes Einzelnen prägen. Das betrifft auch die Produktion und Rezeption von Literatur, die im Spiel der Fiktion diese Wirklichkeitsanteile in je unterschiedlicher Weise Gestalt werden lässt und ihnen eine – zuweilen daran angelehnte – neue Funktion gibt.

Die beiden Subströmungen der Narkoprosa lassen sich insoweit als zwei dominante Bewältigungs- bzw. Verarbeitungsformen des als «fremdartig» wahrgenommenen *narcomundo* werten.

Der sogenannte «faktual orientierte Narkorealismus» offenbart eine «Inszenierung» des *narcomundo*, die sich an realen Spuren und Stimmen orientiert. Diese geben Zeugnis von gelebten Erfahrungen mit dem Drogenhandel und -krieg in Lateinamerika. Die angesprochenen Werke nähern sich den Drogenhändlern und im Auftrag der Kartelle arbeitenden Auftragsmördern unter Beachtung von deren Selbst- und Weltwahrnehmung sowie weiterem Quellenmaterial. Regelmäßig findet dies unter Einbindung von transkribierter bzw. fiktionalisierter Rede auf der Basis von Interviews oder Gesprächen statt. Darin offenbart der faktual orientierte Narkorealismus eine Gattungsverbundenheit bzw. -ähnlichkeit zu der sogenannten Erfahrungs- und Zeugnisliteratur (des Testimonio). Darüber hinaus knüpft diese Richtung an neuere Ausprägungen der – von Elena Poniatowska und Carlos Monsiváis begründeten – *crónica periodístico-literaria* an.

In ihrer Abbildung der Wirklichkeit zeigen die hier als repräsentative Beispiele angeführten Werke des Narkorealismus eine große Nähe zum Ausgangsmaterial,[1] bestimmte Merkmale der ursprünglichen Kommunikationssituation

---

[1] Auf dem Feld der testimonial orientierten Narkoprosa wurden in der Analyse folgende Texte berücksichtigt: Der erste Teil von Élmer Mendozas *Cada respiro que tomas* (*La parte de Chuy Salcido*) (1991); Alonso Salazar's *No nacimos pa' semilla* (1990); Gustavo Álvarez Gardeazábals *Comandante Paraíso* (2002) und Arturo Álapes *Sangre Ajena* (2000). Bei der Analyse der chronistisch orientierten Narkoprosa wurden folgende Werke berücksichtigt: Víctor Hugo Rascón Bandas *Contrabando* (2008); eher marginal Élmer Mendoza *Cada respiro que tomas* (1991);

werden mit abgebildet. Eine derartige «Doppelung» der realen Kommunikationssituation findet man vor allem in der für diese Werke charakteristischen Erzählsituation verwirklicht: Ein heterodiegetischer, häufig autobiographischer Erzähler positioniert sich außerhalb der erzählten Welt, die sich mittels einer Vielzahl von autodiegetischen Erzählern gleichsam selbst zu erzählen scheint. So entstehen polyphone, mehrdeutige Schriften über die Realität des Drogenhandels. Die eigentliche «Handlung», welche sich auf mehrere Diegesen verteilt, wird meist multiperspektivisch erzählt. Sie entbehrt in vielen Fällen einer einheitlichen *storyline*. Der Einfluss einer ordnenden Erzählerinstanz wird relativiert. In der Rolle eines unbeteiligten Beobachters ordnet der Erzähler sich vielmehr der Stimmenvielfalt derjenigen unter, die von Gewalt, Tod und Angst als Täter und Opfer aus eigener Erfahrung zu berichten wissen.

In den aus seiner Perspektive erzählten Passagen vermeidet der Erzähler überdies, sich von dem oft grausamen und brutal empfundenen Geschehen erschüttern zu lassen, wie etwa in der Schilderung des Massakers am Flughafen von Chihuahua im ersten Kapitel des Romans *Contrabando*. In dieser Hinsicht kann man in Anlehnung an die Arbeiten von Herlinghaus von einem «notariellen» Stil sprechen.[2] Diese Vorgehensweise lässt sich – nicht anders als die polyphone und fragmentarische Erzählweise – als narratives Gegenkonzept zu Tendenzen der Alterisierung und Mythifizierung des *narcomundo* innerhalb von Diskurs und gesellschaftlichem Imaginären interpretieren.

Bereits die testimoniale Erzählsituation weist darauf hin, dass die Werke von Tendenzen der Fremdmachung der dargestellten Welt des Drogenhandels Abstand nehmen. Gleiches gilt für die anthropologische Funktion des Fiktiven in Bezug auf das lesende und schreibende Subjekt (Selbstkonstitution und -überschreitung). Der faktual orientierte Narkorealismus setzt einen Kontrapunkt zu der herrschenden Kultur der Angst und einem davon geprägten Diskurs mit Tendenzen der Stereotypisierung und Mythifizierung. Insoweit stellt er einen literarischen Konterdiskurs zum *war on drugs* dar.

Die hier analysierten Werke folgen vielmehr einem ethischen Imperativ, ethnographischem Interesse oder auch einem politischen Auftrag und öffnen sich hin zu der Wahrnehmung und Sprache des als feindlich stigmatisierten «Fremden» der Mehrheitsgesellschaften in Lateinamerika.[3] Damit einher geht

---

ferner *Huesos en el desierto* (2002) von Sergio González Rodríguez und *La parte de los crímenes*, der vierte Teil von Roberto Bolaño's *2666* (2004).
2 Vgl. Hermann Herlinghaus: *Violence Withour Guilt. Ethical Narratives from the Global South*, S. 98.
3 Etwa: Élmer Mendoza: *La parte de Chuy Salcido*; Alonso Salazar: *No nacimos pa' semilla*; Arturo Álape: *Sangre Ajena* und die testimonialen Sequenzen aus Gustavo Álvarez Gardeazábal: *Comandante Paraíso*.

eine Rezeption dieser Werke, die weniger sozialwissenschaftlich ausgerichtet ist, sondern eine Begegnung in der Freiheit der Kunst sucht. Aufgrund der Rahmung ihrer Texte als «Literatur» tritt die testimoniale Narkoprosa in einen fiktionalen Raum ein, der sich traditionell durch Geistesoffenheit auszeichnet.

Die Lektüre kann sich dergestalt zu einem «annähernden» Erlebnis von empathischer «Fremderfahrung» entwickeln. Denn dem Leser bietet sich die Möglichkeit, in einen Dialog mit dem im allgemeinen verhassten und angsteinflößenden *narcomundo* und der in dieser Lebenswelt verorteten Menschen auf der Basis von deren Wahrnehmung der Wirklichkeit einzutreten.

Mit Rücksicht darauf sind wir bei der Interpretation der testimonial orientierten Narkoprosa dem traditionellen Verfahren der literarischen Textanalyse gefolgt. So konnte man den Texten eine Wirklichkeitswahrnehmung entnehmen, die sich von einer cartesianisch geprägten Subjektphilosophie abwendet und dem «Leben» selbst, dem «Leib» oder auch der «Gewalt» eine intentionale Eigenlogik einräumt. Das betrifft vor allem die Darstellung von physischer und psychischer Gewalt, Tod und Angst. In *Sangre Ajena* (2000) erkennt man dies in der Sprache des ehemaligen Auftragsmörders Ramón Chatarra, in der etwa Formen der Personifizierungen von Tod, Gewalt und Angst einen poetischen Stil finden, aus dem eine Hinwendung zur «Leiblichkeit» spricht.

Eine andere Art des literarischen Gegendiskurses schlägt die chronistisch orientierte mexikanische Narkoprosa ein. Wie im *testimonio* sind es die Stimmen Betroffener, die über die im Kontext des Drogenkriegs verübten Verbrechen im Norden Mexikos berichten. Einzelne Verbrechen werden zum Teil unter Einbindung forensischer Narrative erzählt und literarisch modifiziert. Polyphon legen sie so ein Zeugnis von der geradezu apokalyptisch anmutenden Realität des Drogenkriegs und der endemisch gewordenen Gewaltsituation im nördlichen Mexiko ab. Beispielhaft steht dafür das Werk *La parte de los crímenes* (2004) des gebürtigen Chilenen und in Mexiko beheimateten Roberto Bolaño. Ihm kommt das Verdienst zu, mit diesem vierten Teil seines *2666* dieser Literaturgattung ein erstes Denkmal gesetzt zu haben. Das intertextuell stark mit Sergio González *Huesos en el desierto* (2002) dialogisierende Werk überführt das chronistische Format über die Frauenmorde in Juárez in ein literarisches Werk *sui generis*. Ermittelnd und zugleich anklagend schafft Bolaño eine politischen Fiktion, die es erlaubt, die Verhältnisse von Souveränität und Macht in dieser Grenzregion (neu) zu (über-)denken. Stilistisch geschieht dies mittels der in der Erzählerrede anklingenden Polyphonie unterschiedlicher Stimmen der Gesellschaft dieser Region, die auf irgendeine Weise in die Morde verstrickt sind oder davon tangiert werden. In den Blickpunkt geraten so korrupte Polizeibeamte, die ausbleibende Strafverfolgung, Angehörige der Opfer und die Erfahrungen derjenigen, welche die verwesenden Körper auf dem kahlen Wüstenboden entdecken. Vor allem dadurch wird die systemische Gewalt, die an der Grenze herrscht, ins Bewusstsein gehoben.

Die jungen Frauen erscheinen – ähnlich wie Damiana Caraveo in *Contrabando* – als literarische Figuren, die das bloße, rechtlose Leben an der Grenze verkörpern. Sie rufen der Nachwelt in Erinnerung, dass es gerade Frauen sind, die zu *homines sacri*, nämlich zum Spielball einer misogynen gesellschaftlichen Ordnung, eines korrupten Staates und der Interessen der global agierenden *maquiladoras* geworden sind.

Die hier in Kurzform zusammengefassten faktualen Erzählformate dauerten bis zum Beginn des neuen Jahrtausends an. Es beginnt dann die Hochphase der fiktionalen Narkoprosa, die bis heute nicht abgeschlossen zu sein scheint. Seitdem kann man eine rasante Zunahme an mexikanischen Erstveröffentlichungen, allen voran Romanen, beobachten. Diese Entwicklung geht mit Veränderungen auf dem Verlagsmarkt und in der Rezeption der Narkoprosa einher. Ab Mitte der 1990er Jahre veränderte die sich auf kleinere und lokale Verlage beschränkte Literatur hin zu einem literarischen Feld, das nicht nur das Interesse der großen Verlagshäuser geweckt hat, sondern sich ebenso einer zunehmend jungen Autoren- und Leserschaft erfreut. Das gilt verstärkt auch für die Literaturwissenschaft. Insgesamt sehen Kritiker darin Anzeichen für einen (neuen) lateinamerikanischen Boom mit deutlichem Schwerpunkt in Mexiko.

Die Werke der fiktional orientierten Narkoprosa entziehen sich bislang einer einheitlichen Klassifizierung. Außer einer großen Anzahl an Werken der Kriminalfiktion oder Elementen derselben lässt sich keine Konzentration auf eine schon bestehende Romangattung ausmachen. Dennoch lassen sich bei einer Reihe von Romanen, insbesondere den häufig rezipierten und von der Kritik besonders beachteten, gemeinsame Darstellungsparadigmen benennen.[4]

Auf der Handlungsebene bestehen diese Ähnlichkeiten im Wesentlichen darin, dass die meist männlichen, einem bürgerlichen Milieu entstammenden Helden Fremderfahrungen unterschiedlichster Art im *narcomundo* und verwandter Milieus erleben. Diese fallen in den wenigsten Fällen mit dem Eintritt des bürgerlichen Protagonisten in den Bereich des Illegalen zusammen. Vielmehr handelt es sich um Fremderfahrungen, einschließlich Grenzüberschrei-

---

[4] Dazu gehören folgende Romane kolumbianischer Autoren: Jorge Franco Ramos: *Rosario Tijeras*; Fernando Vallejo: *La virgen de los sicarios*; Laura Restrepo: *Delirio*; Juan Gabriel Vásquez: *El ruido de las cosas al caer*; sowie folgende Romane mexikanischer Autoren: Eduardo Antonio Parra: *Nostalgia de la sombra*; Julián Herbert: *Un mundo infiel*; Mario González Suárez: *A wevo, padrino*; Sergio González Rodríguez: *El vuelo*; Orfa Alarcón: *Perra brava*; ferner der Roman der chilenischen Autorin: Guadalupe Santa Cruz: *Plasma*; sowie der Roman des bolivianischen Autors: Tito Gutiérrez Vargas: *Mariposa Blanca*.

tungen, die im Bereich von Gewalt, Sexualität und Bewusstseinsalterationen vollzogen werden und in radikaler Weise den Bezugsrahmen ihres (klein-)bürgerlichen Lebens sprengen. Deshalb bezeichnen wir diese Romane als transgressive Narkoromane. Dazu gehören auch Fremderfahrungen, die in direktem Zusammenhang zum Drogenhandel und dem gegen ihn geführten Krieg stehen. Von ihnen liest man in den stärker einem realistischen Paradigma verpflichteten Romanen *Delirio* und *El ruido de las cosas al caer*, die davon erzählen, wie ihre HeldInnen im Zuge einer Erfahrung der Gewalt radikal neue bzw. «fremde» Bewusstseinserfahrungen durchleben. Während Agustina in *Delirio* in ein *delirium tremens* fällt, erzählt *El ruido de las cosas al caer* von den Symptomen, Ursachen und Folgewirkungen einer Angstneurose, an der der Juraprofessor Yammara erkrankt.

Wir beobachten zweitens zahlreiche Formen und Mittel der Verfremdung, die in einer Reihe transgressiver Narkoromane verwendet werden. Sie figurieren auf der Darstellungsebene als ein verbindendes Element dieser Texte. Es geht um Tendenzen der semantischen Aufladung, nämlich Formen der Mythifizierung, Exotisierung und Alterisierung von Figuren, Gegenständen und Erfahrungen, die der zumeist einem bürgerlichen Milieu entstammende Held im fiktiven *narcomundo* durchlebt. Manifeste und latente Bedeutung der dargestellten Figuren, Räume und Erfahrungen treten zum Teil stark auseinander und drängen auf eine allegorische Interpretation der dargestellten Welt.

Anders als im Fall des faktual orientierten Narkorealismus lassen sich die Autoren der transgressiven Narkoromane im Spiel der Fiktion von der Symbolkraft des *narco* innerhalb des gesellschaftlich Imaginären affizieren. Die von Alteritäts- und Angstdispositiven überlagerten Figurationen rund um die Welt des «Drogenhandels» und verwandter Lebensbereiche gehen in das literarische Werk ein und erhalten so eine neue Bedeutung. Der Leser erkennt insoweit in den mythifizierenden Darstellungen der Akteure weniger das Antlitz eines unbekannten oder feindlichen Fremden als einer Person. Gegenstand der Betrachtung sind vielmehr das Fremde selbst, die Vorstellung vom Bösen, mitunter auch das kollektive Unbewusste, einschließlich solcher Ängste und Primäraffizierungen, die im Kontext des Drogenterrors virulent werden: das in der literarischen Fiktion Gestalt annehmende Imaginäre.

Der innerhalb des gesellschaftlichen Imaginären als feindlich, fremd, subversiv oder misogyn konnotierte Prototyp des *narco* begegnet einem in *Nostalgia de la Sombra* in der Figuration eines alten Cowboys mit Texanerhut. Sein Äußeres entspricht einem archetypischen *narcotraficante* aus dem Norden Mexikos. Der Autor Parra bedient sich dieses Bildes des gesellschaftlichen Imaginären und verleiht ihm eine spezifische Funktion: Der archetypische *pistolero/narcotraficante* wird in der Wahrnehmung des Romanhelden Bernardo zu einer

Figuration seines Bewusstseins. In ihr begegnet er seiner verdrängten Angst, Feigheit und erlebter systemischer Gewalt.

Eine literaturanthropologische Perspektive erkennt im *narcomundo* und verwandten Lebenswelten, wie sie in den transgressiven Narkoromanen dargestellt werden, einen ästhetischen «Spiel- bzw. Projektionsraum», in dem sich Autor wie Leser erkunden, entlasten und erschaffen. Im Besonderen betrifft dies Aspekte, welche von der gesellschaftlichen Ordnung als fremd oder abweichend wahrgenommen oder von einem Angstdispositiv besetzt werden. Das führt uns zu dem von Foucault entwickelten Konzept der Abweichungs- und Krisenheterotopien. Davon ausgehend lässt sich der fiktionale *narcomundo* als ein heterotopischer Erfahrungsraum auffassen, welcher der Entlastung, Erprobung und Transgression bestimmter Alteritäts- und Angstdispositive der gesellschaftlichen Ordnung dient.

Auch insoweit geht von *Nostalgia de la Sombra* eine Art «Leuchtturmfunktion» aus. Der heterotop konzipierte Roman setzt zahlreiche erzählerische Mittel ein, die zu einer Distanzierung der in der Fiktion dargestellten Wirklichkeit anregen und Aufschluss über das Werden und die Funktion seiner Fiktion geben. Insoweit weist der Roman Wege der Interpretation auch anderer transgressiver Narkoromane, die mit ihm eine ähnliche Handlungsstruktur sowie Tendenzen zur Mythifizierung teilen.

Parra beschreibt in seinem Roman die «Geburt» einer Narkofiktion in der Person eines Auftragsmörders. Es handelt sich um das «Auftragsmörderdouble» des Zeitungsangestellten Bernardo de la Garza. Er gibt diesem «Double» darüber hinaus eine bestimmte erzählerische Funktion. Seine Geschichte, allen voran die von ihm in der Romangegenwart lustvoll begangen Morde stellen eine Form der «fiktionalen Entlastung» oder auch «projektiven Abwehr» erlebter und nachfolgend interiorisierter Gewalt- und Angsterfahrungen dar. Dies äußert sich nachdrücklich in dem leitmotivischen Rachemordbegehren.

Es sind vor allem die heterotop konzipierten Werke, wie *Nostalgia de la Sombra*, aber auch *Plasma*, die zudem eine Reflexion über die gesellschaftliche Ordnung vornehmen, indem sie einen gesellschaftskritischen Gesamtzusammenhang zu den dargestellten Fremderfahrungen herstellen. Das «Fremde» und das «Normale» werden hier in eine Beziehung gesetzt und an die jeweilige Ordnung zurückgebunden.

Der lyrische, post-surrealistische Roman *Plasma* wählt dafür eine kriminalistische Rahmung seiner Geschichte. Der Roman erzählt vordergründig von der Geschichte einer Beschattung der vermeintlichen Drogenhändlerin Rita, die der Kriminalpolizist Bruno vornimmt und sich dazu in die Gebirgsregionen Chiles begibt, sich Rita annähert und schließlich einen tiefgreifenden Gestaltwandel erlebt. Die in *Plasma* erzählte Geschichte chiffriert unterschiedliche Phasen des

Rausches, die der Kriminalpolizist Bruno während der Beschattung seiner «Muse» des Rausches, der *pharmakeia* Rita, erlebt. Die Geschichte kulminiert in einem Gestaltwandel, den der Kriminalpolizist Bruno im Rausch vollzieht, indem er sich in seine *pharmakeia* Rita verwandelt. Bruno nimmt im Rausch ihre Gestalt an und erreicht damit einen Zustand, der identitätslos ist: Plasma. Für dieses «Verbrechen» wird «Rita» letztendlich vor Gericht schuldig gesprochen. In der Entschlüsselung des Romans wird der Leser permanent auf eine übergeordnete Reflexionsebene gehoben. *Plasma* spannt einen heterotopisch konzipierten ästhetischen Reflexionsraum über Muße und Rausch auf. Der Roman konturiert und hinterfragt aus einer Perspektive des Rausches und der durch den Rausch erlebten Muße die Dispositive, die die Drogenregulation und Rauscherfahrungen beherrschen. Die vermeintliche Drogenhändlerin Rita stellt ein radikales Gegenkonzept zur in der westlichen Hemisphäre vorherrschenden logozentrischen Ordnung dar. Ritas Verhalten entzieht sich der rationalen Einordnung. Wie eine Nymphe wird sie als ein mit ihrer Umgebung verbundenes Wesen gezeichnet. An die Stelle der Eindeutigkeit – und damit auch von Individualität und Identität – setzt Rita ein dividuelles und ein semantisches *glissando*.

Die poetologische Zielrichtung dieses Romans und einiger anderer transgressiver Narkoromane reicht allerdings darüber hinaus. Die geschilderten Erfahrungen der Transgression sprengen tendenziell die Grenzen der erzählerischen Welt- und Selbstwahrnehmung, die dem Erzählsubjekt des modernen Romans gezogen sind: das Individuum und dessen Identität, von dessen Subjektwerdung, Ratlosigkeit und «Innerlichkeit» der moderne Roman in einer «Welt ohne Gott» nach Lukács erzählt.

Das Romansubjekt als Individuum wird in transgressiven Narkoromanen auf unterschiedlichste Weise «fremd» gemacht und mit den Mitteln der Fiktion neu erfunden. Wir treffen auf einen meist männlichen Protagonisten, der in die von Gewalt erschütterte Lebensrealität lateinamerikanischer Gesellschaften hineingeworfen wird und ausweglos dem Kampf und dem Scheitern sowie der damit verbundenen Ratlosigkeit des Individuums ausgesetzt ist. Insoweit halten die Romane grundsätzlich an der Form des modernen Romans fest. Personifizierungen des Todes und des Teufels, eine Nymphe des Rausches, mythische Orte und mystisch anmutende Verschmelzungen durchbrechen dann bestimmte Darstellungsgewohnheiten des traditionellen Romans sowie grundlegende Prämissen eines aufgeklärten Menschen- und Weltbildes. Derartige Darstellungsmittel scheinen zunächst auf eine Rückkehr mythischen Denkens und surrealistischer Fiktion hinzudeuten. Andererseits werden diese Elemente als Metaphern eines geradezu schicksalhaften Ausgeliefertseins des Individuums angesichts der Wirkmächtigkeit von Rausch- und Gewalterfahrungen begreifbar. Sie werden als Zeichen und Figurationen der Dividuation erkennbar und deuten darauf hin, den Menschen in radikaler Verbundenheit mit der Umwelt zu begreifen. Das führt uns dazu, diese innovative Tendenz transgressiver Narkoromane unter den Begriff dividualer Narkofiktionen zu fassen. Es geht hierbei um ganz unterschiedliche Darstellungsstrategien, denen gemein ist, kraft ihrer Semantisierung, Metaphorik oder Handlungslogik die Affiziertheit und Affizierbarkeit des Menschen durch seine Umwelt und das gesellschaftliche Imaginäre zu akzentuieren. Dies erfolgt insbesondere in Rauschzuständen, die die Protagonisten dividual orientierter Narkoprosa an neue Fiktionen von Identität heranführen: in *Plasma* ist es der identitätszerstörende und davon befreiende, erleuchtende Plasmazustand.

Die dividual orientierten Bewusstseinsfiktionen gehen mit fundamentalen Grenzüberschreitungen der Romanprotagonisten einher, die einen radikalen Gestaltwandel erleben und auch insoweit bestimmte Konzepte von Identität und Individualität transgredieren. *Nostalgia de la Sombra* imaginiert die Vision eines abgespaltenen, kollektiven Schattenbewusstseins in Gestalt eines Auftragsmörderdoubles, in das sich Bernardo nach dem Mord an drei Jugendlichen verwandelt. Es geht um eine «Bewusstseinsfiktion», die in dem Auftragsmörder bestimmte Aspekte eines gesellschaftlich Imaginären hervorscheinen lässt. Sie stehen vor allem in Zusammenhang mit dem leitmotivischen Rachemordmotiv des Romans, das als eine Reaktion auf erlebte systemische Gewalt in Mexiko an der Schwelle zum 21. Jahrhundert verstanden werden muss. Deutlich wird dies in der lebensräumlichen Wahrnehmung des Protagonisten, in der sich bestimmte Aspekte des gesellschaftlich Imaginären spiegeln.

In Vallejos *La virgen de los sicarios* ist es der Ich-Erzähler Fernando, ein des Lebens überdrüssig gewordener, selbstmordgefährdeter «Intellektueller», der die Grenzen seines tristen Alltags dadurch sprengt, dass er sich auf eine sexuelle Beziehung mit einem jungen Auftragsmörder, Alexis, einlässt. Er verschmilzt ganz mit der Lebenswelt des jungen *sicario*, dessen ekstatischen Zugang zu Tod und Gewalt sich Fernando zu eigen macht. Der Roman beschreibt einen Prozess tiefgreifender Affizierung durch in der Person des archetypischen Auftragsmörders symbolisierte Rausch- und Gewaltelemente. In der Folge vollzieht Fernando einen radikalen Gestaltwandel. Er nimmt – affiziert von der zugleich lebensspendenden wie transzendentalen Wirkkraft dieses Gewaltrausches – eine neue Gestalt an, die sich als dividuale Fiktion begreifen lässt. In der Konsequenz erlebt sich Fernando als letzter Intellektueller Kolumbiens und Gesandter des Teufels, der in seinem Heimatland die Apokalypse ausruft und zugleich beansprucht, ein Abbild der kolumbianischen Seele darzustellen.

Darüber hinaus kann man in Romanen wie *Nostalgia de la Sombra*, *El ruido de las cosas al caer* und *Plasma* in der Darstellung von Erfahrungen mit Gewalt,

Angst und Rausch eine Hinwendung zu Schreibformen beobachten, die den Status des Protagonisten als selbstbestimmtes Individuum insofern unterhöhlen, als sie den Körper selbst als Handlungsmacht erfahrbar werden lassen. Wir begegnen einem erweiterten Erfahrungsraum, der das leibliche Bewusstsein als Intentionalität erkennbar werden lässt. Dieser leibbezogene, ganzheitliche Zugang zu Gewalterfahrungen schlägt eine Brücke zu den Werken der faktual orientierten Narkoprosa.

In der faktual wie fiktional orientierten Annäherung an das «Fremde» in der Gesellschaft – in Gestalt von realen und fiktiven Figuren und Welten des Drogenhandels in Lateinamerika – erreicht die Narkoprosa ihr eigenes Profil. Den operierenden Angst- und Alteritätsdispositiven, welche die gesellschaftliche Wahrnehmung des *narco* beherrschen, kommt insoweit die Funktion eines wichtigen «poetologischen Katalysators» zu. Sie haben dazu beigetragen, aus dem Feld der lateinamerikanischen Narkoprosa einen bedeutsamen Reflexions-, Erfahrungs- und Analyseraum über den und das «Fremde», einschließlich dem «fremden Eigenen» lateinamerikanischer Gesellschaften und der globalen Moderne überhaupt geschaffen zu haben.

Annex: Chronologisches Verzeichnis der Narkoprosa und tabellarische Klassifikationen (1967 bis 2013)

1 Chronologisches Verzeichnis der Narkoprosa (1967 bis 2013)

1967 bis 1979

Angelo Nacaveva: *Diario de un narcotraficante*. México, D.F.: B. Costa-Amic 1967.
Carlos Martínez Moreno: *Coca. Novela*. Caracas: Monte Avila 1970.
René Cardenas Barrios: *Narcotráfico, S.A.* México, D.F.: Diana 1977.
Hernan Hoyos: *Coca. Novela de la mafia criolla*. Cali: Hoyos 1977.
Jaime Manrique: *El cadáver de papá y versiones poéticas*. Bogotá: Instituto Colombiano de Cultura 1978.

1980 bis 1988

José Cervantes Angulo: *La noche de las luciernagas*. Bogotá: Plaza & Janés 1980.
Angelo Nacaveva: *El tráfico de la marihuana*. México, D.F.: Costa-Amic Editores 1981.
Abelardo Ventura: *Misa en tiempo de guerra*. Bogotá: Fortín 1984.
Juan Gossaín: *La mala hierba*. Bogotá: Oveja Negra 1985.
Gustavo Álvarez Gardeazábal: *El divino*. Bogotá: Plaza & Janés 1986.
Justo E. Vasco/Daniel Chavarria: *Primero muerto*. La Habana: Letras Cubanas 1986.
Fabio Castillo: *Los jinetes de la cocaína*. Bogotá: Documentos Periodísticos 1987.
Mario Bahamón Dussán: *El sicario*. Cali: Orquídea 1988.

1989 bis 1995

Alfredo Molano: *Siguiendo el corte. Relatos de guerras y de tierras*. Bogotá: El Ancora 1989.
Fabio Rincón: *Colombia sin Mafia*. Bogotá: Aquí y Ahora 1989.
Élmer Mendoza: *Trancapalanca*. Sinaloa: DIFOCUR 1989.
Tito Gutiérrez Vargas: *Mariposa Blanca*. La Paz: Los Amigos del Libro 1990.
Alonso Salazar: *No nacimos pa' semilla. La cultura de las bandas juveniles de Medellín*. Bogotá: Corporación Región; CINEP 1990.
Gregorio Ortega: *Los circulos del poder*. México, D.F.: Planeta 1990.
Paco Ignacio Tabio II: *Sueños de frontera*. México, D.F.: Promexa 1990.
Fabio Castillo: *La coca nostra*. Bogotá: Documentos Periodísticos 1991.
Víctor Gavíria/Alejandro Gallego: *El pelaíto que no duró nada*. Bogotá: Planeta 1991.
Élmer Mendoza: *Cada respiro que tomas*. Culiacán: Dirección de Investigación y Fomento de Cultura Regional del Gobierno del Estado de Sinaloa 1991.

María Jimena Duzán: *Crónicas que matan*. Santafé de Bogotá: Tercer Mundo 1992.
Ignacio González Camus: *El enviado de Medellín*. Santiago de Chile: CESOC 1993.
César López Cuadras: *La novela inconclusa de Bernardino Casablanca*. Guadalajara: Universidad de Guadalajara 1993.
Gonzalo Martré: *El cadáver errante*. México, D.F.: Posada 1993.
Laura Restrepo: *Leopardo al sol*. Bogotá: Planeta 1993.
Alonso Salazar J.: *Mujeres de fuego*. Medellín: Corporación Región 1993.
Luis Cañón: *El Patrón. Vida y muerte de Pablo Escobar*. Bogotá: Planeta 1994.
Vallejo, Fernando: *La virgen de los sicarios*. Bogotá: Santillana 1994.
Ketty María Cuello de Lizarazo: *Retratos bajo la tempestad*. Bogotá: Intermedio 1994.
Juan Recacoechea: *American Visa*. La Paz: Los Amigos del Libro 1994.
Arturo Álape: *Ciudad Bolívar. La hoguera de las ilusiones*. Bogotá: Planeta 1995.
Octavio Escobar Giraldo: *Saide*. Bogotá: Ecoe 1995.
Oscar Collazos: *Adiós a la virgen*. Santafé de Bogotá: Planeta 1995.
Antonio Gallego Uribe: *El Zar. El gran capo*. Colombia: Fondo Mixto para la Cultura y las Artes de Risaralda 1995.
Darío Jaramillo Agudelo: *Cartas cruzadas*. Bogotá: Santillana 1995.
Élmer Mendoza: *Buenos muchachos*. Sinaloa: Cronopia Editorial 1995.

1996–2000

Leonidas Alfaro Bedolla: *Tierra Blanca*. Culiacán: Fantasma 1996.
Pedro Casals Aldama: *Las amapolas*. Barcelona: Plaza & Janés 1996.
Gerardo Cornejo: *Juan Justino judicial*. México, D.F., Selector 1996.
Gabriel García Márquez: *Noticia de un secuestro*. New York: Penguin 1996.
J. R. Vergara Padilla: *Más allá de la traición*. Santafé de Bogotá: Plaza & Janés 1996.
Juan José Rodríguez: *Asesinato en una lavandería China*. Chimalistac, D. F: Consejo Nacional para la Cultura y las Artes 1996.
Pastor José Naranjo: *Narco sub. Vorágine bajo el mar*. Caracas: Planeta 1996.
Anonym: *Ramón. Diario de un narcotraficante*. Bolivia: Ideas Unidas Cochabamba 1997.
A. J. Ortega: *Camino norte al infierno*. Bogotá: North'n South 1997.
Alfredo Molano: *Rebusque mayor. Relatos de mulas, traquetos y embarques*. Bogotá: El Ancora 1997.
Óscar Collazos: *Morir con papá*. Santa Fe de Bogotá: Seix Barral 1997.
Javier Morán: *Choque de leyendas*. La Habana: Letras Cubanas 1997.
José Libardo Porras Vallejo: *Historias de la cárcel Bellavista*. Santa Fé de Bogotá: Instituto Colombiano de Cultura 1997.
Héctor Joaquín Abad Facilince: *Fragmentos de amor furtivo*. Bogotá: Alfaguara 1998.
Ricardo Aricapa Ardila: *Medellín es así. Crónicas y reportajes*. Medellín: Universidad de Antioquia: Municipio de Medellín 1998.
Oscar de la Borbolla: *La vida de un muerto*. México, D.F.: Nueva Imagen 1998.
Julián Andrade Jardí: *La lejanía del desierto*. México, D.F.: Cal y Arena 1999.
Oscar Collazos: *La modelo asesinada*. Santafé de Bogotá: Planeta 1999.
Jorge Franco Ramos: *Rosario Tijeras*. Bogotá: Plaza & Janés 1999.
Tito Gutiérrez Várgas: *El demonio y las flores*. Cochabamba: Los Amigos del Libro 1999.
Élmer Mendoza: *Un asesino solitario*. México, D.F.: Tusquets Editores 1999.

Eduardo Antonio Parra: *Tierra de nadie*. México, D.F.: Era 1999.
Víctor Ronquillo: *Las muertas de Juárez*. México, D.F.: Planeta 1999.
Dario Ruiz Gomez: *En voz baja*. Medellín: Gajo Caido 1999.
Gonzalo Martré: *Los dineros de Dios*. México, D.F.: Daga 1999.
Arturo Álape: *Sangre ajena*. Bogotá: Seix Barral 2000.
Ayala Anguiano Armando: *The gringo connection. Secretos del narcotráfico*. México, D.F.: Océano 2000.
Germán Castro Caycedo: *Candelaria*. Bogotá: Planeta 2000.
José Libardo Porras Vallejo: *Hijos de la nieve*. Bogotá: Planeta Colombia 2000.
Gonzalo Martré: *La casa de todos*. México, D.F.: Cofradía de Lectores La Tinta Indeleble 2000.
Gonzalo Martré: *Pájaros en el alambre*. México, D.F.: Círculo de Lectores La Tinta Indeleble 2000.

2001–2005

Sergio Álvarez Guarín: *La lectora*. Barcelona: RBA Libros 2001.
Tito Gutiérrez Vargas: *Magdalena en el paraíso*. La Paz: Alfaguara 2001.
Élmer Mendoza: *El amante de Janis Joplin*. México, D.F.: Tusquets 2001.
Alonso Salazar: *Pablo Escobar. Auge y caída de un narcotraficante*. Barcelona: Editorial Planeta 2001.
Diego Paszkowski: *El otro Gómez*. Buenos Aires: Sudamericana 2001.
Umberto Valverde: *Quítate de la vía Perico*. Bogotá: Planeta 2001.
Hernando García Mejía: *La comida del tigre*. Medellín: Hombre Nuevo 2001.
César López Cuadras: *Cástulo Bojórquez*. México, D.F.: Fondo de cultura Económica 2001.
Carmen Galán Benítez: *Tierra marchita*. Chimalistac, D. F: CONACULTA, Consejo Nacional para la Cultura y las Artes 2002.
Ricardo Guzmán Wolffer: *La frontera huele a sangre*. México, D.F.: Lectorum 2002.
Luis Felipe G. Lomelí: *Todos santos de California*. México, D.F.: CONACULTA-INBA; Tusquets Editores 2002.
Oscar Villegas Gómez: *La Señora. Una mujer en el narcotráfico*. Bogotá: O. Villegas Gómez 2002.
Gustavo Álvarez Gardeazábal: *Comandante Paraíso*. Bogotá: Mondadori 2002.
Sergio González Rodríguez. *Huesos en el desierto*. Barcelona: Editorial Anagrama 2002.
Eduardo Antonio Parra: *Nostalgia de la sombra*. México, D.F.: Editorial Joaquín Mortiz 2002.
Arturo Pérez-Reverte: *La reina del Sur*. Madrid: Santallina 2002.
Héctor Joaquín Abad Faciolince: *Angosta*. Bogotá: Seix Barral 2003.
Óscar Collazos: *Batallas en el Monte de Venus*. Bogotá: Planeta 2003.
Raúl Manríquez: *La vida a tientas*. México, D.F.: Grijalbo 2003.
Gonzalo Martré: *Cementerio de trenes*. México: Selector 2003.
Martin Solares: *Nuevas líneas de investigacción. 21 relatos sobre la impunidad*. México, D.F.: ERA 2003.
Juan José Rodríguez: *Mi nombre es Casablanca*. México, D.F.: Mondadori 2003.
Roberto Bolaño: *2666*. Barcelona: Anagrama 2004.
Luis Fayad: *Testamento de un hombre de negocios*. Bogotá: Arango 2004.
Julián Herbert: *Un mundo infiel*. México, D.F.: Joaquín Mortiz 2004.

Yuri Herrera: *Trabajos del reino*. México, D.F.: Tierra Adentro 2004.
Alfredo Molano: *Penas y cadenas*. Bogotá: Planeta 2004.
Carlos Monsiváis: *Viento rojo. Diez historias del narco en México*. México, D.F.: Plaza & Janés 2004.
Nahum Montt: *El eskimal y la mariposa*. Bogotá: Alcaldía Mayor de Bogotá, Instituto Distrital Cultura y Turismo 2004.
Rafael Ramírez Heredia: *La mara*, México, D.F., Alfaguara 2004.
Laura Restrepo: *Delirio*, México, D.F., Alfaguara 2004.
Juan Villoro: *El testigo*. Barcelona: Anagrama 2004.
Leonidas Alfaro Bedolla: *La maldición de Malverde*. Culiacián: Godesca 2004.
Homero Aridjis: *La santa muerte. Sexteto del amor, las mujeres, los perros y la muerte*. México, D.F.: CONACULTA/Alfaguara 2004.
Guadalupe Santa Cruz: *Plasma*. Santiago de Chile: LOM 2005.
Gustavo Bolívar Moreno: *Sin tetas no hay paraíso*. Bogotá: Quintero 2005.
Ricardo Aricapa Ardila: *Comuna 13. Crónica de una guerra urbana*. Medellín: Univ. de Antioquia 2005.
Héctor Aguilar Camín: *La conspiración de la fortuna*. México, D.F.: Planeta 2005.
María Idalia Gómez and Darío Fritz: *Con la muerte en el bolsillo. Seis desaforadas historias del narcotráfico en México*. México, D.F.: Planeta 2005.
Bernardo Fernández: *Tiempo de alacranes*. México, D.F.: Joaquín Mortiz 2005.

2006–2010

Silvia Galvis: *La mujer que sabía demasiado*. Bogotá: Planeta 2006.
Rafael Ramírez Heredia: *La esquina de los ojos rojos*. México: Alfaguara 2006.
Leonidas Alfaro B: *Las amapolas se tiñen de rojo*. Culiacán: Godesca 2006.
Élmer Mendoza: *Balas de plata*. México, D.F.: Tusquets Editores 2007.
Oscar Osorio: *El cronista y el espejo*. Cáceres: Institución Cultural «El Brocense» 2007.
Evelio Rosero: *Los ejércitos*. Barcelona: Tusquets Editores 2007.
Jorge Volpi Escalante: *La paz de los sepulcros*. México, D.F.: Planeta: Seix Barral 2007.
Gustavo Bolivar: *El Capo*. Bogotá: Random House Mondadori 2008.
Sergio González Rodríguez: *El vuelo*. México, D.F.: Random House Mondadori 2008.
Mario González Suárez: *A wevo, padrino*. México, D.F.: Random House Mondadori 2008.
Juan Diego Mejía: *Era lunes cuando cayó del cielo*. Bogota: Aguilar 2008.
Nahum Montt: *Lara*. Bogotá: Alfaguara 2008.
Heriberto Yépez: *Al otro lado*. México, D.F.: Planeta 2008.
José Libardo Porras Vallejo: *Happy birthday, Capo*. Bogotá: Planeta 2008.
Víctor Hugo Rascón Banda: *Contrabando*. México, D.F.: Planeta 2008.
Alejandro Almazán: *Entre Perros*. México, D.F.: Random House – Mondadori 2009.
Miguel Ángel Añez Suárez: *La mariposa extraviada. Una novela sobre el narcotráfico*. Santa Cruz de la Sierra: La Hoguera 2009.
Imanol Caneyada: *Tardarás un rato en morir. Novela*. Hermosillo: Inst. Sonorense de Cultura 2009.
Miguel Angel Esquivel: *Jésus Malverde, el santo popular de Sinaloa*. México, D.F.: JUS 2009.
José Antonio Friedl Zapata: *Todos los hombres de Chávez. Novela*. Buenos Aires: André Materon 2009.

Iris García Cuevas: *Ojos que no ven, corazón desierto*. México, D.F.: Consejo Nacional para la Cultura y las Artes, Dirección General de Publicaciones 2009.
Sergio González Rodríguez: *El hombre sin cabeza*. Barcelona: Anagrama 2009.
Alfredo Molano: *Ahí les dejo esos fierros*. Buenos Aires: Aguilar 2009.
Alejandro Páez Varela: *Corazón de Kaláshnikov*. México, D.F.: Planeta 2009.
Víctor Ronquillo: *Sicario. Diario del diablo*. México, D.F.: Ediciones B 2009.
Orfa Alarcón: *Perra brava*. México, D.F.: Planeta 2010.
Juan Pablo Villalobos: *Fiesta en la madriguera*. Barcelona: Anagrama 2010.
Javier Valdez/Carlos Monsiváis: *Malayerba*. México, D.F.: Jus 2010.
Élmer Mendoza: *La prueba del ácido*. Mexico, D. F.: Tusquets Editores 2010.
Sandro Romero Rey: *El miedo a la oscuridad*. Bogotá: Alfaguara 2010.
Norma Yamille Cuéllar: *Historias del séptimo sello*. México D. F.: Tierra Adentro: Consejo Nacional para la cultura y las Artes (Conaculta) 2010.

2011–2013

Omar Delgado: *El caballero del desierto*. México, D.F.: Siglo Veintiuno 2011.
Bernardo Fernández: *Hielo negro*. Mexico, D. F.: Grijalbo 2011.
Hilario Peña: *La mujer de los hermanos Reyna*. México, D.F.: Random House Mondadori 2011.
Juan Reyna and Roberto Zamarripa: *Confesión de un sicario. El testimonio de Drago, lugarteniente de un cártel mexicano*. México, D.F.: Grijalbo/Random House Mondadori 2011.
Juan Gabriel Vásquez: *El ruido de las cosas al caer*. Madrid: Alfaguara 2011.
Guillermo Zambrano: *Pasaporte al infierno*. México, D.F.: Ediciones B 2011.
Alejando Almazán: *El más buscado*. México, D.F.: Grijalbo 2012.
Lolita Bosch: *Campos de amapola antes de esto. Una novela sobre el narcotrafico en México*. Mexico D. F.: Oceano 2012.
Miguel Angel Chávez Díaz de León: *Policía de Ciudad Juárez*. México: Oceano 2012.
Harel Farfán Mejía: *El abogado del narco*. México: Ediciones B 2012.
Alejandro José López: *Nadie es eterno*. Medellín: Sílaba 2012.
Élmer Mendoza: *Nombre de perro*. México, D.F.: Tusquets 2012.
Juan Pablo Meneses: *Generación bang!. Los nuevos cronistas del narco mexicano*. México, D.F.: Planeta Mexicana 2012.
Hilario Peña: *Chinola kid*. México, D.F.: Mondadori 2012.
Guillermo Rubio y de Vizcarrondo: *El Sinaloa*. Mexico, D. F.: Terracota 2012.
Juan Villoro: *Arrecife*. Barcelona: Editorial Anagrama 2012.
Daniel Sada: *El lenguaje del juego*. Barcelona: Anagrama 2012.
Lorea Canales: *Los perros*. México, D.F.: Plaza & Janés 2013.
José Luis Gómez: *Los niños del Trópico de Cáncer*. México, D.F.: Planeta 2013.
César López Cuadras: *Cuatro muertos por capítulo*. Barcelona; México, D.F.: B 2013.
Eduardo Antonio Parra. *Desterrados*. México, D.F.: Era 2013.
Gilda Salinas: *La narcocumbre*. México, D.F.: Alfaguara 2013.
Carlos Velázquez: *El karma de vivir al norte*. México, D.F.: Sexto Piso 2013.
F. G. Haghenbeck: *La primavera del mal*. Madrid: Suma de letras 2013.
Paul Medrano: *Deudas de fuego*. Ciudad Victoria: Inst. Tamaulipeco para la Cultura y las Artes (ITCA) 2013.

2 Tabellarische Klassifikation der Narkoprosa nach dem Herkunftsland des Autors und dem Verlag der Erstauflage (1967 bis 2013)

Jahr der Erstauflage	Autor	Buchtitel	Herkunftsland des Autors	Verlagstyp/-gruppe der Erstauflage
1967	Nacaveva, Angelo	Diario de un narcotraficante	Mexiko	Unabhängige regionale Verlage
1970	Martínez Moreno, Carlos	Coca. Novela	Andere	Universitätsverlage und staatliche Kulturförderanstalten
1977	Cárdenas Barrios, René	Narcotráfico, S.A.	Mexiko	Mittelständische Verlage
1977	Hoyos, Hernan	Coca. Novela de la mafia criolla	Kolumbien	Unabhängige regionale Verlage
1978	Manrique Ardila, Jaime	El cadáver de papá y versiones poéticas	Kolumbien	Universitätsverlage und staatliche Kulturförderanstalten
1980	Cervantes Angulo, José	La noche de las luciernagas	Kolumbien	Plaza & Janés
1981	Gossaín, Juan	La mala hierba	Kolumbien	Plaza & Janés
1981	Nacaveva, Angelo	El tráfico de la marihuana	Mexiko	Unabhängige regionale Verlage
1984	Ventura, Abelardo	Misa en tiempo de guerra	Kolumbien	Unabhängige regionale Verlage
1986	Álvarez Gardeazábal, Gustavo	El divino	Kolumbien	Plaza & Janés
1986	Justo E. Vasco/ Daniel Chavarria	Primero muerto	Kuba	Universitätsverlage und staatliche Kulturförderanstalten
1987	Castillo, Fabio.	Los jinetes de la cocaína	Kolumbien	Unabhängige regionale Verlage
1988	Bahamón Dussán, Mario	El sicario	Kolumbien	Unabhängige regionale Verlage

(fortgesetzt)

Jahr der Erstauflage	Autor	Buchtitel	Herkunftsland des Autors	Verlagstyp/-gruppe der Erstauflage
1989	Rincón, Fabio	Colombia sin mafia	Kolumbien	Unabhängige regionale Verlage
1989	Mendoza, Élmer	Trancapalanca	Mexiko	Universitätsverlage und staatliche Kulturförderanstalten
1989	Molano, Alfredo	Siguiendo el corte. Relatos de guerras y de tierras	Kolumbien	Mittelständische Verlage
1990	Ortega, Gregorio	Los circulos del poder	Mexiko	Grupo Planeta
1990	Salazar, Alonso	No nacimos pa' semilla	Kolumbien	Unabhängige regionale Verlage
1990	Gutiérrez Vargas, Tito	Mariposa Blanca	Bolivien	Los Amigos del Libro
1990	Taibo II	Sueños de frontera	Mexiko	Mittelständische Verlage
1991	Mendoza, Élmer	Cada respiro que tomas	Mexiko	Universitätsverlage und staatliche Kulturförderanstalten
1991	Gavíria, Víctor; Alejandro Gallego	El pelaíto que no duró nada	Kolumbien	Grupo Planeta
1991	Castillo, Fabio.	La coca nostra	Kolumbien	Unabhängige regionale Verlage
1992	Duzán, María Jimena	Crónicas que matan	Kolumbien	Unabhängige regionale Verlage
1993	Restrepo, Laura	El Leopardo al Sol	Kolumbien	Grupo Planeta
1993	López Cuadras, César	La novela inconclusa de Bernardino Casablanca	Mexiko	Universitätsverlage und staatliche Kulturförderanstalten
1993	Gonzalez Camus, Ignacio	El enviado de Medellín	Chile	Mittelständische Verlage
1993	Martré, Gonzalo	El cadáver errante	Mexiko	Unabhängige regionale Verlage

(fortgesetzt)

Jahr der Erstauflage	Autor	Buchtitel	Herkunftsland des Autors	Verlagstyp/-gruppe der Erstauflage
1993	Salazar, Alonso	Mujeres de fuego	Kolumbien	Unabhängige regionale Verlage
1994	Cuello Lizarazo, Ketty	Retratos bajo la tempestad	Kolumbien	Unabhängige regionale Verlage
1994	Vallejo, Fernando	La virgen de los sicarios	Kolumbien	Grupo Santillana
1994	Cañón M., Luis	El Patrón. Vida y muerte de Pablo Escobar	Kolumbien	Grupo Planeta
1994	De Recacoechea, Juan	American Visa	Bolivien	Los Amigos del Libro
1995	Mendoza, Élmer	Buenos muchachos	Mexiko	Unabhängige regionale Verlage
1995	Gallego Uribe, Antonio	El Zar. El gran capo	Kolumbien	Universitätsverlage und staatliche Kulturförderanstalten
1995	Jaramillo Agudelo, Darío	Cartas Cruzadas	Kolumbien	Grupo Santillana
1995	Escobar, Giraldo, Octavio	Saide	Kolumbien	Andere
1995	Álape, Arturo	Ciudad Bolívar. La hoguera de las ilusiones	Kolumbien	Grupo Planeta
1995	Collazos, Óscar	Adiós a la virgen	Kolumbien	Grupo Planeta
1996	Alfaro, Leónidas	Tierra Blanca	Mexiko	Unabhängige regionale Verlage
1996	Cornejo, Gerardo	Juan Justino Judicial	Mexiko	Andere
1996	García Márquez, Gabriel	Noticia de un secuestro	Kolumbien	Andere
1996	Casals, Pedro	Las amapolas	Spanien	Plaza & Janés
1996	Naranjo Pastor, José	Narco Sub. Vorágine bajo el mar	Andere	Grupo Planeta

(fortgesetzt)

Jahr der Erstauflage	Autor	Buchtitel	Herkunftsland des Autors	Verlagstyp/-gruppe der Erstauflage
1996	Rodríguez, Juan José	Asesinato en una lavandería china	Mexiko	Universitätsverlage und staatliche Kulturförderanstalten
1996	Vergara Padilla,	Más allá de la traición	Kolumbien	Plaza & Janés
1997	Collazos, Óscar	Morir con papá	Kolumbien	Grupo Planeta
1997	Molano, Alfredo	Rebusque mayor. Relatos de mulas, traquetos y embarques.	Kolumbien	Mittelständische Verlage
1997	Anónimo	Ramón. Diario de un narcotraficante	Bolivien	Unabhängige regionale Verlage
1997	Morán, Javier	Choque de leyendas	Kuba	Universitätsverlage und staatliche Kulturförderanstalten
1997	Ortega, A. J.	Camino norte al infierno	Kolumbien	Unabhängige regionale Verlage
1997	Porras Vallejo, José Libardo	Historias de la cárcel Bellavista	Kolumbien	Universitätsverlage und staatliche Kulturförderanstalten
1998	De la Borbolla, Óscar	La vida de un muerto	Mexiko	Andere
1998	Aricapa, Ricardo	Medellín es así. Crónicas y reportajes	Kolumbien	Universitätsverlage und staatliche Kulturförderanstalten
1998	Abad Faciolince, Hector	Fragmentos de amor furtivo	Kolumbien	Grupo Santillana
1999	Franco, Jorge	Rosario Tijeras	Kolumbien	Grupo Planeta
1999	Parra, Eduardo Antonio	Tierra de nadie	Kuba	Mittelständische Verlage
1999	Andrade Jardí, Julián	La lejanía del desierto	Mexiko	Unabhängige regionale Verlage

(fortgesetzt)

Jahr der Erstauflage	Autor	Buchtitel	Herkunftsland des Autors	Verlagstyp/-gruppe der Erstauflage
1999	Gutiérrez Vargas, Tito	El demonio y las flores	Bolivien	Los Amigos del Libro
1999	Ruíz Gómez, Darío	En voz baja	Kolumbien	Unabhängige regionale Verlage
1999	Martré, Gonzalo	Los dineros de Dios	Mexiko	Unabhängige regionale Verlage
1999	Ronquillo, Víctor	Las muertas de Juárez	Mexiko	Grupo Planeta
1999	Collazos, Óscar	La modelo asesinada	Kolumbien	Grupo Planeta
2000	Ayala Anguiano, Armando	The gringo connection. Secretos del narcotráfico	Mexiko	Grupo Océano
2000	Castro Caycedo, Germán	Candelaria	Kolumbien	Grupo Planeta
2000	Álape, Arturo	Sangre Ajena	Kolumbien	Grupo Planeta
2000	Porras Vallejo, José Libardo	Hijos de la nieve	Kolumbien	Grupo Planeta
2000	Martré, Gonzalo	Pájaros en el alambre	Mexiko	Unabhängige regionale Verlage
2000	Martré, Gonzalo	La casa de todos	Mexiko	Unabhängige regionale Verlage
2001	López Cuadras, César	Cástulo Bojórquez	Mexiko	Universitätsverlage und staatliche Kulturförderanstalten
2001	Mendoza, Élmer	El amante de Janis Joplin	Mexiko	Tusquets
2001	Salazar, Alonso	La parábola de Pablo. Auge y caída de un narcotraficante	Kolumbien	Grupo Planeta
2001	Valverde, Umberto	Quítate de la vía, Perico	Kolumbien	Grupo Planeta
2001	Reigosa, Carlos A.	Narcos	Spanien	Plaza & Janés
2001	Paszkowski, Diego	El otro Gómez	Argentinien	Andere

(fortgesetzt)

Jahr der Erstauflage	Autor	Buchtitel	Herkunftsland des Autors	Verlagstyp/-gruppe der Erstauflage
2001	Gutiérrez Vargas, Tito	Magdalena en el paraíso	Bolivien	Grupo Santillana
2001	Álvarez, Sergio	La lectora	Kolumbien	Andere
2001	García Mejía, Hernando	La comida del tigre	Kolumbien	Unabhängige regionale Verlage
2001	Guzmán, Wolffer, Ricardo	La frontera huela a sangre	Mexiko	Universitätsverlage und staatliche Kulturförderanstalten
2002	Parra, Eduardo Antonio	Nostalgia de la sombra	Mexiko	Grupo Planeta
2002	Villegas Gómez, Oscar	La Señora. Una mujer en el narcotráfico	Kolumbien	Andere
2002	Pérez-Reverte, Arturo	La reina del sur	Spanien	Grupo Santillana
2002	González Rodríguez, Sergio	Huesos en el desierto	Mexiko	Anagrama
2002	Galán Benítez, Carmen	Tierra marchita	Mexiko	Universitätsverlage und staatliche Kulturförderanstalten
2002	Gardeazábal, Gustavo Álvarez	Comandante paraíso	Kolumbien	Random House Mondadori
2002	Lomelí, Luis Felipe	Todos Santos de California	Mexiko	Tusquets
2003	Manríquez, Raúl	La vida a tientas	Mexiko	Plaza & Janés
2003	Collazos, Óscar	Batallas en el Monte de Venus	Kolumbien	Grupo Planeta
2003	Solares, Martín	Nuevas líneas de investigación. 21 relatos sobre la impunidad	Mexiko	Mittelständische Verlage
2003	Rodríguez, Juan José	Mi nombre es casablanca	Mexiko	Random House Mondadori

(fortgesetzt)

Jahr der Erstauflage	Autor	Buchtitel	Herkunftsland des Autors	Verlagstyp/-gruppe der Erstauflage
2003	Abad Faciolince, Héctor	Angosta	Kolumbien	Grupo Planeta
2003	Fajardo, José Óscar	Yo, el narcotraficante	Kolumbien	Andere
2003	Martré, Gonzalo	Cementerio de trenes	Mexiko	Andere
2004	Aridjis, Homero	La santa muerte. Sexteto del amor, las mujeres, los perros y la muerte	Mexiko	Universitätsverlage und staatliche Kulturförderanstalten
2004	Alfaro Bedolla, Leónidas	La maldición de Malverde	Mexiko	Unabhängige regionale Verlage
2004	Monsiváis, Carlos	Viento rojo. Diez historias del narco en México	Mexiko	Plaza & Janés
2004	Montt, Nahum	El Eskimal y la Mariposa	Kolumbien	Universitätsverlage und staatliche Kulturförderanstalten
2004	Herbert, Julián	Un mundo infiel	Mexiko	Grupo Planeta
2004	Restrepo, Laura	Delirio	Kolumbien	Grupo Santillana
2004	Bolaño, Roberto	2666	Chile	Anagrama
2004	Villoro, Juan	El testigo	Mexiko	Anagrama
2004	Herrera, Yuri	Trabajos del reino	Mexiko	Universitätsverlage und staatliche Kulturförderanstalten
2004	Fayad, Luis	Testamento de un hombre de negocios	Kolumbien	Grupo Océano
2004	Molano, Alfredo	Penas y cadenas	Kolumbien	Grupo Planeta
2005	Aguilar Camín, Héctor	La conspiración de la fortuna	Mexiko	Grupo Planeta
2005	Fernández, Bernardo	Tiempo de alacranes	Mexiko	Grupo Planeta
2005	Santa Cruz, Guadalupe	Plasma	Chile	Mittelständische Verlage

(fortgesetzt)

Jahr der Erstauflage	Autor	Buchtitel	Herkunftsland des Autors	Verlagstyp/-gruppe der Erstauflage
2005	Aricapa, Ricardo	Comuna 13: crónica de una guerra urbana	Kolumbien	Universitätsverlage und staatliche Kulturförderanstalten
2005	Bolívar, Gustavo	Sin tetas no hay paraíso	Kolumbien	Unabhängige regionale Verlage
2005	Gómez, María Idalia; Darío, Fritz	Con la muerte en el bolsillo. Seis desaforadas historias del narcotráfico	Mexiko	Grupo Planeta
2006	Ramírez Heredia, Rafael	La Esquina de los Ojos Rojos	Mexiko	Grupo Santillana
2006	Alfaro Bedolla, Leónidas	Las amapolas se tiñen de rojo	Mexiko	Unabhängige regionale Verlage
2006	Solaris, Martín	Los minutos negros	Mexiko	Random House Mondadori
2006	Galvis, Silvia	La mujer que sabía demasiado	Kolumbien	Grupo Planeta
2007	Rosero, Evelio	Los ejércitos	Kolumbien	Tusquets
2007	Osorio, Óscar	El cronista y el espejo	Kolumbien	Unabhängige regionale Verlage
2007	Volpi, Jorge	La Paz de los sepulcros	Mexiko	Grupo Planeta
2008	Rascón Banda, Víctor Hugo	Contrabando	Mexiko	Grupo Planeta
2008	Porras, José Libardo	Happy Birthday, Capo	Kolumbien	Grupo Planeta
2008	Mejía, Juan Diego	Era lunes cuando cayó del cielo	Kolumbien	Grupo Santillana
2008	Montt, Nahum	Lara	Kolumbien	Grupo Santillana
2008	Mendoza, Élmer	Balas de plata	Mexiko	Tusquets
2008	González Suárez, Mario	A wevo, padrino	Mexiko	Random House Mondadori

(fortgesetzt)

Jahr der Erstauflage	Autor	Buchtitel	Herkunftsland des Autors	Verlagstyp/-gruppe der Erstauflage
2008	González Rodríguez, Sergio	El vuelo	Mexiko	Random House Mondadori
2008	Yépez, Heriberto	Al otro lado	Mexiko	Grupo Planeta
2008	Bolívar, Gustavo	El Capo	Kolumbien	Random House Mondadori
2009	Ronquillo, Víctor	Sicario. Diario del Diablo	Mexiko	Mittelständische Verlage
2009	Añez Suárez Miguel Ángel	La mariposa extraviada. Una novela sobre el narcotráfico.	Bolivien	Andere
2009	Esquivel, Manuel	Jesús Malverde. El santo popular de Sinaloa	Mexiko	Mittelständische Verlage
2009	González Rodríguez, Sergio	El hombre sin cabeza	Mexiko	Anagrama
2009	Friedl Zapata, José A.	Todos los hombres de Chávez	Argentinien	Unabhängige regionale Verlage
2009	Almazán, Alejandro	Entre perros	Mexiko	Random House Mondadori
2009	Páez Varela, Alejandro	Corazón de Kaláshnikov	Mexiko	Grupo Planeta
2009	Molano, Alfredo	Ahí les dejo esos fierros	Kolumbien	Grupo Santillana
2009	García Cuevas, Iris	Ojos que no ven, corazón desierto	Mexiko	Universitätsverlage und staatliche Kulturförderanstalten
2009	Caneyada, Imanol	Tardarás un rato en morir	Mexiko	Universitätsverlage und staatliche Kulturförderanstalten
2010	Alarcón, Orfa	Perra Brava	Mexiko	Grupo Planeta

(fortgesetzt)

Jahr der Erstauflage	Autor	Buchtitel	Herkunftsland des Autors	Verlagstyp/-gruppe der Erstauflage
2010	Romero Rey, Sandro	El miedo a la oscuridad	Kolumbien	Grupo Santillana
2010	Mendoza, Élmer	La prueba del ácido	Mexiko	Tusquets
2010	Villalobos, Juan Pablo	Fiesta en la madriguera	Mexiko	Anagrama
2010	Valdez, Javier; Monsivaís, Carlos	Malayerba	Mexiko	Mittelständische Verlage
2010	Yamille Cuéllar, Norma	Historias del septimo sello	Mexiko	Universitätsverlage und staatliche Kulturförderanstalten
2011	Reyna, Juan Carlos	Confesión de un sicario. El testimonio de Drago, lugarteniente de un cártel mexicano.	Mexiko	Random House Mondadori
2011	Vásquez, Juan Gabriel	El ruido de las cosas al caer	Kolumbien	Grupo Santillana
2011	Fernández, Bernardo	Hielo negro	Mexiko	Random House Mondadori
2011	Peña, Hilario	La mujer de los hermanos Reyna	Mexiko	Random House Mondadori
2011	Zambrano, Guillermo	Pasaporte al Infierno	Mexiko	Mittelständische Verlage
2011	Delgado, Omar	El Caballero del desierto	Mexiko	Mittelständische Verlage
2012	Bosch, Lolita	Campos de amapola antes de esto. Una novela sobre el narcotráfico en México	Spanien	Grupo Océano
2012	Sada, Daniel	El lenguaje del juego	Mexiko	Anagrama

(fortgesetzt)

Jahr der Erstauflage	Autor	Buchtitel	Herkunftsland des Autors	Verlagstyp/-gruppe der Erstauflage
2012	Almazán, Alejandro	El más buscado	Mexiko	Random House Mondadori
2012	Meneses, Juan Pablo	Generación Bang. Los nuevos cronistas del narco mexicano	Mexiko	Grupo Planeta
2012	Mendoza, Élmer	Nombre de perro	Mexiko	Tusquets
2012	Villoro, Juan	Arrecife	Mexiko	Anagrama
2012	López, Alejandro	Nadie es eterno	Kolumbien	Unabhängige regionale Verlage
2012	Chávez Díaz de León, Miguel Ángel	Policía de Ciudad Juárez	Mexiko	Grupo Océano
2012	Rubio, Guillermo	El Sinaloa	Mexiko	Mittelständische Verlage
2012	Peña, Hilario	Chinola Kid	Mexiko	Random House Mondadori
2012	Mejía, Harel Farfan	El abogado del narco	Mexiko	Mittelständische Verlage
2013	Velázquez, Carlos	El karma de vivir al Norte	Mexiko	Mittelständische Verlage
2013	Salinas, Gilda	La Narcocumbre	Mexiko	Grupo Santillana
2013	Parra Eduardo Antonio	Desterrados	Mexiko	Mittelständische Verlage
2013	López Cuadras, César	Cuatro muertos por capítulo	Mexiko	Mittelständische Verlage
2013	Canales, Lorea	Los Perros	Mexiko	Plaza & Janés
2013	Haghenbeck, F.G.	La primavera del Mal	Mexiko	Grupo Santillana
2013	Gómez, José Luis	Los Niños del trópico de cáncer	Mexiko	Grupo Planeta

Bibliographie

Abad Faciolince, Héctor Joaquín: Estética y narcotráfico. In: *Número* 7 (1995), S. ii–iii (6–7).
– : *Fragmentos de amor furtivo*. Bogotá: Alfaguara 1998.
– : *Angosta*. Bogotá: Seix Barral 2003.
Adriaensen, Brigitte: Las modalidades del cinismo en *La virgen de los sicarios* de Fernando Vallejo. In: *Guaraguao* 37(2011), S. 46–60.
Agamben, Giorgio: *Die souveräne Macht und das nackte Leben*. Frankfurt am Main: Suhrkamp 2002.
– : *Was ist ein Dispositiv?* Zürich/Berlin: Diaphanes 2008.
Aguilar Camín, Hector: Pasado Pendiente. In: Hector Aguilar Camín (Hg.): *Historias conversadas*. México, D.F.: Cal y Arena 1992, S. 25–47.
– : *La conspiración de la fortuna*. México, D.F.: Planeta 2005.
Álape, Arturo: *Ciudad Bolívar. La hoguera de las ilusiones*. Bogotá: Planeta 1995.
– : *Sangre ajena*. Bogotá: Seix Barral 2000.
– : Razones de una escritura. In: *Anuario L L/Instituto de Literatura y Lingüística de la Academia de Ciencias de Cuba* 35 (2004), S. 108–16.
Alarcón, Orfa: *Perra brava*. México, D.F.: Planeta 2010.
Alfaro Bedolla, Leonidas: *Las amapolas se tiñen de rojo*. Culiacán: Godesca 2006.
– : *Tierra Blanca*. Culiacán: Fantasma 1996.
– : *La maldición de Malverde*. Culiacián: Godesca 2004.
– : *Tierra Blanca*. México, D.F.: Ed. Almuzara 2005 (c1996).
Almazán, Alejandro: *Entre Perros*. México, D.F.: Random House Mondadori 2009.
– : *El más buscado*. México, D.F.: Grijalbo 2012.
Álvarez Gardeazábal, Gustavo: *El divino*. Bogotá: Plaza & Janés 1986.
– : *Comandante Paraíso*. Bogotá: Mondadori 2002.
– /Zambrano, Jaime: Gustavo Álvarez Gardeazábal. In: *Hispamérica* 76/77, 26 (1997), S. 133–144.
Álvarez Guarín, Sergio: *La lectora*. Barcelona: RBA Libros 2001.
Amar Sánchez, Ana María: La ficción del testimonio. In: *Revista Iberoamericana* 151 (1990), S. 447–61.
Ambos, Kai: *Die Drogenkontrolle und ihre Probleme in Kolumbien, Perú und Bolivien: eine kriminologische Untersuchung aus Sicht der Anbauländer unter besonderer Berücksichtigung der Drogengesetzgebung*. Freiburg im Breisgau: Max-Planck-Inst. für Ausländisches und Internat. Strafrecht 1993.
Andrade Jardí, Julián: *La lejanía del desierto*. México, D.F.: Cal y Arena 1999.
Añez Suárez, Miguel Ángel: *La mariposa extraviada. Una novela sobre el narcotráfico*. Santa Cruz de la Sierra: La Hoguera 2009.
Anonym: *Ramón. Diario de un narcotraficante*. Bolivia: Ideas Unidas Cochabamba 1997.
Aragon, Louis: *Une vague de rêves*. Paris: Seghers 2006.
Aricapa Ardila, Ricardo: *Medellín es así. Crónicas y reportajes*. Medellín: Universidad de Antioquia: Municipio de Medellín 1998.
– : *Comuna 13. Crónica de una guerra urbana*. Medellín: Univ. de Antioquia 2005.
Aridjis, Homero: *La santa muerte. Sexteto del amor, las mujeres, los perros y la muerte*. México, D.F.: CONACULTA/Alfaguara 2004.
Astorga Almanza, Luis Alejandro: *Mitología del «narcotraficante» en México*. México, D.F.: Plaza y Valdés 1995.

– : *El siglo de las drogas: El narcotráfico, del porfiriato al nuevo milenio*. México, D.F.: Plaza & Janés 2005.
Ayala Anguiano, Armando: *The gringo connection. Secretos del narcotráfico*. México, D.F.: Océano 2000.
Bachtin, Michail M.: *Probleme der Poetik Dostoevskijs*. München: Hanser 1971.
– : *Die Ästhetik des Wortes*. Herausgegeben von Rainer Georg Grübel. Frankfurt am Main: Suhrkamp 1979.
– : *Chronotopos*. Herausgegeben von Michael Dewey: Frankfurt am Main: Suhrkamp 2014.
Bahamón Dussán, Mario: *El sicario*. Cali: Orquídea 1988.
Balke, Friedrich: *Figuren der Souveränität*. Paderborn: Fink 2009.
– : Von der fiktiven Person zur imaginären Institution. Politik und Bildgebung bei Ernst Kantorowicz und Cornelius Castoriadis. In: Gottfried Boehm (Hg.): *Imagination: Suchen und Finden*. Paderborn: Fink 2014, S. 189–215.
Barthes, Roland: *Mythologies*. Paris: Le Seuil 1957.
– : *Mitologías*. México, D.F.: Siglo XXI 1999.
– : Der Tod des Autors. In: Roland Barthes (Hg.): *Kritische Essays. Das Rauschen der Sprache*. Aus dem Französischen von Dieter Hornig. Frankfurt am Main: Suhrkamp 2006, S. 57–63.
– : Der Wirklichkeitseffekt. In: Roland Barthes (Hg.): *Kritische Essays. Das Rauschen der Sprache*. Aus dem Französischen von Dieter Hornig. Frankfurt am Main: Suhrkamp 2006, S. 164–72.
– : *Mythen des Alltags*. Berlin: Suhrkamp 2012.
Bataille, George: *Visions of Excess. Selected Writings, 1927–1939*. Herausgegeben von: Allan Stoekl. Übersetzt von Carl R. Lovitt und Donald M. Leslie, Jr. Minneapolis: University of Minnesota 1985.
Baudelaire, Charles: *Oeuvres complètes*. Herausgegeben von Pichois, Claude. Paris: Gallimard 1975.
Baudrillard, Jean: *Der symbolische Tausch und der Tod*. Aus dem Französischen von Gerd Bergfleth. München: Matthes & Seitz 1982.
Behrens, Rudolf: *Die Macht und das Imaginäre: eine kulturelle Verwandtschaft in der Literatur zwischen Früher Neuzeit und Moderne*. Würzburg: Königshausen & Neumann 2005.
Benjamin, Walter: Der Erzähler. In: Walter Benjamin (Hg.): *Über Literatur*. Frankfurt am Main: Suhrkamp 1970, S. 33–61.
– : Der Sürrealismus. In: Walter Benjamin (Hg.): *Gesammelte Schriften*. Herausgegeben von: Rolf Tiedemann/Hermann Schweppenhäuser. Frankfurt am Main: Suhrkamp 1977, S. 295–310.
– : Kapitalismus als Religion. In: Walter Benjamin (Hg.): *Gesammelte Schriften*. Herausgegeben von: Rolf Tiedemann/ Hermann Schweppenhäuser. Frankfurt am Main: Suhrkamp 1991, S. 100–03.
Bencomo, Anadeli: *Voces y voceros de la megalópolis. La crónica periodístico-literaria en México*. Madrid/Frankfurt: Vervuert 2002.
– : Los relatos de la violencia en Sergio González Rodríguez: Huesos en el desierto, El vuelo y El hombre sin cabeza/Stories of violence in the works of Sergio González Rodríguez. In: *Andamios* 8 (2011), S. 13–35.
Benn, Gottfried: Probleme der Lyrik. In: Benn, Gottfried (Hg.): *Sämtliche Werke, Band VI, Prosa 4*. Herausgegeben von Schuster, Gerhard u. a. Stuttgart: Klett-Cotta 2003, S. 9–44.

Beverley, John: Anatomía del testimonio. In: *Revista de Crítica Literaria Latinoamericana* 25, 13 (1987), S. 7–16.
Bialowas Pobutsky, Aldona: The Thrill of the Kill: Pushing the Boundaries of Experience in the Prose of Eduardo Antonio Parra. In: *Ciberletras* 17 (2007); http://www.lehman.cuny.edu/ciberletras/v17/pobutsky.htm (20.02.2019).
Bioalowas Pobutsky, Aldona: Romantizando al verdugo: Las novelas sicarescas Rosario Tijeras y La virgen de los sicarios. In: *Revista Iberoamericana* 76 (2010), S. 567–82.
Blancornelas, Jesús: *El cártel. Los Arellano Félix: la mafia más poderosa en la historia de América Latina*. México, D.F.: Debolsillo 2008, c2002.
Bolaño, Roberto: *2666*. Barcelona: Ed. Anagrama 2004.
– : *2666*. Nueva York: Vintage Español 2009.
Bolívar Moreno, Gustavo: *El Capo*. Bogotá: Random House Mondadori 2008.
– : *Sin tetas no hay paraíso*. Bogotá: Quintero 2005.
Borbolla, Oscar de la: *La vida de un muerto*. México, D.F.: Nueva Imagen 1998.
Borsò, Vittoria: *Mexiko jenseits der Einsamkeit – Versuch einer interkulturellen Analyse. Kritischer Rückblick auf die Diskurse des Magischen Realismus*. Frankfurt am Main: Vervuet 1994.
Bosch, Lolita: *Campos de amapola antes de esto: una novela sobre el narcotrafico en México*. Mexico D. F.: Oceano 2012.
Botero Bernal, José Fernando: *Código penal colombiano*. Medellín: Universidad de Medellín; http://perso.unifr.ch/derechopenal/assets/files/legislacion/l_20130808_01.pdf, 2000 (20.02.2019).
Brecht, Bertolt: *Gesammelte Werke. Schriften zum Theater 1*. Frankfurt am Main: Suhrkamp 1976.
Brennan, Teresa: *The Transmission of Affect*. Ithaca [u.a.]: Cornell Univ. Press 2004.
Burghardt, Peter: Richtig guter Stoff. In: *Süddeutsche Zeitung* (16.02.2014); https://www.sueddeutsche.de/medien/telenovela-pablo-escobar-patron-des-boesen-richtig-guter-stoff-1.1889273 (02.03.2019).
Burgos Dávila, César Jesús: Narcocorridos: Antecedentes de la tradición corridística y del narcotráfico en México. In: *Studies in Latin American Popular Culture* 1, (2013), S.157–83.
Burke, Edmund/Boulton, James T.: *A Philosophical Enquiry into the Origin of our Ideas of the Sublime and Beautiful* London: Routledge and Kegan Paul 1958.
Butler, Judith: Für ein sorgfältiges Leben. In: Seyla Benhabib (Hg.): *Der Streit um Differenz. Feminismus und Postmoderne in der Gegenwart*. Frankfurt am Main: Fischer 1993.
– : *Kritik der ethischen Gewalt*. Frankfurt am Main: Suhrkamp 2007.
– /Mohrmann, Judith: *Krieg und Affekt*. Zürich; Berlin: Diaphanes 2009.
Cabañas, Miguel: El sicario en su alegoria: la ficcionalizacion de la violencia en la novela colombiana de finales del siglo XX. In: *Taller de Letras* (2002), S. 7–20.
Cabañas, Miguel A.: Imagined Narcoscapes: Narcoculture and the Politics of Representation. In: *Latin American Perspectives* 2, 41 (2014), S. 3–17.
Cajas, Juan: Globalización del crimen, cultura y mercados ilegales. In: *Ide@s, Concyteg* 36, 3 (2008).
Calasso, Roberto: *Die Literatur und die Götter*. München: Hanser 2003.
Campbell, Federico: El narco. In: Federico Campbell (Hg.): *La era de la criminalidad*. México: Fondo de Cultura Económica 2014, S. 276–88.
Campbell, H.: Narco-Propaganda in the Mexican «Drug War». An Anthropological Perspective. In: *Latin American Perspectives* 41 (2014), S. 69–77.

Campbell, Ysla/Rivera, María (Hg.): *Textos para la historia de la literatura chihuahuense.* Ciudad Juarez, Chihuahua: Universidad Autónoma de Ciudad Juárez 2002.
Canales, Lorea: *Los perros.* México, D.F.: Plaza & Janés 2013.
Caneyada, Imanol: *Tardarás un rato en morir. Novela.* Hermosillo: Inst. Sonorense de Cultura 2009.
Cano, Luis C.: Feminizacion de la violencia en Rosario Tijeras de Jorge Franco Ramos. In: *Hispanofila* (2014), S. 207–23.
Cañón M., Luis: *El Patrón. Vida y muerte de Pablo Escobar.* Bogotá: Planeta 1994.
Cárdenas Barrios, René: *Narcotráfico, S.A.* México, D.F.: Diana 1977.
Cárdenas, Javier Valdez: *Malayerba. Crónicas del narco.* México, D.F.: Aguilar 2009.
– : *Miss Narco: Belleza, poder y violencia. Historias reales de mujeres en el narcotráfico mexicano.* México: Santillana/Aguilar 2009.
Cardoso, Dinora: Laura Restrepo's Delirio: A Refoundational Novel. In: Estrella Cibreiro/Francisca López (Hg.): *Global Issues in Contemporary Hispanic Women's Writing: Shaping Gender, the Environment, and Politics.* New York: Routledge 2013, S. 90–104.
Carlos Ramírez-Pimienta, Juan: En torno al primer narcocorrido. Arqueología del cancionero de las drogas. In: *A Contracorriente* 7 (2010), S. 82–99.
Carpentier, Alejo: *Obras completas de Alejo Carpentier. Ensayos.* México: Siglo Veintiuno Ed. 1990.
Casals Aldama, Pedro: *Las amapolas.* Barcelona: Plaza & Janés 1996.
Castillo, Fabio: *Los jinetes de la cocaína.* Bogotá: Documentos Periodísticos 1987.
– : *La coca nostra.* Bogotá: Documentos Periodísticos 1991.
Castoriadis, Cornelius: *L'institution imaginaire de la société.* Paris: Éd. du Seuil 1975.
– : *Gesellschaft als imaginäre Institution. Entwurf einer politischen Philosophie.* Frankfurt am Main: Suhrkamp 1990.
– : Das Imaginäre. die Schöpfung im gesellschaftlich-geschichtlichen Bereich. In: Harald Wolf (Hg.): *Das Imaginäre im Sozialen. Zur Sozialtheorie von Cornelius Castoriadis.* Göttingen: Wallstein 2012, S. 15–38.
Castro Caycedo, Germán: *La bruja. Coca, política y demonio.* Bogotá: Planeta 1994.
– : *Candelaria.* Bogotá: Planeta 2000.
Cervantes Angulo, José: *La noche de las luciernagas.* Bogotá: Plaza & Janés 1980.
Chávez Díaz de León, Miguel Angel: *Policía de Ciudad Juárez.* México: Oceano 2012.
Chávez, Jorge Humberto: *Te diría que fuéramos al Río Bravo a llorar pero debes saber que ya no hay río ni llanto.* México: Fondo de Cultura Económica 2013.
Chihaia, Matei: Das Imaginäre bei Cornelius Castoriadis und seine Aufnahme durch Wolfgang Iser und Jean-Marie Apostolidès. In: Rainer Zaiser (Hg.): *Literaturtheorie und sciences humaines.* Berlin: Frank & Timme 2008, S. 69–87.
Christgau, Nathaniel: *Tod und Text.* Berlin: Matthes & Seitz 2016.
Código Penal federal. Texto Vigente. Publicado en el Diario Oficial el 14 de agosto de 1931; https://www.juridicas.unam.mx/legislacion/ordenamiento/codigo-penal-federal#9980 (22.02.2019).
Collazos, Oscar: *Adiós a la virgen: nouvelle.* Santafé de Bogotá: Planeta 1995.
– : *La modelo asesinada.* Santafé de Bogotá: Planeta 1999.
– : *Morir con papá.* Santa Fe de Bogotá: Seix Barral 1997.
– : *Batallas en el Monte de Venus.* Bogotá: Planeta 2003.
Condoleo, Nicola: *Vom Imaginären zur Autonomie. Grundlagen der politischen Philosophie von Cornelius Castoriadis.* Zürich: 2015.

Cordova, Nery: *La narcocultura: simbología de la transgresión, el poder y la muerte. Sinaloa y la «leyenda negra»* . Culiacán: Servicios Editoriales Once Ríos S.A. de C.V. 2011.
– : La subcultura del «narco» en Sinaloa: la fuerza de la transgresión. In: *Cultura y representaciones sociales* 3, 2 (2010), S. 106–130.
Cornejo M, Gerardo: *Juan Justino judicial*. México, D.F.: Selector 1996.
Crosthwaite, Luis Humberto: *Tijuana. Crimen y olvido*. México, D.F.: Tusquets 2010.
Cuello de Lizarazo, Ketty María: *Retratos bajo la tempestad*. Bogotá: Intermedio 1994.
de Ita, Fernando: La danza de la pirámide: Historia, exaltación y crítica de las nuevas tendencias del teatro en México. In: *Latin American Theatre Review* 1, 23 (1989), S. 9–17.
DeGrandpre, Richard J.: *The Cult of Pharmacology. How America Became the World's most Troubled Drug Culture*. Durham: Duke University Press 2006.
Deleuze, Gilles/Guattari, Félix: *Tausend Plateaus*. Berlin: Merve 1992.
Delgado, Omar: *El caballero del desierto*. México, D.F.: Siglo Veintiuno 2011.
Derrida, Jacques: *Dissemination*. Übersetzt und Herausgegeben von Engelmann, Peter u. a.: Wien: Passagen Verl. 1995.
Désveaux, Emmanuel: Mythe. In: Pierre Bonte (Hg.): *Dictionnaire de l'ethnologie et de l'anthropologie*. Paris: Presses Universitaires de France 1991, S. 501.
Domínguez Michael, Christopher: *Diccionario crítico de la literatura mexicana, 1955–2011*. México, D.F.: Fondo de Cultura Económica 2012.
Dubois, Claude-Gilbert: *L'imaginaire de la nation (1792–1992); colloque européen de Bordeaux*. Bordeaux: Pr. Univ. de Bordeaux 1991.
Durand, Gilbert: *Les structures anthropologiques de l'imaginaire*. 1960.
– : *Champs de l'imaginaire/Gilbert Durand. Textes réunis par Danièle Chauvin*. Grenoble: ELLUG 1996.
Duzán, María Jimena: *Crónicas que matan*. Santafé de Bogotá: Tercer Mundo 1992.
Eagleton, Terry: *Sweet violence. The idea of the tragic*. Malden, Mass. u. a.: Blackwell 2003.
Echeverría, Ignacio: Nota a la primera edición. In: Roberto Bolaño: *2666*. Barcelona 2004.
– (Hg.): *Book Entre paréntesis. Ensayos, artículos y discursos (1998–2003)*. Barcelona 2004, S. 1121–25.
Eckert, Penelope/McConnell-Ginet, Sally: New generalizations and explanations in language and gender research. In: *Language in Society* 2, 28 (1999), S. 185–201.
Edberg, Mark Cameron: *El narcotraficante. Narcocorridos and the Construction of a Cultural Persona on the US-Mexico Border*. Austin: University of Texas Press 2004.
El tiempo: Prisión preventiva para Álvarez Gardeazábal. In: *El tiempo* (05.05.1999); http://www.eltiempo.com/archivo/documento/MAM-912186 (02.03.2019).
Ermann, Michael: Projektion. In: Stefan Jordan (Hg.): *Lexikon Psychologie. Hundert Grundbegriffe* Stuttgart: Reclam 2005, S. 380.
Esch, Sophie: In the Crossfire. Rascón Banda's Contrabando and the «Narcoliterature» Debate in Mexico. In: *Latin American Perspectives* 41 (2014), S. 161–76.
Escobar Giraldo, Octavio: *Saide*. Bogotá: Ecoe 1995.
Escohotado, Antonio: *Historia general de las drogas*. Madrid: Alianza 1989.
Espinosa, Pablo: Estrenan Playa azul, obra a la que ‹todo mundo le sacó›. In: *La Jornada* (31.08.1989).
Esquivel, Miguel Angel: *Jésus Malverde. El santo popular de Sinaloa*. México, D.F.: JUS 2009.
Farfán Mejía, Harel: *El abogado del narco*. México: Ediciones B 2012.
Fayad, Luis: *Testamento de un hombre de negocios*. Bogotá: Arango 2004.
Fernández, Bernardo: *Tiempo de alacranes*. México, D.F.: Joaquín Mortiz 2005.
– : *Hielo negro*. Mexico, D. F.: Grijalbo 2011.

Fernández l'Hoeste, Héctor D.: La Virgen de los Sicarios o las visiones dantescas de Fernando Vallejo. In: *Hispania: A Journal Devoted to the Teaching of Spanish and Portuguese* 83 (2000), S. 757–67.

Feustel, Robert: *Grenzgänge: Kulturen des Rauschs seit der Renaissance*. München; Paderborn: Fink 2013.

Figal, Günter/Hubert, Hans W. u. a.: *Die Raumzeitlichkeit der Muße*. Mohr Siebeck 2016.

Fludernik, Monika: *Faktuales und fiktionales Erzählen. Interdisziplinäre Perspektiven*. Würzburg: Ergon Verl. 2015.

Fonseca, Alberto: *Cuando llovió dinero en Macondo. Literatura y narcotráfico en Colombia y México*. Kansas: University of Kansas: 2009.

Foucault, Michel: Andere Räume. Ins Deutsche übersetzt von Walter Seitter. In: Karlheinz Barck (Hg.): *Aisthesis. Wahrnehmung heute oder Perspektiven einer anderen Ästhetik; Essais*. Leipzig: Reclam 1991, S. 34–46.

– : *Die Anormalen: Vorlesungen am Collège de France (1974–1975)*. Übersetzt von Michaela Ott. Frankfurt am Main: Suhrkamp 2007.

– : *Die Ordnung des Diskurses*. Herausgegeben von Konersmann, Ralf. Frankfurt am Main: Fischer 2014.

Franco Ramos, Jorge: *Rosario Tijeras*. Bogotá: Plaza& Janés 1999.

– : *Rosario Tijeras*. Nueva York: Siete Cuentos Editorial 2004.

– : *Die Scherenfrau*. Zürich: Unionsverlag 2004.

Friedl Zapata, José Antonio: *Todos los hombres de Chávez. Novela*. Buenos Aires: André Materon 2009.

Frye, Northrop/Denham, Robert D.: *Anatomy of Criticism. Four Essays*. Toronto [u. a.]: Univ. of Toronto Press 2006.

Fuentes, Carlos: *La voluntad y la fortuna*. México, D.F.: Alfaguara; Santallina Ediciones Generales 2008.

Fuentes Kraffczyk, Felipe Oliver: *Apuntes para una poética de la narcoliteratura*. Guanajuato: Universidad de Guanajuato 2013.

Galán Benítez, Carmen: *Tierra marchita*. Chimalistac, D. F: CONACULTA, Consejo Nacional para la Cultura y las Artes 2002.

Gallego Uribe, Antonio: *El zar. El gran capo*. Colombia: Fondo Mixto para la Cultura y las Artes de Risaralda 1995.

Galvis, Silvia: *La mujer que sabía demasiado*. Bogotá: Planeta 2006.

Gann, Myra S.: El teatro de Víctor Hugo Rascón Banda: Hiperrealismo y destino. In: *Latin American Theatre Review* 1, 25 (1991), S. 77–88.

Garavito, Lucía: Figuras Femeninas en ‹La virgen de los sicarios› de Fernando Vallejo y ‹Rosario Tijeras› de Jorge Franco Ramos. In: *INTI* (2006), S. 39–62.

García Cuevas, Iris: *Ojos que no ven, corazón desierto*. México, D.F: Consejo Nacional para la Cultura y las Artes, Dirección General de Publicaciones 2009.

García Márquez, Gabriel: *Noticia de un secuestro*. New York: Penguin 1996.

García Mejía, Hernando: *La comida del tigre*. Medellín: Hombre Nuevo 2001.

Gaviria, Víctor/Gallego, Alexander: *El pelaíto que no duró nada*. Bogotá: Planeta 1991.

Gewecke, Frauke/Pagni, Andrea: *De islas, puentes y fronteras. Estudios sobre las literaturas del Caribe, de la frontera norte de México y de los latinos de EE.UU.* 2013.

Gibler, John: *20 poemas para ser leídos en una balacera*. México: 2012.

Gide, André: *Tagebuch: 1889–1939*. Stuttgart: Dt. Verl.-Anst. 1948.

– : *Journal. 1887–1925*. Paris: Gallimard 1996.

Girard, René: *Le bouc émissaire*. Paris: Grasset 1982.

Goldberg, Paul L./Shuru, Xochitl E.: The Intrusion of Memory: Madness and the Allegory of the Dysfunctional State in Laura Restrepo's Delirio. In: *Crítica Hispánica* 34 (2012), S. 63–77.
Gómez, José Luis: *Los niños del Trópico de Cáncer*. México, D.F.: Planeta 2013.
Gómez López-Quiñones, Antonio: La reinvención de ‹México› en La reina del sur de Arturo Pérez Reverte: Violencia y agrafismo en la otra orilla. In: *Revista de Literatura Mexicana Contemporánea* 12 (2006), S. 43–55.
Gómez, María Idalia/Fritz, Darío: *Con la muerte en el bolsillo. Seis desaforadas historias del narcotráfico en México*. México, D.F.: Planeta 2005.
González Camus, Ignacio: *El enviado de Medellín*. Santiago de Chile: CESOC 1993.
González Rodríguez, Sergio: *Huesos en el desierto*. Barcelona: Editorial Anagrama 2002.
– : *Huesos en el desierto*. Barcelona: Anagrama 2005.
– : *El vuelo*. México, D.F.: Random House Mondadori 2008.
– : *El hombre sin cabeza*. Barcelona: Anagrama 2009.
González Suárez, Mario: *A wevo, padrino*. México, D.F.: Random House Mondadori 2008.
Goodbody, N. T.: The emergence of Medellin: Complexity, violence and Différance in Rosario Tijeras and La Virgen de los Sicarios. In: *Revista Iberoamericana* 74 (2008), S. 441–54.
Gossain, Juan: *La mala hierba*. Bogotá: Oveja Negra 1985.
Gregg, Melissa/Seigworth, Gregory J.: *The affect theory reader*. Durham, NC: Duke University Press 2010.
Greimas, Algirdas: *Sémantique structurale. Recherche de méthode*. Paris: Larousse 1966.
Grimes, William: David F. Musto, Expert on Drug Control, Dies at 74. In: *The New York Times* (13.10. 2010); https://www.nytimes.com/2010/10/14/us/14musto.html (20. 02. 2019).
Gustavo Forero, Quintero: La novela de crímenes en Colombia a partir de la teoría de la anomia: el caso de Comandante Paraíso de Gustavo Álvarez Gardeazábal. In: *Lingüística y Literatura: revista del Departamento de Lingüística y Literatura de la Universidad de Antioquia* 55, 30 (2009), S. 72–86.
Gutiérrez Vargas, Tito: *Mariposa Blanca*. La Paz: Los Amigos del Libro 1990.
– : *El demonio y las flores*. Cochabamba: Los Amigos del Libro 1999.
– : *Magdalena en el paraíso*. La Paz: Alfaguara 2001.
Guzmán, Nora: '¡Nada como matar un hombre!'. La semántica de la violencia en Nostalgia de la sombra de Eduardo Antonio Parra. In: *Revista de Literatura Mexicana Contemporánea* 11 (2005), S. 1013–20.
Guzmán Wolffer, Ricardo: *La frontera huele a sangre*. México, D.F.: Lectorum 2002.
Haghenbeck, F. G.: *La primavera del mal*. Madrid: Suma de letras 2013.
Hardt, Michael/Negri, Antonio: *Multitude. War and democracy in the age of Empire*. New York: Penguin 2004.
Haselstein, Ulla/Bach, Friedrich Teja u. a.: *Allegorie. DFG-Symposion 2014*. Berlin: De Gruyter 2016.
Haverkamp, Anselm/Menke, Bettine: Allegorie. In: Karlheinz Barck (Hg.): *Ästhetische Grundbegriffe. Absenz – Darstellung*. Stuttgart/Weimar: Metzler, S. 49–104.
Heil, Reinhard: *Zur Aktualität von Slavoj Žižek. Einleitung in sein Werk* Wiesbaden: VS Verlag für Sozialwissenschaften 2010.
Held, Rainer: *Die Rolle des Imaginären und des Vergangenen im literarischen Werk Antonio Tabucchis*. Würzburg: Königshausen & Neumann 2009.
Herbert, Julián: *Un mundo infiel*. México, D.F.: Joaquín Mortiz 2004.
Herlinghaus, Hermann: *Intermedialität als Erzählerfahrung*. Frankfurt am Main: Peter Lang 1994.

– : La construcción del nexo de violencia y culpa en la novela La virgen de los sicarios. Aus dem Englischen von Ana Rita Romero. In: *Nómadas* 25 (2006), S. 184–204.
– : *Violence Without Guilt. Ethical Narratives from the Global South*. New York Palgrave Macmillan 2009.
– : From Transatlantic Histories of «Intoxication» to a Hemispheric «War on Affect»: Paradoxes Unbound. In: Melissa Bailar (Hg.): *Emerging Disciplines – Shaping New Fields of Scholarly Inquiry in and beyond the Humanities*. Houston: Rice University Press 2010, S. 25–45.
– : *Narcoepics. A Global Aesthetics of Sobriety*. New York, NY [u. a.]: Bloomsbury 2013. Towards a Cultural Pharmacology. In: Hermann Herlinghaus (Hg.): *The Pharmakon. Concept Figure, Image of Transgression, Poetic Practice*. Heidelberg: Universitätsverlag WINTER 2018, S. 1–20.
Herrera Sobek, María: *The Mexican Corrido. Feminist Analysis*. Bloomington and Indianapolis: Indiana University Press 1990.
Herrera, Yuri: *Trabajos del reino*. México, D.F.: Tierra Adentro 2004.
Herrero-Olaizola, Alejandro: «Se vende Colombia, un país de delirio»: El mercado literario global y la narrativa colombiana reciente. In: *Symposium* (Spring 2007), S. 43–56.
Hobsbawm, Eric J.: *Sozialrebellen. Archaische Sozialbewegungen im 19. und 20. Jahrhundert*. Neuwied, Berlin: Luchterhand 1971.
– : *Die Banditen*. Frankfurt am Main: Suhrkamp 1972.
Hochreiter, Susanne: *Franz Kafka. Raum und Geschlecht*. Würzburg: Königshausen & Neumann 2007.
Hoyos, Hernán: *Coca. Novela de la mafia criolla*. Cali: Hoyos 1977.
Huggins, Martha K.: La violencia del Estado en Brasil: la moral «profesional» de los torturadores. In: Susana Rotker (Hg.): *Ciudadanías del Miedo*. Caracas: Nueva Sociedad 2000, S. 129–40.
Husserl, Edmund/Ströker, Elisabeth: *Cartesianische Meditationen. Eine Einleitung in die Phänomenologie*. Hamburg: Meiner 1987.
Iser, Wolfgang: Das Imaginäre: Kein isolierbares Phänomen. In: Dieter Henrich/Wolfgang Iser (Hg.): *Funktionen des Fiktiven (Poetik und Hermeneutik X)*. München: Fink 1983, S. 479–86.
– : Fictionalizing: the Anthropological Dimension of Literary Fictions. In: *New Literary History* 21 (1990), S. 939–955.
– : Ist der Identitätsbegriff ein Paradigma für die Funktion der Fiktion? In: Odo Marquard (Hg.): *Identität*. München: Fink 1996, S. 725–29.
– : *Das Fiktive und das Imaginäre. Perspektiven literarischer Anthropologie*. Frankfurt am Main: Suhrkamp 2014.
Jacobi, Jolande: *Die Psychologie von C. G. Jung. Eine Einführung in das Gesamtwerk*. Zürich; Stuttgart: Rascher 1959.
Jácome, Margarita: *La novela sicaresca. Testimonio, sensacionalismo y ficción*. Medellín: Universidad EAFIT 2009.
Jäger, Siegfried: Dispositiv. In: Marcus S. Kleiner (Hg.): *Michel Foucault: Eine Einführung in sein Denken*. Frankfurt/New York: Campus Verlag 2001, S. 72–89.
Jakobson, Roman: Zwei Seiten der Sprache und zwei Typen apathischer Störungen. In: Roman Jakobson: *Aufsätze zur Linguistik und Poetik*. Herausgegeben von Raible, Wolfgang. Frankfurt am Main: Ullstein 1979, S. 117–41.
Jaramillo Agudelo, Darío: *Cartas cruzadas*. Bogotá: Santillana 1995.

Jiménez, Camilo: Elementos para una valoración de la obra de Arturo Álape. In: *Revista de Estudios Colombianos* 37–38 (2011), S. 62–67.
Kantorowicz, Ernst/Theimer, Walter: *Die zwei Körper des Königs. Eine Studie zur politischen Theologie des Mittelalters*. Stuttgart: Klett-Cotta 1992.
Kilian, Ulrich: Plasma. In: Ulrich Kilian (Hg.): *Lexikon der Physik. Mi bis Sb*. Heidelberg/Berlin: Spektrum Akad. Verl., S. 283–84.
Klein, Christian: *Wirklichkeitserzählungen. Felder, Formen und Funktionen nicht-literarischen Erzählens*. Stuttgart; Weimar: Metzler 2009.
Klein, Melanie: Beitrag zur Psychogenese der manisch-depressiven Zustände (1935). In: Ruth Cycon (Hg.): *Gesammelte Schriften. Schriften 1920–1945, Teil 2/mit Übers. aus d. Engl. von Elisabeth Vorspohl*. Stutttgart: Frommann-Holzboog 1996, S. 29–75.
Klein, Rebekka A.: *Souveränität und Subversion. Figurationen des Politisch-Imaginären*. Freiburg; München: Alber 2015.
Klinkert, Thomas: *Einführung in die französische Literaturwissenschaft*. Berlin: Schmidt 2004.
– : Zum Stellenwert der Imagination und des Imaginären in neueren Fiktionstheorien. In: *Kodikas/Code. Ars semiotica* 1–2, 37 (2014), S. 55–67.
– : *Muße und Erzählen: ein poetologischer Zusammenhang. Vom «Roman de la Rose» bis zu Jorge Semprún*. Mohr Siebeck 2016.
– : Literatur als Fiktionstheorie. Universität Zürich 2010; https://tube.switch.ch/videos/3793e726 (20.02.2019).
Konrad, Eva Maria: Panfiktionalismus. In: Tobias Klauk (Hg.): *Fiktionalität: Ein interdisziplinäres* Handbuch. Berlin [u. a.]: de Gruyter 2014, S. 235–54.
Koselleck, Reinhart: Kriegerdenkmale als Identitätsstiftungen der Überlebenden. In: Odo Marquard (Hg.): *Identität*. München: Fink 1996, S. 255–76.
Kupfer, Alexander: *Die künstlichen Paradiese. Rausch und Realität seit der Romantik; ein Handbuch*. Stuttgart Metzler 1996.
Kurz, Gerhard: *Metapher, Allegorie, Symbol*. Göttingen: Vandenhoeck & Ruprecht 2004.
Lacan, Jacques: *Écrits*. Paris: Ed. du Seuil 1966.
– : *Schriften*. Olten/Freiburg im Breisgau: Walter 1973.
Lave, Jean/Wenger, Etienne: *Situated learning: legitimate peripheral participation*. Cambridge [u. a.]: Cambridge University Press 1999.
Lejeune, Philippe: *Le pacte autobiographique*. Paris: Seuil 1996.
Lemus, Rafael: Balas de salva: Notas sobre el narco y la narrativa mexicana. In: *Letras Libres* (Septiembre 2005), S. 38–42.
Lessmann, Robert: *Der Drogenkrieg in den Anden. Von den Anfängen bis in die 1990er Jahre*. Wiesbaden: Springer VS 2016.
Lévi-Strauss, Claude: *Mythologiques. Le cru et le cuit*. Paris: Plon 1964.
Lévinas, Emmanuel: Von der Ethik zur Exegese. In: Michael Mayer/Markus Hentschel (Hg.): *Lévinas – Zur Möglichkeit einer prophetischen Philosophie*. Gießen: Focus 1990, S. 13–16.
– : *Jenseits des Seins oder anders als Sein geschieht*. Freiburg: Alber 1992.
Link, Jürgen: Dispositiv. In: Clemens Kammler u. a. (Hg.): *Foucault-Handbuch. Leben – Werk – Wirkung*. Stuttgart/Weimar: Metzler 2008, S. 237–42.
Lomelí, Luis Felipe G.: *Todos santos de California*. México, D.F.: CONACULTA-INBA; Tusquets Editores 2002.
López, Alejandro José: *Nadie es eterno*. Medellín: Síllaba 2012.

López Cuadras, César: *La novela inconclusa de Bernardino Casablanca*. Guadalajara: Universidad de Guadalajara 1993.
– : *Cástulo Bojórquez*. México, D.F.: Fondo de cultura Económica 2001.
– : *Cuatro muertos por capítulo*. Barcelona; México, D.F.: B 2013.
Lotman, Jurij M.: *Die Struktur literarischer Texte*. München: Fink 1972.
– : *Die Innenwelt des Denkens. Eine semiotische Theorie der Kultur*. Berlin: Suhrkamp 2010.
Lozano, Miguel G.: Sin límites ficcionales: Nostalgía de la sombra de Eduardo Antonio Parra. In: *Revista de la literatura mexicana contemporánea* 23 (2003), S. 67–72.
Lukács, Georg: *Die Theorie des Romans*. Bielefeld: Aisthesis Verlag 2009.
Mahler, Andreas: Topologie. In: Andreas Mahler/Jörg Dünne (Hg.): *Handbuch Literatur & Raum*. Berlin [u. a.]: de Gruyter 2015, S. 17–29.
Maihold, Günter, Sauter de Maihold, Rosa María: Capos, reinas y santos – la narcocultura en México. In: *iMex. México Interdisciplinario. Interdisciplinary Mexico* 3, 2 (2012), S. 64–96.
Manrique, Jaime: *El cadáver de papá y versiones poéticas*. Bogotá: Instituto Colombiano de Cultura 1978.
Manríquez, Raúl: *La vida a tientas*. México, D.F.: Grijalbo 2003.
Marez, Curtis: *Drug wars. The political economy of narcotics*. Minneapolis [u. a.]: University of Minnesota Press 2004.
Márquez, Alejandra: «Allá derecho encuentro algo»: mujeres y violencia en tres narrativas de la frontera. In: Oswaldo Estrada (Hg.): *Senderos de violencia. Latinoamérica y sus narrativas armadas*. Valencia: Albatros 2015, S. 59–79.
Martínez, Matías/Scheffel, Michael: *Einführung in die Erzähltheorie*. München: Beck 2007.
Martínez Moreno, Carlos: *Coca. Novela*. Caracas: Monte Avila 1970.
Martré, Gonzalo: *El cadáver errante*. México, D.F.: Posada 1993.
– : *Los dineros de Dios*. México, D.F.: Daga 1999.
– : *La casa de todos*. México, D.F.: Cofradía de Lectores La Tinta Indeleble 2000.
– : *Pájaros en el alambre*. México, D.F.: Círculo de Lectores La Tinta Indeleble 2000.
– : *Cementerio de trenes*. México: Selector 2003.
Medrano, Paul: *Deudas de fuego*. Ciudad Victoria: Inst. Tamaulipeco para la Cultura y las Artes (ITCA) 2013.
Mejía, Juan Diego: *Era lunes cuando cayó del cielo*. Bogota: Aguilar 2008.
Melis, Daniela: Una entrevista con Laura Restrepo. In: *Chasqui: Revista de Literatura Latinoamericana* 1, 34 (2005), S. 114–129.
Menchú, Rigoberta/Burgos-Debray, Elisabeth: *Me llamo Rigoberta Menchú y así me nació la conciencia*. Barcelona: Argos Vergara 1983.
Mendoza, Élmer: *Un asesino solitario*. México, D.F.: Tusquets Editores 1999.
– : *Balas de plata*. México, D.F.: Tusquets Editores 2007.
– : *La prueba del ácido*. Mexico, D. F.: Tusquets Editores 2010.
– : *Nombre de perro*. México, D.F.: Tusquets 2012.
– : *Trancapalanca*. Sinaloa: DIFOCUR 1989.
– : *Cada respiro que tomas*. Culiacán: Dirección de Investigación y Fomento de Cultura Regional del Gobierno del Estado de Sinaloa 1991.
– : *Buenos muchachos*. Sinaloa: Cronopia Editorial 1995.
– : *El amante de Janis Joplin*. México, D.F.: Tusquets 2001.
Mendoza, Vicente T.: *El corrido mexicano*. México, D.F.: Fondo de Cultura Económica 1992.
Mendoza Zambrano, Mario: *Satanás*. Barcelona: Seix Barral 2002.

Meneses, Juan Pablo: *Generación bang!. Los nuevos cronistas del narco mexicano*. México, D.F.: Planeta Mexicana 2012.
Menke, Bettine: *Das Trauerspiel-Buch. Der Souverän – das Trauerspiel – Konstellationen – Ruinen*. Bielefeld: Transcript-Verl. 2010.
– : Allegorie: ‹Ostentation der Faktur› und ‹Theorie›. Einleitung. In: Ulla Haselstein/Friedrich Teja Bach u. a. (Hg.): *Allegorie: DFG-Symposion 2014*. Berlin: De Gruyter 2016, S. 113–35.
Merleau-Ponty, Maurice: *Phänomenologie der Wahrnehmung*. Berlin: de Gruyter 1966.
Molano, Alfredo: *Siguiendo el corte. Relatos de guerras y de tierras*. Bogotá: El Ancora 1989.
– : *Rebusque mayor. Relatos de mulas, traquetos y embarques*. Bogotá: El Ancora 1997.
– : *Penas y cadenas*. Bogotá: Planeta 2004.
– : *Ahí les dejo esos fierros*. Buenos Aires: Aguilar 2009.
Monsiváis, Carlos: *Días de guardar*. Mexico: Era 1979.
– : *Entrada libre. Crónicas de la sociedad que se organiza*. México, D.A.: Era 1987.
– : De la Santa Doctrina al espíritu público: sobre las funciones de la crónica en México. In: *Nueva Revista de filología hispánica* 2, 35 (1987), S. 753–71.
– (Hg.): *Book Viento rojo. Diez historias del narco en México*. México, D.F.: Plaza & Janés 2004.
Montejo, Esteban/Barnet, Miguel: *Biografía de un cimarrón*. La Habana: Instituto de Etnología y Folklore 1966.
Montt, Nahum: *El eskimal y la mariposa*. Bogotá: Alcaldía Mayor de Bogotá, Instituto Distrital Cultura y Turismo 2004.
– : *Lara*. Bogotá: Alfaguara 2008.
Morales, René: *La línea blanca*. México: Public Pervert 2013.
Morán, Javier: *Choque de leyendas*. La Habana: Letras Cubanas 1997.
Musto, David F.: *The American disease. Origins of narcotic control*. New Haven/London: Yale University Press 1973.
Nacaveva, Angelo: *Diario de un narcotraficante*. México, D.F.: B. Costa-Amic 1967.
– : *El tráfico de la marihuana*. México, D.F.: Costa-Amic Editores 1981.
Naranjo, Pastor José: *Narco sub. Vorágine bajo el mar*. Caracas: Planeta 1996.
Nixon, Richard: Remarks About an Intensified Program for Drug Abuse Prevention and Control. In: *The American Presidency Project* (1971), online von Gerhard Peters/John T. Woolley; http://www.presidency.ucsb.edu/ws/?pid=3047 (22. 02. 2019).
Oliver, Felipe: La preocupacion por la literatura en la narcoliteratura. In: Brigitte Adriaensen/Marco Kunz (Hg.): *Narcoficciones en México y Colombia*. Madrid; Frankfurt am Main: Iberoamericana; Vervuert 2016.
Ortega, A. J.: *Camino norte al infierno*. Bogotá: North'n South 1997.
Ortega, Gregorio: *Los círculos del poder*. México, D.F.: Planeta 1990.
Osorio, Óscar: *El cronista y el espejo*. Cáceres: Institución Cultural «El Brocense» 2007.
– : *El narcotráfico en la novela colombiana*. Cali: Colección Libros de Investigación (Universidad del Valle) 2014.
Osorno, Diego Enrique: *El Cártel de Sinaloa. Una historia del uso político del narco*. México, D.F.: Debolsillo 2011, c2009.
Ospina, Claudia: *Representación de la violencia en la novela del narcotráfico y el cine colombiano contemporáneo*.; https://uknowledge.uky.edu/cgi/viewcontent.cgi?referer=&httpsredir=1&article=1042&context=gradschool_diss (20. 02. 2019).
Ott, Michaela: *Affizierung zu einer ästhetisch-epistemischen Figur*. München: Ed. Text + Kritik 2010.
– : *Dividuationen. Theorien der Teilhabe*. Berlin: b_books 2015.

Páez Varela, Alejandro: *Corazón de Kaláshnikov*. México, D.F.: Planeta 2009.
Palaversich, Diana: Espacios y contra-espacios en la narrativa de Eduardo Antonio Parra. In: *Texto Crítico. Nueva época* 11, junio-diciembre 2002 (2002), S. 53–77.
– : Narcoliteratura. ¿De qué más podríamos hablar? In: *II. Revista Tierra Adentro* 167–68 (2010), S. 55–63.
– : Contrabando, a Masterpiece of the Mexican Narconovela. In: *Literature & Arts of the Americas* 1, 47 (2014), S. 28–33.
Parra, Eduardo Antonio: *Los límites de la noche*. México, D.F.: Era 1996.
– : *Tierra de nadie*. México, D.F.: Era 1999.
– : *Nadie los vio salir*. México, D.F.: Era 2001.
– : *Nostalgia de la sombra*. México, D.F.: Editorial Joaquín Mortiz 2002.
– : El lenguaje de la narrativa del norte de México. In: *Revista de Crítica Literaria Latinoamericana* 30 (2004), S. 71–77.
Parra, Eduardo Antonio: *Desterrados*. México, D.F.: Era 2013.
Paszkowski, Diego: *El otro Gómez*. Buenos Aires: Sudamericana 2001.
Peña, Hilario: *La mujer de los hermanos Reyna*. México, D.F.: Random House Mondadori 2011.
– : *Chinola kid*. México, D.F.: Mondadori 2012.
Pérez-Reverte, Arturo: *La reina del Sur*. Madrid: Santallina 2002.
Plessner, Helmuth: *Gesammelte Schriften. Schriften zur Soziologie und Sozialphilosophie*. Frankfurt am Main: Suhrkamp 1985.
Plett, Heinrich F.: *Einführung in die rhetorische Textanalyse*. Hamburg: Helmut Buske 1985.
Polit Dueñas, Gabriela: Sicarios, delirantes y los efectos del narcotráfico en la literatura colombiana. In: *Hispanic Review* Vol. 74, 2006 (2006), S. 119–42.
– : *Narrating Narcos. Culiacán and Medellín*. Pittsburgh: University of Pittsburgh Press 2013.
Poniatowska, Elena: *Hasta no verte, Jesús mío*. México: Era 1969.
– : *La noche de Tlatelolco. Testimonios de historia oral*. México: Ediciones Era 1971.
Porras Vallejo, José Libardo: *Historias de la cárcel Bellavista*. Santa Fé de Bogotá: Instituto Colombiano de Cultura 1997.
– : *Hijos de la nieve*. Bogotá: Planeta 2000.
– : *Happy birthday, Capo*. Bogotá: Planeta 2008.
Rama, Ángel: Conversación en torno del testimonio. In: *Casa de las Américas* 200, XXXVI (1995), S. 122–24.
Ramírez Heredia, Rafael: *La mara*. México, D.F.: Alfaguara 2004.
– : *La esquina de los ojos rojos*. México: Alfaguara 2006.
Ramírez-Pimienta, Juan Carlos: Sinaloa cowboys: estereotipos y contraestereotipos del narco en Mi nombre es Casablanca de Juan José Rodríguez. In: Rodríguez Lozano, Miguel G. (Hg.): *Escena del crimen*. Universidad Nacional Autónoma de México 2009, S. 149–66.
Rascón Banda, Víctor Hugo: *Contrabando*. México, D.F.: El Milagro 1993.
– : *Contrabando*. México, D.F.: Planeta 2008.
Rauwald, Johannes: *Politische und literarische Poetologie(n) des Imaginären. Zum Potenzial der (Selbst-) Veränderungskräfte bei Cornelius Castoriadis und Alfred Döblin*. Würzburg: Königshausen & Neumann 2013.
Real Academia Española: Delirio. In: *Diccionario de la Lengua Española*; http://dle.rae.es/?id=C81HFkW (22.02. 2019).
– : Intrahistoria. In: Real Academia Española: *Diccionario de la lengua española*; https://dle.rae.es/?id=Lynu9Mx (23.03. 2019).
– : Narcótico. In: *Diccionario de la RAE*; http://dle.rae.es/?id=QFiTjFr (22.02. 2019).

Recacoechea, Juan: *American Visa*. La Paz: Los Amigos del Libro 1994.
Reiro, Eba/Fortis, Daril u. a.: *Mi país es un zombie*. México: Casamanita Cartonera 2011.
Restrepo, Laura: *Leopardo al sol*. Bogotá: Planeta 1993.
– : *Delirio*. Bogotá: Ed. Aguilar 2004.
Restrepo-Gautier, Pablo: Lo sublime y el caos urbano: visiones apocalipticas de Medellin en La Virgen de los Sicarios de Fernando Vallejo. In: *Chasqui* 33 (2004), S. 96–105.
Reuter, Peter: Plasma. In: *Springer-Lexikon Medizin*. Berlin/Heidelberg: Springer 2004, S. 1705.
Reyna, Juan/Zamarripa, Roberto: *Confesión de un sicario. El testimonio de Drago, lugarteniente de un cártel mexicano*. México, D.F.: Grijalbo/Random House Mondadori 2011.
Rimbaud, Arthur/Lefrère, Jean-Jacques: *Correspondance*. Paris: Fayard 2007.
Rincón, Fabio: *Colombia sin Mafia*. Bogotá: Aquí y Ahora 1989.
Rincón, Omar: Narco.estética y narco.cultura en Narco.lombia. In: *Nueva Sociedad* (2009), S. 147–163.
Ritter, Joachim/Gründer, Karlfried u. a.: Phänomen. In: *Historisches Wörterbuch der Philosophie, Band 2*. Lizenzausg. ed. Darmstadt: Wiss. Buchges. 2007, S. 478.
Rodríguez, Juan José: *Asesinato en una lavandería China*. Chimalistac, D. F: Consejo Nacional para la Cultura y las Artes 1996.
– : *Mi nombre es Casablanca*. México, D.F.: Mondadori 2003.
Rojas, Lourdes: Cruce de caminos. La historia personal y social. In: Elvira E. Sánchez-Blake (Hg.): *El universo literario de Laura Restrepo: Antología crítica*. Bogotá: Taurus 2007, S. 111–27.
Romero Rey, Sandro: *El miedo a la oscuridad*. Bogotá: Alfaguara 2010.
Ronquillo, Víctor: *Las muertas de Juárez*. México: Planeta 1999.
– : *Sicario: Diario del diablo*. México, D.F.: Ediciones B 2009.
Rosa, Hartmut: *Resonanz. Eine Soziologie der Weltbeziehung*. Berlin: Suhrkamp 2017.
Rosero, Evelio: *Los ejércitos*. Barcelona: Tusquets Editores 2007.
– : *En el lejero*. Barcelona: La otra orilla 2007.
Rotker, Susana: *Ciudadanías del miedo*. Caracas: Nueva Sociedad 2000.
– /Goldman, Katherine: *Citizens of Fear: Urban Violence in Latin America*. Rutgers University Press 2002.
Rubio y de Vizcarrondo, Guillermo: *El Sinaloa*. Mexico, D. F.: Terracota 2012.
Ruiz Gomez, Dario: *En voz baja*. Medellín: Gajo Caido 1999.
Rulfo, Juan: *Pedro Páramo*. Herausgegeben von González Boixo, José C. Madrid: Cátedra 2010.
Ryan, Marie-Laure: Panfictionality. In: David Herman (Hg.): *Routledge encyclopedia of narrative theory*. London: Routledge 2005, S. 416–18.
Sada, Daniel: *Ese modo que colma*. México: Anagrama 2010.
– : *El lenguaje del juego*. Barcelona: Anagrama 2012.
Salazar, Alonso: *No nacimos pa' semilla. La cultura de las bandas juveniles de Medellín*. Bogotá: Corporación Región; CINEP 1990.
– : *Totgeboren in Medellín. Aus dem kolumbianischen Spanisch von Werner Hörtner*. Wuppertal: Hammer 1991.
– /Jaramillo A., Ana María: *Medellín: las subculturas del narcotráfico*. Santafé de Bogotá: CINEP 1992.
– : *Mujeres de fuego*. Medellín: Corporación Región 1993.

– : *La cola del lagarto. Drogas y narcotráfico en la sociedad colombiana*. Medellín, Colombia: Proyecto Enlace: Corporación Región 1998.
– : *Pablo Escobar. Auge y caída de un narcotraficante*. Barcelona: Editorial Planeta 2001.
– : *Drogas y narcotráfico en Colombia*. Bogotá: Planeta 2001.
– : *No nacimos pa' semilla. La cultura de las bandas juveniles en Medellín*. Bogotá: Planeta 2002.
Salinas, Gilda: *La narcocumbre*. México, D.F.: Alfaguara 2013.
Sánchez Godoy, Jorge Alan: Procesos de institucionalización de la narcocultura en Sinaloa. In: *Frontera norte* 21 (2009).
Sánchez-Blake, Elvira E.: *El universo literario de Laura Restrepo. Antología crítica*. Bogotá: Taurus 2007.
Sánchez Prado, Ignacio M.: Amores Perros. Exotic Violence And Neoliberal Fear. In: *Journal of Latin American Cultural Studies* 15 (2006), S. 39–57.
Santa Cruz, Guadalupe: *Plasma*. Santiago de Chile: LOM 2005.
Sartre, Jean-Paul: *Das Sein und das Nichts. Versuch einer phänomenologischen Ontologie*. Aus dem Französischen von Hans Schöneberg u. a. Reinbek: Rowohlt 1991.
Sasse, Sylvia: *Michail Bachtin zur Einführung*. Hamburg: Junius 2010.
Schmitt, Carl: *Der Begriff des Politischen. Text von 1932 mit einem Vorwort und 3 Corollarien*. Berlin: Duncker & Humblot 1963.
Schulte-Sasse, Jochen: Einbildungskraft/Imagination. In: Karlheinz Barck (Hg.): *Ästhetische Grundbegriffe. Dekadent – Grotesk*. Stuttgart/Weimar: Metzler 2010, S. 88–120.
– : Phantasie. In: Karlheinz Barck (Hg): *Ästhetische Grundbegriffe. Medien – Populär*. Stuttgart/Weimar: Metzler 2010, S. 778–98.
Segura Bonnett, Camila: Kinismo y melodrama en La virgen de los Sicarios y Rosario Tijeras. In: *Tinta* 8 (2004), S. 111–36.
Serrato Córdova, José Eduardo: Arquetipos de la narcocultura en Trabajos del reino, de Yuri Herrera. In: Rodríguez Lozano, Miguel G. (Hg.): *Nada es lo que parece. Estudios sobre la novela mexicana, 2000–2009*. México, D.F.. 2012, S. 69–82.
Shannon, Elaine: *Desperados: Latin drug lords, US lawmen, and the war America can't win*. New York: Viking 1988.
Sicilia, Javier: Carta abierta a políticos y criminales. In: *Proceso* (3. 4. 2011); https://www.proceso.com.mx/266990/javier-sicilia-carta-abierta-a-politicos-y-criminales (22. 02. 2019).
Solares, Martin: *Nuevas líneas de investigacción. 21 relatos sobre la impunidad*. México, D.F.: ERA 2003.
Stanzel, Franz K.: *Theorie des Erzählens*. Göttingen: Vandenhoeck & Ruprecht 1979.
– : *Typische Formen des Romans*. Göttingen: Vandenhoeck & Ruprecht 1993.
Taibo, Paco Ignacio II: *Sueños de frontera*. México, D.F.: Promexa 1990.
Theofanis, Tassis: *Cornelius Castoriadis. Disposition einer Philosophie*. Berlin: Publisher 2007.
Tittler, Jonathan/Álvarez Gardeazábal, Gustavo: *El verbo y el mando. Vida y milagros de Gustavo Álvarez Gardeazábal*. Tuluá: Unidad Central del Valle del Cauca, UCEVA 2005.
Todorov, Tzvetan: *Einführung in die phantastische Literatur*. München: Hanser 1975.
Uribares, Eric: *El plomo en la patria*. México: Acá las letras 2011.
Valbuena, Carlos: Sobre héroes, monstruos y tumbas. Los capos en el narcocorrido colombiano. In: *Caravelle (1988–)* 88, (2007), S. 221–43.
Valdez, Javier/Monsiváis, Carlos: *Malayerba*. México, D.F.: Jus 2010.

Valenzuela Arce, José Manuel: *Jefe de Jefes. Corridos y narcocultura en México*. Tijuana: Colegio de la Frontera Norte 2010.
Vallejo, Fernando: *La virgen de los sicarios*. Bogotá: Santillana 1994.
– : *La virgen de los sicarios*. Bogotá: Alfaguara 2008.
Valverde, Umberto: *Quítate de la vía Perico*. Bogotá: Planeta 2001.
Vasco, Justo E./Chavarría, Daniel: *Primero muerto*. La Habana: Letras Cubanas 1986.
Vásquez, Juan Gabriel: *El ruido de las cosas al caer*. Madrid: Alfaguara 2011.
Védrine, Hélène: *Les grandes conceptions de l'imaginaire. De Platon à Sartre et Lacan*. Paris: Librairie Générale Française 1990.
Velázquez, Carlos: *La biblia vaquera. Un triunfo del corrido sobre la lógica*. México, D.F.: Consejo Nacional para la Cultura y las Artes 2008.
– : *El karma de vivir al norte*. México, D.F.: Sexto Piso 2013.
Ventura, Abelardo: *Misa en tiempo de guerra*. Bogotá: Fortín 1984.
Vergara Padilla, J. R.: *Más allá de la traición*. Santafé de Bogotá: Plaza & Janés 1996.
Villalobos, Juan Pablo: *Fiesta en la madriguera*. Barcelona: Anagrama 2010.
Villegas Gómez, Oscar: *La Señora. Una mujer en el narcotráfico*. Bogotá: O. Villegas Gómez 2002.
Villoro, Juan: *El testigo*. Barcelona: Editorial Anagrama 2004.
– : *Arrecife*. Barcelona: Editorial Anagrama 2012.
– : La alfombra roja: Comunicación y narcoterrorismo en México. In: Oswaldo Estrada (Hg.): *Senderos de violencia. Latinoamérica y sus narrativas armadas*. Valencia: Albatros Ediciones 2015, S. 31–42.
Volpi Escalante, Jorge: *La paz de los sepulcros*. México, D.F.: Planeta: Seix Barral 2007.
Waldenfels, Bernhard: *Einführung in die Phänomenologie*. München: Fink 1992.
– : *Studien zur Phänomenologie des Fremden. Topographie des Fremden*. Frankfurt am Main: Suhrkamp 1997.
– : Das Fremde denken. In: *Zeithistorische Forschungen* 4 (2007), S. 310–24.
– : *Grundmotive einer Phänomenologie des Fremden*. Frankfurt am Main: Suhrkamp 2016.
Walter, Monika: Selbstrepräsentation des Anderen im Testimonio? Zur Archäologie eines Erzählmodus lateinamerikaner Moderne. In: Hermann Herlinghaus/Utz Riese (Hg.): *Sprünge im Spiegel. Postkoloniale Aporien der Moderne in beiden Amerika*. Bonn: Bouvier Verlag 1997, S. 21–61.
– : Postkoloniales oder postmodernes Erzählmodell?. Ein hemisphärischer Blick auf Erzählpraxis und Theoriedebatten von testimonio und témoignage. In: Peter Birle/Marianne Braig/Ottmar Ette/Dieter Ingenschay (Hg.): *Hemisphärische Konstruktionen der Amerikas*. Frankfurt: Vervuert 2006, S. 105–38.
Warning, Rainer: Der inszenierte Diskurs. Bemerkungen zur pragmatischen Relation der Fiktion. In: Dieter Henrich/Wolfgang Iser (Hg.): *Funktionen des Fiktiven (Poetik und Hermeneutik X)*. München: Fink 1983, S. 183–206.
– : *Die Phantasie der Realisten*. München: Fink 1999.
– : *Heterotopien als Räume ästhetischer Erfahrung*. München/Paderborn: Fink 2009.
– : Das Imaginäre und das Symbolische bei Cornelius Castoriadis. Illustriert am mittelalterlichen geistlichen Spiel. In: *Comparatio* 1, 6 (2014), S. 13–25.
Weakley, Riahna: Sangre ajena: El testimonio de un sicario. In: *Estudios de Literatura Colombiana* 16 (2005), S. 143–60.
Weigel, Sigrid: Zu Franz Kafka. In: Burkhardt Lindner/Thomas Küpper u. a. (Hg.): *Benjamin-Handbuch. Leben – Werk – Wirkung*. Stuttgart: Metzler 2006.

Wenger, Etienne: *Communities of practice. Learning, meaning, and identity*. Cambridge [u. a.]: Cambridge Univ. Press 1999.
Wolf, Harald: *Das Imaginäre im Sozialen. Zur Sozialtheorie von Cornelius Castoriadis*. Göttingen: Wallstein 2012.
Womer, Sarah/Bunker, Robert: Sureños gangs and Mexican cartel use of social networking sites. In: *Small Wars and Insurgencies* 1, 21 (2010), S. 81–94.
Wunenburger, Jean-Jacques: *L'Imaginaire*. Paris: PUF 2003.
Yamille Cuéllar, Norma: *Historias del séptimo sello*. México D. F.: Tierra Adentro: Consejo Nacional para la cultura y las Artes (Conaculta) 2010.
Yépez, Heriberto: *Al otro lado*. México, D.F.: Planeta 2008.
Zambrano, Guillermo: *Pasaporte al infierno*. México, D.F.: Ediciones B 2011.
Zavala, Oswaldo: Imagining the US-Mexico drug war. The critical limits of narconarratives. In: *Comparative Literature* 3, 66 (2014), S. 340–360.
– : Cadáveres sin historia: La despolitización de la narconovela negra mexicana contemporánea. In: Oswaldo Estrada (Hg.): *Senderos de violencia. Latinoamérica y sus narrativas armadas*. Valencia: Albatros 2015, S. 43–57.
Zipfel, Frank: *Fiktion, Fiktivität, Fiktionalität. Analysen zur Fiktion in der Literatur und zum Fiktionsbegriff in der Literaturwissenschaft*. Berlin: Erich Schmidt 2000.

Register

2666 16, 19, 22, 24, 79, 83–85, 91, 144–145, 147, 154, 159–160, 170, 172, 174, 177, 181, 287–288

A wevo, padrino 80–81, 194–195, 197–200, 202–204, 289
Agamben, Giorgio 54, 165, 191, 203
Ästhetik der Nüchternheit 23–26, 32, 232
Astorga, Luis 7, 30, 48, 50–52, 57–61, 78, 146
Auftragsmörderromane 13, 27, 76–77, 81, 211

Benjamin, Walter 26, 157, 191, 203, 215, 256, 263
Bolaño, Roberto 16, 19, 22, 24, 79, 83–84, 91, 147, 152, 154, 159, 163, 170–172, 174–177, 181, 191–192, 287–288

Cada respiro que tomas 13, 15, 20, 74, 76, 78, 84–85, 91, 93–100, 142, 144, 146, 151–154, 166–167, 169, 183, 286
Castoriadis, Cornelius 29, 34, 37–39, 42
Ciudadanías del miedo 10, 31
Comandante Paraíso 62, 83, 85, 91, 128–144, 148, 183, 189, 286–287
Contrabando 13, 16, 22, 75–77, 84–85, 91, 144–151, 154–156, 158–161, 164, 167–168, 171–172, 178–181, 184–185, 192–193, 286–287, 289
Crónica periodístico-literaria 75, 89–90, 130, 146, 184, 286

Delirio 3, 12, 15–16, 19, 22, 27, 80–81, 160, 194–195, 197, 199, 201–202, 206, 211, 213, 216, 289–290
Dividuelle, das 46, 196, 215–216, 221–222, 226, 248, 253, 258, 268–270, 282–283, 286, 293
Drogenhandel 5–8, 10, 23, 30, 61, 77
Drogenverbotspolitik 52–57, 66
Durand, Gilbert 37–38

Ekstase 45, 54, 121, 207, 219, 231–232, 243
El ruido de las cosas al caer 81, 194–195, 197–199, 201, 213, 215–217, 223–226, 239, 289–290, 293
Escobar, Pablo 12, 19, 63–64, 74–75, 82, 92, 135

Fiktive, das 8, 28, 34–37, 40–42, 44–45, 73, 115, 211
Fonseca, Alberto 15
Foucault, Michel 29, 47, 50, 54, 57, 68, 182, 189, 196, 211–212, 250, 252, 262, 283, 291
Franco, Jorge 16, 21–22, 27–28, 77, 81, 194–195, 199, 206–207, 211, 289
Fremde, das 9, 42, 46–47, 57, 66, 122, 124, 188, 202, 208–209, 290–291, 294
Fuentes Kraffzcyk, Felipe Oliver 22–23

Gardeazábal, Gustavo Álvarez 62, 76, 83, 128–144, 287
Gehlen, Arnold 34, 216
Gesellschaftliches Imaginäres 9, 29–31, 39–40, 67, 190, 209, 222, 227, 236, 253, 285, 290
González Suárez, Mario V, 69, 80–81, 194–195, 197, 202–204, 289
Guzmán, Joaquín El Chapo 63, 197–198, 210, 229, 231, 248

Herlinghaus, Hermann 8, 11, 18–20, 24–26, 32, 48–49, 53–54, 64, 66–67, 69, 82, 87–88, 96, 118, 146, 154–155, 157, 159, 163, 177, 182, 190, 192, 205, 213, 218, 221–222, 232, 239, 253, 271, 287
Herrera, Yuri V, 13, 18, 22, 69, 73, 79–81, 195
Herrero-Olaizola, Alejandro 16
Heterotopie 182, 196, 209, 211–213, 242, 250, 253, 262, 283
Hobsbawm, Eric 61–62, 134–135, 138–139
Huesos en el desierto 6, 16, 65, 79, 83–85, 90–91, 144–148, 151–152, 154, 170–178, 181, 183–184, 193, 287–288

Identität 5, 7, 42–44, 46, 96–197, 215–216, 226, 264, 276, 279, 283, 286, 292–293
Imaginäre, das 8, 11, 28–29, 31, 34–42, 44–45, 48–49, 56, 61, 66, 186, 208, 211, 250, 256, 290, 293
Iser, Wolfgang 8, 28–29, 34–37, 40–45, 114, 128, 194, 216, 231, 277

Klinkert, Thomas 29, 45, 94, 261, 263, 284

La Reina del Sur 27, 79
La virgen de los sicarios 3, 13, 15–16, 19, 21–22, 27, 77, 80–82, 84, 117, 194–195, 198–200, 205–206, 210–211, 213, 215, 217–223, 289, 293
Leibliches Bewusstsein 118, 122–123, 125, 127, 188, 223, 230, 236, 239–240, 248, 294
Lemus, Rafael 16–17
Literarische Heterotopie 242, 262, 283–284
Literaturanthropologie 42, 44, 216
Lotman, Jurij 199, 209, 242
Lukács, Georg 195–196, 214, 254, 292

Malverde, Jesús de 63, 151
Mariposa blanca 197–198, 200, 205–206
Mendoza, Élmer 13, 15, 17, 20, 22, 74, 76, 78, 80, 84, 91, 93–96, 98, 147, 152, 167, 169, 195, 286–287
Merleau-Ponty, Maurice 34, 124–125, 236, 239
Muße 148, 254, 261–263, 269–271, 279, 281–284, 292

narco 3, 5–9, 15–17, 21, 30, 49–51, 58, 60, 63, 65–67, 75, 86, 91–92, 146, 165–166, 168, 209, 290, 294
narcocorrido 11–13, 18–19, 24, 26, 30, 48–50, 58–62, 66, 80, 146, 159, 163, 233, 244
narcocultura 3, 6, 9–10, 17, 30, 48, 58–61, 66, 183, 195, 204
Narkonarrationen 11, 19, 24–25, 32, 77, 96, 118, 151, 157
Narko-Propaganda 65
Nixon, Richard 4, 55

No nacimos pa' semilla 10, 13, 19, 21, 74–75, 84–85, 88, 91–93, 100–107, 109, 115, 118, 126, 128, 132, 183, 185, 188, 220, 286–287
Nostalgia de la Sombra 68, 82, 84, 196–199, 201, 211, 213–215, 217, 226–253, 290–291, 293
Nüchternheit
– Siehe Ästhetik der Nüchternheit

Ott, Michaela 31, 39, 46, 68, 196, 216, 248, 253

Parra, Eduardo Antonio 19, 26, 68–69, 80–81, 194, 197, 199–200, 211, 226–253, 289–291, 293–294
Pharmakon 154, 270, 274, 277, 281–282
Plasma 19, 81–82, 84, 194, 197–199, 202, 210–211, 215–217, 253–284, 289, 291, 293
Polit-Dueñas, Gabriela 20–21

Rascón Banda, Víctor Hugo 13, 16, 22, 75–77, 91, 144–150, 153–155, 158, 161, 164, 166, 178–180, 192
Rausch 26, 45, 54, 199, 202, 217, 220, 253, 256, 259, 266, 269–274, 279, 281–284, 292
Reale, das 35–36
Restrepo, Laura 12, 15–16, 19, 22, 27, 80–81, 160, 194–195, 199, 201–202, 206, 211, 216, 289
Rosario Tijeras 3, 13, 16, 21–22, 27–28, 77, 80–82, 194–195, 198–200, 206–208, 211, 214, 289
Rotker, Susana 10, 31, 67, 91, 141, 187, 189
Rulfo, Juan 23, 75–76, 145, 147, 156, 178–180

Salazar, Alonso 10, 13, 19, 21, 64, 74–75, 82–84, 88, 92, 100, 102–103, 105–108, 118, 220, 286–287
Sangre Ajena 13–14, 75, 84–85, 88, 91, 93, 107–128, 183, 185, 188, 190, 223, 236, 239, 286–288
Santa Cruz, Guadalupe 19, 84, 194, 197, 199, 202, 210–211, 216, 253–284, 289

Schmitt, Carl 9, 54–55, 57
Sozialbanditentum 61–63, 138–139
Sündenbock 67, 158, 177, 192
Surreale, das 259, 273

Testimonialliteratur 13, 75, 83, 86–88, 108, 115–117, 130, 187–188
Trabajos del Reino 73, 79

Vallejo, Fernando 13, 15–16, 19, 21–22, 27, 76–77, 81, 83, 194–195, 199, 205–206, 210–211, 217–226, 289

Vásquez, Juan Gabriel 81, 194–195, 197, 199, 216–217, 223–224, 289

Waldenfels, Bernhard 46–47, 122, 124–125, 186, 188, 198, 235
war on drugs 5, 9, 15, 17, 49–50, 55–57, 66, 68, 146, 204, 285, 287
Warning, Rainer 29, 34, 36, 39, 42, 86, 196, 208–209, 211, 242, 262, 283

Zavala, Oswaldo 11, 16–18, 27, 29, 79, 145–146

www.ingramcontent.com/pod-product-compliance
Lightning Source LLC
Chambersburg PA
CBHW061932220426
43662CB00012B/1879